University Writing

박전수 지음

쉽고 친절하게 쓰는 대학 글쓰기

홍릉과학출판사

머리말

내 자신도 글쓰기를 잘 하지 못하면서 이런 책을 내게 되어 우선 부끄럽다. 학생들과 함께 한 시간을 따져도 벌써 강산이 두 번 넘게 바뀔 만 한데 아직 '내 생각' '내 경험'은 물론이고 '내 연구' '내 지식'을 그대로 적어낼 수 없는 것만 봐도 그렇다. 가르치는 사람은 배우는 사람과 달리 말이며 글이며 멋있게 하고 써야 된다고 믿었다. 학생들도 고스란히 이를 본떠서 자기들끼리, 나아가 사회인이 되어서도 공식적인 자리면 어김없이 그렇게 해야만 한다고 믿는다. 잘못이 대물림하는 꼴이다. 특히, 말하기보다는 글쓰기에서 이런 현상이 더욱 뚜렷이 나타나 과제물이며 보고서며 심지어 안부 편지까지도 써놓은 글을 보면 말을 담았는지 암호를 담았는지 도무지 구분 못할 때가 너무 많다. 멋진 말이나 남이 잘 하지 않는 어려운 말은 잘 차렸지만 글쓴이의 생각이나 지식을 제대로 전달하도록 말이 문장으로, 그리고 글로 좋게 이끌리지 못했다는 말이다.

우리 말은 우리 문장으로 써질 때 우리 글이 된다. 우리 문화와 우리 정서에 익숙한 사람은 생각을 키우고 경험을 정리할 때도 우리 말로 우리 식으로 할 수밖에 없다. 우리 글은 글쓴이가 글을 쓸 때 품었던 생각을 글 읽는 독자도 똑같이 그려볼 수 있다. 글쓴이와 독자가 다른 그림을 그렸다면 글로서는 이미 제 구실을 하기 어렵다. 연구 내용을 적든가 글쓴이의 주장이나 지식을 밝히는 글이면 우리 글도 글로서 갖추어야 할 구조를 되도록 따라야 한다. 글이 산처럼 쌓이는 요즘은 읽고 이해하기 쉬운 우리 글이라도 하나하나 다 읽을 수만은 없다. 독자가 알고 싶은 부분만을 따로 떼어내 읽을 수 있도록 해 주어야 한다는 말이다.

이 책은 앞서 언급한 내용을 학생들도 느낄 수 있도록 하고자 하는 바람에서 썼다. 글쓰기를 크게 '우리 말로 쉽게 쓰는 글쓰기'와 '형식을 갖춰 친절하게 쓰는 글쓰기'로 나누어, 앞의 것은 우리 말로 말하듯이 쓰면 글쓰기가 더 이상 두려운 대상이 아니라는 사실을 보여 주려고, 그리고 뒤의 것은 힘들여 얻은 지식 하나라도 독자를 배려하면서 자기를 효과 있게 드러내려면 글의 형식적인 구조가 내용만큼 중요하다는 사실을 알려 주려고 했다. 자료를 모으고 내용을 써가면서 글쓰기 책답게 표본이 되는 말과 글로만 적었는지 자신할 수 없다. 하지만, 쉽고 친절하게 쓰는 글쓰기를 깨우친 후부터 이전처럼 글 한 줄 쓰면서 어떤 멋진 말을 고를까 이렇게 쓰면 남들이 흉보지 않을까 따위의 고민으로 시간은 시간대로 속은 속대로 타 들어가는 일은 없었다고 당당히 말할 수 있다. 오히려 글쓰기가 재미있었다. 다른 사람은 글을 어떻게 썼을까 하는 궁금증이 일어 독서하는 기쁨도 덤으로 얻었다. 책의 내용이 기술적으로 잘 정리되지 못했다 하더라도 이런 마음은 충분히 담았으니 학생들도 느낄 수 있었으면 좋겠다. 전문 직업인이 쓴 글처럼 쓰기보다는 대학생다운 글을 쓰는 것이 중요하다고 본다.

요즘은 (이공계 대학을 포함하여) 각 대학에서 글쓰기를 기본 교양 과목으로 채택하고 있다. 외국에서는 오래 전부터 해 왔는데 늦으나마 가르치게 되어 다행이라 생각한다. 이 때문인지 논문 쓰는 법이나 발표(presentation) 잘하는 법, 문서 작성 지침 등과 같은 글쓰기와 관련된 책의 출판도 부쩍 늘었다. 대학 교재는 주제가 무엇이 되었든 특정 분야의 단편적 지식이나 반복되는 기능만을 담아서는 안 된다고 본다. 특히, 학생들의 한 평생에 밑거름이 될 수 있는 교양은 전체를 살펴서 틀을 잡고 잣대를 세워 언제 어느 곳에서나 새겨볼 수 있어야 한다. 글감은 좋은데 글로 잘못 나타나도 문제지만 살아가면서 어쩔 수 없이 써야만 하는 글이 글마다 쓰는 법이 따로 있다고 생각해도 역시 문제이기 때문이다. '우리 말로 쉽게 쓰는 글쓰기'와 '형식을 갖춰 친절하게 쓰는 글쓰기'로 엮은 이 책이 글쓰기의 기본 틀과 잣대가 되었으면 한다. 대학에서 가르칠 때나 집에서 편하게 쉴 때나 다같이 부담없이 선택할 수 있는 책이 되었으면 좋겠다. 별 말없이 흔쾌히 출판을 승낙한 홍릉과학출판사의 모든 분들께 감사드린다.

2012년 12월

도현 박전수

목차

제1장 들어가면서 9

1-1 대학생의 글쓰기에 대해 /11
1-2 우리 말로 쉽게 쓰는 글쓰기 /13
1-3 형식을 갖춰 친절하게 쓰는 글쓰기 /16

제2장 우리 문장으로 글쓰기 21

2-1 한글맞춤법에 대하여 /22
1) 올바른 말 구별하여 골라 쓰기 /25
2) 사이시옷 올바로 쓰기 /32
3) 우리 말 시제 올바로 쓰기 /33
4) 띄어쓰기 올바로 알기 /38
2-2 문장을 쉽고 정확하게 쓰기 /52
1) 단어 뜻 올바로 선택하기 /52
2) 문장 쓰기와 연결 올바로 하기 /59
3) 부풀리지 않고 올바로 쓰기 /70
2-3 문장의 주체 세우기 /75
1) 번역체 문장 버리기 /77
2) 주어와 서술어 호응시키기 /82
3) 주체 똑바로 세우기 /86

2-4 문장의 서술성 살리기 /91
1) 조사 올바르게 쓰기 /93
2) 문장 압축하지 않기 /101
3) 연결어미 살려 쓰기 /106

제3장 대학 글쓰기의 준비 115

3-1 글이 갖추어야 할 기본조건들 /117
1) 정직하고 공손하게 /118
2) 정확하고 명료하게 /119
3) 내용은 빠짐없이 찾기 쉽도록 /120
3-2 독자를 선택하여 분석하기 /122
3-3 글의 목적과 동기 /126
1) 중심 용어 정리하기 /126
2) 목적과 동기를 독자의 관심에 맞추기 /129

제4장 대학 글쓰기의 시작 133

4-1 계획 세우기 /134
4-2 글감 모으기 /138
1) 자유롭게 말하기 /140
2) 자유롭게 써보기 /141
3) 즉흥 사고법 /141
4) 단계별 사고법 /143
4-3 글감 정리하기 /147
1) 글감 분류하기 /148
2) 개요로 정리하기 /151
3) 논리로 정리하기 /156

제5장 대학 글쓰기의 실행 165

5-1 글쓰기의 실행 방법 /167
1) 문단 만들기 /169
(1) 중심생각 뒷받침하기 /172
(2) 문단과 문단 연결하기 /175
2) 글쓰기 방식 /183
(1) 설명하는 글쓰기 /185
(2) 논증하는 글쓰기 /192
(3) 묘사하는 글쓰기 /201
(4) 서술하는 글쓰기 /206
5-2 글이 갖추어야 할 구조 /210
1) 목차 /212
2) 초록 /215
3) 서론 /219
4) 본론 /223
5) 결론부 /230
(1) 요약 /232
(2) 결론 /233
(3) 제언 /235
6) 참고문헌 /237
7) 감사의 글 /249
8) 부록 /251
9) 찾아보기 /254

제6장 대학 글쓰기의 다듬기 257

6-1 그림 다듬기 /259
1) 그림 다듬기 /261

2) 표 다듬기 /268

6-2 말 다듬기 /272

참고문헌 279

찾아보기 280

제1장 들어가면서

글쓰기(writing)는 자기를 나타내는 행위로 사회나 조직에서 맡은 자리와 표현할 내용에 따라 간단히 정보를 전달하는 것부터 하고 싶은 말을 적극으로 주장하여 상대방을 자기 편으로 끌어들이는 일까지 여러 갈래가 있다. 말하기(speaking)도 역시 자기를 드러내는 하나의 방편이지만 시간과 장소에서 글쓰기만큼 여유와 요령을 부릴 수 없기 때문에 사람들은 두고두고 전하고 싶은 말이나 여러 지역의 많은 사람에게 똑같이 알리고 싶은 말은 되도록 글로 남겨 그 목적을 이루려고 한다.

글쓰기는 무엇보다도 전하고 싶은 말을 오해없이 적어서 글을 읽는 사람이 글의 내용을 앞뒤 사정에 맞춰 뚜렷이 알아볼 수 있도록 해야 한다고 믿는다. 하지만 글에서 나타내고자 하는 생각이나 사물의 상태와 동작 등을 시간과 장소에 관계없이 그대로 보여주고, 나아가 읽는 사람마다 다 똑같이 그릴 수 있도록 하는 것은 글을 쓰는 전문 직업인이라도 쉽지 않는 일이다.

이 책에서는 이와같은 글쓰기를 잘 할 수 있는 방법에 대하여 기존의 다른 사람이 써서 내 놓은 책이나 신문의 글 등을 읽고 얻은 지식, 이를 바탕으로 나름대로 연구하고 경험하여 얻은 것 등을 함께 정리하여 나타내고자 하였다. 글은 자기의 얼굴이고 인격이기 때문에 남과 똑같이 보여서도 매력이 없지만 자기 멋에 취해 제멋대로 날뛰어도 남에게 흉이 된다. 따라서 글을 쓰는 전문가가 아닌 일반인은 쓰고 싶은 주제(theme)를 글로 쓸 때 읽는 사람이 분명하게 떠올릴 수 없도록 말을 빙빙 돌리거나 화려하게 꾸며내지 말고 자기가 평소에 자주 읽고 들은 익숙한 말로만 깨끗하게 쓰는 연습이 필요하고, 이때 반드시 마음에 담아 두어야 할 것은 전하고자 하는 글의 내용이 시간이나 장소나 읽는 사람에 관계없이 꼭 하나로 통일될 수 있도록 하는 것이다. 이 책은 이를 위한 방법으로 친절하게 쓰는 글쓰기와 쉬운 말로 쓰는 글쓰기를 함께 제안한다.

글을 친절하게 쓴다는 것은 새로 놓은 도로에 표지판을 달아 목적지의 방향과 거리를 수시로 알려주듯이 글을 읽어 가는 사람에게 지금 읽고 있는 것과 앞에서 읽은 것, 앞으로 읽을 것을 분명히 하여 글의 흐름을 놓치지 않도록 하는 글쓰기를 말한다. 이 방식은 글을 읽는 이가 글쓴이가 하고 싶은 말의 간추린 내용이나 결론, 요약, 제안 등을 빠르게 알 수 있도록 할 뿐만 아니라 읽고 싶은 곳을 언제든지 쉽게 찾을 수 있도록 글의 구조를 요령있게 배치하는 것과 밀접한 관계가 있다. 그리고 글을 쉬운 말로 쓴다는 것은 글에서 나타내고자 하는 뜻을 사람들이 직접 만나서 대화하듯이 어려운 문법에 얽매이지 말고 될 수 있으면 입말로만 쓰는 글쓰기이다. 이 방식은 글을 읽는 이가 자기 앞에 있다고 보고 듣는 이의 수준에 맞는 자기 말로 하고 싶은 말이나 주장을 하나씩 적어가는 것으로 다른 사람들이 유식하게 보이도록 폼으로 쓰는 말, 즉 좋은 우리 말이 있는 데도 애써 무시하고 쓰는 아주 어려운 중국글(한자)과 일본식이나 미국식으로 번역된 글 등을 될 수 있으면 쓰지 않도록 하는 글쓰기이다.

이 장에서는 이 글에서 주장하는 이와같은 쉽고 고운 우리 말로 친절하게 쓰는 글쓰기에 대하여 일반인 가운데에서도 대학생의 처지에서 바라보고 생각할 수 있는 몇 가지 사항들을 본문을 시작하기에 앞서 먼저 알아보기로 한다. 여기서 먼저 밝혀둘 것은 나 자신도 글을 잘 쓰는 사람이 아니다. 이 책이 나오기 전에 출판된 몇몇 책들을 보면 어려운 한자말과 번역글 천지였었다. 그러나 지금은 그런 책을 보고 부끄러워하고 있으며, 그래서 될 수 있으면 좋은 우리 말을 가려 쓰려는 마음도 함께 품게 되었다. 이런 마음이 든 까닭은 본문을 써 가면서 기회를 잡아 하나 둘 이야기하겠지만, 여기서 한 가지 분명하게 밝혀두고 싶은 것은 옛날보다 지금이 글을 쓰는 부담이 훨씬 줄었고, 또 글을 쓰는 재미도 한결 좋아졌다는 것이다.

1-1 대학생의 글쓰기에 대해

대학생은 한 사람의 성인으로서 뱉어진 말에 그 책임을 다해야 하듯이 써진 글에도 잘못이 있으면 부끄러워할 줄 알아야 한다. 글이 글쓴이의 또다른 얼굴이기 때문이다. 내 자신이 대학생과 함께 학교에서 생활해 보면 몸에 붙은 진짜 얼굴은 씻고 닦고 바르고 하면서 열심히 공을 드리는 반면에 글로 나타난 얼굴에는 금방 자고 일어나 눈곱도 떼지 않은 모습으로 지내는 경우를 자주 볼 수 있었다. 더 심각한 것은 부스스 머리가 헝클어지고 눈곱이 그렇게 붙어 있는 데도 전혀 부끄러워하지 않는다는 것이다.

대학생 중에서도 이공계 학생이 인문계 학생과 견주어 이런 '글얼굴'을 가꾸려는 노력과 기술이 조금 부족하다고 한다. 물론 나는 이 말을 진정으로 인정하지 않지만 각 계열의 중요 과목, 즉 수학과 문학이 다루는 학습 내용과 이를 효과적으로 공부해 가는 자기들만의 오래된 학습 방법이 서로 다르기에 남이 쓴 글을 바라보는 태도나 자기가 쓰는 글쓰기에 대한 마음의 자세 등에서 계열별로 어느 정도 차이는 있을 것으로 본다. 하지만 대학생은 대학 입학 때문에 어쩔 수 없이 버릇이 된 이와같은 학문적 편식을 버리고 하루빨리 자기의 단점을 보완하여 언제 어디서나 말이든 글이든 자기를 들어내는 자리에선 최소한의 예의와 교양이 나타나도록 해야만 한다. 한 나라를 평가하는 기준은 많이 있지만 그 중에서 튼튼한 밑거름과 밝은 미래를 가늠하는 척도로 흔히 대학생이 갖춘 기본적인 자질을 지적하는 경우가 많기 때문이다.

대학생이 글을 써야 하는 경우는 이루 말을 다할 수 없을 정도로 흔하다. 사회의 진출을 앞두고 새로운 조직체 문화를 대비한 글쓰기 연습도 필요하겠지만 아무래도 정상적인 대학 생활을 마치기 위해서는 과제물부터 논문 작성에 이르기까지 글을 쓰는 까닭과 목적도 여러 가지이다. 즉, 친구에게 소식(news) 전하기, 고마운 분이나 어른께 편지(letter) 쓰기, 광고나 홍보용 전단(leaflet) 만들기, 모임에서 회의록(minute) 작성하기, 간단한 정보를 전하는 쪽지(memo) 쓰기, 학교에 제출할 과제물(homework) 하기, 학교 신문에 짧은 감상문(essay)이나 논평(review) 쓰기, 졸업논문(graduation paper) 쓰기, 앞으로 연구하고 조사할 분야에 대한 제안서(proposal)

작성하기, 연구 내용에 대한 보고서(report) 쓰기, 자기의 연구분야에 대한 발표논문(conference paper)이나 소논문(article), 학술논문(journal paper) 쓰기, 석사나 박사를 위한 학위논문(thesis) 쓰기, 잘 아는 사람을 다른 사람에게 소개하는 추천서(recommendation) 작성하기, 개발된 유용한 도구(소프트웨어나 하드웨어)들에 대한 설명서(manual) 작성하기 등과 같이 대표적인 것만 간추려도 대학생이 졸업하기 전에 한번쯤 해 보아야 할 것은 참으로 많다.

대학생이 쓰는 글이 어떤 종류의 글이든지 좋은 글이 되기 위해서는 무엇보다도 읽는 사람이 잘 알 수 있고 잘 기억할 수 있는 글이 되어야 한다. 안부를 묻든 홍보를 하든, 소개를 하든 설명을 하든, 감상을 적든 논평을 하든, 지식을 전달하든 새로운 연구 내용을 발표하든 어떤 경우라도 글을 읽는 사람의 눈앞에 글의 내용 속에 담긴 사물과 생각이 고스란히 그대로 그려지고, 또 그것이 오래오래 남을 수 있도록 써야만 한다. 결국 좋은 글이란 쓰고 싶은 글을 쓰기 전에 글을 읽을 사람을 먼저 생각해 보고 될 수 있으면 관념과 추상의 말을 버리고 읽을 사람이 이해할 수 있는 말로만 직접 말하듯이 쓰면 되겠고, 여기에 읽는 사람이 글의 내용을 꼭 붙들어 놓지 않도록 하려면 입으로 말할 때와 같이 글로 쓸 때도 차근차근 순서에 (말을 꼭 해야 하는 상황을 설명 → 말의 내용 → 말을 다시 요약하여 다짐을 받음) 맞추어 친절하게 쓰면 좋겠다.

인문계 대학생도 그렇겠지만 특히 이공계 대학생은 자기가 쓰고 싶은 글의 내용을 뒷받침해야 하는 중요한 자료(data)를 자기 스스로 실험(실제 혹은 모의)을 거쳐 생성해야 하는 경우가 많다. 물론 인문계 학생도 추세 분석이나 설문 조사를 하고 난 후 그 결과를 글로 나타낼 때는 다른 사람의 그것과 서로 비교하는 작업이 있겠지만 이공계 학생들은 과학(혹은 수학)의 본질적인 특성 때문에 가정과 입증의 단계가 꼭 필요하고, 이때 자기의 주장을 펴서 읽는 이를 설득하려고 하면 입증을 위한 여러 가지 방식 – 비교·대조, 설명·정의, 묘사·서사, 예시·인용, 분류·구분, 논증·유추 등에서 몇 가지를 선택하여 자기가 연구나 실험으로 밝힌 자료로 친절하면서도 조심스럽게 뒷받침하는 기술이 꼭 필요하다. 따라서 이공계 대학생인 경우 고등학교까지는 인문계 학생들보다 글쓰기에 대한 관심과 기회가 훨씬 적었다 하더라도 지금은 기운이 가득한 재미있는 학교 생활을 위해서만 아니라 자기의 뜻을 호소력있게 주장할 수 있는 힘을 길러 올바른 민주 시민이 되기 위해서라도 과학적이고 논리적인 글쓰기만큼은 인문계 학생들보다 오히려 더 많이 갈고 닦아야 한다.

앞에서도 언급하였듯이 좋은 글은 문장을 억지로 문법에 맞추려고 하지 말고 말하듯이 쉽게 쓰고 잘 기억할 수 있도록 구성하면 된다. 그렇다고 문법을 완전히 무시하라는 것은 아니다. 문법은 한 나라의 말을 글로 표현할 때 모든 사람들이 똑같이 지키라고 만들어 놓은 하나의 약속이기에 별다른 까닭없이 어길 수는 없다. 하지만 한 나라의 국민은 지금까지 살아오면서 자기의 삶과 같이 말을 해 왔기에 꼭 쓰지 않으면 안 되는 말이나 주장이 있으면 쓰는 법은 저절로 맞추어진다. 오히려 문법을 맞추려고 애쓰다 보면 삶이 아닌 시험 공부로 배운 외국 문법이 먼저 떠올라 나중에는 어처구니없는 이상한 글이 되는 경우가 흔히 일어나는 것이다.

아무쪼록 이 책이 한결같이 내세우는 우리 말로 쉽게 쓰는 글쓰기와 형식을 갖춰 친절하게 쓰는 글쓰기가 한국의 대학생들이 자기의 대학 삶을 뜻있게 가꾸고, 또 학문의 폭도 능률이 오르면서 효과가 잘 나타나도록 하는데 조금이라도 보탬이 되었으면 좋겠다. 특히 이공계 대학생이 학교에서나 직장에서나 자기의 가치를 더욱 높이고자 한다면 꼭 하고 싶은 말을 요령있게 주장하고 설득할 수 있는 기술을 이 책과 함께 배워나갔으면 하고 바란다.

1-2 우리 말로 쉽게 쓰는 글쓰기

글을 잘 쓰게 하는 방법은 없다. 옛날부터 삼다(三多)라 해서 많이 읽고, 많이 쓰고, 그리고 (생각하면서) 많이 다듬는 것이 글을 잘 쓸 수 있는 방법이라 믿어 왔지만, 어디를 가나 읽을 거리가 산처럼 쌓여있는 오늘날에는 이를 실천하기가 여간 어려운 것이 아니다.

오늘날의 상황에 맞게 삼다를 다시 해석해 보면 우선, 많이 읽는다는 것은 쓸 대상에 대해 쓰고 싶은 마음이 들도록 각자의 자리에서 그 대상을 열심히 겪어 보는 것이다. 감상문을 쓰려면 자기의 감정이 움직일 정도로 느끼면서 진실로 생각해 보고, 서사문을 쓰려면 그 대상을 보고 들으면서 정말로 체험해 보고, 또 논(설)문을 쓰려면 주장하고 싶은 말을 이치에 맞게 뚜렷이 뒷받침할 수 있는 자료들을 요령있게 모으면 된다. 다음, 많이 쓴다는 것은 무작정 아무렇게나 쓸 것이 아니라 읽고 조사하여 밝힌 대상을 어려운 외국 말로 그 말법을 억지로 따라가면서 쓰지 말고 읽기 쉽고 알기 쉬운 깨끗한 우리 말로 쓰는 것이다. 쓸 대상에 대하여 확실하게 알지 못할 때 오히려 자기도 모르게 어렵고 오염된 말로 빙빙 돌리게 된다는 것을 알아야 한다. 끝으로, 많이 다듬는다는 것은 글을 쓰고 난 후 글을 읽을 사람의 처지에서 한번 더 생각해 보는 것이다. 부족한 것은 다시 보태고, 군더더기는 깎고, 잘못된 것 – 유식하게 보이려고 쓴 입에 익지도 않은 말이나 공연히 글재주만 부려 전달하고자 하는 뜻을 뿌연 안개 속에 가린 말 – 따위는 하나도 빠짐없이 고쳐야 한다.

결국 글은 쓰지 않으면 안 되는 절박한 말이나 주장만 있으면 (또는 그런 말이나 주장을 뒷받침할 생생하고 합당한 근거를 삶이나 공부·연구로 찾았다면) 이의 1차적 목적, 곧 글쓴이의 뜻이 오해없이 전달되어 글을 읽는 이가 글의 내용을 앞뒤 사정에 맞춰 분명히 그려볼 수 있도록 하는 것은 누구나 말하듯이 쉬운 자기 말로만 쓰면 된다. 한 나라의 국민은 자기 나라 말로 이야기할 때 가장 잘 이해한다. 설사 그것이 추상적인 개념이나 관념이라 할지라도 쉽게 알아 들을 수 있는 자기네 말로 친절하게 설명한다면 말을 하는 사람이나 듣는 사람은 대개 똑같은 그림을 그리면서 서로의 생각을 주고받을 수 있다. 글을 쓸 때도 이와 마찬가지다. 글을 읽을 사람에 맞춰 쉬운 말로 자기 뜻을 담도록 해야지 공연히 어려운 말을 이것저것 붙이고, 또 빙빙 돌리게 되면 읽는 사람뿐만 아니라 나중에는 글을 쓰는 자기가 오히려 무슨 말을 하는지도 모른다.

쉬운 말에는 우리가 보통 입으로 말할 때 쓰는 입말과 옛날부터 글을 쓸 때 자주 사용해 와 이제는 귀에 아주 익어서 우리 글말이 된 중국말이 있고, 어려운 말에는 아주 좋은 우리 말을 죽이는 말이나 우리 귀에 익지도 않은 말을 유식을 뽐내려고 쓰는 중국말과 일본말, 서양말 등과 같은 외국 말이 들어간다.[1] 간단히 말해서, 글을 쓸 때는 어려운 말에 '연연(戀戀)'하기보다는 '얽매이지' 말고 '수면(睡眠)'을 충분히 '취(取)'하지 않았으면 '잠'을 충분히 '자고' 난 후에 '에너지'도 '리필(refill)'하지 말고

1 '입말'과 '글말'이라는 말은 이오덕의 『우리 문장 쓰기』에 처음 나오는 말이다. 이 책은 왜 우리가 우리 말을 살려 써야만 하는가에 대하여 글쓴이의 반평생 경험과 느낌을 쓴 것으로 우리 말을 죽이는 외국말과 그 말법을 하나하나 찾아내어 올바르게 꼬집고 있다.

'기운'도 '다시 채워서' 써야만 한다. 또한, '역활'은 '역할(役割)'을 잘못 쓴 것이니 앞으로 조심해야지 라고 마음을 다지는 것보다는 '역할'을 쓰는 자리에 '구실' '노릇' '할 일' 등의 말로 대신하면 어떨까를 다시 생각해 보면서 글을 썼으면 한다.

우리 말을 담는 우리 글은 소리글자이다. 소리글자는 (또는 표음문자(表音文字)는) 하나하나의 소리를 사람이 낼 수 있는 발음으로 나타낸 글자로 한글과 함께 로마자와 일본글 가나(假名)가 여기에 포함되며, 하나하나의 글자가 일정한 뜻을 나타내는 그림문자나 상형문자, 한자(漢字) 등과 같은 뜻글자와 (또는 표의문자(表意文字)와) 서로 구별된다. 각 글자가 나름대로 장단점이 있지만 소리글자는 배우기 쉬울 뿐만 아니라 발음의 야릇한 변화로 보이지 않는 감정을 여러 가지로 적절히 표시할 수 있는 특징이 있는 반면에, 뜻글자는 배우긴 어려워도 눈에 보이는 사물의 상태와 동작에 맞는 말을 새로 만들어 내는 능력이 뛰어나다. 한편, 우리 말은 첨가어이다. 우리 말은 실제의 뜻을 갖는 단어나 어간에 여러 요소(어미나 조사 등)를 차례차례 붙여서 그 말의 문법적인 구실이나 다른 단어와 이루는 관계 등을 결정한다는 말이다. 즉, 말하는 순서와는 아무런 관계가 없다. "내가 밥을 먹었다" "밥을 내가 먹었다" "밥을 먹었다. 내가" "먹었다. 내가 밥을" "먹었다. 밥을 내가" 등은 모두 같은 말이고, 단지 한 문장이냐 두 문장이냐 하는 차이뿐이다.[2] 그래서 이와같은 첨가어는 말을 할 때 문법에 얽매이지 않고 자기가 강조하고 싶은 말을 문장의 앞이나 뒤로 자연스럽게 배치할 수 있는 특징이 있다.

우리 말을 우리 말답게 쓰기 위해서는 소리글자와 첨가어의 특징을 잘 살려 써야만 한다. 발음 나는 대로 적어 놓으면 무슨 말인지 알 수 없는, 하나하나 뜻을 헤아려야만 알 수 있는 말은 되도록 버리고 우리 말에서 가장 발달된 동사나 형용사의 서술성을 적극 살릴 수 있도록 명사화 표현이나 관형절, 접속부사(한자 서술어를 포함) 등은 될 수 있으면 쓰지 않도록 해야 할 것이다. 물론 이 모든 것에 대한 하나하나의 예는 다음 장에서 자세히 언급하겠지만, 어쨌든 문맹 퇴치에 큰 공을 세운 개인이나 단체에 주는 세계적인 상인 유네스코 세종대왕상(UNESCO King Sejong Literacy

2 문장에서 놓인 자리보다는 쓰인 격조사에 따라 문장 성분이 (주어, 서술어, 목적어, 보어, 관형어, 부사어, 독립어 등이) 결정되는 이와같은 경우 이외에 형용사나 동사의 어미가 변하여 문장의 앞과 뒤를 서로 연결하는 경우는 제2장에서 예와 함께 자세히 다루기로 한다.

Prize)이[3] 우리의 자랑과 당당함으로 굳게 지켜질 수 있도록 우리 스스로 우리 말을 더욱 살려 썼으면 한다. 1894년 갑오개혁 이후 몇몇 지식인들이 입으로 하는 말, 즉 입말과 글로 적는 말, 즉 글말을 똑같이 쓸 수 있도록 벌여왔던 언문일치(言文一致) 운동을 오늘날 새로운 학생 운동으로 다시 불을 지펴보는 것도 한 방법이 될 듯싶다.

1-3 형식을 갖춰 친절하게 쓰는 글쓰기

친절하게 글을 쓴다는 것은 읽는 이가 글을 읽을 때 느끼는 수고와 짐을 들어주는 글쓰기이다. 집에서나 학교에서나 직장에서나 어디를 가든지 책이 산으로 쌓여 있는 오늘날에는 읽고 싶어도 읽지 못하고 읽고 싶지 않은 책도 개인이나 조직의 발전을 위하여 꼭 읽어야 하는 경우가 더러 있다. 그뿐 아니라 이런 정보가 (책을 비롯하여 잡지, 보고서, 논문 등이) 만들어지는 속도가 엄청나게 빨라 꼭 필요한 부분만 선택하여 읽는다 해도 다 읽지 못한다. 따라서 글이 글의 공해로 남지 않기 위해선 글의 내용을 앞의 '우리 말로 쉽게 쓰는 글쓰기'로 쓰는 것도 중요하지만 글의 형식에서 읽는 이가 글을 읽어가면서 글의 흐름을 잃지 않도록 친절하게 방향을 잡아주는 것도 참 중요하다. 글을 읽는 것은 잘 알지 못하는 목적지를 조마조마하게 찾아가는 것과 같기에 글을 쓰는 사람은 글을 써가는 중간에 안내판도 붙이고 휴게실도 만들고, 또 돌아가는 길도 만들어 글을 읽는 이가 필요하다면 다른 곳을 거쳐 지나갈 수 있도록 해주어야 한다.

'우리 말로 쓰는 쉬운 글쓰기'가 가고 싶은 목적지를 개척하여 그 곳까지의 길을 빙빙 돌리지 않고 가장 짧은 직선길로 효과가 잘 나타나도록 하는 것이라면 '형식을 갖춰 친절하게 쓰는 글쓰기'는 그 길을 친절하게 안내할 뿐만 아니라 읽는 이의 기억 속에 오래오래 남을 수 있도록 보기 좋게 꾸미는 것에 견줄 수 있다. 글을 꾸미는 것과 글재주를 부리는 것은 전혀 다르다. 글재주는 글의 내용을 모호하게 하여 읽는 이가

---

3 이 상은 1989년 6월에 유네스코와 한국 정부가 한글을 만든 세종대왕의 숭고한 정신을 받들어 세계의 문맹을 빨리 퇴치하고자 제정되었다. 1990년에 인도의 〈과학 대중화 협회〉가 제1회 상을 받은 이후로 해마다 9월 8일이면 세계문명퇴치의 날을 기념하면서 수여되고 있다.

정확한 뜻을 바로 붙잡지 못하도록 하는 방해물이지만, 글꾸밈은 글의 형식에 변화를 주어 글을 읽는 이가 지루하지 않게 하는 것 이외에 글의 흐름도 바로 세울 수 있도록 하는 글쓰기의 특별한 기술이다. 즉, 새로 건설하는 길에 가로수나 입간판 등으로 기억에 남도록 치장하고 가로등이나 안내판 등으로 방향을 잡아 주는 것과 같다. 그래서 좋은 글을 지탱하는 두 기둥은 그림 1.1과 같이 자기 나라 말에 대한 글쓴이의 태도와 자세로 결정되는 '우리 말로 쉽게 쓰는 글쓰기'와 글을 읽는 이를 배려하고자 하는 글쓴이의 관심과 노력으로 결정되는 '형식을 갖춰 친절하게 쓰는 글쓰기'가 된다.

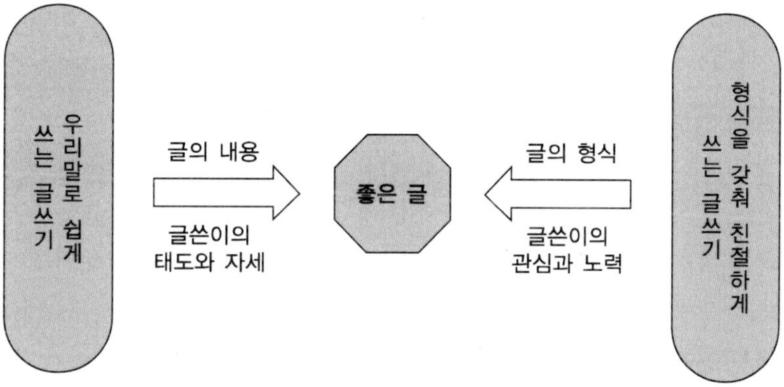

그림 1.1 좋은 글을 만드는 두 가지 글쓰기 법

그림 1.1에서 주의하여 바라볼 것은 '우리 말로 쉽게 쓰는 글쓰기'는 고운 우리 말이 좋은 글이 된다는 신념만 가득하면 누구나 다 할 수 있는 글쓰기 방법이지만, '형식을 갖춰 친절하게 쓰는 글쓰기'는 특히 대학이나 직장에서 쓰는 논(설)문인 경우에 자기 글이 읽을 만한 충분한 가치가 있다고 드러내고자 할 때 꼭 필요한 글쓰기 방법으로 쓴 글을 발표하는 자리가 중요하고 권위가 있을수록 더욱 요구되는 기술이다.

글을 친절하게 쓰기 위해서는 우선, 글로 나타내려고 하는 대상을 적어나가는 순서가 (전문용어로 '차례' 또는 '목차(table of contents)'라 함) 필요하다. 여행의 목적지까지 안전하고 편안하게 가기 위해서 중간 중간에 둘러보아야 할 곳을 미리 알려주어야 하기 때문이다. 특히, 자기의 글과 주제가 비슷한 글이 많고, 또 이것을 특정 전문가 집단에서 발행하는 논문집에 발표하려고 한다면 이와같은 차례 이외에 그 목적지에 꼭 가보아야 할 까닭과 가게 되면 얻을 수 있는 이점 등을 쉽게 알아볼 수 있도록 신문의 호외처럼 별도로 작성하여 글의 맨 앞에 놓아야 하는 경우도 있다. 이를 전문용어로 '초록(abstract)'이라 하는데, 이는 학문이나 연구 능력에 대한 자격을 주기 위한 학위논문이나 같은 분야의 전문가들이 관심있게 지켜볼 만한 주제를 다룬 학술논문과 같이 보통 길이가 길고 전문 지식을 포함하는 논문인 경우에 주로 써먹는 논문 구조의 한 부분이다.[4] 독자를 배려하는 차원으로 독자들이 논문을 읽기 전에 자기가 알고 싶은 내용이 있나 없나를 판단할 수 있도록 논문에 대한 개략적인 요약이나 결과를 짧게 적어두는 곳이다. 다음, 자기 글을 읽어줄 사람을 만났다면 이제 그 사람이 호감을 갖고 계속 자기와 친분을 유지할 수 있도록 세세하게 배려해 주는 것이 필요하다. 여행에 비유한다면 목적지의 날씨나 숙박 문제 등을 미리 조사해 우산이나 덧옷, 텐트 등을 챙겨주거나 민박을 예약해 놓는 일 따위와 같다. 글의 목적이나 글을 쓰게 된 동기, 글의 주제와 관련된 주위 형편이나 문제점 등은 '서론(introduction)'이라는 논문의 또다른 부분에서, 그리고 자기가 쓴 글에서 적극으로 주장한 말이나 알고도 생략한 말, 앞으로 하고 싶은 일이나 무엇이 어떠하기를 바라는 말 따위는 '결론(conclusion)', '요약(summary)', '제언(recommendation)' 등의 각 부분에서 꼼꼼하게 다시 반복하여 소개 · 설명 · 설득 · 강조 · 전망하는 것이 필요하다.

'형식을 갖춰 친절하게 쓰는 글쓰기'는 글에서 전달하고자 하는 내용을 될 수 있으면 우리 말과 말법으로 평소 말하듯이 (별다른 규칙을 생각하지 않고) 적어가는 '우리 말로 쉽게 쓰는 글쓰기'와 달리 글을 구성하는 형식인 글틀을 지정하여 글에 꼭 포함되어야 할 정보의 선정과 이의 배치 방법, 자기가 말하고 싶은 주제나 중심생각을 뒷받침하는 방법, 다른 글을 참고할 때 이를 자기 글에 표시하는 방법, 글의 내용을 강조하기 위해 표나 그림을 삽입하는 방법 등을 체계적으로 다루면서 적어가는

---

4 오늘날에는 전문적인 학술논문이 워낙 많기 때문에 초록만 본다고 할지라도 자기가 관심 있는 논문을 일일이 다 찾아볼 수는 없다. 따라서 이와 관련한 새로운 직업인 정보추출 전문가(information-retrieval specialist)와 신종 사업인 정보서비스 회사(information service company)가 크게 주목받고 있다. 정보추출 전문가는 논문의 초록에서 그 논문을 가장 잘 설명할 수 있는 중요단어(keyword)를 끄집어 내는 사람이고, 정보서비스 회사는 초록을 모두 데이터베이스로 만들어 놓고 사용자의 요구에 따라 단어나 문장별로 찾아주는 회사이다.

글쓰기이다. 그래서 이런 글쓰기는 친절하게 쓰려는 글쓴이의 노력과 훈련만 있으면 점차 나아질 수 있다. 앞에서 언급한 삼다의 방법은 오늘날의 형편에 비추어 볼 때 잘 맞지 않을 뿐만 아니라 어릴 적부터 그런 버릇이 몸에 배지 않고는 짧은 시간에 글쓰기 효과를 기대하기가 거의 불가능하다. 하지만 '형식을 갖춰 친절하게 쓰는 글쓰기' 방법은 글과 단락(paragraph)의 구조나 스타일을 개인의 취향이나 지정된 형식에 따라 통일성(coherence) 있게 꾸미는 기술이므로 조그만 노력해도 금방 그 효과를 볼 수 있다.

글을 처음부터 잘 쓰는 사람은 없다. 내가 글쓰기가 어려우면 다른 사람도 역시 글쓰기가 어렵다고 생각하면 틀림없이 맞다. 다만 말하듯이 쓴 글을 발표하는 자리에 따라 유행에 맞게 옷을 갈아 입히고 화장을 새로 고치는 따위와 같이 맵시가 나도록 꾸미는 일만은 누구나 노력하면 모두 전문가가 될 수 있다. 그러므로 자기 생각을 말로써 요령있게 나타낼 수 있는 대학생은 글도 말하듯이, 유식하다고 폼 잡는 외국말이 아닌 자기보다 좀더 못 배운 사람도 금방 알아들을 수 있는 쉬운 우리 말로 반듯하게 쓴다면 틀림없이 좋은 글이 될 것이며, 여기에 글의 구조를 잡고 스타일을 꾸미는 친절한 글쓰기까지 몸에 배면 지금은 물론이고 졸업 후에 직장을 가든지 대학원에서 공부를 더 하든지 어디에서나 성공의 지름길로 먼저 들어서는 사람이 될 것이 확실하다. 글쓰기는 예술(art)이 아니다. 우리가 쉬운 우리 말로만 글을 쓴다면 글쓰기는 연습을 통해 익힐 수 있는 하나의 기술(craft)일 뿐이라는 사실을 꼭 기억했으면 좋겠다.

제2장 우리 문장으로 글쓰기

말은 잘하는데 글 쓰는 것은 어렵다고 말하는 사람들이 많다. 대학에서 전문지식을 많이 쌓고 영어도 잘하는 사람이 전공 원서(原書)를 번역한 글을 보면 우리 글인데도 우리가 잘 이해할 수 없는 경우가 종종 있다. 왜일까? 말하는 말과 글로 쓰는 말이 아주 옛날에도 달랐지만 언문일치 운동을 시작한 지 100여 년이 넘은 지금도 여전히 심하게 어긋나기 때문이고, 또 입말이 아닌 글말로 글을 쓰려니 입에 익지 않아서 억지로 문법을 짜 맞추는 꼴이 되기 때문이다.

이 장에서는 '우리 말로 쉽게 쓰는 글쓰기'를 위해 우리 문장을 어떻게 쓰고 어떻게 구성할까를 다루기로 한다. 문장이 말에서 멀어지면 글쓰기가 고달프고 머리를 짜서 써야 하기에 쓴 글이 이상한 번역체가 되기 쉽다. 따라서 글, 곧 문장은 말하듯이 써야 말법이 자연스럽게 선 깨끗한 우리 말이 되어 뜻도 오해없이 전할 수 있다.

오늘날 우리들의 말글살이를 가만히 들여다 보면, "가게에서 이것저것 많이 샀다"라고 말로 하면서 글로는 "상점에서 각양각색의 물건을 다량 구입했다"라고 적어야만 되는 줄 알고, 또 문장의 주체도 뚜렷하게 세우지 않고 오히려 영어식 물주구문(物主構文)과 수동(사동 · 피동)태 번역글, 일본식 겹조사 등이 우리 글로 둔갑해도 전혀 부끄럽게 생각하지 않는다. "A가 B를 C로 부른다"라고 말로도 하고 글로도 쓰면 되는데 "B는 A에 의해 C로 불리워진다(불려진다)"라고 글로 흔히 쓰는 형편이고, 또 "억압으로부터의 해방을 만끽하다" "나는 아이 셋을 갖고 있다" 등은 유식하게 보이는 좋은 글이고 "억압에서 벗어나 즐기고 있다(참 좋다)" "나는(우리 집은) 아이가 셋이다" 등은 무식하게 보여 말로는 할 수 있어도 글로 쓰기는 곤란하다고 느끼는 것 같다.

우리 말은 말소리(발음)로 들은 말을 글로 그대로 쓸 수 있는 아주 훌륭한 말이다. 세상 사람들도[5] 극찬으로 인정하는 우리 말인 한글을 오직 우리만이 애써 외면하면서 오히려 평범한 한글보다 한자를 공부하여 될 수 있으면 글을 어렵게 쓰는 것이 지식과 교양을 나타내는 기준으로 잘못 아는 이상한 일이 벌어지고 있는 것이다. 일반 생활글이 아니라 학교에서 자기가 연구하는 분야에 대한 논문을 쓰려면 뜻글자인 한자나 외국어 원문을 그대로 빌려 쓰는 것이 훨씬 더 함축적이면서도 간결하게 자기 생각을 전할 수 있다는 것을 안다. 우리 말로 나타낼 수 없는 말이야 (긴 말을 압축하여 새로 의미있게 만드는 짧은 말이나 외국에서 막 들어와 아직 우리 말이 없는 말 따위) 어쩔 수 없겠지만, 글을 지식의 올바른 전달과 상관없이 자기의 유식과 권위와 재주를 보여 남과 다르다는 것을 뽐내려고만 한다면 사람이 식민지 생활을 했던 것과 같이 글도 사람을 따라 곧 식민지 생활을 할 것이 뻔하다. 특히, 대학에 있는 우리가 우리 말을 살려 가르치고 배우지 않는다면 누구를 탓하고 누구를 이끌 수 있겠는가. 아무쪼록 "어머니께서 힘이 없어 넘어지는 바람에 얼굴을 긁혔다"라고 하면 될 것을 "모친이 기진하여 전도한 연고로 안면에 찰과상이 발생했다"라고 쓰지는 말아야겠다.

2-1 한글 맞춤법에 대하여

영어 문법이나 단어가 좀 틀리면 많이 부끄러워해도 한글을 잘못 쓰면 그럴 수도 있다는 투가 대부분이다. 영어 교육을 밤낮으로 강조하는 요즘엔 어른들 못지않게 아이들도 당연하다는 태도인 것 같다. 앞에서도 언급했듯이 글은 입으로 하는 말과 달리 서로 마주보지 않고 하는 말이기에 간접적이나마 글쓴이의 얼굴과 인격을 나타낸다고 하였다. 남의 얼굴이 아무리 잘 생겼다 하더라도 제 얼굴에 있는 입과 코가 비

5 한글은 1994년 6월에 Jared Diamond가 미국의 이름난 과학잡지인 〈Discover〉에 "바른 글자살이(Writing Right)"라는 제목으로 글을 실은 후에 더욱 알려지게 되었다. 참고로 〈Discover〉의 홈페이지(http://www.discovermagazine.com)에서 왼쪽 목록에 있는 'Archive'로 이동하여 검색하면 A4용지 12장의 원문을 볼 수 있다.

뚫어져 가는 데도 무작정 남만 바라보고 있을 수만은 없다.

말과 글은 오랫동안 한 겨레가 함께 써 오면서 몸에 자연스럽게 배는 것이지만, 그래도 자꾸 헷갈리는 경우엔 규칙을 정해 놓고 이럴 때는 꼭 이렇게 쓰자고 강제로 다짐을 받는다. 한글 맞춤법은[6] 우리 글을 쓰는데 지켜야 할 규칙이다. 일종의 사회적 약속이기에 글을 쓸 때 누구나 지켜야 한다. 빨리 가려고 교통법규를 무시하고 차를 몰면 큰 사고도 나겠지만, 그렇지 않다 하더라도 교통 흐름이 끊기면서 오히려 더욱 불편한 것과 같이 글에서도 지켜야 할 약속을 지키지 않으면 뜻의 전달도 제대로 되지 않을뿐더러 마른 입에 모래를 씹는 것처럼 읽는 이를 꽤 성가시게 한다. 실제로 우리가 우리 말과 글을 입과 손에 익은 대로 부릴 경우에는 이른바 '철자법'이란 것이 없어도 된다. 어릴 때부터 삶과 함께 써 왔던 말에는 자기도 모르게 익힌 말법이 고스란히 녹아 있기 때문에 그냥 말하듯이 쓰면 되는 것이다. 하지만 사람마다 개성이 다르듯이 말에도 자기만의 독특한 말버릇이 (사투리를 포함) 있기에 이것이 억제되지 않은 채 글로 바로 나타나면 사회에서 하는 정상적인 글자살이가 어려워진다. 물론 이 때문에 한글 맞춤법이 필요한 것만은 아니다.

한글은 소리글자이기에 발음으로 각 단어를 구별하게 되는데 어떤 경우에는 서로 구별할 수 없는 것도 있고, 또 한글은 첨가어로 단어의 뜻이 어미만으로도 전혀 다른 말로 바꾸어지는데 어떤 경우에는 바뀐 단어를 그대로 발음하기가 곤란할 때도 있다. 따라서 소리로 구별되지 않는 것은 글자의 표기를 바꾸어 구별할 수 있도록 하고, 또 발음이 어려운 것은 글자를 구성하는 자모(字母)를 바꾸어 소리내기 쉽도록 해주어야 한다. 이 모든 것이 한글 맞춤법이 꼭 필요한 경우로 공식적인 문서를 쓸 경우에는 더 더욱 살펴보아야 할 내용들이다. 그런데 한글 맞춤법은 상당히 까다롭다고 한다. 쪽 수에서 A4 용지로 30여 장밖에 안 되는 한글 맞춤법은 그 내용에 일반적인 사항을 (제1장 총칙과 제2장 자모의 이름과 순서에 대한 내용) 빼고 이른바

---

6 이 책에서 참고한 한글 맞춤법은 1988년 1월 19일에 교육부가 (당시 문교부) 발표한 제88-1호로 이듬해 3월 1일부터 시행되었다. 한글 맞춤법은 한글학회(www.hanguel.or.kr), 한글문화연대(www.urimal.org), 한국어학회(www.korealinguistics.or.kr), 그리고 한말연구학회(www.hanmal.or.kr) 등에서 내려받기(download) 할 수 있다. 이 책에선 다른 책과 달리 한글 맞춤법을 부록으로 삽입하지 않았는데 독자 스스로 내려 받으면서 제본이나 철을 하는 성의를 보일 때만 제대로 활용할 수 있다고 보았기 때문이다.

'문법'으로 볼 수 있는 것은 제3장 소리에 관한 것, 제4장 형태에 관한 것, 제5장 띄어쓰기, 제6장 그 밖의 것[7], 그리고 맨 마지막에 부록으로 첨가된 문장부호의 사용법과 용례로 구성되어 있다. 누구나 한 권 이상은 가지고 있을 법한 영어 문법책에 비하면 쪽 수에서나 다루는 내용에서나 견줄 수 없을 만큼 빈약하게 보이는 데도 정상적인 말글살이 하는 우리들이 어렵고 헷갈리게 느끼는 것은 아마도 맞춤법의 각 장이 일반적인 원칙을 설명하면서 예외 규정과 중복허용 규정을 너무 광범위하게 인정하기 때문으로 생각된다.

한글 맞춤법에서 예외 규정을 둔 것은 표준어를 정하여 이를 소리대로 적되 반드시 어법에 맞도록 함을 원칙으로 삼았기에 있을 수 있다고 본다. 예를들어, 한글 맞춤법 제3장 소리에 관한 것에서 '산뜻하다' '잔뜩' '살짝' 등은 된소리 표기가 정한 표준어에 따라 잘 되었지만 '갑짜기' '몹씨' '법썩' 등은 잘못되었다고 한 것이나, '해돋이' '같이' '묻히다' 등과 같이 어법에 (구개음화 · 입천장소리 되기 등) 맞게 써야지 이를 소리대로 '해도지' '가치' '무치다' 등과 같이 쓰면 안 되고, 또 어법에 (두음법칙 · 머리소리 법칙 등) 따라 '여자' '연세' 등으로 써야 하지만 단위로 사용되는 '냥(兩)' '년(年)' 등은 예외로 인정하는 것 따위다. 하지만 한글 맞춤법에 중복허용 규정을 인정한 것은 전문가가 아닌 내가 보아도 뭔가 잘못된 것 같다. 이것도 맞고 저것도 맞는 식이니 가르치는 사람이나 배우는 사람이 따로 있을 수 없다.

한글 맞춤법에서 중복허용 규정이 가장 폭넓게 적용되는 분야는 제5장 띄어쓰기 부분이다. 영어와 같이 단어마다 띄운다고 하든지, 또는 일본어같이 전혀 띄우지 않는다고 못을 박듯이 엄격하게 정하면 될텐데 항상 양다리 걸치기 식이니 글을 쓰는 사람이나 글을 읽는 사람이 모두 애를 먹게 된다. 게다가 요즘에는 글을 쓸 때 대부분 컴퓨터 소프트웨어를 (아래아 한글이나 MS 워드 등) 이용하는데, 이때 평소에 늘 사용해 와 이제는 자기 몸에 밴 자기만의 띄어쓰기 방식이 틀렸다고 빨간 밑줄이 화면에 나타나면 이를 고치려니 왠지 자존심이 상하고, 그렇다고 그냥 내버려두려니 찜찜하여 여간 성가신 게 아니다.

---

7 우리 말 중에서 꼭 구별해서 써야 할 말을 설명한 장(章)이다. 예를들면, 따뜻이('따뜻히'는 틀림), 엄격히('엄격이'는 틀림), 쓸쓸히('쓸쓸이'도 맞음) 등과 같이 부사의 끝 음절에 따라 구별해야 할 말, 조사와 어미에서 '-든'와 '-던'의 구별법, 그리고 속도가 '느리다', 고무줄을 '늘이다', 수출량을 더 '늘리다' 등과 같이 발음과 글의 형태가 비슷하여 헷갈리기 쉬운 말 따위를 설명한다.

이 절에서는 '우리 말로 쉽게 쓰는 글쓰기'를 위해 우리 말이면서도 글로 쓸 때 종종 잘못 쓰기 쉬운 것과 띄어쓰기에 대한 딱 부러지는 규칙은 없지만 그래도 글을 정확하게 전달하고, 또 읽는 사람들도 빨리 읽을 수 있도록 하는 측면에서 나름대로 생각해 왔던 것들을 나타내 보이도록 한다.

1) 올바른 말 구별하여 골라 쓰기

여기서는 꼭 구별하여 각각의 맞는 위치에 올바르게 써야 할 말들에 대하여 알아보기로 한다. 우선, 용언의 어간에 붙어 그 말을 명사형으로 만드는 어미 '-기'와 용언의 어간에 붙어 '사람-' '사물' '일' 등을 나타낼 때 쓰는 접미사 '-이'를 서로 구별하여야 한다. 즉,

-기	-이
(떡)볶기, (손톱)깎기, (때)밀기 (옷)걸기, (감옥)살기, (젖)먹기 등	(떡)볶이, (손톱)깎이, (때)밀이 (옷)걸이, (감옥)살이, (젖)먹이 등

와 같다. 여기서 떡볶이는 떡을 볶은 것(사물)을, 때밀이는 때를 미는 사람을, 감옥살이는 감옥에서 사는 일을 의미하고, 여기에 어미 '-기'가 각각 붙으면 그런 행위, 즉 떡(때·감옥)을 볶는·미는·사는 행위를 나타낸다. 단, 순수 우리 말이 아닌 한자어 접미사로 쓰이는 '-기', 즉 '기록'을 뜻하는 -記(일대기, 탐험기 등), '시절' '시기' '기간'을 의미하는 -期(사춘기, 농번기 등), '기구'를 나타내는 -器(확성기, 분도기 등), '기계'나 '장치'를 가리키는 -機(전동기, 세탁기 등) 등과 다시 구별해야 한다.

부사의 끝음절이 '-이' 혹은 '-히'로 끝나는지 헷갈리는 경우가 참 많다. 이 경우에는 단어를 발음하여 구분하는데, 분명히 '이'로만 나는 것은 '-이'로 적고, '히'로만 나거나 '이'나 '히' 모두로 나는 것은 '-히'로 적는다. 즉,

-히	-이
가만히, 각별히, 고요히, 극히, 급히, 과감히, 꼼꼼히, 꾸준히, 능히, 당당히, 도저히, 딱히, 무단히, 분명히, 상당히, 소홀히, 속히, 솔직히, 심히, 쓸쓸히, 엄격히, 열심히, 정확히, 조용히, 족히, 특히 등	가까이, 겹겹이, 고이, 곰곰이, 깨끗이, 날카로이, 낱낱이, 느긋이, 더욱이, 대수로이, 따뜻이, 많이, 반듯이, 버젓이, 번거로이, 번번이, 산뜻이, 어렴풋이, 일일이, 일찍이, 적이, 틈틈이, 헛되이 등

와 같다. 위에서 '적이'는 '약간' '얼마간' '조금' 등의 뜻으로 "인편이나마 소식을 들으니 적이 안심이 된다" "적이 놀라다 · 당황하다" 따위로 쓸 수 있다.

용언의 어간에 있는 끝받침 'ㅂ'은 어미 '-아'를 만나 'ㅜ'로 바뀌는데, 이때 모음조화에[8] 따라 '-아'가 '-어'로, 그래서 결국에는 '-워'로 변한다. 즉,

가깝(가깝다) + 아 → 가까워

이다. 여기에는 '기워(깁다)' '구워(굽다)' '괴로워(괴롭다)' '매워(맵다)' '무거워(무겁다)' '미워(밉다)' '쉬워(쉽다)' 등과 같이 어간의 끝받침이 'ㅂ'으로 끝나는 모든 용언이 해당되고, 다만 '고와(곱다)'와 '도와(돕다)'만이 '-워'가 아닌 '-와'가 붙는다. 즉,

곱(곱다) + 아 → 고와
돕(돕다) + 아 → 도와

와 같다. 물건이나 일의 내용을 가리지 않는다는 뜻으로 사용되는 '-든지(-든)'와 지난 일을 나타내는 '-던지(-던)'를 조심해서 구별해야 한다. 즉,

8 두 음절 이상의 단어에서 뒤 모음이 앞 모음의 영향으로 그와 가깝거나 같은 소리로 되는 현상. 'ㅏ' 'ㅗ' 따위의 양성 모음은 양성 모음끼리, 'ㅓ' 'ㅜ' 'ㅡ' 'ㅣ' 따위의 음성 모음은 음성 모음끼리 어울린다. 여기에는 '깎아' '숨어' '알록달록' '얼룩덜룩' '갈쌍갈쌍' '글썽글썽' 등이 있다.

-던지(-던)	-든지(-든)
깊던 물이 얕아졌다. 얼마나 놀랐던지 몰라. 동생도 놀이가 재미있었던지 엄마를 찾지 않았다. 대학을 졸업하던 해에 결혼했다. 딸 때는 푸르던 토마토도 며칠 후면 붉게 된다.	배든지 사과든지 다 좋다. 가든지 오든지 마음대로 해라. 걸어서든지 달려서든지 제발 제시간에만 오너라. 아들이든 딸이든 상관없다. 노래를 부르든 춤을 추든 한 가지는 해야 한다.

와 같다. 여기서 각 예문에 있는 '-던지(-던)'와 '-든지(-든)'를 서로 바꾸어 쓰면 틀린 문장이 된다. 즉, "얼마나 놀랐든지 몰라" "대학을 졸업하든 해에 결혼했다" "가던지 오던지 마음대로 해라" "아들이던 딸이던 상관없다"와 같은 예문은 모두 틀린 문장이다.

한자어 단어의 첫머리에 'ㄹ'이 올 적에는 두음법칙이[9] 적용되어 'ㅇ'이나 'ㄴ'으로 바뀌지만, 첫머리 이외의 경우에는 본음대로 적는다. 하지만 단어의 첫머리가 아니더라도 모음이나 'ㄴ' 받침 뒤에 이어지는 '렬'과 '률'은 '열'과 '율'로 적어야 한다. 즉,

첫머리가 아닌 경우	모음이나 'ㄴ' 받침 뒤에서
개량, 선량, 수력, 협력, 사례, 혼례, 와룡(臥龍), 쌍룡, 하류, 급류, 도리, 진리 등	나열, 치열, 비열, 규율, 분열, 선열, 선율, 진열, 비율, 실패율, 전율, 백분율 등

와 같다. 위에서 언급되지 않은 것 중에서 '작렬' '합격률' '성장률' 등은 앞말의 받침이 'ㄴ'이 아니기에 한자어 발음대로 '률'과 '렬'로 적는다.

우리 말에는 뜻보다는 발음을 편하게 하려고 '-으-'을 용언의 어간과 어미 사이에 넣는 경우가 많다. '물으니' '앓으니' '먹으니' '작으니' 등이 그 예가 된다. 하지만

9 한자어 단어의 첫머리에 있는 특정한 소리가 다른 소리로 발음되는 일. 여기에는 'ㄹ'과 'ㄴ'이 'ㅇ'이 되는 '력사 → 역사(歷史)' '녀자 → 여자(女子)', 그리고 'ㄹ'이 'ㄴ'으로 변하는 '락원 → 낙원(樂園)' 따위가 있다.

우리 말의 용언은 어간의 끝받침 'ㄹ'이 'ㄴ' 'ㅂ' 'ㅅ' 'ㅇ' 앞에서 반드시 빠져나가는 'ㄹ탈락 용언'이 되어야 한다. 그런데도 보통 어린아이들은 이런 현상이 입에 굳지 않아서 'ㄹ'을 남겨두고 발음하다가, 나중에 소리내기가 곤란하니 그냥 '-으-'만 집어넣어서 사용하는 경우가 더러 있다. 즉,

잘못 쓰는 예	올바로 고친 예
하늘을 날으는 비행기	하늘을 나는 비행기
녹슬은 기찻길 낯설은 고향	녹슨 기찻길 낯선 고향
하루이틀 살은 게 아냐	하루이틀 산 게 아냐
너무 멀으니까 못 가	너무 머니까 못 가
김치를 썰으시다	김치를 써시다

이다. 여기서 예로 든 것 외에 바로 앞의 본문에 있는 '물으니'는 형태는 'ㄹ탈락 용언'과 같지만 'ㄹ'이 탈락하지 않는 것에 주의해야 한다. 왜냐하면 '물으니'의 원래 어간은 질문이나 조사를 위해 말로 말한다는 뜻인 '묻다(問)'의 '묻'이기에 그런 현상이 일어날 수가 없다. 이런 예로는 "걸음을 걷다"의 '걸으니', "말을 듣다"의 '들으니', "물건을 싣다"의 '실으니' 등이 있다.

끝으로, 우리가 흔히 쓰는 말에는 글의 모습은 비슷하나 그 뜻이 완전히 달라 꼭 구별하여 적어야 할 말이 여럿 있다. 특히, 이런 말들은 그 사용도 아주 빈번하여 확실히 알지 못하면 제 뜻대로 전달하기가 곤란하다. 그래서 한글 맞춤법에는 별도로 한 항, 즉 제57항을 두어 자주 틀릴 수 있는 말들을 요약 정리해 놓았다. 분명히 구별되는 것은 빼고 간혹 헷갈릴 수 있는 것만 모아 그 설명과 예로 다시 살펴보면 아래의 표와 같다.

구별할 말	설명	사용 예
가름	따로따로 나누어 구별함	이것은 가름이 잘 되지 않는다.
갈음	나른 것으로 바꿔 대신함	새 책상으로 갈음하였다.
가늠	목표(기준)에 맞는지 헤아림	막연한 가늠으로 시작하면 실패다.

갑절 곱절	어떤 수량의 두 배 어떤 수량이 많이 거듭됨	그는 나보다 갑절이나 무겁다. 세 곱절/여러 곱절/몇 곱절
거치다 걷히다	어디를 지나거나 들름 '걷다'의 피동사	대구를 거쳐 부산에 갔다. 외상값이 잘 걷힌다.
걷잡다 겉잡다	어떤 치우침을 붙들어 잡음 겉으로 대강 짐작함	뜨거운 눈물을 걷잡기 어려웠다. 예산을 대충 겉잡아서 말하지 말라.
그러므로 그럼으로(써)	이유나 원인의 접속부사 조건의 접속부사 '그러면'의 준말 '그럼'에 수단이 붙음	나는 생각한다. 그러므로 존재한다. 그는 열심히 공부한다. 그럼으로(써) 은혜에 보답한다.
느리다 늘이다 늘리다	걸리는 시간이 김 길이를 길게 함 '늘다'의 사동사	행동이 느리다./진도가 느리다. 엿가락 · 고무줄을 늘이다 실력 · 수출량을 늘리다.
다리다 달이다	주름이나 구김을 폄 액체를 끓여서 진하게 함	바지를 다려 줄을 세우다. 간장 · 보약을 달이다.
-돼 -되	'되어'의 준말 대립을 나타내는 연결어미	돼서, 됐다, 됐지만 등 키는 작되 마음은 크다.
다치다 닫히다 닫치다 닥치다	부딪혀 상처가 남 '닫다'의 피동사 문이나 뚜껑을 세게 닫음 어떤 것에 가까이 다다름	넘어져 무릎을 다쳤다. 문이 저절로 닫혔다. 화가 나서 문을 탁 닫치고 나갔다. 위험이 눈앞에 닥치다.
마치다 맞히다 맞추다	어떤 과정이나 절차가 끝남 '맞다'의 사동사 제자리에 맞게 갖다 댐	일이 마치면 식당에 와라. 정답을 맞히다. 비를 맞히다. 문짝을 문틀에 맞추다.
바라다 바래다	생각대로 되기를 기대함 볕이나 습기로 색이 변함	시험에 합격하기를 바란다. 종이가 누렇게 바랬다.
바치다 받치다 받히다 밭치다	아낌없이 드리거나 내 놓음 밑(안)에서 다른 물체를 댐 '받다'의 피동사 '밭다'의 강조말	나라를 위해 목숨을 바쳤다. 공책에 책받침을 받쳤다. 소에게 받혀서 꼼짝(을) 못했다. 젓국을 밭쳐 놓았다./술을 밭쳤다.
부딪치다 부딪히다	'부딪다'의 강조말 '부딪다'의 피동사	파도가 바위에 부딪쳤다. 배가 빙산에 부딪혀 가라앉았다.

부수다 부시다	물체를 두르려 깨뜨림 빛이 세어 눈을 못 뜸	돌을 잘게 부수다./유리창을 부수다. 햇빛에 눈이 부시다.
부치다 붙이다	모자라거나 미치지 못함 편지나 물건을 보냄 어떤 문제를 맡김 논밭에서 농사를 지음 특별한 날에 어떤 의견을 냄 프라이팬에서 음식을 익힘 부채로 바람을 냄 '붙다'의 사동사	그 일은 힘에 부친다. 아들에게 학비와 용돈을 부치다. 안건을 회의에 부치다. 부쳐 먹을 내 땅 한 평도 없다. 식목일에 부치는 글/한글날에 부쳐 계란·빈대떡을 부치다. 부채를 부치다. 봉투에 우표를 붙이다. 연탄에 불을 붙이다. 계약에 조건을 붙이다. 땅에 뿌리를 붙이다. 본문에 주석을 붙이다. 철조망에 얼굴을 붙이다. 중환자에게 간호사를 붙이다. 두 회사를 경쟁을 붙이다. 암퇘지와 수퇘지를 교미를 붙이다. 상대편의 따귀를 한 대 붙이다. 하루하루 목숨을 붙이고 살다.
빗다 빚다	머리털을 가지런히 고름 어떤 형태를 만듦	빗으로 머리를 빗다. 송편을 빚다./찹쌀로 술을 빚다.
안치다 앉히다	솥이나 냄비에 재료를 넣음 '앉다'의 사동사	솥에 고구마를 안친다. 친구를 의자에 앉혔다.
저리다 절이다	피가 잘 통하지 않아 아림 가슴(마음)이 몹시 아픔 '절다'의 사동사	다리가 저리고 아프다. 그리움으로 가슴이 저리다. 배추를 소금물에 절이다.
조리다 졸이다	간이 충분하도록 바짝 끓임 속을 태우면서 초조해 함	멸치와 고추를 간장에 조렸다. 마음·가슴을 졸이다.
주리다 줄이다	먹지 못하여 배를 곯음 '줄다'의 사동사	여러 날을 주렸다. 소리·피해를 줄이다./살림을 줄이다.

-박이	무엇이 박혀 있는 사람/물건 또는 그 고정된 장소	점박이/금니박이/덧니박이/차돌박이 장승박이/붙박이
-배기	그 만큼 꽉 찬 사람(뜻) 또는 그런 물건	두살배기/나이배기/알배기 공짜배기/진짜배기
-뱅이	그런 특성을 가진 사람	가난뱅이/게으름뱅이/주정뱅이
안-	반대를 뜻하는 '아니'의 준말(뒷말과 띄어씀)	안 벌고 안 쓰다./비가 안 온다. 안 먹고는 살수가 없다.
않-	부정을 뜻하는 '아니하'의 준말(뒷말과 붙여씀)	얼굴이 곱지 않다./가지 않겠다. 얼마 있지 않아서 사표를 냈다.
웃-	아래위의 대립이 없는 경우	웃어른/웃돈/웃거름
윗-	아래위의 대립이 있는 경우로 '위의' '위에 있는'의 뜻	윗니(아랫니)/윗도리(아랫도리)/윗목(아랫목)/윗부분(아랫부분)
위-	(된소리·거센소리 앞에 사용)	위쪽/위층/위턱/위채
-장이	그런 기술을 가진 사람	간판장이/뱀장이/미장이/양복장이
-쟁이	그런 특성을 가진 사람	겁쟁이/고집쟁이/멋쟁이/월급쟁이
-(으)러	연결어미(목적)	나물 캐러 가자./공부하러 간다.
-(으)려	연결의미(의도나 욕망)	서울 가려 한다./남을 해치려 한다.
-(으)로서	조사(지위나 신분, 자격)	그것은 교사로서 할 일이 아니다.
-(으)로써	조사(수단이나 도구) 그밖에 재료/원료 셈의 한계	눈물로써 호소하는 수밖에 없다. 쌀로써 떡을 만든다. 고향을 떠난 지 올해로써 20년이다.

이 외에도 슬며시 힘을 주거나 조용히 참고 견디는 모양을 뜻하는 부사 '지그시'와 나이가 비교적 많고 듬직함을 나타내는 부사 '지긋이' 등과 같이 발음만으로는 서로 구별할 수 없는 말들이 많이 있다.

앞에서도 잠시 언급했듯이 이런 말들도 평소에 말이나 글로 자주 써보아 입에 익은 사람은 별로 문제가 되지 않겠지만 글을 써볼 기회가 많지 않았거나, 또는 있다손 치더라도 처음부터 하나하나 확인하는 것에 게을렀다면 어느 정도 거북한 마음도 없지 않아 들 것이다. 외국어 문법을 하나라도 틀리면 굉장한 수치로 생각하는 사람은 우리 말도 잘못 쓰면 몹시 부끄러워해야 한다. 그냥 대수롭지 않게 넘겨버리면 평생 우리 말로 좋은 우리 글을 쓸 수가 없다. 처음에는 어려울 수도 있지만 영어 문법책에 비해 10분의 1도 안 되는 두께이니 한글 맞춤법을 꼭 갖고 다니면서 쪽지나 편지 한 장 적을 때도 인터넷 국어사전과[10] 함께 참고해 가면 이내 자기 글이 달라졌음을 발견하게 될 것이다.

2) 사이시옷 올바로 쓰기

사이시옷은 순 우리말끼리나 순 우리말이 들어있는 합성어에서 뒷말이 된소리가 나거나, 또는 앞말과 뒷말 사이에서 글자엔 없는 또다른 소리가 덧날 때 앞의 말에 받치어 적는 시옷('ㅅ')이다. 이와같은 사잇소리 현상은 앞에 있는 우리 말이 반드시 모음으로 끝나는 경우로 한정되는데 각각 다음과 같이 나눌 수 있다. 즉,

뒷말의 첫소리가 된소리로 나는 말
귓밥, 귓병, 나뭇가지, 나룻배, 맷돌, 머릿기름, 머릿방, 바닷가, 뱃길, 선짓국, 샛강, 쇳조각, 아랫방, 잇자국, 자릿세, 전셋집, 잿더미, 조갯살, 찻집, 핏대, 탯줄, 텃세, 햇수, 횟가루, 햇볕, 혓바늘 등
뒷말의 첫소리인 'ㄴ' 'ㅁ' 앞에서 'ㄴ' 소리가 덧나는 말
곗날, 깻묵, 냇물, 뒷머리, 멧나물, 빗물, 아랫니, 아랫마을, 양칫물, 잇몸, 제삿날, 툇마루, 훗날 등
뒷말의 첫소리인 모음 앞에서 'ㄴ' 'ㄴ' 소리가 덧나는 말
가욋일, 깻잎, 나뭇잎, 댓잎, 두렛일, 뒷일, 베갯잇, 예삿일, 훗일 등

와 같다. 여기서 '댓잎'은 대나무 잎을 뜻한다.

---

10 평소에 사용해 오던 인터넷 사전은 '야후! 국어사전(http://kr.kordic.yahoo.com/)'이다. 이 사전은 국립국어연구원이 펴낸 〈표준국어대사전〉을 웹에 올린 것으로 한글사전뿐만 아니라 영한사전, 백과사전, 한글 맞춤법, 표준어 규정, 외래어 표기법 등도 쉽게 확인해 볼 수 있도록 구성되어 있다. 이 책을 쓰면서도 많이 참고하였다. *아쉽게도 이 책의 원고가 완성된 후인 2012년 12월 31일부터 '야후, 코리아'는 이와 같은 서비스를 종료하였다.

일반적으로 사이시옷은 한자말끼리 합쳐진 합성어에는 붙이지 않지만 한글 맞춤법은 두 음절로 된 다음의 6개 한자어만은 쓰기로 정했다. 즉, 庫間(곳간), 貰房(셋방), 數字(숫자), 車間(찻간), 退間(툇간), 그리고 回數(횟수)이다. 또한, 한자어라 할지라도 '차(茶)'로 시작하는 한자어에도 사이시옷을 붙이기로 했다. 한자로 '茶'를 쓰지만 원래 '차'는 순수한 우리 말이다. '찻잔' '찻주전자' '찻장' 등이 그 예이다.

3) 우리 말 시제 올바로 쓰기

본래 우리가 우리 말을 쓸 때는 시제(時制)에 대한 개념이 없어도 '사건이 일어난 때'와 '말을 할 때'를 아주 자연스럽게 구분하여 나타낼 수 있었다. 근데 외국말을 배우면서 동사의 과거형은 어떻고 미래형은 어떻고, 절대시제니 상대시제니, 그리고 우리 말에는 없으면서 여러 가지 뜻으로 쓸 수 있는 완료형은 이렇다 하면서 점차 시제에 눈을 뜨게 되었다. 물론 일어난 사건을 말로 정확하면서 효율이 있게 표현하고자 한다면 시제에 대한 자세한 내용을 알면 알수록 훨씬 좋다. 문제는 우리 말법에는 없다고 친절하게 설명까지 한 것을 굳이 우리의 말글살이에 억지로 넣으려는데 있고, 또 그것이 이 사람 저 사람 어제 오늘을 거쳐 이제는 대부분의 사람들이 그렇게 쓰니 그것이 맞는다고 우리 말법으로 인정해야 한다고 주장하는데 있다.

원래 우리 말에서는 시제를 억지로 짜 맞추지 않고 그냥 마음 편하게 쓴다. 알고 있는 사건과 사실을 시제라는 선에 줄을 세우지 말고 있는 그대로 술술 말하면서 (필요하면 우리 말에 아주 풍부한 시간 부사어를 적절히 사용해 가면서) 나중에 자기가 보고 듣고 느끼고 한 시간이 어느 때인가만 문장의 끝에 밝히면 된다. 영어를 배울 때처럼 문장 안에서 동작이 일어난 순서에 따라 기계적으로 구분하려고만 하면 오히려 문장이 꼬이게 된다. 예를들어, "불 진화에 ①나섰던 소방대원들이 지금 애를 ②먹고 있다"와 "불 진화에 ③나섰었던 소방대원들이 애를 ④먹었다"는 보통 우리들이 흔히 쓸 수 있는 문장으로, 두 문장의 시제는 (절대시제[11]) 문장의 끝에 있는 용언의 종결형인 ②와 ④에 따라 각각 현재(진행형)와 과거가 된다. 짐작이 되겠지만, ①과 ③은 소방대원들이 '애를 먹는' '애를 먹었던' 시간보다 먼저 불이 났다는 것을 반영

11 말을 할 때를 기준으로 삼는 시제로 보통 문장의 끝에 있는 용언의 종결형으로 결정된다.

하기 위해 각각 '나섰던' '나섰었던'으로 적었다. 이것이 바로 우리 말 시제를 삶에서 배운 살아있는 말로 쓰지 못하고 영어 문법을 머리에 두고 기계적으로 짜 맞추어 오히려 숨이 죽은 말로 만드는 어처구니없는 일인 것이다. '나섰던'은 '(과거에) 나섰다가 (지금은) 돌아와 있는'의 뜻이 되어 말 자체가 도저히 안 맞다. '나섰었던'도 '나섰던'에 완료형이랍시고 아무 생각없이 과거형 어미 '-었-'을 그냥 삽입한 것이기에 이 역시 '나섰던'의 경우와 똑같다. 결국 위의 두 문장에서 상대시제[12], 즉 ①과 ③은 모두 '나선'이 되어야 하며, 이는 우리 말은 문장에서 절대시제만 확실하면 상대시제는 저절로 결정된다는 것을 뜻한다.

문법을 잘 몰라도 자연스럽게 대화할 수 있는 우리 말을 설명하면서 오히려 문법적인 용어로 더 혼란을 줄 것 같아 조금 두렵기도 하다. 하지만 외국 말을 배운 사람이 글로 자기를 표현할 때도 될 수 있으면 우리 말을 살려 쓰면 더 좋을 것 같기에 이런 장소를 마련하였다. 글을 쓸 때 시제와 관련하여 자주 틀리기 쉬운 것들을 몇몇 예와 함께 살펴보기로 한다.

우리 말에서 시제를 떠 올리면서 첫 번째로 생각해야 할 것은 반드시 사건이 일어난 시간에 꼭 맞는 시제를 써야 한다는 고정관념을 버리는 것이다. 즉, 과거와 현재와 미래의 사건은 꼭 과거와 현재와 미래의 시제로만 표현하는 것은 아니다. 예를 들어,

현재시제가 과거사건을	현재시제가 미래사건을
서점엔 책을 ① 사는 학생들로 붐볐다. 전수는 축구를 ③ 좋아한다.	그는 내일 부산을 ② 떠난다. 모래 ④ 열리는 그 경기를 보고 싶다.

와 같은데, 이는 현재시제로 과거도 미래도 나타낼 수 있다는 것을 보여주고 있다. ①은 이른바 '과거의 현재'로 지금 보면 과거의 일(책을 산 것)을 현재시제로 표시하여 그 당시의 생생한 느낌을 전하고 있는 경우이다. 만약 이 문장을 과거의 행위를 살려서 "서점엔 책을 샀던 학생들로 붐볐다"라고 표현한다면 어떻게 될까? 서점에 책을 사러

12 말 속에 담긴 사건이 일어난 때를 기준으로 삼는 시제로 보통 문장의 중간에 있는 용언의 관형사형이나 연결어미로 결정된다.

간 것이 아니라 다른 책방에서 이미 책을 사 갔고 온 (그래서 이제는 이 서점에서 책을 사지 않을) 학생들만이 붐볐다는 뜻이니 아주 이상한 말이 된다. ③의 경우는 꼭 과거는 아니지만 옛날부터 지금까지 계속 이어지고 있는 상황이니 이 역시 현재가 과거를 나타내었다고 볼 수 있다. 이런 예는 영어에서도 '불변의 진리' '습관적 행동' 등의 말로 배운 기억이 있다. ②는 미래에 일어날 일을 지금 현재의 심정을 담아 말하고 있는 경우이고, ④는 가까운 미래에 일어날 사건을 이의 시제와 상관없이 자기의 의지나 희망을 절대시제에 실었다. 어떤 경우가 되었든지 동작이 실제 일어난 것이 아니기에 이와 관련된 시제는 여러 가지로 나타낼 수 있다. 그러니까 ②에서는 '떠난다'를 미래형을 그대로 살려 '떠날 것이다'로 써도 되고, 또 ④에서는 상대시제인 '열리는'을 '열릴'로 표현해도 괜찮다. 문법학자들이야 이를 섬세함의 차이로 설명할 수 있겠지만 삶에서 익힌 말을 글로 쓰는 우리들은 입에서 나오는 대로 자기의 취향에 따라 써도 된다.

과거시제도 꼭 과거의 일만 나타내는 것은 아니다. 대표적인 것이 과거 어느 때에 직접 경험하여 알게 된 사실을 현재 말하는 장면에 그대로 옮겨와 전달한다는 뜻을 나타내는 어미 '-더-'와 어떤 일이 과거에 완료되지 않고 도중에 중단되었거나 혹은 현재까지 이어진다는 뜻을 나타내는 어미 '-던'이 있다. 즉,

-더-	-던
선생님께서는 기분이 ① 좋으시더라. 밥 두 그릇도 ② 먹겠더라.	이것은 원시인이 ③ 사용하였던 돌칼이다. 그것은 제가 ④ 읽던 책입니다.

이 되겠다. 여기서 ①은 말하는 사람이 자기의 경험을 현재 떠올리는 장면인 반면에 ②는 "나도 어제는 덥더라"와 같이 과거의 경험에 대한 말하는 사람의 현재 느낌을 덧붙일 때도 쓴다. 그리고 ③은 과거의 어느 순간에 중단된 사실을 현재에 말하고 있는데, 과거의 사실을 더욱 강조하기 위해 과거어미 '-었-'을 붙여 사용했다. ④는 이전부터 지금까지 계속 읽고 있는 책을 말하고 있다. 이밖에 과거시제가 현재를 나타내는 경우는 영어에서 현재완료(완료와 계속)를 설명하는 경우와 같다. 즉, "세련이가 지금 막 도착했다" "상은이는 온종일 공부만 했다"와 같이 주로 현재와 관련된 부사어를 첨가하여 표현한다.

우리 말에서 미래시제는 '-겠-'와 '-ㄹ'로 표시한다. 단지 미래의 일이라 아직 정확하게 단정할 수 없는 일이기에 오히려 시제와 관계없이 '추측' '가능' '의지' 등으로 쓰는 것이 더 흔하다. 미래의 일이란 삶을 살아가면서 자기의 의지나 주위의 상황에 따라 항상 변할 수 있으므로 단순히 미래에 일어나는 사실보다는 말하는 사람의 의지가 녹아든 말로 이해하는 것이 중요하다. 즉,

'-겠-'과 '-ㄹ'이 포함된 문장	설명
지금 떠나면 새벽에 도착하겠다.	추측
나는 시인이 되겠다.	의지
그런 것은 삼척동자도 알겠다.	능력
고향에는 벌써 살구꽃이 피었겠다.	과거의 추측
내가 말해도 되겠니?	부탁(허락)
너는 공부를 좀더 열심히 해야겠다.	당부
별사람을 다 보겠다./나는 모르겠다.	인정
*나는 비행기로 갈 것입니다.	약한 판단
*내일은 비가 오겠습니다.	강한 판단
올 봄/자동차를 팔 사람/시집갈 여자	관형절로 사용

와 같다. 위에서 '-ㄹ'의 문장은 대부분 다른 말을 꾸미는 관형절로 쓰이는 것이 일반적이나, 이를 직접 서술어로 쓰고자 한다면 *로 표시된 문장과 같이 그렇게 말할 수 있는 근거가 좀 약한 경우에는 '-ㄹ 것이다(-ㄹ 것입니다)'로, 그리고 충분한 근거가 있어 말하는 사람의 의지를 더 강하게 나타내고자 한다면 '-겠습니다'로 도움을 받는다.

시제에 대한 말을 마치기 전에 마지막으로 몇 마디만 더 첨가하기로 한다. 우선, 우리 말 과거시제 '-었-'과 '-았-'이 영어의 대과거(과거의 과거)를 설명하려고 두 번씩 억지로 끼워 맞추어 사용하는 경우가 자주 있다. 그래서 과거의 일이 현재에는 더 이상 진행되지 않고 완전히 단절되었다는 뜻을 강조한다는 핑계로 '-았-'과 '-었-'을 한번 더 첨가하여 '-았었-'와 '-었었-'으로 쓰는 버릇이 완전히 자리를 잡게 되었다. 처음에는 말을 할 때만 이런 말버릇이 들었는데 차츰 글로 쓸 때도 예삿일이

되더니 급기야는 국어사전에 버젓이 올라 가는 특혜(?)까지 누리게 된 것이다. 여러 말 필요없이, 국어사전에 있는 예문을 여기에 들어 보기로 한다.

예문

> 작년만 해도 이 저수지에는 물고기가 ① 많았었다.
> 그는 예전에 세계무대에서 노래를 하던 유명한 ② 가수였었다.

첫 번째 문장은 작년에는 물고기가 많았지만 지금은 없다는 뜻으로 썼고, 두 번째 문장은 옛날에는 유명하였지만 지금은 그렇지 않다는 뜻이 들어가 있다. 그런데 우리가 보통으로 쓰는 과거시제 '-었-(-였-)'이나 '-았-'만 이용하여 ①은 '많았다'로, 그리고 ②는 '가수였다'로 쓰면 원래 전하고자 하는 말을 제대로 담을 수는 없는 것일까? 아니다. 똑같은 말을 하면서도 오히려 항상 어깨를 무겁게 짓누르고 있던 짐을 사뿐히 벗은 꼴이라 훨씬 더 자연스러운 것 같다. 영어 문법을 시험 공부하면서 자꾸 읽고 암기하다 보니 입버릇이 들고, 다시 글버릇으로, 그러다가 어쩔 수 없이 한 나라의 국어사전에 엄연히 자리를 잡게 되니 여간 자존심이 상한 게 아니다. 물론 대다수 국민이 삶에서 그렇게 쓰면 당연히 사전에 올려 후세에도 그렇게 쓰도록 가꾸고 다듬어야 하겠지만, 외국에 갔다 오고 시험 준비로 영어 문법을 한번이라도 공부한 사람들만이 대물림으로 쓰는 일인데도 그런 특혜를 주었으니 참 딱할 뿐이다.

시제에 대한 마지막 이야기. 우리가 말을 하고 글을 쓸 때 또 쉽게 틀리게 사용하는 것이 진행형이다. 동작의 진행을 뜻하는 순 우리 말은 용언의 연결어미 '-고'에 동사 '있다'를 붙여 '-고 있다'로만 쓰인다.[13] 즉, 현재진행형은 '-고 있다'이고, 과거진행형은 '-고 있었다'이고, 그리고 미래진행형은 '-고 있겠다'로 "지금 넥타이를 매고 있다" "그 당시에 넥타이를 매고 있었다" "내일 이맘때면 넥타이를 매고 있겠다"와 같이 쓸 수 있다. 여기에 말하는 어떤 기준에서 멀어지거나 가까워지는 진행의 방향도 함께 표시하는 '-어 가다'와[14] '-어 오다'가[15] 사용되면서 이른바 '이중진행'으로

13 우리 말이 아닌 한자로 '-는 중이다'도 진행형의 뜻으로 사용한다. "아파트를 짓는 중이다" "차를 기다리는 중이다"와 같다. "아파트를 짓고 있다" "차를 기다리고 있다"와 같이 우리 말로도 쓸 수 있기에 될 수 있으면 '-고 있다'로 쓰는 것이 좋겠다.

14 "책을 다 읽어 간다" "날이 더워서 꽃이 시들어 간다"와 같이 말이 뜻하는 행동이나 상태가 어떤

잘못 쓰는 경우가 종종 나타난다. 예를들면,

잘못 쓴 문장	다듬은 문장
차를 기다리고 있는 중이다.	차를 기다리고 있다. 차를 기다리는 중이다.
아파트를 건설 중에 있다.	아파트를 건설하고 있다. 아파트를 건설하는 중이다.
산에서 나무를 뽑아 가고 있다.	산에서 나무를 뽑고 있다. 산에서 나무를 뽑아 간다. 산에서 나무를 뽑는 중이다.

와 같다. 여기서 마지막 예를 산에 있는 나무를 뽑아 집으로 가져 간다는 의미로 해석하면 '다듬은 문장'의 첫 번째와 두 번째는 서로 다르다고 볼 수 있다. 만약 그렇다면 아마도 "산에서 나무를 뽑아 가고 있는 중이다"라고 또 '이중진행'으로 쓰지 않을까 싶다. 이 밖에도 시제와 관련하여 우리가 잘못 쓰는 것에는 현재시제가 과거부터 이어지는 습관이나 성질 등을 표현하는 데도 진행형으로 쓰는 경우와 ('죽어 있는 개' → '죽은 개', '살아 있는 부처' → '산 부처' 등) '겠'에 희망을 담아 동사의 의미와 이중으로 겹쳐 쓰는 경우 ('-을 바라겠습니다' → '-을 바랍니다' 등) 따위가 있다. 하나만 써도 되니 다른 하나는 꼭 빼는 습관을 붙여야겠다.

4) 띄어쓰기 올바로 알기

앞에서도 언급했듯이 한글 맞춤법에 규정된 우리 말 띄어쓰기는 예외 규정과 중복허용 규정을 너무 광범위하게 인정하여 그 기준을 정하기가 무척 혼란스럽다. 국어학자가 아닌 나로서는 왜 그런 '양다리 걸치기' 규정으로 정했는지 그 까닭을 정확히 알 수 없지만 띄어쓰기만 확실히 정립되면 국어학 연구는 끝난 것이라는 주장도 있

방향(멀어져 감)을 갖고 진행됨을 나타낸다.

15 "날이 밝아 온다" "이 직장에서 30년간 일해 왔다"와 같이 말이 뜻하는 행동이나 상태가 어떤 방향(가까워 옴)을 갖고 진행됨을 나타낸다.

다고 하니 그들 나름대로도 큰 고민거리인 것은 틀림없는가 보다.

띄어쓰기는 원래 문장의 뜻을 정확하게 전달하는데 그 목적이 있다고 생각한다. 하지만 오늘날에는 옛날과 달리 문화의 발전 속도가 엄청 빨라 글자 한 자 한 자 새겨가며 읽을 겨를이 없기 때문에 될 수 있으면 빨리 문자를 읽어 들일 수 있도록 하기 위해 띄어쓰기를 하는 것 같다. 즉, 자기가 쓴 글을 얼른 보았을 때 이상하지 않아 금방 받아들일 수 있으면 (자기가 쓴 뜻이 오해없이 그대로 보이면) 복잡한 규정에 관계없이 띄어쓰기가 올바르게 되었다고 볼 수 있다.

여기서는 이와같이 글자를 읽는 속도도 빠르면서 자기가 쓴 뜻 그대로 인식할 수 있는 띄어쓰기 방법에 대하여 내 나름대로 생각했던 점을 중심으로 써 나가기로 한다. 우선 다음의 예문을 살펴보자.

예문

① 친구가 방에 들어갔다.
② 친구 가방에 들어갔다.
㉠ 윤성형 외과
㉡ 윤 성형외과
ⓐ 급해서 가까운 큰 집으로 들어갔다.
ⓑ 급해서 가까운 큰집으로 들어갔다.

위의 예는 서로 짝을 이룬 각 문장들의 뜻이 띄어쓰기에 따라 모두 제각각인 것을 보여주고 있다. 즉, ①은 친구가 '식당'이 아닌 '방'에 들어가고 ②는 '내 가방'이 아닌 '친구 가방'에 무언가가 들어가는 것이다. 똑같이 해석하면, ㉠은 외과 병원의 이름이 '박전수'가 아닌 '윤성형'임을, ㉡은 '일반외과'가 아닌 '성형외과'를, ⓐ는 규모가 볼품없는 '작은 집'이 아닌 겉모양이 '큰 집'을, 그리고 ⓑ는 '고모집'이 아닌 큰아버님이 계시는 '큰집'을 각각 뜻한다. 또다른 예로 다음을 살펴보자.

예문

① 어머니를 도와 드린다./어머니를 도와드린다. 등
② 부산 대학교 공과 대학/부산대학교 공과대학 등

③ 그 때 그 곳/그때 그곳, 예를 들면/예를들면 등
㉠ 상은이가 지금 공부한다./넌 참 어려운 공부 하는구나. 등
㉡ 들어오는 대로 알려주시오./네 멋대로 일을 하면 안 된다. 등
㉢ 쓸데없이/별로 쓸 데 없는 등

위의 예는 띄어쓰기가 양쪽 모두 허용되는 경우와 (①에서 ③까지) 문장에서 단어가 쓰이는 상황에 따라 꼭 구별해야 하는 경우를 (㉠에서 ㉢까지) 보여주고 있다. 즉, ①은 본용언에 보조용언을 붙일 때 경우에 따라 붙여 쓸 수 있다는 규정을, ②는 고유명사는 단어별로 띄어 씀을 원칙으로 하되 단위별로도 띄어 쓸 수 있다는 규정을, 그리고 ③은 단음절로 된 단어가 연이어 나타날 때나 사용이 빈번하여 윗말과 아랫말이 굳어진 것으로 볼 수 있는 경우엔[16] 서로 붙여 쓸 수 있다는 규정을 적용한 것이다. 한편, 띄어쓰기는 문장에 쓰인 단어가 어떤 환경에서 어떤 쓰임새로 사용되었느냐에 따라 문장의 올바른 뜻과 관계없이 꼭 구별해서 써야 하는 경우가 있다. 이것을 위에 든 예로 다시 설명하면, ㉠은 문장에서 사용된 단어의 쓰임에 따라 띄어쓰기가 달라져야 하는 경우를 (앞은 '공부'가 동사로 사용되고 뒤는 목적격 조사 '를'이 생략된 명사로 사용됨), ㉡은 문장에서 사용된 단어의 위치에 따라 띄어쓰기가 달라져야 하는 경우를 (앞은 '대로'가 용언의 관형사형 다음에 왔고 뒤는 체언 다음에 옴), ㉢은 동사 '없다'를 명사와 붙여 합성할 경우엔 앞과 같이 보통 붙여 쓰지만 이 명사 앞에 꾸미는 말이 오는 경우이면 뒤와 같이 띄어 써야 한다는 것을 보여주고 있다.

결국 띄어쓰기는 위에 든 몇몇 그룹의 예문처럼 지키지 않으면 뜻이 달라지기 때문에 꼭 지켜야 하는 경우와 뜻은 달라지지 않지만 지키지 않으면 맞춤법 규정에만 위배되는 경우, 맞춤법의 예외나 중복허용 규정에 따라 붙여 쓰든지 띄어 쓰든지 상관없는 경우로 구분된다. 솔직히 말해서, 띄어쓰기를 꼭 지켜야 하는 경우는 비록 그 규정이 탐탁지 않다 할지라도 사회적 약속이니 지키면 되지만 (문장의 뜻이 틀리는 경우는 어쩔 수 없이 지키게 됨) 이것도 맞고 저것도 맞는 식의 '양다리 걸치기'는 사람마다 달라서 글을 읽을 때나 쓸 때에 아주 골치 아프고 성가시다. 어떤 것을 적용

16 우리 말 띄어쓰기에서 가장 문제가 되는 부분이다. 두 낱말이 합쳐졌을 때 이 말이 한 낱말로 굳어졌는지 판단할 기준도 없는데 이런 규정을 만들어 놓았다. 말하자면 쓰는 이에 따라 붙여 쓰기도 하고 띄어 쓰기도 하라는 말이다.

하더라도 틀리지 않으니 문제는 없다고 말하는 사람이 있을 수 있다. 하지만 글이란 자기의 뜻과 주장을 펴는 가운데 글의 내용이나 형식에서 통일성(coherence)을 처음부터 끝까지 지켜나가는 것이 무엇보다도 중요하다. 내가 쓴 글의 뜻과 이를 담는 그릇을 하나가 될 수 있도록 스스로 지키지 못하면 남도 믿지 않는다. 그래서 띄어쓰기만큼은 자기만의 기준을 정하여 일관성있게 지켜나가는 것이 꼭 필요하다.

한글 맞춤법에서 정하는 띄어쓰기에 대하여 살펴보고 실제 혼동이 되거나 문제가 있는 것들을 하나하나 검토해 보기로 하자. 우리 말 띄어쓰기의 대원칙은 한글 맞춤법 규정 제1장(총칙)의 제2항과 같이 "문장의 각 단어는 띄어 씀을 원칙으로 한다"이다. 여기서 단어란 자립적으로 쓸 수 있는 말뿐만 아니라 이런 자립말 뒤에 붙어서 문법적 기능을 나타내는 말도 함께 뜻한다. 예를들어, "철수가 영희의 일기를 읽은 것 같다"에서 자립적으로 쓴 '철수' '영희' '일기' '읽은' '같다'와 조사로 사용되어 문법적 기능을 하는 '가' '의' '를', 그리고 내용적인 의미는 없고 다른 말 아래에 기대어 형식적인 뜻만을[17] 갖는 '것' 따위가 단어가 된다. 이 예문에서 보는 바와같이 우리 말 띄어쓰기의 대원칙은 이 조항을 글로 적어놓은 것만 보아도 처음부터 예외 규정을 인정하지 않을 수 없게 되었다. 그래서 한글 맞춤법 규정 제5장인 띄어쓰기 장에 제일 먼저 다음과 같은 항이 나온다.

제41항 조사는 그 앞말에 붙여 쓴다.

조사는[18] 앞말의 문법적 관계나 뜻을 도와주는 말이기에 반드시 앞말에 붙여 써야 한다고 다시 새기지 않더라도 보통 글로 그렇게 써오고 있으니 별 문제는 없을 것 같다. 하지만 이와 비슷하게 앞말과의 의존성이 강한 단어라 할지라도 띄어쓰기의 대원칙에 따라 꼭 띄어 써야 하는 것들은 (예를들면, 의존명사나 단위명사, 접속부사 등) 조사의 경우를 생각하면 오히려 헷갈리기 쉽다. 따라서 한글 맞춤법은 이를 위하여 특별히 새로운 항목을 정하였다. 즉,

17 이런 단어를 '의존명사'라 하며 본문에 있는 '것'을 비롯하여 '따름' '뿐' '데' 따위가 있다.
18 앞말의 문법적 관계를 지정하는 조사를 격조사라 하고 앞말에 특별한 뜻을 덧보태는 조사를 보조사라 한다. 격조사에서 '이/가'은 주격, '을/를'은 목적격, '의'는 관형격(소유격), '이다'는 서술격, '(으)로' 등은 '부사격 조사가 된다.

제42항 의존명사는 띄어 쓴다.
제43항 단위를 나타내는 명사는 띄어 쓴다.
제45항 두 말을 이어 주거나 열거할 적에 쓰이는 말들은 띄어 쓴다.

을 따로 두고 있다. 의존명사는 뜻이 형식적이어서 반드시 다른 말(관형어) 아래에 쓰일 때만 온전하게 제 구실을 한다. 우리가 글을 쓸 때 대체로 많이 틀리는 것 중의 하나가 이와같은 의존명사에 관한 것인데 이는 보통 문장에서 단어의 쓰임, 즉 의존명사인지 조사인지, 어미인지 접미사인지를 파악하지 못했기 때문으로 생각된다. 다시말하면,

의존명사로 사용	다른 쓰임으로 사용
그가 사는 데는 여기서 멀다.	볼 것은 많은데 시간이 모자란다. (어미)
떠난 지는 얼마 안 되었다.	얼마나 부지런한지 모른다. (어미)
모두들 구경만 할 뿐이다.	믿을 것은 오직 실력뿐이다. (보조사)
흘러가는 대로 놔두다.	처벌하려면 법대로 해라. (보조사)
노력한 만큼 대가를 얻다.	나도 당신만큼은 할 수 있다. (격조사)
과일에는 사과, 배, 감 들이 있다.	아이들부터 태웁시다. (복수접미사)
알지도 못하면서 아는 체를 했다.	건강체/기업체/고딕체/구어체 (접미사)
시장할 터인데 어서 들어라.	낚시터/놀이터/일터/흉터 (접미사)
노루를 산 채로 잡았다.	사랑채/문간채/안채/행랑채 (접미사)
그 일은 홍길동 씨가 맡기로 했다.	말씨/마음씨/발씨/바람씨 (접미사)
기회를 기다리는 수밖에 없다.	미결수/공격수/수탉/소방수 (접사)
그들이 도와줄 리가 전혀 없다.	나도 고향에 돌아가리. (어미)
그가 화를 낼 만도 하다.	하루 종일 잠만 잤다. (보조사)
잠을 잔 듯 만 듯 정신이 없다.	땀이 비 오듯 쏟아졌다. (어미)

와 같다. 위에서 의존명사나 어미로 쓰인 '듯'은 '듯이'의 준말이고 사람을 부르거나 이르는 말인 '씨'는 이름이 아닌 성과 같이 쓰일 땐 '박씨' '김가' 등과 같이 붙여 쓴다.

단위를 나타내는 명사나 두 말을 이어주는 접속부사는 보통 낱말의 길이가 아주 짧아서 앞말과 순간적으로 붙이고 싶은 욕망이 솟는다 하더라도 앞의 의존명사와 같

이 역시 띄어 써야 한다. 예를들어, 단위명사인 경우는 '소 한 마리' '열 살' '대책 한 가지' '장미 한 다발' '굴비 한 두름' 등과 같고, 접속부사인 경우는 '나 또는 너' '이사장 및 이사들' '국장 겸 과장' '청군 대 백군' 등과 같다. 다만, 명사의 수량을 우리 말이 아닌 아라비아 숫자로 표시하거나, 또는 어떤 순서를 나타내는 경우엔 예외로 붙여 쓸 수 있다. 즉,

순서를 나타낼 때	아라비아 숫자와 같이 쓸 때
두시 삼십분 오초/삼학년 육반 첫째/둘째/육층/제일과 등	1994년 8월 15일/10개/7미터 100원/5동 1801호/기미년 3월 등

이다. 여기서 '그 수를 넘음'을 뜻하는 접미사 '여'가 붙으면 '10여 분간' '천여 년간' 등과 같이 '여' 다음에 띄운다. (그러나 한자말 '간' 대신에 우리 말 '동안'을 쓸 경우에는 단위를 붙여서 '10여분 동안'과 같이 쓰기도 한다. 너무 복잡하다.) 그리고 수를 우리 말로 적을 때에는 반드시 '만(萬)' 단위로 띄어서 '123,456,789'와 같이 세 자리로 구분하지 말고 '일억 이천삼백사십오만 육천칠백팔십구'와 같이 쓴다.[19]

이쯤에서 먼저 지적해 두고 싶은 말은 맞춤법 규정에서 인정하는 강제성이 없는 예외 조항, 즉 중복허용 조항을 실제로 글을 쓸 때 어떻게 적용하느냐 하는 문제다. 예외라 하여 글을 써 가면서 이렇게도, 또 저렇게도 쓸 수는 없을 테니까. 앞서 언급한 것과 같이 글의 생명은 내용과 형식에서 똑같이 통일성을 유지하는 것이라고 볼 때 비록 규정에서 예외로 허용하는 항목이 있다 할지라도 자기만은 몸에 밴 뚜렷한 정답을 가지고 써 나가야 할 것이다. 따라서 앞의 숫자에 대한 예외 조항에서 띄어쓰기의 대원칙 또는 단위를 나타내는 명사는 띄운다는 규정에 따라 '두 시 삼십 분 오 초'로 쓸 것인지, 아니면 수가 순서를 의미할 때는 붙여 쓸 수도 있다는 예외 규정에 따라 '두시 삼십분 오초'로 할 것인지 중에서 꼭 하나만 맞는다고 자기 마음 속에 심

19 보통 수를 아라비아 숫자로 쓰면 '천진법'에 따라, 즉 천(thousand), 백만(million), 십억(billion) 등의 말에 따라 세 자리마다 반점을 찍어 '123,456,789'와 같이 적는데, 이를 우리 말로 쓰면 반드시 '만진법'에 따라, 즉 오른쪽에서 만 단위로 잘라 만, 억, 조를 기본 단위로 하여 '일억 이천삼백사십오만 육천칠백팔십구'와 같이 띄어 써야 한다.

어 두어야 한다. 대체로 뒤의 것이 글로 많이 나타나고 (그래서 눈과 손에 좀더 익어서) 나도 이를 내 정답으로 정했다.

이와같이 띄울 수도 있고 붙일 수도 있는 규정 중에서 앞의 것보다 좀더 신중하게 생각해 보아야 할 것이 있는데 다음과 같다.

제46항 한 음절로 된 단어가 연이어 나타날 적에는 붙여 쓸 수 있다.
제47항 보조용언은 띄어씀을 원칙으로 하되 경우에 따라 붙여씀도 허용한다.

사실 이 예외 조항들도 역시 띄어쓰기는 모든 낱말이 반드시 띄어 써져야 한다는 사실을 간접적으로나마 다시 진술하는 것으로 보인다. 다만, 한 음절로 된 낱말이 계속 이어지거나 의미가 서로 밀접하게 연결되어 있는 말에 이 원칙을 적용하게 되면 오히려 독서 능률이 더 떨어질 수 있다고 판단하여 글쓰기의 효율성을 높이고자 이런 조항을 두게 되었다. 문제는 이와같은 '양다리 걸치기'가 처음 생각한 의도와 달리 글 쓰는 사람마다 제각각이어서 자기 글을 쓸 때와 남의 글을 읽을 때 겉으로 드러난 이런 표현 형식의 차이 때문에 더욱 눈에 성가시어 결국에는 올바른 글쓰기를 해치는 까닭이 된다는 것이다. 따라서 글쓰기를 할 때 띄어쓰기만큼은 자기 기준을 정하여 처음부터 끝까지 한결같이 지키는 것이 중요하다. 특히 여기에서 드는 예와 같이 양쪽 중에서 어느 쪽이 더 많이 쓰고 있는지 판단하기 어려울 때 자기 글에서만큼은 띄어쓰기에 대한 일관성을 잃지 않도록 특히 주의해야 한다. 예를들면,

이 책에서 선택한 띄어쓰기	그밖의 가능한 띄어쓰기
그때 그곳	그 때 그 곳/그때 그 곳/그 때 그곳
좀더 큰 것	좀더 큰것/좀 더 큰 것/좀 더 큰것
새집 두 채	새집 두채/새 집 두 채/새 집 두채
술 한잔/벼 한 섬/땅 한 평	술 한 잔/벼 한섬/땅 한평
이것 저것/이집 저집/이쪽 저쪽	이 것 저 것/이 집 저 집/이 쪽 저 쪽
한잎 두잎/네것 내것/이말 저말	한 잎 두 잎/네 것 내 것/이 말 저 말

와 같다. 여기서 이렇게 정한 기준은 책을 읽고 글을 쓸 때 이런 말들이 눈과 손에

자연스럽게 익었다는 것인데, 이를 굳이 설명하자면 나는 두 말이 합쳐져 한 개념이나 상태, 동작 등을 나타내거나 혹은 말의 쓰임이 부사와 같이 사용되었다고 판단되면 한 덩어리로 붙여 쓰기로 했기 때문이다. 따라서 '좀더 큰 것'에서는 앞의 '좀더'는 부사로 보았고 뒤의 '큰 것'은 아직 '큰것'과 같이 독자적인 이름으로 굳어진 것이 아니라 여전히 형용사가 설명해야 의미를 갖는 꼴로 보았기에 띄어 썼다. 나머지 예도 똑같이 설명할 수 있다. 그러므로 이 책을 읽는 독자들도 자주 글로 나타나면서, 또 이것저것[20] 여러 꼴로 사람들이 쓰는 경우에는 글의 통일성을 위해서 꼭 자기만의 기준으로 정한 말을 눈과 손에 익혀 두어야만 할 것이다.

보조용언은[21] 조사에서 보조사와 같이 본용언을 도와주는 말로 말하는 사람의 감정 등을 담아 용언만으로 전달할 수 있는 뜻을 좀더 세밀히 (주관적으로) 보완하고자 할 때 자주 쓴다. 일반적인 예로는 다음과 같다.

원칙적인 띄어쓰기	허용하는 띄어쓰기
불이 꺼져 간다.	불이 꺼져간다.
내 힘으로 막아 낸다.	내 힘으로 막아낸다.
어머니를 도와 드린다.	어머니를 도와드린다.
그릇을 깨뜨려 버렸다.	그릇을 깨뜨려버렸다.
비가 올 듯하다.	비가 올듯하다.
그 일은 할 만하다.	그 일은 할만하다.
일이 될 법하다.	일이 될법하다.
비가 올 성싶다.	비가 올성싶다.
잘 아는 척한다.	잘 아는척한다.

위의 경우도 앞과 마찬가지로 합당한 근거를 둔 자기만의 띄어쓰기 기준이 필요하다.

20 본문의 표에서와 같이 띄어서 '이것 저것'로 쓰지 않고 '이것저것'과 같이 붙여 쓴 것은 '여러 개의 사물을 통틀어 이르는' 새로운 말로 이해했기 때문이다. '이런저런' '이쪽저쪽' '하나하나' '하루이틀' 등도 같은 예로 볼 수 있다.

21 보조용언은 문장의 서술적인 뜻에 개인의 감정을 싣기 때문에 잘못 쓰면 글의 객관성을 잃기 쉽다. 예를들면, "아이들이 깔깔 웃었다"를 "아이들이 깔깔 웃어 댔다"와 같이 쓰면 웃는 행동이 비웃듯이 반복되거나 그 정도가 심하다는 뜻을 담기에 사뭇 분위기가 달라진다.

너무 막연한 듯 하지만 띄어쓰기가 꼭 필요한 까닭이 글을 읽기 편하게 하여 읽는 속도를 높이기 위해서라는 것을 다시 한번 생각해 본다면 어느 정도 가능하리라고 본다. 마침 고맙게도, 한글 맞춤법에서는 보조용언을 본용언과 붙여 쓰지 못하고 꼭 띄워 써야 할 때를 몇 가지 밝혀 놓았다. 본용언에 조사가 붙거나 본용언이 합성동사인 경우, 그리고 보조용언의 중간에 조사가 들어갈 때는 본용언과 보조용언을 서로 띄운다. 즉,

여러 경우들	띄워 써야 하는 경우의 예
1. 본용언에 조사가 붙는 경우	도망가더니 잘도 놀아만 나는구나. 책을 읽어도 보았지만 알 수 없었다.
2. 본용언이 합성동사인 경우	그녀의 말을 가로막고 나섰다. 강물에 떠내려가 버렸다.
3. 보조용언에 조사가 끼이는 경우	그가 올 듯도 하다. 잘난 체를 하다.

와 같다. 여기서 합성동사라 부르는 것은 둘 이상의 말이 결합하여 하나가 된 동사로 '힘들다' '본받다' '들어가다' '떠내려가다' '앞서다' '가로막다' 따위이다.

이제 남은 문제는 위의 경우들 이외에 본용언과 보조용언 사이의 관계를 자기 스스로 구분하여 쓸 수 있는 기준을 세우는 일이다. 결론적으로 말해, 두 말로 이루어졌지만 그 뜻이 한 개념, 한 상태, 한 동작을 나타낸다면 합성동사로 한 말이 되므로 위의 2에 따라 그 다음에 나오는 보조용언을 자연스럽게 띄우면 된다. 만약 합성동사인지 아닌지의 판단이 어려울 경우에는 사전을 찾는 수밖에 없는데, 아마도 글을 자주 읽고 써 보면서 한 말(합성동사)로 나타내고자 하는 뜻을 두 말로 떼서는 표현하기가 곤란하다고 생각되면 붙여 쓰도록 하면 된다. 예를들면, '집어던지다'는 '집다'와 '던지다'의 동작이 한꺼번에 일어나므로 합성동사가 되며, 따라서 이 뜻도 "약속을 헌신짝처럼 집어던지다" "그는 부장직을 집어던지고 고향으로 내려갔다"처럼 처음 두 말의 뜻과 다르게 '일이나 행동을 그만두는 것'과 관계가 있다. 만약 앞의 두 말에 대한 행동을 연이어 사용하고자 한다면 "옆에 있는 돌을 집어서 (창문을 향해) 던졌다"처럼 써야 하지만, 꼭 서로 이웃하여 쓰고자 한다면 "나는 공을 집어 던졌다"라고도 쓸 수 있다. 단, 이 경우에는 '집는' 동작과 '던지는' 동작이 시간차를 두고 일

어나며, 그래서 결국은 공이 내한테서 멀어져 가는 것만 뜻한다. 이를테면, "집에 가서 밥을 먹고 오겠습니다"에서 '먹고 오다'와 같은 예인데 문법적인 공식 이름은 아니지만 이를 보통 이음동사라 한다. 따라서 나는 용언에 대한 띄어쓰기를 합성동사와 이음동사의 구분으로 그 기준을 삼았다. 합성동사이면 따라오는 보조용언을 띄어서 쓰고 이음동사이면 붙여 쓰겠다는 말이다. 그리고 동작을 받는 꼴로 만들어 주는 보조용언 '지다'와 그런 의미를 주되 서술성을 갖는 명사 뒤에 붙는 접미사인 '되다' '당하다' '받다' '드리다' 등은 모두 앞말에 붙여 쓰면 틀리지 않는다. 즉,

지다	되다	당하다	받다	드리다
찢어지다 만들어지다 아름다워지다 깨끗해지다 슬퍼지다 등	가결되다 사용되다 형성되다 거짓(참)되다 못(안)되다 등	거절당하다 무시당하다 이용당하다 체포당하다 혹사당하다 등	강요받다 버림받다 오해받다 주문받다 핍박받다 등	공양드리다 불공드리다 말씀드리다 문안드리다 내드리다 등

와 같다. 물론 위의 예에서 '당하다' '받다' '드리다' 등은 앞말에 조사가 있으면 당연히 띄워 써야 한다. '무시를 당하다' '주문을 받다' '공양을 드리다' 등과 같이.

한글 맞춤법에서 마지막으로 규정한 띄어쓰기 부분은 고유명사와 전문용어에 관한 것이다. 즉,

> 제48항 성과 이름, 성과 호 따위는 붙여 쓰고, 이에 덧붙는 호칭이나 관직명 등은 띄어 쓴다. 단, 성과 이름, 성과 호를 분명히 구분할 필요가 있는 경우에는 띄어 쓸 수 있다.
>
> 제49항 성명 이외의 고유명사나 전문용어는 단어별로 띄어씀을 원칙으로 하되, 단위별로 띄어 쓰든가 혹은 붙여 쓸 수도 있다.

이다. 글에서 누구를 말할 때에 보통 성과 이름을 구분하여 '최 치원' '이 순신' '박 전수' 등과 같이 적는 줄 아는데 우리 맞춤법에서는 '최치원' '이순신' '박전수' 등과 같이 붙여 쓰도록 정했다. 이 역시 읽기 쉽도록 하기 위해서인데 잘 정했다고 본다.

다만, 성과 이름이 '남궁억' '독고준' '홍맑은샘' '박김숙이' 등과 같이 보통의 경우와 달라 꼭 구분이 필요할 경우에는 '남궁 억' '독고 준' '홍 맑은샘' '박김 숙이' 등과 같이 띄어 쓸 수 있도록 예외 규정을 두었다.[22] 만약 이름과 함께 그 사람의 호칭이나 관직도 함께 쓰고자 한다면 '최치원 선생' '충무공 이순신 장군' '박전수 씨' 등과 같이 각각을 이름과 구분하여 띄어 쓰면 된다.

고유명사나 전문용어의 띄어쓰기에서 사람의 이름이 아닌 사물의 이름인 경우에는 특히 문제가 많다. 왜냐하면 이름을 이루는 각 단어별로 띄어 쓸 수도 있지만 규정에 따라 여러 말이 합쳐진 말도 한 단위로 뭉쳐 쓸 수 있기 때문이다. 간단한 예로, '부산 대학교 공과 대학' '중거리 탄도 유도탄' 등과 같은 경우에는 서로 꾸미고 꾸밈을 받는 관계보다는 전체가 하나의 의미나 개념으로 사용할 수 있는 말이기에 '부산대학교 공과대학' '중거리탄도유도탄' 등과 같이 붙여 쓸 수도 있어 별 문제가 없지만 앞말이 뒷말을 꾸며서 한정하는 경우에는 단위별로 어떻게 합치느냐에 따라 그 뜻이 달라질 수 있기에 신중해야 한다. 즉,

예문

① 부산대 공학 작품 제작실
② 부산대 공학작품 제작실
③ 부산대 공학 작품제작실

와 같다. 위의 예는 모두 허용된 규칙을 적용하여 쓴 이름이다. 하지만 ①과 같이 띄어쓰기의 대원칙에 맞게 쓰면 아무 문제가 없지만 ②나 ③과 같이 서로 관계가 깊은 말끼리 합쳐 단위별로 구분하여 쓰면 비록 띄어쓰기 규정에는 위배하지 않지만 그 뜻에 차이가 좀 있게 된다. 즉, ②는 이공계 학생들의 공학작품을 제작하는 곳이지 여기서 강의나 실험을 해볼 수 있는 곳은 아님을 나타내고, ③은 작품제작실이기는 한데 미술이나 음악과 같이 예술 작품이 아닌 이공계 학생들의 지식을 직접 실천해 보는 곳을 말한다. 따라서 이 부분도 역시 처음에는 글을 쓰는 사람의 편의를 위해

22 요즘은 순 우리 말로 이름을 짓거나 부모의 양쪽 성을 모두 이어받는 이름이 아주 많아졌다. 그래서 이와같은 이름을 글로 나타낼 때 굳이 성과 이름을 구분할 필요가 없지만 꼭 해야 한다면 띄어쓰기로 표시하면 된다.

예외 규정으로 두었지만 잘못 적용하면 뜻이 미묘하게 바뀌는 경우가 생겨 띄어쓰기를 오히려 더 혼란스럽게 만든 꼴이 되었다.

지금까지 우리 말 띄어쓰기에 대하여 한글 맞춤법에 수록된 내용을 중심으로 살펴보았다. 각 항목마다 복잡하고 또 예외 규정을 두어 우리가 글을 쓸 때 더 당황되기도 하지만 글을 쉽고 빨리 읽도록 하기 위해 띄어쓰기 규정을 만들었다는 대원칙만 기억한다면 어느 정도 맞출 수 있을 것으로 예상된다. 그래서 지금부터는 한글 맞춤법엔 정해지지 않았지만 평소에 혼동하기 쉬운 띄어쓰기 문제를 이와같은 대원칙에 따라 하나씩 알아보기로 한다. 앞에서도 잠시 언급이 있었지만 글을 쉽고 빠르게 읽으려면 서로 의존성이 강하거나 두 말 이상이 모여 한 개념을 이루는 경우에는 될 수 있으면 붙여 쓰는 것이 훨씬 편하다. 그리고 이 말들을 국문학적인 해석이 아닌 우리의 살아 있는 삶 속에서 다시 본다면 아마도 문법과 관계없이 옛날부터 자주 써서 지금은 거의 굳어 버린 말로 이해할 수 있을 것이다. 예를들면, '손가방' '총연습' '팽이치기' '젊은이' 등은 이제는 '손 가방' '총 연습' '팽이 치기' '젊은 이' 등과 같이 수식-피수식 관계로 띄어 쓰면 오히려 더 이상하게 보이는 형편과 같다.

먼저, 손에 들고 다니는 가방이 '손가방'으로 굳어진 것은 이제는 '책가방'과 같이 더 이상 구분해서는 오히려 불편하기에 누구나가 한 말로 쓰는 합성어가 된 꼴이다. 이와 비슷한 예로 다음의 것을 들 수 있다.

단어의 쓰임	합성어로 굳어진 말
명사	물놀이, 작은형, 길바닥, 미닫이, 새끼손가락, 돌다리, 날짐승, 가위바위보, 버드나무 등
부사	오랫동안, 곧잘, 온종일, 하루빨리 등
동사	남부끄럽다, 굶주리다, 본받다, 힘들다, 날뛰다, 퍼먹다, 능청떨다 등

둘째, 끝마무리를 위하여 모든 사람이 모여서 하는 연습을 '총연습'이라고 하듯이 이미 있는 말에 접사가[23] 붙어 새롭게 말이 갈려 나온 것도 있다. 즉,

23 홀로 쓸 수 없고 항상 다른 말에 붙어 새로운 말을 만드는 부분으로 '선생님'에서 '님'과 같은 접미사와 '맨손'에서 '맨'과 같은 접두사가 있다.

단어의 쓰임	새롭게 파생된 말
명사	신소설, 늦더위, 대도시, 애호박, 선잠, 시부모, 맨주먹, 시집살이, 준결승, 현단계, 한국식 등
부사	하나씩, 우리끼리, 마음껏, 백원짜리 등
동사/형용사	깔보다, 조용(착)하다, 기름지다, 결박당하다, 청소시키다, 걱정(헛)되다, 출렁(꿈틀)거리다 등

와 같다. 셋째, 손에 든 물건으로 무언가를 부딪게 할 때 쓰는 '치다'라는 동사를 '치기'라는 명사로 고쳐 다시 팽이와 합성한 '팽이치기'는 위의 두 경우를 서로 뭉친 꼴로 이 역시 다음과 같이 한 말로 굳어진 채 쓰이고 있다.

단어의 쓰임	합성어가 파생되거나 파생어가 합성된 말
명사	해돋이, 회돌이, 나들이, 다달이, 소금구이, 사랑하기, 품갚음 등
부사	틈틈이(짬짬이), 낱낱이 등
동사	되돌아가다, 헛기침하다, 앙갚음하다 등

끝으로, 특정한 나이를 먹은 또래의 사람을 뜻하는 '어린이'와 '젊은이' 따위의 말과 같이 옛날에는 '어린 이'와 '젊은 이' 등으로 표기하던 것이 이제는 완전히 윗말과 아랫말이 하나로 굳어진 채 사용하는 경우가 아주 많다. 즉,

단어의 쓰임	윗말과 굳어진 말
명사	동(위/오른/옆)쪽, 이(지난)번, 이(저)편, 이(저)분, 이(그)이, 이(저)곳, 이(저/요/별)것, 생(날/탈)것, 작은따옴표, 잔술 등
부사	이(그/접)때, 보다못해, 그런고로, 그런대로, 다름아니라, 오래간만에, 이를테면, 적지않이(적잖이), 제멋대로, 한시바삐, 아니나다를까 등

와 같다. 실제로 이 경우가 우리가 글쓰기를 할 때 가장 많이 쓰면서도 아주 혼란스러워 하게 되는데, 이는 윗말과 함께 굳어졌다고 판단할 수 있는 근거가 너무 주관적이기 때문이다. 즉, 글을 쓰는 사람의 취향과 고집에 따라 띄어쓰기가 달라질 수 있다는 말이다. 예를들어, 위에서 '보다못해' '제멋대로' 등을 '보다 못 해' '제 멋대로' 등으로 적는다 하더라도 누가 나서서 잘못이라고 지적할 수는 없다. 다만 이와같은 예들은 대부분 사람들이 붙여 쓰기에 자기의 글에서도 글을 읽는 사람의 눈에 그렇게 익은 꼴로 써 주어야 읽기가 편하고 속도도 빠르다는 정도로 얘기해 줄 수 있을 뿐이다.

그래서 글을 쓰는 사람은 자기 나름의 기준을 여기서 또 정해야만 한다. 물론 글이 눈에 익었다 함은 나 자신만이 아닌 대부분의 사람에게 그렇다는 뜻이겠지만 양쪽이 팽팽히 맞설 때는 경우에 따라 이쪽저쪽으로 옮겨 다닐 것이 아니라 꼭 하나로 미리 정해 두는 것이 글쓰기의 올바른 자세이기 때문이다. 흔한 예로, 두 말이 한 덩어리로 항상 같이 쓰이는 말, 곧 '예를 들면(어)' '뿐만 아니라' '이와 같이(은)' '여러 가지' 등을 누구의 글에서나 늘 부사로 구실한다고 보고 두 말을 합쳐 '예를들면(어)' '뿐만아니라' '이와같이(은)' '여러가지' 등으로 쓴다고 할 때 뚜렷한 자기 기준에 흔들리지만 않는다면 글 쓰는 재미뿐 아니라 글의 통일성에서 풍기는 자기만의 멋과 힘도 덤으로 가질 수 있다. 이 책에서 정한 기준은 '예를들면(어)' '이와같이(은)'는 붙여 쓰고 '뿐만 아니라' '여러 가지'는 띄어 쓰는 것이다. 왜냐하면 앞의 두 개는 두 말 사이에 낄 다른 말이 거의 없지만 뒤의 것은 '뿐만은 아니라' '뿐 아니라'와 같이 새로운 말이 끼이든가 혹은 있는 말이 빠지는 경우도 있고, 또 '여러 것(개)'와 같이 다른 말이 올 수도 있기 때문이다.

이 밖에도 이른바 '띄어쓰기 기법'이랄 수 있는 것들이 여럿 있다. '붉은빛' '검은색' '아주 붉은 빛' '좀더 검은 색'과 같이 '빛'이나 '색'이란 말이 앞말과 직접 붙을 때는 붙여 쓰고 그 빛(색)을 설명하는 말을 다른 말이 앞에서 꾸미면 띄운다든가, 같은 뜻의 말이 겹치면 한 말로 보고 '모두다' '곧바로' '똑같이' '더한층' '더욱더' '또다시' 등과 같이 붙인다든가, '없다'라는 말을 붙여 합성할 때는 '쓸데없이' '여지없이' '거침없이' 등과 같이 대개 붙여 쓰는데 만약 합성된 말 앞에 꾸미는 말이 다시 오면 '별로 쓸 데 없는' '생각할 여지 없는' '아무런 거침 없이' 등과 같이 띄워 쓴다든가 하는 요령이 있기는 하다. 하지만 앞에서도 계속 언급했듯이 띄어쓰기의 대원칙이 글을 쉽고 편하고 빨리 읽을 수 있도록 하는 것임을 잊지 않는다면 아무리 복잡한 맞춤법 규정이라 하더라도 잘 맞춰가면서 글쓰기를 재미있게 할 수 있으리라 본다.

2-2 문장을 쉽고 정확하게 쓰기

문장을 쉽고 정확하게 쓰는 것은 모든 글쓰기의 기본이다. 공연히 어려운 말만 골라 머리를 짜 내듯이 쓰려고 하면 글을 쓰는 사람이나 글을 읽는 사람이 모두 무엇을 말하고 무엇을 듣는지 알지 못하여 서로 짜증만 날 뿐이다. 특히, 연구와 실험으로 깨우치고 발견한 여러 사실과 현상을 체계적인 논리에 맞추어 글로 나타내야 하는 논문쓰기의 경우에는 설사 말을 빙빙 돌리지 않는다 하더라도 애매모호한 단어가 많든가 문장구조가 복잡하든가 하는 따위에도 글의 내용에 대한 자신감이 없다는 증거가 되어 오히려 글을 읽는 사람들에게 믿음을 줄 수 없게 된다.

이 절에서는 독자의 능력에 상관없이 누구나 (전문적인 글인 논문의 경우에는 그 글을 읽을 독자가 이미 어느 수준에 있다고 가정함) 글의 내용을 읽어서 쉽고 빠르게 알 수 있도록 하는 몇몇 글쓰기 기법에 대하여 알아보기로 한다. 단어는 말이나 글에서 단편적인 뜻을 나타내는 가장 작은 단위이고 문장은 연속적인 뜻, 즉 생각(idea)을 전달하는 가장 기본적인 단위이다. 따라서 글의 내용이 오해없이 이해되기 위해서는 단어의 의미를 잘 살펴 써야 할 뿐만 아니라 문장구조도 복잡하지 않게 하여 담아내는 생각을 될 수 있으면 문장 하나에 하나씩 포함하도록 하는 것이 좋다. 물론 잘 써진 좋은 글이 되는 첫째 조건은 두말할 것 없이 말을 빙빙 돌리지 않고 말하듯이 쓰는 것이다.

1) 단어 뜻 올바로 선택하기

난어는 넓은 의미에서 '어휘' 혹은 '용어'라는 말과 바꾸어 쓸 수 있는 말로 형식과 (또는 소리) 내용 (또는 뜻) 이라는 두 가지 속성을 갖는다. 즉, 글로 나타난 모양은

같더라도 뜻이 다른 말 (예를들어, 사람 신체의 한 부분인 '배', 먹는 과일의 하나인 '배', 그리고 물 위를 떠 다니는 '배' 등), 소리는 다르더라도 담긴 뜻이 같거나 비슷한 말 (예를들어, '나이'와 '연세', '책방'과 '서점', '계란'과 '달걀', '치아'와 '이빨' 등), 그리고 소리도 다르고 뜻도 완전히 반대가 되는 말 (예를들어, '남자'와 '여자', '행복'과 '불행', '작다'와 '크다', '가다'와 '오다' 등) 따위로 나눌 수 있다.

단어로 문장을 만들어 자기의 생각을 담아낼 때는 이와같은 속성을 잘 따져 보고 단어를 선택해야 사소한 감정이나 미미한 뜻도 별다른 오해없이 전달할 수 있고, 또 꼭 전하고 싶은 중심생각(main idea 또는 topic)만을 특별히 강조할 수도 있다. 동의어나 유의어는 언뜻 보면 같은 말 같지만 개념적인 의미나 감상적인 어조, 정서적 가치가 완전히 같지만은 않기 때문에 이를 제대로 파악하지 못하면 정확한 글을 쓸 수가 없고, 또한 앞과 뒤의 말을 서로 비교하거나 대조하는데 반의어를 적절히 이용하면 특별히 어느 한 부분만을 효과적으로 드러낼 수도 있다. 예를들어, 같은 뜻이더라도 낮잡아 이르는 말이나 높여 부르는 말 등을 잘 구분하지 못하여 "아버지 이빨이 몹시 상했다" "호랑이 이(치아)가 아주 날카롭다" 따위로 쓴다든가, 혹은 "자율학습 지도가 철저하다" "영화가 개봉되었다" "맨발로 뛰었다" 등을 "자율학습 감독이 철저하다" "극장이 어제 개봉되었다" "맨발을 벗고 뛰었다"와 같이 개념이 혼란스럽거나 감상에 치우친 말 때문에 용어를 정확하게 쓰지 못하면 문법에도 맞지 않을 뿐만 아니라 논리를 정확히 펼 수도 없게 된다. 비슷한 까닭으로, 문장에 비록 똑같은 생각을 담았다 할지라도 용어의 선택에 따라 글을 읽는 사람이 조금씩 다르게 받아들일 수 있기에 글을 쓰는 사람은 자기 생각을 좀더 효율적으로 전달하면서, 아울러 글을 읽는 사람이 지루하지 않게 읽을 수 있도록 상황에 맞는 말을 잘 골라 써야 한다. 그래서 같은 말을 반복할 때에도 되도록 비슷한 말을 골라 변화를 주는 것이 좋다. 예를들어, '말하다'의 뜻을 계속 유지하면서 글의 단조로움도 피하고 생생한 의미 전달이 되도록 하려면 글의 분위기에 따라 '전하다' '호소하다' '역설하다' '부르짖다' '설명하다' '형용하다' '진술하다' '밝히다' '언급하다' '주장하다' '거론하다' '우기다' '털어놓다' 등으로 바꾸어 준다.

한편, 단어는 비록 형식은 한 개뿐이라 하더라도 다른 단어와의 관계에 따라 여러 뜻으로 달리 사용되기도 한다. 즉, '먹다'는 '음식 등을 입으로 몸 안에 들여보낸다'는 뜻을 가졌기에 '밥(술, 약, 물 등)을 먹다'와 같이 써야 하지만 '앙심을 먹다'나

'뇌물을 먹다' 따위와 같이 실제로 먹을 수 없는 것도 비유적으로 쓰기도 한다. 이와 같이 한 단어가 상황에 따라 여러 가지 뜻으로 사용되는 것을 다의어라고 하는데, 이때 단어의 뜻이 원래대로 사용되었다면 1차적 의미로 (또는 기본적 의미, 지시적 의미 등), 그리고 그 밖의 다른 뜻으로 사용되었다면 2차적 의미로 (또는 파생적 의미, 함축적 의미 등) 쓰였다고 한다. 다의어는 기본적으로 뜻과 생각은 있는데 표현할 말이 없는 경우에 이를 대리만족하기 위하여 다른 것에 빗대어 쓸 수 있도록 한 말이다. 본디 말은 특정한 자리에서 늘 감상만 하는 아주 값비싼 미술품이 아니라 삶의 어디서나 꼭 있어야만 하는 생필품과 같아서 아침에 일어나 세수하고 밥을 먹는 것만큼 (또는 오히려 더) 절박하게 써야만 한다. 그래서 말은 삶에서 필요하면 필요한 대로 생기고 변하고 없어지고 하는데, 이때 새로운 뜻을 표현하기 위해 무작정 새로운 단어만을 만들 수는 없고 이미 쓰고 있는 말에 본래의 뜻과 다른 새로운 뜻을 덧붙여 생각을 표현하게 되는 것이다. 예를들면,

예문

① 일의 성패는 네 손에 달렸다.
② 어린이는 새 나라의 기둥이다.
③ 체육대회에서 우리 반이 일등을 먹었다.
④ 그 사람은 사상이 붉다고 경찰에 잡혀갔다.

에서 명사 '손' '기둥'이나 동사 '먹다', 그리고 형용사 '붉다'를 원래의 뜻, 즉 1차적 의미로만 파악하면 각 문장의 속뜻은 전혀 이해할 수 없다.

단어의 뜻이 지시적이냐 함축적이냐 하는 판단은 문맥(context)을 따져 살펴보아야 한다. 일반적으로 사실을 전달하거나 자기의 주장을 펼치고자 한다면 글을 읽는 사람의 논리나 이해력에 직접 호소할 수 있도록 지시적 단어가 많이 선택되는 반면에, 말을 가공하고 꾸며서 글을 읽는 사람에게 재미와 감동을 주고자 한다면 감성과 상상력을 자극할 수 있도록 단어도 함축적인 의미로 사용되는 경우가 많다. 이른바 문학작품이라는 것은 지식이나 정보를 객관적으로 전달하기 보다는 사물을 보는 느낌이나 정서 등을 실감나게 표현해야 하는 경우가 많기 때문에 단어의 함축적인 사용과 함께 비유나 상징을 이용하기도 한다. 그래서 "석류꽃이 예쁘게 피었다" "오

늘은 바람이 몹시 차다" "소리가 몹시 컸다"라고 보고 느끼고 들은 그대로 설명하면 될 것도 각각 "석류꽃이 불덩이처럼 이글이글 타올라 캄캄한 마당이 환하게 밝았다" "오늘은 바람이 칼날처럼 뺨을 저민다" "소리가 난 후에 한참이나 귀가 멍멍했다"고 한다. 글을 쓰는 사람의 상상력과 관찰력이 살아있는 감각으로 나타나야만 비로소 맛나는 문장이 된다고 믿기 때문이다.

문장의 뜻이 단어 때문에 뚜렷하냐 그렇지 않느냐 하는 문제를 단어가 지시하는 대상이 물리적으로 존재하느냐, 아니면 개념적으로 존재하느냐 하는 경우로 나누어 설명할 수도 있다. 즉, 문장에 사용된 단어가 주로 구체어(concrete word)나 특수어(specific word)이면 단어가 지시하는 대상이 한정되고 이의 모양이나 느낌도 분명하여 글의 내용을 객관적이며 생생하게 전달할 수 있는 반면에, 추상어(abstract word)나 일반어(general word)가 많으면 글의 내용이 불명확하고 상징적이라 몇몇 다른 뜻으로 연상될 수도 있기 때문에 논거를 제시하여 주장을 구체적으로 뒷받침하는 자리보다는 도덕적으로 계몽・훈계하는 자리나 일반적인 진술을 마무리하는 자리 등에서 사용하면 훨씬 효과가 있다. 여기서 구체어는 '의자' '책상' '진달래' '개나리' 등과 같이 대상이 구체적으로 존재하는 말이고, 추상어는 이와같은 구체적인 대상들이 갖는 공통된 성질들을 함축하는 말로 '의자' '책상' 등을 동시에 지적하는 말인 '가구'와 '진달래' '개나리' 등을 한꺼번에 이르는 말인 '꽃'이 되며, 또한 눈에 보이지는 않지만 개념적으로 생각할 수 있는 '사랑' '믿음' '자유' 등도 추상어가 된다. 그리고 특수어는 어떤 분류나 집합에 소속된 각각의 대상을 지시하고 일반어는 그런 대상을 모두 포함하는 전체를 가리키는 말로 '호랑이' '사자', '연필' '공책' 등과 같은 특수어에 대해 일반어는 '맹수', '학용품' 등이 된다.[24]

올바른 단어를 선택하여 좋은 글이 되도록 하는데 있어서 빼먹지 말아야 할 것에는 외국어를 사용하는 문제도 생각해 보아야 한다. 여기서 외국어라 함은 옛날부터

---

24 우리 말에서는 구체어와 특수어, 그리고 추상어와 일반어를 엄밀히 구분하는 것은 별 의미가 없다. 단수나 복수를 꼭 지정해야 한다든가, 혹은 단어의 대상을 의도적으로 한정하지 않아도 문법적으로나 의미적으로 전혀 잘못이 없기 때문이다. 하지만 영어는 우리 말에선 별로 까다롭지 않는 수(數)의 개념을 철저하게 지켜야 하기 때문에 말의 뜻을 분명히 나타내기 위해서는 셀 수 있는 말과 셀 수 없는 말, 즉 구체어냐 추상어냐, 혹은 특수어냐 일반어냐에 대한 구분을 반드시 하여 그 사용법이나 (수나 관사의 적용 등) 뜻을 달리 써야만 한다.

우리 선조들이 써 왔던 어려운 한자말부터 경술국치 이후에 어쩔 수 없이 썼거나 혹은 빌붙어 쓰게 된 일본말, 그리고 요즘 젊은 세대나 전문서적 등에 흔히 나타나는 영어식 말 등이 모두 해당된다. 대상과 생각을 글로 나타낼 수 있는 단어를 많이 알면 알수록 단어 하나하나를 자기 마음대로 부리어 쓸 수 있기 때문에 문장의 표현력이 그만큼 풍부해진다. 그래서 사실을 꾸미지 않고 있는 그대로 보여준다고 할 때 표현력이 좋으면 독자들의 설득도 상대적으로 쉬울 것이므로 글을 쓰는 사람은 어느 정도의 어휘력을 갖추는 것이 꼭 필요하다. 하지만 이렇게 갖춘 풍부한 어휘력의 출처가 평소에 늘 써오던 말이 아니라 무언가 달리 보이려고 억지로 찾아낸 말이라면 문장의 표현력과 전달력은 오히려 약해지고 죽는다는 것을 알아야 한다. 어렵고 딱딱한 글 보다는 쉽고 자연스러운 글이 훨씬 더 이해가 빠르기 때문이다.

쉬운 우리 말을 쓰자는 주장이 어떤 경우라 하더라도 꼭 우리 말만 쓰자는 말이 아니다. 말은 어느 나라 말이든지 표현할 수 없는 말이 항상 있기 마련이기에 우리 말이 아직 만들어지지 않았거나 혹은 누구나 자주 써서 이제는 우리 입에 굳은 외국 말은 글을 쓸 때도 역시 쓸 수밖에 없다. 다만, 사람이 말을 잘했느냐 못했느냐 하는 기준을 '상대방이 얼마나 잘 알아들었느냐'로 정하는 것과 같이 좋은 글이란 쉽고 자연스럽게 써서 '독자가 얼마나 잘 이해했느냐'로 결정할 수 있기에 되도록이면 아름다운 우리 말을 잘 살려서 쓰면 좋겠다는 것이다. 어려운 논문을 쓰니까 어려운 한자말이나 잘 알지 못하는 외국 말을 써도 되는 것은 아니다. 꼭 필요한 전문용어를 제외하고는 오히려 쉬운 우리 말로 써야만 자기의 이론이나 주장이 더 명확히 전달되지 않을까 싶다. 우리 말로 쓴 글을 읽는 독자는 우리 말로 우리 삶을 살아가는 우리나라 사람이라는 것을 반드시 알아야 한다.

따라서 필요하면 외국 말도 꼭 사용해야 하지만 그 단어를 대신하는 좋은 우리 말이 있는 데도 굳이 외국 말을 쓰는 것은 잘못되었다. 어릴 때부터 무슨 까닭인지 우리 말뿐 아니라 외국어도 함께 배워야 하는 우리 학생들이 참 안됐지만 자라서 자기의 생각과 주장을 우리 말로 펼쳐야 할 때에도 입으로 하는 말과 글로 쓰는 말을 서로 구분하여 따로 공부해야 한다면[25] 너무 비참한 일이다. 그래서 좋은 우리 말을 두고도

25 입으로 "가게에서 이것저것 많이 샀다"고 했으면 글로 나타낼 때에도 그렇게 쓰면 되는데 대개 "상점에서 각양각색의 물건을 다량 구입했다"고 적는다. 단순한 글버릇으로 보기는 어렵고 아마도 글말과 입말은 반드시 달라야 한다고 생각하는 것 같다.

아직까지 한자말을 읽을 때 소리를 매끄럽게 해주는 '토'로만 우리 말을 쓰려고 한다든가, 일본책을 그대로 번역하면서 들려온 말이 우리 문법을 망치는 데도 입에 익었다는 핑계로 꼭 쓰려고 한다든가[26], 혹은 학문의 필요 때문에 배웠던 외국어를 때와 장소를 구분하지 않고 입으로 '헬로'나 '하이'라고 인사한다고 해서 글로도 그렇게 쓰려고 한다든가 하는 것은 모두가 아주 잘못되었기에 꼭 고쳤으면 한다. 예를들어,

예문

① 그 소식을 듣고 경악을 금치 못했다.
② 미명전에 집결하여 출발하려고 박차를 가했다.
③ 단도직입적으로 말하면 하곡 300만 섬만 수매하기로 결정했다.
㉠ 어려움에서부터의 자유를 만끽하자.
㉡ 내 인생에 있어서의 진정한 친구를 만났다.
㉢ 나는 민족 통일에의 염원을 꿈꾼다.
ⓐ 티 스푼으로 밀크를 먹지 말고 테이블 위에 있는 글래스를 사용해라.
ⓑ 헤어 스타일을 쇼트로 바꾸면 훨씬 스마트해 보일 거야.
ⓒ 스프링 캠프를 제주도에 오픈하여 매일 하드 트레이닝을 하였다.

에서 ①은 줄 친 부분을 '깜짝 놀랐다'로, ②는 문장 전체를 "새벽에 모여 떠나려고 온 힘을 다했다(기울였다)"로, ③도 역시 "까놓고(곧바로) 말하면 보리 300만 섬만 사들이기로 했다"로 쓰면 훨씬 쉽고 자연스럽게 와 닿는다. 그리고 ㉠에서 ㉢까지는 줄 친 부분을 각각 '에서 얻어낸' '에서' '에 대한'와 같은 좋은 우리 말을 쓰면 되고, 아울러 ㉠에 있는 '만끽하자'도 '맘껏 누리자'로 바꿔 쓰면 정말 우리 말 같아서 아주 좋다. ⓐ에서 ⓒ는 외국어로 거침없이 쓴 문장으로 도무지 어느 나라 말인지조차 구분하기 힘들다. 무턱대고 마구 사용한 외국어 때문에 우리 말의 자연스러움이 사라졌기에 이런 표현은 마땅히 삼가야 한다.

26 일본식으로 번역된 말이 많이 있지만 그 중에서 일본말 'の'를 '의'로 번역하면서 이제는 아무 곳에나 이를 붙여 쓰는데 문제가 있다. 즉, 우리 문법에서 보조사를 엄연히 정하고 있는 데도 이를 무시하고 조사에 조사를 붙혀 '-와(과)의' '-에(로)의' '-로부터의' '-에 있어서의' 등과 같이 새로운 겹조사를 만들어 씀으로써 우리 말의 서술성을 완전히 없애버렸다. 이와 관련한 설명은 나음 소절과 2–4절에서 다시 하기로 한다.

글에서 올바른 단어를 선택하는 또다른 부분으로 앞의 외국 말 사용과 관계하여 어휘를 겹쳐 쓰는 문제를 짚을 수 있다. 글을 쓰면서 한 문장에 같은 뜻을 지닌 말을 겹치게 하는 것은 글의 내용을 강조하는 하나의 글쓰기 기법으로 생각해도 되지만 종종 한자와 같은 외국 말을 우리 말로 바꾸는 과정에서 일어난다. 이럴 경우에는 대개가 불필요하게 덧붙여진 말이 되기 때문에 특히 강조하고자 마음먹고 쓴 경우 이외에는 피하는 것이 좋다. 흔한 예로, 외국 말에 행위가 (동사의 의미) 포함되어 있는 데도 우리 말로 옮기면서 구체적인 행위동사를 직접 붙여 사용하는 꼴로 '축구하다' '여행하다' '테니스하다' '히트하다'와 같이 우리 말의 행위접미사인 '하다'만 붙이면 되는데 감정을 더 솔직히 표현하려는 욕심이나, 혹은 아예 그런 관계를 몰라서 '축구차다' '여행가다' '테니스치다' '히트치다'와 같이 쓰기도 한다. 비슷한 예로,

예문

① 이사를 가는데 고생했다. (이사하는데)
② 소문과는 판이하게 다르다. (판이하다 또는 아주 다르다)
③ 앞으로 전진한다. (나아간다)/지나치게 과음했다. (술을 엄청 마셨다)
④ 조용해 주시기 바라겠습니다. (바랍니다)
⑤ 준비를 갖추어 김장을 담갔다. (준비하여 김장했다)
⑥ 고소득을 얻으려고 작품을 출품하더니 드디어 결실을 맺었다.
⑦ 이런 결과로 인하여 경제가 어렵다. (이래서 혹은 이런 결과로)
⑧ 빈 공간을 사용하여 (공간을)/쓰이는 용도에 따라 (쓰임에 따라)

등과 같이 쓰는 경우가 아주 많은데 괄호 안의 말이 올바른 표현이다. 즉, ①은 '이사'의 '이(移)'가 '간다'는 동작과 겹쳤고, ②는 판이한 것이 바로 다른 것이고, ③은 '전진'의 '전(前)'이, 그리고 '과음'의 '과(過)'가 모두 앞에 있는 각각의 부사와 뜻이 중복되었다. 그리고 ④는 동사 '바란다'가 희망을 나타내는 시제인 '겠'과 함께 쓰였고, ⑥은 "소득을 올리려고 (혹은 고소득을 위해) 작품을 내더니 드디어 결실이 있었다"로 써야 맞는 말이고, ⑦은 우리 말에서 어떤 일의 원인이나 까닭을 나타내는 격조사인 '로'와 일본식 한자말 '인하여(因(よ)る)'가 중복되었으며, 끝으로 ⑧은 의미를 더욱 강조하기 위해 같은 말을 하나씩 더 첨가하였으나 쓸모 없는 군더더기가 된 꼴이다.

2) 문장 쓰기와 연결 올바로 하기

우리 말을 우리 말답게 쓰기 위한 첫 번째 일은 제1장에서 언급한 대로 소리글자와 첨가어라는 우리 말의 특징을 잘 살려 쓰는 것이다. 소리대로 적어 놓으면 무슨 말인지 알 수 없어 하나하나 뜻을 헤아려야만 알 수 있는 말은 되도록 버리고 동사나 형용사와 같이 문장의 주체를[27] 서술하는 용언(풀이씨)의 어미(씨끝)가 여러 가지로 활용되는 특징을 적극 살려 써야 한다. 이 소절에서는 생각을 담는 문장이 쉽고 올바르게 뜻을 전달할 수 있도록 여러 단어를 효과적으로 나열하는 방법과 한 문장에 여러 생각을 담고자 하는 경우에 딱딱한 접속부사보다 용언의 어미 활용을 이용하여 문맥을 더욱 분명하게 해 줄 수 있는 방법을 생각해 보기로 한다.

문장을 구성하는 요소에는 문장의 주체인 주어와 이의 동작이나 상태를 설명하는 서술어(풀이말)를 비롯하여 보어, 목적어, 관형어, 부사어, 독립어 등과 같이 각 기능에 따라 여러 가지가 있다. 다시말하면, 문장이란 실세로 존재하는 것이나 머리 속에 그린 것을 보고 듣고 느낀 대로 글로 나타낸 것이기에 가장 간단한 경우에는 주어와 서술어만을 사용하여 '무엇이 어떠하다' '무엇이 어찌하다' '무엇이 무엇이다'의 꼴로[28] 써지고, 여기에 주어의 대상이나 상태를 더 보충하기 위하여 목적어와 보어를 포함하기도 한다. 물론 이와같은 글을 쓰면서 글의 대상을 좀더 세밀히 꾸며주든가, 혹은 감정을 좀더 강하게 표시하고자 한다면 관형어나 부사어, 독립어 등을 덧붙일 수도 있다. 예를들어,

27 중요한 문장 성분의 하나인 주어(임자말)가 되는 말로 명사, 대명사, 수사 등을 통틀어 일컫는다. 이 말은 용언과 달리 어미가 전혀 활용하지 않기 때문에 체언(임자씨)이라고도 한다.

28 '무엇이 어떠하다'의 꼴은 "하늘이 파랗다"처럼 서술어가 형용사인 경우이고, '무엇이 어찌하다'는 "바람이 분다"와 같이 동사가, 그리고 '무엇이 무엇이다'의 꼴은 "오늘이 추석이다"의 경우처럼 명사가 서술어가 된 문장으로 서술어를 구성하는 성분에 따라 각각 형용사문, 동사문, 그리고 명사문이라고 한다. 우리 말을 살려 쓸 수 있는 형용사문이나 동사문과 달리 명사문은 주로 한자말에 '-이다'를 붙여 쓴 문장으로 우리 말의 특징인 서술성을 죽여서 감정을 섬세하게 표현하기 어려운 데도 요즘에는 외국의 말법에 (예를들어, 영어 동명사나 'It~that~' 강조법, 문장을 압축하는 버릇, 그리고 우리 말을 한자의 토씨로만 쓰는 경우 등) 영향을 받아 흔히 나타나고 있는데 이에 내해신 2-4절에서 좀더 자세히 알아보기로 한다.

예문

① 비가 내린다. (주어)
② 새가 운다./산이 파랗다./내일이 생일이다. (서술어)
③ 상은이가 판사가 되었다. (보어)
④ 세련이가 책을 읽는다. (목적어)
⑤ 순 우리말로 썼다. (관형어)
⑥ 동백꽃이 아름답게 피었다. (부사어)
⑦ 아! 사람은 역시 죽는구나. (독립어)

와 같이 하고 싶은 말을 적당한 문장 성분을 골라 글로 쓰면 된다. 당연히 우리가 우리 삶에서 몸소 배운 우리 말을 부릴 때는 '이렇게 말하고 싶으니 이런 문장 성분이 꼭 와야 한다'는 식으로 말을 하거나 글로 쓰지는 않는다. 더구나 우리 말은 이와같은 문장 성분들의 순서, 즉 어순(語順)이 엄격히 정해져 있지 않아서 말하는 사람의 취향에 따라 아무렇게나 배열해도 전체의 뜻은 매한가지이다. 설사 다르다고 한다면 말하는 사람이 일반적인 육하원칙에서 (사실을 전달하는 기사문을 쓸 때 지켜야 하는 원칙으로 무언가를 한 사람, 한 시간, 한 장소, 한 것, 한 방법, 한 까닭을 나타내는 '누가', '언제', '어디서', '무엇을', '어떻게', '왜'의 여섯 가지를 뜻함) 어떤 성분을 더 중요하게 생각하고 있나 하는 것만 차이가 있을 뿐이다.

영어도 말을 강조하려고 어순을 바꾸어 쓰는 경우가 있긴 하지만 우리 말과 같이 폭넓고 자연스럽지 못하다. 그리고 우리 말은 문장의 어순 변화를 강조용으로만 쓰지 않고 글을 읽는 사람이 지루하지 않도록 배려하는 차원에서도 아주 효과적으로 쓸 수 있다. 간단한 예로,

예문

① 나는 새벽에 순희를 도서관에서 보았다.
② 새벽에 나는 순희를 도서관에서 보았다.
③ 순희를 나는 새벽에 도서관에서 보았다.
④ 도서관에서 나는 새벽에 순희를 보았다.
⑤ 보았다. 나는 새벽에 순희를 도서관에서.

와 같이 어순과 관계없이 강조하고 싶은 말을 앞으로 (혹은 뒤로) 끄집어 내어 마음대로 글의 초점을 바꾸어 쓸 수 있다. 특히, 여기서 주목해야 할 것은 위의 모든 문장이 평소 우리의 생활 속에서 흔히 쓴다는 것이고, 오히려 예에선 제시되지 않았지만 "새벽에 도서관에서 나는 순희를 보았다" "나는 보았다. 새벽에 순희를 도서관에서" 등과 같이 상황에 따라 얼마든지 어순을 다르게 바꾸어 말을 해도 전혀 어색하지 않다는 것이다.

똑같은 단어를 계속 사용하거나 서로 비슷한 표현만을 반복하여 쓰면 독자들은 쉽게 흥미를 잃고 빨리 지루해 한다. 따라서 읽기 좋고 매력 있는 글이 되려면 어느 나라 말로 쓴다 하더라도 항상 단어 선택이나 문장 표현법 등에 많은 공을 들일 수밖에 없다. 하지만 우리 말은 앞에서 설명한 자유로운 어순 변화와 함께 다른 나라 말엔 없는 특징인 특정한 주어나 서술어를 생략한다든가[29] 접속사를 사용치 않고 문장과 문장을 이어준다든가 하는 따위로도 문장의 단조로움을 없애는 효과가 크기 때문에 우리 말을 오로지 우리 말답게만 쓰면 자연히 독자들을 붙잡을 수 있는 글이 된다. 예를들어,

예문

> 수필은 산만과 무질서를 특징으로 삼는 것이다. 수필은 스스로 보고 듣고 느낀 바를 기록하면 되는 것이다. 수필은 처음부터 수필을 쓸 수 있는 사람의 자격을 요구하진 않는다. 수필은 다만 자기를 말하는 문장이기만 하면 되는 것이다. 수필은 사람에게 감상이라는 것이 있는 이상 누구라도 쓰면 되는 것이다.

는 문장 5개로 써진 비교적 분명하고 깨끗한 글이다. 수필에 대한 글의 내용 평가는 접어두고 글의 형식만을 짚어 보기로 하자. 우선, 이 글은 모든 문장이 '수필은 ~이다'의 꼴로 악기 하나로만 음악을 연주하는 것과 같다. 이럴 경우 피아노나 가야금과 같이 특별히 독주를 위한 음악이 아니면 너무 맛이 없어 대개는 끝까지 들을 수가 없

29 정상적인 문장은 원래 하나의 주어와 하나의 서술어를 갖추어야 하지만 우리 말에선 흔히 주어나 서술어를 생략하여 말을 하고 글로도 쓰는 경우가 많다. 영어와 같이 일일이 대명사나 대동사로 지시하지 않아도 되기에 필요하면 적당한 성분을 생략하여 문장에 생동감 있는 변화를 줄 수 있다. 단, 이럴 경우에는 생략 때문에 오히려 뜻이 모호해 진다든가 각 문장 성분들의 호응관계가 분명한 지를 잘 살펴보아야 한다.

게 된다. 다음, 이 글은 문장의 형태뿐만 아니라 그 길이도 비슷하여 글을 읽는 데 빨리 싫증날 수가 있다. 문장은 눈으로 보기만 하는 것이 아니라 입으로도 읽혀지기 때문에 눈으로 본 글의 뜻이 제대로 전달되어 오래오래 남기 위해서는 음악적인 리듬에 실려야만 한다. 물론 문장의 길이가 글의 뜻에 영향을 주는 것은 아니다. 그러나 글의 인상이나 모습이 강한지 부드러운지, 터벅터벅 재미없이 걸어가는지 제 흥에 겨워서 절로 춤을 추면서 가는지, 억지로 뱉어내는 말인지 가슴 벅찬 흥분의 말인지 따위에 대한 느낌은 줄 수가 있다. 이런 내용을 바탕으로 위의 글을 다시 써 보면

예문

> 수필은 산만과 무질서가 특징이다. 스스로 보고 듣고 느낀 바를 기록하면 수필이 되는 것이다. 수필은 처음부터 글을 쓸 사람의 자격을 요구하진 않는다. 다만 자기를 말하는 문장이기만 하면 되고 감상이라는 것이 있는 사람이면 누구라도 쓰면 되는 것이다.

와 같이 수정해 볼 수 있다. 물론 이 두 글 중에서 어느 글이 더 좋다고 주장하는 것이 아니다. 우리 글을 우리 글답게 써서 단조롭고 지루함을 자연스럽게 없애기 위해서는 이와같이 문장 성분의 어순을 바꿀 수도 있고, 또 반복되는 주어를 생략하든가 논리적으로 모순이 없는 문장들을 합치든가 쪼개든가 하여 길이에 변화를 주어 달성할 수 있다는 것을 보여 주었을 뿐이다.

지금까지 우리 말로 싱싱한 글을 쓰려면 단어의 신중한 선택이나 문장 표현법과 같은 다른 말에서 흔히 사용하는 다소 복잡한 기교를 부리지 않더라도 간단한 어순 변화나 문장 성분의 생략 등으로도 어느 정도 달성할 수 있다는 것을 설명하였다. 그런데 여기서 꼭 주의해야 할 것이 있다. 바로 말과 글의 차이 때문에 있을 수 있는 몇 가지 문제를 해결해야만 한다. 다시말하면, 본 대로 생각나는 대로 입으로 내뱉으면 말이고 문자로 써놓으면 바로 글이기에 언뜻보면 같지만 하나씩 따져보면 또 다른 것이다. 우선, 말은 귀로 듣지만 글은 눈으로 보아야만 한다. 그래서 무언가를 전할 때 말은 그 자리 그 시간에 청각을 자극하도록 해야 하지만 글은 언제 어디서나 누구에게나 변함없이 눈길을 끌 수 있도록 써야 한다. 다음, 말은 삶에서 절로 배울 수 있지만 글은 자기가 노력하여 억지로 배워야 한다. 자연스러움과 의식적인 것의

차이만큼 말과 글이 다르다는 말이다. 그래서 말은 머리도 꼬리도 없이 불쑥 나오는 대로 한두 마디 던져도 주위의 환경과 여러 표정으로 이해되지만 글은 그렇지 않다. 한두 마디 내뱉은 말이 한두 구절의 문장으로 받아 적혀진다 할지라도 실제 쓰고자 하는 한 제목이나 한 편의 글로는 부족하기 때문이다. 말은 무슨 연설이나 축사 등이 아니면 앞에 할 말과 뒤에 할 말을 꼭 가려야 할 필요가 없지만 글은 혼자 볼 비망록이나 일기 등이 아니면 개인끼리 주고 받는 편지 한 장이라도 적든 크든 한 편의 글로서 알맞은 틀을 갖추어야 한다. 물론 문장이 갖추어야 할 틀이 모든 사람이 지키자고 약속하여 거스를 수 없는 것은 아니다. 앞에서 설명한 대로 말의 어순을 변화시키거나 특별한 문장 성분을 생략하는 것과 같이 틀을 바꿀 수 있는 몇몇 기법을 이용하여 글이 지루해지는 것을 어느 정도 막을 수 있다. 하지만 말이 순서와 관계없이 자연스럽게 터져 나와도 되는 것과 달리 때와 장소에 얽매이지 않고 항상 뜻을 오해없이 전달해야 하는 글은 글을 쓰는 사람이 이와같은 문장의 틀을 얼마만큼 주의깊게 사용하느냐 하는 것과 깊은 관계가 있는데 크게 두 가지 경우로 나누어 설명해 보기로 한다.

첫째, 말버릇을 글로 옮겨서는 안된다. 말할 때 흔히 나타나는 말버릇, 즉 힘을 덜 들려 말하고 발음하기 쉽도록 하기 위하여 격조사 '은/는' '이/가' '을/를' 따위를 흔히 덧붙이는 버릇을 그대로 글로 쓰지 말아야 한다. 예를들어, "부정부패가 아직도 근절이 되지 않았다" "아무래도 예사롭지가 않아 마음이 안 놓인다" "먹기보다는 가져가는 것이 좋겠다" "현관에서 접수를 하고 있습니다" 등과 같이 말을 하면서 강조하고 싶은 말이나 가쁜 숨을 잠시 쉬고 싶은 경우에 각 성분이 문장에서 차지하는 자격과 상관없이 아무데나 격조사를 붙여 쓰는 버릇이 있다. 더군다나 이와같은 격조사를 잘못 붙여 문장 성분을 아예 바꾸거나 문법적으로 잘못 알고 쓰는 경우도 종종 있다. 즉,

예문

① 나는 밥이 먹고 싶다./나는 노래가 듣고 싶다.
② 나는 학교를 가기 싫다./나는 그를 매를 때렸다
③ 나는 잠을 3시간뿐이 못 잤다./개똥도 약에 쓸려면 없다.

와 같이 분명히 목적격임을 밝혀야 할 자리에도 '지적'이나 '강세'의 뜻을 덧보태려고 오히려 다른 조사를 사용한다든지 (①의 경우), 각 동사의 동작에 호응할 수 있는 조사를 (②에서 앞에 있는 예는 장소를 뜻하는 부사격 조사 '에'를, 뒤에 있는 예는 수단·도구를 나타내는 부사격 조사 '로'를 써야 함) 붙여야 하는 데도 강조한다고 목적격 조사를 그냥 붙여 쓴다든지, 혹은 입에 굳었다는 핑계로 문법적으로 잘못 쓰는 경우 (③에서 '뿐이'는 '밖에'로, 그리고 '의도·목적'을 나타내는 우리 말의 어미는 '-ㄹ려면'이 아니라 '-려면·-려고'이니 '쓸려면'을 '쓰려면'으로 바꾸어야 함) 등 비슷한 예를 많이 찾을 수 있다.

둘째, 수식어를 될 수 있으면 피수식어 가까이에 놓아야 한다. 우리 말의 성분 중에서 관형어와 부사어는 주성분을 (주어, 서술어, 목적어, 보어 등) 수식하는 부속 성분으로서 정보를 새로 덧붙이거나 동작과 상태의 정도, 감정의 세기 등을 표시하고자 할 때 주로 쓰인다. 즉, 관형어는 체언을, 그리고 부사어는 체언을 제외한 모든 문장 성분들을 꾸며 주는데, 이 경우 관형어는 '새 책' '정부 건물' 등에서 '새'나 '정부'와 같이 꾸밈을 받는 말(피수식어)인 '책' '건물' 등의 앞에 놓여 피수식어에 새로운 정보를 첨가하고, 부사어는 '아주 훌륭한 선생님' '너무 슬프게 울었다' 등에서 '아주'나 '너무 슬프게'와 같이 용언을 더 세밀히 설명한다. 그런데 글을 쓰고, 또 남의 글을 읽다 보면 이와같은 수식-피수식 관계가 분명하지 않아 문장의 뜻이 모호하거나 혼란스러운 경우를 자주 볼 수 있다. 특히, 하나의 피수식어에 여러 개의 관형어를 이어서 수식할 때나 부사어가 문장 전체의 서술어를 직접 수식하는 경우는 수식-피수식 관계를 잘 드러나게 하여 문장 뜻이 처음 전달하고자 하는 의도와 다르게 왜곡되는 일이 없도록 주의해야 한다.

체언에 붙는 수식어가 여러 개인 경우에 뜻이 모호하여 전체의 해석이 혼란스럽게 되는 간단한 예를 적어보면 다음과 같다.

예문

① 아름다운 소녀의 노래
② 내가 사랑하는 아내의 부모님
③ 비옥한 우리 조상들이 살았던 터

여기서 ①의 경우는 수식어 '아름다운'이 꾸미는 말이 '소녀'인지 '노래'인지 궁금하다. 즉, '아름다운 소녀가 부르는 노래'가 될 수도 있고 '소녀가 부르는 노래가 아름답다'고 해석할 수도 있다. ②도 비슷하게 해석하여 내가 사랑하는 사람이 '아내'인지 아니면 '아내의 부모님'인지 뜻이 혼란스러운 경우이다. 만약 이와같은 경우에 수식-피수식 관계를 분명하게 드러내고자 한다면 반점(쉼표 · comma)을 사용할 수 있다. 다시말하면, ①에서 '노래가 아름답다'는 뜻을 표시하려면 '아름다운, 소녀의 노래'와 같이 수식어가 바로 뒤에 있는 말이 아니라 다음 말을 꾸민다는 뜻으로 반점을 찍는다. ②의 경우에도 '내가 사랑하는, 아내의 부모님'으로 쓰면 내가 '아내'가 아닌 '아내의 부모님'을 사랑한다는 말이 된다. 끝으로, ③은 말할 때 자주 쓸 수 있는 말로 뜻도 불분명하진 않지만 막상 글로 써 놓고 읽어보면 가까운 단어끼리 수식-피수식 관계가 이루어져 있지 않아서 조금 어색하게 느껴지는 경우이다. 두 개 이상의 수식어가 있는 경우에는 길이가 긴 수식어가 앞에 온다는 나름의 원칙에 따라 ③은 '우리 조상들이 살았던 비옥한 터'로 써져야 올바른 우리 글이 된다. 한편, 체언을 수식하는 관형어가 하나의 문장, 즉 관형절인[30] 경우에도 지금과 같이 수식어의 길이나 반점을 사용하여 분명하게 수식-피수식 관계를 정할 수 있다. 하지만 관형절은 "밥을 먹은 기억이 없다"의 경우처럼 쓰더라도 될 수 있으면 짧게 써야지 아무 곳에서나 그것도 길게 사용하면 이미 우리 말의 효율적인 표현법을 거스르게 되므로 사용에 신중해야 한다. 관형절과 관련된 설명은 2-4절에서 자세히 언급하기로 한다.

부사어가 문장의 서술어를 수식하는 경우에는 우리 말의 특징에 따라 놓이는 위치가 아주 자유스럽다. 하지만 이런 말을 글로 쓸 때는 입맛에 따라 아무 곳에나 둘 것이 아니라 피수식어와 아주 가까이 붙여놓아야 문장의 뜻이 왜곡되지 않는다. 간단한 예로, "재빨리 공을 낚아챘다"나 "동생이 힘껏 줄을 당겼다"를 말로 하면 어색하지 않게 들을 수 있지만 글로 나타내고자 하면 각각 "공을 재빨리 낚아챘다"와 "동생이 줄을 힘껏 당겼다"로 써야 수식-피수식 관계가 맞게 연결된다. 다음의 예문을 다시 살펴보자.

30 문장의 서술어나 용언에 관형사형 어미 '-ㄴ', '-는', '-ㄹ', 그리고 '-던'을 붙이면 그 자체가 다른 말(체언)을 꾸미는 수식어가 되고, 이를 관형절이라 한다. 예를들면, 문장 "밥을 먹다"에 '-은'을 붙인 '밥을 먹은'는 "밥을 먹은 사람이 누구냐" "밥을 먹은 기억이 없다" 등과 같이 또 다른 말을 (여기서는 '사람' '기억') 수식하는데 사용될 수 있다.

예문

① 김사장은 밝은 표정으로 환영 나온 사람들과 일일이 악수를 하였다.
② 좀더 합리적으로 이 사업을 추진할 때 도와주겠습니다.
③ 처음으로 재고를 처리하려고 상설 할인 매장을 개설하였다.

위의 예들은 모두 입으로 늘 쓸 수 있는 말로 그대로 해석하면 ①은 '환영 나온 사람들'이 밝은 표정을 지었다는 의미이고, ②는 '지금 벌이고 있는 사업'이 좀더 합리적으로 추진될 때 말한 사람이 (문장에서는 생략되었음) 도와주겠다는 말이고, 그리고 ③은 회사가 설립된 이후 '재고 처리'를 처음으로 한다는 뜻으로 받아들여진다. 하지만 위의 문장들을 '김사장'이 환영 나온 사람들과 (어떤 표정인지는 모름) 밝은 표정으로 악수를 한 경우에도 ①과 같이 쓰고, 사업이 추진되기만 하면 '좀더 합리적인 방법으로' 도와주겠다는 의미로 쓸 때도 ②와 같이, 그리고 회사가 해 온 재고 처리의 횟수는 잘 모르지만 '상설 할인 매장'을 개설하여 재고 처리하는 것은 처음이라는 뜻일 때에도 ③과 같이 글로 나타낸다는데 문제가 있다. 실제로 이런 뜻으로 쓸 경우에는 각 문장의 줄 친 부분이 ①은 '일일이'의 앞에, ②는 '도와주겠습니다'의 앞에, 그리고 ③은 '개설하였다'의 앞에 와야 하는데 말이다. 짐작하겠지만 부사어가 서술어를 수식할 때 이와같이 뜻의 전달이 혼란스럽게 되는 경우는 위의 예문처럼 술어동사가 기본적으로 2개 이상이어서 (예를들어, 위의 ①에선 환영을 '나오다'와 악수를 '하였다'의 동작 2개) 전체 문장의 서술어 이외에 관형절의 서술어가 꼭 포함되는 문장에서 흔히 나타난다. 그래서 말을 할 때는 몰라도 글로 쓸 때는 수식-피수식 관계를 잘 살펴서 부사어를 알맞은 서술어에 가까이 붙여놓도록 해야 하고, 만약 그렇지 않으려면 앞에서도 약간 언급이 있었듯이 아주 짧은 관형절이 아니면 우리 말을 더욱 우리 말답게 쓸 수 있도록 긴 관형절을 풀어서 하나의 독립된 문장으로 만들고, 이를 다시 우리 말의 연결 어미를 사용하여 원래의 문장과 합치도록 하면 좋다. (2-4절 참조)

이 소절의 ('문장 쓰기와 연결 올바로 하기') 마지막 부분으로 이제는 문장을 우리 말답게 연결하는 방법에 대하여 알아보기로 한다. 문장과 문장을 연결한다고 할 때 가장 먼저 생각나는 것은 접속어(이음말)이다. 학교 다닐 때 '그리고' '그래서' '그러므로' 등의 말은 앞뒤에 있는 문장을 논리적 모순없이 까닭, 원인, 조건 따위의 관계가 되도록 순조롭게 잇는 말이므로 순접어라 하고, 또 앞에서 서술한 사실과 서로 반대되거나 일치하지 않는 형편이 뒤의 글로 계속 이어진다는 뜻을 가진 말인 '그러나' '하지만' '그렇지만' 등은 역접어라 한다고 배웠다. 이 외에도 앞 말의 내용에 다른 것을 첨가할 때에는 '게다가' '더구나' 등을, 앞 말 대신에 다른 것을 제시하거나 다시 설명할 경우에는 '또는' '곧' '즉' '다시말하면' 등을 사용하라고 역시 배웠다. 물론 접속어는 문장뿐 아니라 단어와 단어, 구와 구를 이어주는 구실도 한다.

하지만 글을 읽다 보면 접속어가 문맥의 흐름을 분명하게 잡아주는 구실을 한 경우도 있지만 접속어 앞뒤의 문장들이 자연스럽게 흘러가는 것을 막아 오히려 글을 번잡스럽게 만든 것도 자주 볼 수 있다. 이는 대부분 접속어를 너무 자주 사용하여 생기는 결과인데 꼭 필요한 경우가 아니면 접속어는 사용하지 않는 것이 좋다고 학교를 졸업한 후에 글을 한두 편 써가면서 경험으로 체험했다. 여기서 한걸음 더 나아가, 아예 접속어를 사용치 않고도 문장이 서로 매끄럽게 연결될 수 있도록 글을 쓰는 것이 가장 바람직하다고 느꼈다. 접속어가 필요한 자리를 신중히 살펴야 하며, 만약 접속어를 쓸 때는 이를 쓰지 않은 문장을 함께 생각하면서 다시 한번 따져 보고 쓰라는 뜻이 되겠다. 다음의 예문을 살펴보자.

예문

까치가 곡식을 훔쳐 먹었다. ① 왜냐하면 사람들이 뿌린 농약이 벌레들을 다 죽였기 때문이다. ② 그래서 까치의 밥은 논밭에 있는 곡식뿐인 것이다. ③ 그러나 사람들은 이 땅의 살아있는 모든 것을 죽이는데 아주 재미를 들인 것 같다. ④ 더구나 개구리고 뱀이고 곰이고 닥치는 대로 잡아먹는다. ⑤ 하지만 제 자식들은 교육한답시고 생명의 존엄성을 가르친다. ⑥ 그러나 이것은 너무나 모순된 일이 아닐까? ⑦ 그러므로 사람은 거짓과 속임수로 살아서는 안된다. ⑧ 그래서 저 풀숲에 사는 벌레처럼 욕심을 버려야 한다. ⑨ 따라서 자연과 함께 어울리면서 살아야 한다.

위 예문에서 번호가 붙은 접속어를 모두 생략하고 다시 쓰면 다음과 같다.

예문

까치가 곡식을 훔쳐 먹었다. 사람들이 뿌린 농약이 벌레들을 다 죽였기 때문이다. 까치의 밥은 논밭에 있는 곡식뿐인 것이다. 사람들은 이 땅의 살아있는 모든 것을 죽이는데 아주 재미를 들인 것 같다. 개구리고 뱀이고 곰이고 닥치는 대로 잡아먹는다. 제 자식들은 교육한답시고 생명의 존엄성을 가르친다. 이것은 너무나 모순된 일이 아닐까? 사람은 거짓과 속임수로 살아서는 안된다. 저 풀숲에 사는 벌레처럼 욕심을 버려야 한다. 자연과 함께 어울리면서 살아야 한다.

위의 두 글을 서로 비교하여 읽어보면 ⑤의 접속어를 제외하고는 모두 빼 버려도 뜻의 전달에 전혀 지장이 없다는 것을 알 수 있다. 물론 넣어도 되고 빼도 되는 선택의 문제가 있기는 하지만 어수선한 문장을 원하지 않는다면 원칙적으로 (문맥의 흐름을 강조하기 위해 특별히 접속어를 집어넣는 경우도 있음) 모두 없애는 것이 좋다.

우리 말은 원래 접속어보다는 첨가어의 특징인 어미의 활용, 즉 연결 어미를 이용하여 두 문장 사이의 관계를 잇는 것이 훨씬 자연스럽다. 다시말하면, 앞 문장에 대한 뒤 문장의 의미 관계를 서로 견주어 높고 낮음이나 낫고 못함이 없는 서로 대등한 관계이면 '-고' '-며' '-(으)나' '-지만' 등의 어미를, 그리고 두 문장이 조건, 원인, 까닭, 목적 등 서로 종속적인 관계이면 '-다면' '-기에' '-(어)아서' '-려고' 등의 어미를 첫 문장의 어간에 붙여 쓰면 된다. 간단한 예로,

연결어미	예제
-고(나열)	떡도 먹었고 고기도 먹었다.
-며(나열)	이것은 감이며 저것은 사과이다.
-나(대조)	키는 크나 힘은 약하다.
-지만(대조)	생긴 건 우습지만 맛은 있다.
-다면(조건 · 가정)	굳이 그렇게 하겠다면 네 마음대로 해라.
-기에(원인 · 근거)	맛있어 보이기에 너 주려고 사 왔다.
-아서(이유 · 선후)	길이 좁아서 차가 못 지나간다.
-려고(목적 · 의도)	집을 마련하려고 저축을 한다.

와 같이 들 수 있다. 물론 위 표의 예는 우리 말의 연결 어미에서 아주 작은 부분만 보여주고 있다. 모든 연결 어미를 다 조사하는 것은 불가능하다. 그래서 우리 글을

우리 글답게 쓰기 위해서는 될 수 있으면 소설과 같은 창작적인 글을 많이 읽어서 형편에 따라 어떻게 문장이 연결되는지 조금씩 터득해 가는 것이 필요하다. 모국어의 활용법을 배울 때는 외국어를 학습할 때처럼 까닭과 근거를 세심히 따질 필요가 없기 때문에 그냥 좋은 책을 읽는다는 자체만으로도 나름대로 효과가 있을 것으로 생각된다.

앞에서 문장 하나에 생각을 하나씩 담는 것이 좋다고 하였다. 즉, 문장을 짤막하게 써서 표현하고자 하는 생각을 간결하고 분명하게 드러낼 수 있도록 하라는 말이었다. 그러나 이와같이 여러 문장들을 연결 어미로 이어서 쓰면 아무래도 문장이 길어지고, 또 생각도 여러 생각들이 합쳐져서 복잡하게 확대된 개념이 되는 것은 당연하다. 주어에 서술어가 1개뿐인 문장을 홑문장이라 하고, 하나의 문장에 주어와 서술어가 2개 이상인 문장을 겹문장이라 한다. 겹문장에는 여기서와 같이 용언의 연결어미로 홑문장을 서로 이은 '이은문장'과 한 개의 홑문장이 다른 문장 속에 또 다른 성분으로 들어가 있는 '안은문장'이[31] 있다.

글을 쓸 때는 홑문장으로만 글을 쓰는 경우는 거의 없다. 한 편의 글이 되려면 보통 간단하게 사실을 전달하는 문장에서부터 두 가지 이상의 다른 생각들을 간추려 하나로 통일하든가 중요한 생각을 뒷받침하기 위해 여러 가지를 비교하고 대조하고 열거하는 등의 수사적 효과도 포함하여야 하기 때문이다. 글이 지루하지 않으려면 그 내용뿐만 아니라 형식에서도 문장의 구조를 적절히 변화시켜[32] 독자에게 어떤 때는 쾌활하고 분명한 느낌으로 다가가고, 또 어떤 때는 여러 가지를 아우르면서 부드럽게 긴장을 풀어주는 분위기로 독자를 이끌어 가는 것이 좋다.

---

31 겹문장에서 '안은문장'은 영어에서 흔히 말하는 복문(complex sentence)으로 "철수가 그 어려운 일을 해냈음이 분명하다" "철수는 마음이 넓다" "철수가 온다는 소식을 들었다" "철수는 그 사람의 도움 없이도 그 일을 할 수 있을까?"와 같이 문장이 또다른 문장 안에서 여러 문장 성분 중의 하나로 구실하는 문장을 말하는데, 이때 줄 친 문장의 ('안긴문장'이라 함) 각각은 안은문장에서 명사절, 서술절, 관형절, 그리고 부사절로 기능한다. 여기서 우리 말을 우리 말답게 쓰는데 문제가 되는 것은 우리 말의 서술성을 죽이는 명사절과 관형절이다. 이 문제는 2-4절에서 다시 자세히 다루기로 한다.

32 우리 말의 경우엔 아직 조사가 되지 않았지만 영어 논문에서는 '안은문장'이 50%, 홑문장이 35%, 그리고 '이은문장'을 포함한 나머지가 15%가 되면 효과적이라고 Weisman (1985, *Basic Technical Writing*, 5th edition, Charles E. Merrill Books, Inc.)이 밝혔다. 하지만 영어가 생각을 주로 명사화 표현으로 나타내려는 경향과는 달리 우리 말은 될 수 있으면 서술적 표현으로 나타내어야 우리 말답기 때문에 영어의 '안은문장'과 '이은문장'에 대한 비율이 서로 반대가 되는 것이 좋을 것으로 보인다.

3) 글을 부풀리지 않고 올바로 쓰기

글을 쓸 때 문장의 길이에 어떤 제한이 있는 것은 아니다. 홑문장인 경우라도 말하고자 하는 내용과 목적에 따라 짧을 수도 있고 길 수도 있다. 글은 길이보다는 내용에 하고 싶은 말을 제대로 담아 무엇을 이야기하는지 글쓴이뿐만 아니라 글을 읽는 사람도 분명히 알 수 있도록 쓰는 것이 중요하다는 말이다. 그런데도 글은 글의 길이 때문에 생기는 맛이 여럿 있다. 앞에서 잠깐 말했듯이 짧은 문장은 힘을 바탕으로 선명하고 강직하면서 이지적인 분위기를 만들지만 자칫하면 글이 무미 건조하고 뜻도 개념으로 흐를 수 있는 약점이 있고, 반대로 긴 문장은 섬세함을 기본으로 해서 친절하면서 감성적인 분위기를 주지만 잘못하면 만담(漫談)으로 빠져 뜻을 분명히 실은 말을 담기가 곤란할 때도 있다. 그래서 글을 쓸 때는 문예글이나 논문 등 어떤 글이 되었든지 짧고 긴 문장을 적절히 섞어 쓰는 것이 꼭 필요한 것이다.

글을 읽다 보면 문장 길이를 의식적으로 맞춘 글을 자주 볼 수 있다. 문장에 담을 생각을 다 나타내었으면서도 문장 끝을 맺지 못하고 빙빙 말꼬리를 길게 달든가, 혹은 글이 "그믐달이 참 아름답다"와 같이 그냥 간단한 정보 전달로만 끝내야 할 분위기인데도 "그믐달은 너무 아름다워 감히 손을 댈 수가 없을 뿐만 아니라 말을 붙일 수도 없이 깜찍하게 어여쁜 계집 같은 달이다"와 같이 글쓴이의 표현력을 자랑하는 데만 치중한 글 등이 그 예이다. 이 소절에서는 말을 부풀리지 않고 제대로 전달하는 문제나 다른 나라 말법에 영향을 받아 문장 끝을 바로 맺지 못하고 길게 늘어뜨리는 문제 등에 대하여 알아보기로 한다.

글을 부풀린다는 것은 눈 앞에 글의 내용이 뚜렷이 잡히는 글보다는 이것저것 여러 가지가 연상되는 글, 의미를 너무 강조한 나머지 편견이 드러난 글, 혹은 논리와 상관없이 너무 수다스럽고 화려한 글 따위를 쓴다는 것이다. 이런 일은 보통 글쓴이가 잘 써 보려고 애쓰는 마음이 지나쳐 감상에 빠졌거나 글의 내용을 잘 모르면서도 위신과 체면이 앞서 억지로 문장을 만들기 때문으로 보인다. "우리 살림이 조금씩 힘겨움으로 느껴졌다" "피곤에 지쳐 길가에 아무렇게나 내 몸을 뉘었다" "도대체 기억 속에 전혀 떠오르지 않는 얼굴이었다" 정도는 되어야 남에게 읽힐 만한 글이 되는 줄 알고 평소에 살아가면서 자연스럽게 말하는 "살림하는 것이 점점 힘들다" "몸이 피곤

하여 길가에 아무렇게나 누웠다" "아무리 생각해도 모르는 얼굴이었다"와 같이 쓰면 왠지 권위가 떨어지고 남이 나를 무식하다고 놀릴 것 같다고 생각했다면 이를 빨리 버려는 것이 좋다.

안개가 뿌연 글이 되지 않으려면 단어의 선택에도 신중해야 한다. 글을 쓰면서 사실을 설명하고 생각을 정리하더라도 될 수 있으면 실감나는 것을 알아내 증거로 제시하면 독자가 이해하고 느끼는 데 훨씬 도움이 된다. 설사 뚜렷한 증거가 없다 할지라도 상황을 일반어나 추상어가 아닌 특수어나 구체어로 쓰면 글의 내용을 분명하게 하고 문장 자체에도 활력을 줄 수 있다. 예를들어, "(짐승)이 (사람)을 물었다"는 그저 그런 일반적인 진술이지만 "(개)가 (가게 여주인)을 물었다" 하면 훨씬 구체적인 말로 어떻게 되었을까 하는 궁금증이 일어날 수도 있고, 한걸음 더 나아가 "(옆집에서 키우던 불독)이 (우리 집에 놀러 온 영희)를 물었다"라고 하면 완전히 구체적인 문장으로 문맥의 앞뒤 상황을 섞어 보면 울퉁불퉁한 불독이 달려들고 새파랗게 질린 영희가 놀라 기겁하는 모습까지도 환히 그려볼 수 있게 된다. 여기서 일반어와 특수어, 그리고 추상어와 구체어는 이 절의 앞부분에서 따로 설명한 바 있다.

물론 글이 부풀거나 모호하지 않은 채로 자기 뜻을 곧바로 전달할 수 있는 가장 좋은 방법은 되도록 글을 짧게 쓰는 것이다. 문장 하나에 생각이나 이야기를 하나만 담아서 약 30자 안팎으로 쓰는 것이 좋지만 문장이 길어지더라도 60~70자를 넘지 않는 것이 좋다고 한다. 하지만 꼭 이대로 따를 필요는 없다. 다만 자기가 쓴 글을 읽어가다가 긴 문장이 몇 차례 나와서 지루하다든가, 또는 짧은 문장만 연속으로 여러 개가 놓여 있어 글이 딱딱한 것 같으면 나누고 묶어서 각 문장의 길이에 변화를 주면 된다.

예문

> 사람은 누구든지 아주 어린 아이 때부터 자기를 표현하면서 자라나고 이것으로 슬기가 생겨나고 또 재능도 피어나지만 만약 자기표현이 제대로 안 될 때나 자기표현을 할 수 없게 될 때는 사람이 병들고 죽기 때문에 자기표현의 가장 좋은 수단이 글쓰기가 되는데 흉내내기는 결코 자기표현이 아니며 그것은 참된 자기표현을 가로막는 병들고 비뚤어진 글짓기로 이를 깨우친 사람은 어린 학생이나 청소년들에게 참된 자기를 표현하는 길을 보여주어야 한다.

위 글은 이오덕의 『무엇을 어떻게 쓸까』(2001, 개정판 6쇄, 보리)의 뒷표지에 적힌 글을 온점과 반점을 모두 없애고 글을 잇는 몇 개의 말만 첨가하여 그냥 한 문장으로 쓴 글이다. 글의 문맥을 뚜렷하게 잡아가면서 문장을 나누는 훈련으로 (또는 접속어 사용이나 말을 이어가는 훈련으로) 내가 많이 사용하는 방법인데 독자들도 예로서 한번 해 볼 수 있도록 제시하였다. 위 글을 되도록 문장을 짧게 끊으면 다음과 같이 쓸 수 있을 것이다.

예문

> 사람은 누구든지 아주 어린 아이 때부터 자기를 표현하면서 자라난다. 자기표현으로 슬기가 생겨나고 재능도 피어난다. 자기표현이 제대로 안 되고, 또 할 수 없게 되면 사람은 병들고 죽게 된다. 자기표현의 가장 좋은 수단이 글쓰기다. 그런데 흉내내기는 자기표현이 아니다. 이는 참된 자기표현을 가로막는 병들고 비뚤어진 글짓기다. 따라서 이를 깨우친 사람은 어린 학생이나 청소년들에게 참된 자기를 표현하는 길을 보여주어야 한다.

문장이 길지도 짧지도 않게 적절히 섞였다고 본다. 글의 길이와 관련하여 글에는 문체(style)가 있는 것으로 안다. 글은 어디까지나 형식보다 내용이 중요하다고 강조하고 싶지만 문장이 여러 단어들의 뜻만으로 표현되는 것이 아니고 문체, 즉 단어의 선택 및 이의 배치방식에 따라 달라질 수 있으니 이 역시 표현의 한 몫을 담당한다고 볼 수 있겠다. 따라서 글을 쓰려는 사람은 누구나 문장을 잇고 나누는 훈련을 착실히 해 둘 가치가 충분하다. "글을 고상하게 만드는 것은 바로 문체를 짓는 것이고, 이는 결국 글쓴이의 면모를 빠르게 드러내는 것이다"라고 한 스탕달의[33] 말이 생각난다.

한편, 우리 말로 써진 글에는 문장 끝을 짧게 끊지 않고 말꼬리가 길게 매달린 경우를 종종 볼 수 있다. 문장을 짧게 쓰면 말투가 단호하여 정중하고 부드럽지 못하기 때문이라고 말하는 사람도 있지만, 이는 말을 할 때 말끝을 확실히 맺지 못하는 경우와 같이 표현능력이 소극적이거나 자기가 한 말에 확신이 서지 않았다는 증거일 것이다. 물론 우리 말을 잘 하지 못하는 것은 부끄러워하지 않으면서 외국 공부를 많

---

33 스탕달(Stendhal·1783–1842)은 19세기 프랑스의 대표적인 소설가로 대표작에 『적과 흑』(1830) 등이 있다.

이 했다고 자랑하듯이 외국 말법을 그대로 우리 글로 쓰는 사람에 견주면 크게 나무랄 일은 아니지만. 다음은 서술어 끝을 길게 늘어뜨린 문장에 대한 흔한 예들이다.

예문

① 집권세력의 행위는 법을 어긴 것에 다름 아니다.
② 여간 쉽지 않았고 여간 보람있는 일이 아니었다.
③ 더욱 지혜롭게 판단하시기를 바라마지 않습니다.
④ 그 소식을 듣고 우리는 놀라움을 금치 않을 수 없었다.
⑤ 이런 말은 아무리 강조해도 지나치지 않다고 할 수 있습니다.
⑥ 새 시대도 구 시대와 다름없다는 지적을 받고 있는 것도 사실이다.
⑦ 개혁이 오히려 뒷걸음치지 않은 것은 아닌가 하고 생각하지 않을 수 없다.

위의 예와 같은 글은 신문이나 잡지, 단행본이나 문예글, 심지어 학교 교과서에도 심심찮게 찾을 수 있다. 이와같은 형식으로 글을 쓰는데 아주 길들었다는 말인데 문제는 이렇게 쓴 글이 각각 "~것과 같다(다름없다, ~것에 지나지 않는다)" "아주 쉬웠고 무척 보람있는 일이었다" "~판단하십시오(판단하시기를 바랍니다)" "~우리는 놀랐다" "이런 말은 꼭 알아야 한다(아주 중요하다)" "~와 다르지 않다고 한다" "~뒷걸음친 것 같다"와 같이 말끝을 짧게 맺은 글보다 더 멋있고 유식해 보인다고 생각하는데 있다. 위의 보기들이 하나같이 외국 말법을 잘못 직역했거나, 또는 속없는 사람들이 겉멋을 부려 남과 달리 보이려고 일부러 따라한 말이란 것을 전혀 모른다.

글에 나타나는 '이중부정' 문장은 잘못 쓰면 자기가 쓴 글을 스스로 자신이 없다고 인정하는 표현이 되기 쉽다. 원래 이 말은 한번 부정한 것을 다시 한번 부정하여 오히려 더 강한 긍정을 나타내려는 논리학의 한 수단이다. 그런데 '아무리 ~해도 지나치지 않다' '~없는(작은) 것은 아니다' 등의 영어식 표현법이 크게 유행한 이후로 '아니다고 말할 수 없는 것만은 아니다' 등과 같이 부정의 말을 겹겹이 쓰는, 말도 안 되는 표현을 말장난으로 간혹 쓰더니 지금은 아예 공식적인 글쓰기의 어디에서나 찾아볼 수 있게 되었다. 나아가 그 뜻도 글의 내용을 강조하는 것보다 멋으로, 또는 자기 진술에 대한 책임 회피용이나 스스로 뚜렷하지 않아 판단을 독자에게 미루려는 의도로 쓰이고 있다. 간단한 예로, 누군가 법을 어겼을 경우 "그가 법을 어겼다"나

"그 일은 명백한 위법이다"와 같이 쓰면 글쓴이와 독자가 똑같이 이해할 수 있는데 글을 "그가 법을 안 어겼다는 것이 아니다" "그 일은 위법이 아닐 수 없다"와 같이 써서 오히려 뜻을 모호하게 만든다. 이 경우에 "그가 법을 안 어겼다는 것이 아니다"는 오히려 법을 어긴 그 사람을 편드는 것 같고, 또 "위법이 아닐 수 없다"는 "위법일 수 있다" "위법이 아닐 가능성이 없다" "위법일 가능성이 있다" 등으로 바꿔 말할 수 있기 때문에 어느 것도 꼭 집어서 위법이라고 단정하는 것만큼 실감이 나지 않는다. 정말 위법의 사실을 강조하고자 한다면 이와같은 '이중부정' 문장보다는 "반드시 위법이라고 해야 한다"와 같이 써야 훨씬 우리 말답다.

'이중부정' 문장이나 말끝이 길게 늘어진 문장은 앞의 보기에서 보는 것처럼 대개가 일정한 형식을 갖고 있었다. 우리 말에서는 이처럼 늘 같은 방식으로 쓰이면서 단어와 단어, 문장과 문장 사이의 관계를 맺어주도록 기능하는 말을 구조어라 한다. 앞의 보기가 문장 끝에 있는 서술어를 일정한 여러 형태로 바꾸어 썼지만 우리 말의 구조어는 특정한 서술어에 항상 짝이 되는 부사어가 (혹은 조사가) 문장의 앞부분에 나타나서 서로 호응하는 관계로 쓰인다. 예를들면, "결코 용서할 수 없다" "네 물건치고 쓸 만한 것 없다"와 같이 앞에 '결코' '치고'와 같은 특별한 말이 나오면 문장의 뒤에 '~없다(않다, 아니다)' '~것 없다'와 같이 이에 호응하는 특별한 서술어가 따라 나오는 식이다.

우리 말의 구조어는 영어의 숙어(idiom)처럼 생각할 수 있으나 항상 앞과 뒤의 짝을 결합하여 써야만 하는 것은 아니다. 즉, 뒤에 있는 서술어는 생략할 수 없으나 앞의 부사어는 문장의 뜻을 강조하려는 의도가 아니면 보통 생략하여 쓰고, 오히려 부사어를 꼭꼭 쓰게 되면 군더더기를 붙인 것 같아서 어떤 때는 반드시 빼야 세련된 문장이 되는 경우가 많다. 입에 익어서 글로 쓸 때도 자주 사용하는 구조어를 요약 정리하면 다음 표와 같다.

구조어	설명	예문
만약~ㄴ다면(~라면)	조건	만약 내일 비가 온다면 집에 있어야지.
비록~ㄹ지라도(~지마는)	조건・제시	비록 가난하지만 행복하다.
아무리~해도	조건・불가	그는 아무리 돈이 많아도 쓸 줄을 모른다.
정작~면~않다(없다)	조건・부정	정작 오라고 하면 오지 않는다.

하다못해~라도	조건・양보	하다못해 노동을 해 먹는 한이 있더라도
혹시~거든(~라도)	가정	혹시 실패하더라도 용기를 잃지 마라.
설령~ㄹ지라도(~하더라도)	가정・제시	설령 이 일이 잘못되더라도 실망하지 마라.
설령(가령, 설사)~다손 치더라도	가정・제시	설사 내가 잘못했다손 치더라도 욕하지 마라.
차라리~ㄹ지언정(~망정)	가정・선택	차라리 자결할망정 항복하지는 않겠다.
왜냐하면~때문이다	까닭	왜냐하면 늦어서 기차를 놓쳤기 때문이다.
마치~같이(듯이, 처럼)	비교	그 여자는 마치 선녀처럼 고운 얼굴이었다.
~치고~것 없다	전부	한국 유적지치고 안 가 본 데가 없다.
~치고는	예외	서양 사람치고는 키가 작다.
결코~않다(~없다, ~아니다)	절대	그것은 결코 우연한 일이 아니다.
전혀~없다(~않다)	절대	그들의 관계는 전혀 진전이 없었다.
어찌~ㄴ지(~는지)	감탄	어찌 예쁘던지 넋을 잃고 바라보았다.
오죽~(으)면(의문형 어미)	반의	실내도 이렇게 추운데 밖은 오죽 춥겠니?
여간~않다	아주	뜰에 핀 꽃이 여간 탐스럽지 않았다.
일절~않다	금지・부인	그 이상이 말을 일절 입 밖에 내지 않았다.
별로~않다(없다)	그다지	술기가 있어서 별로 겁나는 게 없었다.
자칫	거의	자칫 잘못하면 큰일 난다.

위의 구조어에 대한 예문을 보면 누구나 당연히 그렇게 쓰는 것이라고 안다. 그래서 글을 읽으면서 서로 호응 관계가 틀린 경우가 있으면 어딘가 어색하여 금방 잘못되었다는 것을 알 수 있다. 모국어는 삶 속에서 앞뒤로 호응하는 단어의 짝을 저절로 익혀 알고 있기 때문이다. 그렇지만 글을 쓰는 데만 집착하여 곧 뒤따라 나올 짝을 잊어버리는 사람들이 가끔 있어 이와같은 구조어의 틀을 깨기도 한다.

2-3 문장의 주체 세우기

문장은 글쓴이의 머리 속에 머물고 있는 생각과 감정을 고스란히 글로 옮겨서 밖으로 내놓은 것이다. 글이 살아 움직인다는 말은 이와같은 생각과 감정을 생생하게 묘사하여 글을 읽는 사람의 눈 앞에도 글쓴이와 똑같이 그려질 수 있도록 썼다는 말이다. 설사 상상력을 자극하는 문예글이 아니라 이해력에 호소하는 논(설)문이라 할지라도 주제를 드러내기 위하여 서로 비교하고 대조하거나, 사물과 개념을 정의하고 설명하거나, 이해를 돕도록 예를 들고 인용하거나, 이미 주장한 말을 반박하거나 논증하는 따위의 여러 뒷받침 과정을 논리적으로 오류없이 접근하여 독자를 쉽게 설득할 수 있도록 쓰면 이 역시 살아있는 논문이 되는 것이다.

문장의 주체(主體)는 문장이 묘사하고 설명하는 온갖 사물과 현상이 펼쳐 보이는 여러 가지 동작이나 상태의 임자가 되는 말이다. 따라서 글이 살아 움직이기 위해서는 이와같은 주체가 이끄는 행동이나 주체가 만드는 모양이나 형편 등이 바로 그 주체와 함께 분명하게 나타나는 것이 첫 번째 요건이어야 한다. 왜냐하면 행동과 상황을 말이 아닌 글로 설명할 때 행위자나 대상을 정확하게 지적하지 않고 단지 서술적인 정보만으로는 이의 내용을 뚜렷하게 잡을 수 없기 때문이다. 그런데도 글을 쓸 때 많은 사람들이 말을 할 때의 말버릇이 그대로 남아 문장의 주체, 즉 주어를 생략하고 쓰는 경우가 아주 흔하다. 주어를 아무데서나 생략하다 보니 문장이 좀 길어지거나 또는 문장이 짧더라도 겹문장으로 연결되는 경우에 문장의 주체와 이 주체가 하는 동작이나 보이는 상태가 서로 어색하게 연결되어 오히려 글의 내용이 더 혼란스러워진다. 나아가, 우리 말의 주체는 반드시 사람이 되어야 하는데도 외국 말의 영향을 받아 아무 생각없이 무생물을 행위자의 주체로 삼는 경우가 있고, 또 그러다 보니 문장 속에 담겨야 할 생생한 장면들이 모두 능동적으로 살아 움직이지 못하고 무언가에 지배를 받아 힘이 없고 소극적인 듯한 수동적인 표현으로만 나타난다.

이 절에서는 우리 문장이 우리 문장답도록 꿋꿋이 줏대를 세우는 방법에 대하여 알아보기로 한다. 다시말하면, 우리 말의 주체를 될 수 있으면 글쓴이와 같은 사람이 되도록 하여 직접 살아서 행동하고 생생하게 설명하고 강력하게 주장하는 글을 쓸 수 있도록 한다. 이를 위하여 우선, 현재 우리 글에 흔히 나타나는 번역체 문장을 살펴보고 어떻게 하면 이를 순 우리 문장으로 바꿀 수 있는 지를 설명한다. 다음, 문장에서 주어와 서술어의 호응이 뜻을 해석하는데 얼마나 중요한 지를 살펴보고, 이때 목적어나 보어가 포함되든가 홑문장이 겹문장으로 확장되는 따위에도 이와같은 호응 관계가 그대로 유지될 수 있도록 하는 방법을 언급한다. 끝으로, 앞의 두 경우를 다

딤돌로 하여 외국 말법에 오염된 '물주구문(物主構文)' 문장이나 때와 장소의 구분없이 입으로도 말하고 글로도 적는 수동태 문장 등을 튼튼한 주체를 세워 읽기 쉽고 알기 쉬운 우리 문장으로 편하게 쓰는 방법에 대하여 하나씩 정리해 본다.

1) 번역체 문장 버리기

글은 말하듯이 쓰는 쉬운 글쓰기가 되어야지 꾸미고 흉내내는 어려운 글짓기가 되어서는 하고 싶은 말을 자연스럽게 쓸 수 없다. 같은 나라의 사람들이 오랫동안 쌓아온 문화 속에서 삶과 함께 배워 온 그 나라 말이라야 하기도 쉽고 쓰기도 쉽다는 말이다. 그런데도 문예글이든 논문이든 어떤 글이든 써 놓은 글을 보면 우리 말 이외에 외국 말이, 그리고 우리 말법으로 쓴 문장 이외에 외국 말법으로 쓴 문장이 항상 함께 섞여 있는 까닭은 무엇일까? 표현할 여러 가지 일이나 생각을 우리 말로만 쓰려니 단어가 부족하고, 또 우리 말법으로만 문장을 만들려니 효율적으로 그 뜻을 전달하기가 어렵기 때문일까?

물론 우리 말이 아니라고 하여 반드시 좋지 않은 것만은 아니다. 외래어라 하여 외국에서 들어온 말 중에서 꼭 필요한 말은 우리 말의 범주에 넣어 우리 말처럼 쓸 수 있도록 한 것만 봐도 알 수 있고, 이는 우리가 미처 떠올리지 못했던 사물이나 개념을 새로 채워줄 수 있기에 오히려 우리 말을 더욱 풍성하게 해주기도 한다. 우리나라 최고의 문장가라 일컫는 이태준은[34] 자신의 책 『문장강화』(1988, 임형택 해설, 창작과비평사)에서 "말은 영구히 '헌 것, 부족한 것'이어서 글 쓰는 사람은 순 우리 말이든, 외래어든, 혹은 신어(新語)든 이미 존재하는 말에 만족하지 말고 끊임없이 말을 탐구해야 한다"라고 했다. 그러면서 "말은 문장을 만드는 재료여서 말에 따라 여러 가지 맛이 나는데 이는 몸에 옷을 입혀 멋을 내는 것과 같다. 새 옷이나 외래 옷을 많이 걸쳐야 꼭 몸태가 나는 것이 아니고 몸과 조화를 이루지 못하면 오히려 잡

34 이태준(李泰俊 · 1904~?)은 강원도 철원 출생의 소설가로 호는 상허(尙虛)이다. 1925년 『오몽녀』로 등단한 뒤 1933년에 〈구인회〉를 조직하여 활동하다가 1939년에 『문장』지를 주관하고 1946년에 월북하였다. 주요 작품으로는 단편집에 『까마귀』 『달밤』 등이, 그리고 장편에는 『황진이』 『문장강화』 등이 있다.

속(雜俗)을 면치 못한다"라는 말도 빼놓지 않고 덧붙였다. 말을 여럿 아는 것도 중요하지만 여럿 속에서 어울리는 말을 골라내는 것이 더 중요하다는 뜻이겠다.

문장과 잘 어울리는 말이란 문장에 담길 생각을 그 분위기에 맞게 잘 드러낼 수 있는 말이고, 여기에는 여럿 말 속에서 가장 적합한 한 가지 말을 선택하는 문제와 이를 삶 속에서 자연스럽게 익혀온 우리 말법에 따라 글로 쓰는 문제로 나누어 생각해 볼 수 있다. 그런데 말을 선택하는 문제는 여럿 말에서 하나를 고르는 것이니 무엇보다도 비슷한 여럿 말을 먼저 모아야 하고, 이는 결국 글 쓰는 사람의 어휘력과 깊은 관계가 있으니 본 교재에서 깊이 다루어야 할 내용이 아니다. 다만, 여기서는 좋은 책을 많이 읽고 자기 전공 분야를 열심히 공부하여 관련된 어휘나 용어들을 많이 아는 것 이외에 평소에 늘 쓰는 말도 비록 입에 익었다 하더라도 올바른 '어휘력 기르기' 관점에서 용법에 틀리지 않게 쓸 수 있도록 한번 더 주의하여 연습해 보라고 당부하고 싶다. 즉, 지금까지 죽 설명해 왔던 것처럼 "하천이 빈번하게 범람한다" "난제에 봉착했다" 등은 "하천이 자주 넘친다" "어려운 문제에 부딪쳤다" 등과 같이 좋은 우리 말이 있으면 될 수 있으면 쉬운 우리 말로 쓰고, "배가 고파 밥을 <u>헐레벌떡</u> 먹었다" "수련회는 귀중한 <u>견문</u>이 된다" "연극이 끝나자 관객이 <u>밀물처럼</u> 빠져 나갔다" 등은 밑줄 친 부분을 각각 '허겁지겁' '경험(체험)' '썰물처럼' 등과 같이 말 하나하나의 뜻이 제대로 살아나도록 문맥에 맞는 말을 찾아 쓰고, "네 얘기를 듣고 경악을 금치 못하겠다" "같은 잘못을 거듭해서 반복하는 것은 미련하다" 등은 "네 얘기를 듣고 너무 놀랐다" "같은 잘못을 반복하는 것은 미련하다" 등으로 고친 것처럼 말을 부풀려 말꼬리를 끌거나 뜻을 겹쳐 쓰지 말고, 그리고 "약속은 <u>반듯이</u> 지켜라" "배추를 소금에 <u>저렸다</u>" "어제 우리 개가 <u>숫강아지</u>를 낳았어" 등과 같이 모양이 비슷하다고 뜻과 쓰임이 다른 말을 함부로 쓴다든가 사이시옷이나 띄어쓰기, 철자법 등과 같은 우리 문법을 무시하여 글을 아무렇게나 쓰지 말고 각각 '반드시' '절였다' '수캉아지' 등으로 자연스럽게 쓸 수 있도록 더욱 익혀야 할 것이다.

지금부터 우리가 오랫동안 써온 말법에 따라 우리 문장을 쓰는 문제에 대하여 알아보기로 하자. 비록 외래어가 글 속에 포함된다 하더라도 우리 말로 적절히 표현할 수 없는 경우라면 그렇게 쓰는 수밖에 없다. 하지만 외래어를 써야 할 경우라도 글로 나타낼 때에는 반드시 우리가 어떻게 쓰자고 약속한 문법을 무너뜨려서는 안된다. 그리고 아예 처음부터 외국 말을 함부로 써서 이제는 많은 사람들이 그렇게 쓴다는 핑계를 잡아 또 외래어로 지정하여 우리 말로 만들기 보다는 외국 말을 대신할 우리 말을 살펴보고 만약 뚜렷하게 일치하는 말이 없다면 그런 뜻을 담을 수 있는 말을 새로 만들도록 노력해야만 한다. 왜냐하면 외국 말을 오래 공부하다 보면 처음에는 낯설던 이상한 번역체 문장도 나중에는 점차 익숙해지면서 그 말을 우리 말인 것처럼 쉽게 착각하기 때문이다. 외국 말을 배우는 것과 우리 말글을 제대로 쓰는 것은 분명히 다르다는 것을 꼭 알아야 하겠다.

번역체 문장은 외국 말을 우리 말법이 아닌 그 나라 말법을 그대로 적용하여 쓴 문장이다. 올바른 번역이 되려면 원문이 뜻하는 바를 충분히 이해하여 이를 번역문으로 나타낼 나라의 말법에 맞는 표기법과 표현법으로 바꾸어야 한다. 하지만 외국 문화나 학문을 받아들일 때 처음부터 이와같은 바른 번역을 하지 못한 우리로서는 지금 어느 것이 우리 문장인지조차도 헷갈리는 경우가 참 많다. 더구나 우리 학생들은 대학 입학시험을 잘 보려고 열심히 외국 말을 공부하다 보니 우리 말법보다 오히려 외국 말법이 더 머리 속에 남아서 글을 쓸 때뿐만 아니라 아예 말을 할 때도 그런 말투가 섞여 나오기도 한다. 대표적인 번역체 문장을 예로 몇 개 들면 다음과 같다.

예문

① 철수는 아이 셋을 갖고 있다.
② 많은 고민을 갖고 있다.
③ 고향에 30마리의 소를 갖고 있다.
④ 나는 네가 필요하다.
⑤ 새로운 발상의 전환을 필요로 한다.
⑥ 진지하고 솔직한 설명이 있었다.
⑦ 이런 사실에 문제의 심각성이 있다.
⑧ 우리 조상은 이런 지혜로움이 있었다.
⑨ 우리 학교는 부산에 위치하고 있다
⑩ 오늘날에는 자유도 경제적 자립에 기초한 자유이어야 한다.

우선, ①에서 ③까지는 영어 'have'를 우리 말 '갖다'로 직역하여 쓴 경우로 옛날부터 써온 순 우리 말 표현법을 완전히 무시한 문장이다. 우리 말은 갖고 소유하는 대상을 사물로만 한정하고 사람인 경우에는 인격체로서 함께 존재하는 대상으로 다룬다. 그래서 "철수는 좋은 집을 갖고 있다"라는 표현은 쉽게 이해할 수 있어도 ①은 우리 말법과 맞지 않아 너무 어색할 뿐만 아니라 사람을 생명이 없는 사물로 취급하는 것 같아 영 느낌도 안 좋다. 당연히 "철수는 아이가 셋이다" "철수는 아이를 셋 두었다"라고 써야 우리 말답다. 꼭 사람이 아니더라도 ③과 같이 대상이 생명이 있는 경우에는 "고향에 소 30마리를 기르고 있다"처럼 알맞은 동사를 ('기르다' 이외에 '키우다', '먹이다' 등) 찾아 써야 하고, 또 ②와 같이 대상은 사람이 아니더라도 문장의 주체가 분명히 사람인 경우에는 "(나는) 고민이 많다" "(나는) 많이 고민했다"와 같이 주체의 상태와 동작이 뚜렷이 드러날 수 있는 말로 쓰는 것이 좋다. 참고로 위의 ③에 있는 '30마리의 소'도 외국 말법에 물든 표현이기에 '소 30마리'로 바꾸어야 한다. 우리 말은 기본적으로 어떤 대상 앞에 숫자를 놓지 않는다. 셀 대상도 나오지 않았는데 하나 둘 먼저 센다는 것이 논리에 맞지 않기 때문이다. '한잔의 커피' '하나의 민족' 등은 그래서 '커피 한 잔' '한 민족' 등으로 써야 정말 우리 말답다.[35]

다음, 영어 'need'를 말 그대로 번역하여 사람과 사물을 구분하지 않고 쓰는 것도 꼭 버려야 할 대표적인 번역체 문장이다. 사물은 소유할 수 있어 '필요한' 것이 많이 있겠지만 사람은 함께 있어야 할 존재의 대상이기에 ④는 "나는 네가 있어야 한다" "네가 없으면 안된다" 등으로 써야 맞고, 또 ⑤도 '~을 필요로 한다'와 ('need'나 'require' 등의 단어가 포함된 관용적인 영어 문장을 말 그대로 번역) 같은 영어식 표현보다는 "발상을 새롭게 전환해야 한다"와 같이 우리 말의 서술성을 살려 우리 말답게 쓰는 것이 바람직하다. 만약 '필요'라는 말을 문장 속에 꼭 넣고 싶으면 한자말에 붙여서 동사나 형용사를 만들 때 쓰는 우리 말 접미사인 '하다'를 직접 붙여 "강한 도덕심을 필요로 한다" "그런 설명은 필요로 하지 않는다"가 아니라 "도덕심이 아주 필요하다" "그런 설명은 필요없다(필요하지 않다)"로 쓰면 된다. 번역체이면서도 사람

35 원래 관형격 조사 '의'는 우리 말에서는 거의 사용하지 않았는데 'of'이 들어간 영어표현이나 'の'가 포함된 일본말을 그대로 번역해 오던 것이 이제는 버릇이 되어 아무 곳에서나 쓰게 되었다. 실제로 우리 말에선 '의'를 무조건 빼도 그다지 불편하지가 않다. 그런데도 사람들이 '의'를 넣으려고 하는 것은 우리 말의 특징보다는 남의 말을 번역해 놓은 글에 더 익숙하여 자꾸만 문장을 명사 표현으로 압축하려고 하기 때문이다. 우리 말의 서술성을 살리는 글쓰기에 대해서는 2-4절에서 다시 자세히 설명하기로 한다.

들이 그렇지 않다고 착각하기 쉬운 문장에는 ⑥에서 ⑧까지와 같이 우리 말 동사를 일부러 명사로 만들어 영어식 표현인 'there is ~'에 강제로 맞추어 쓴 것과 같은 문장들이 있다. 앞에서도 여러 번 언급했듯이 우리 말은 서술성을 어떻게 살려 썼느냐가 우리 말답게 쓴 기준이다. 글을 쓸 때 이렇게 서술성을 아예 죽여 쓰면 문장에서 표현하고자 하는 동작과 상태의 주체도 역시 명사를 꾸미는 말로 나와야 하기 때문에 분명하게 드러낼 수가 없다. 그래서 ⑥인 경우에 주체를 분명히 살려 "그는 진지하고 솔직하게 설명하였다"로 써야 할 것도 "진지하고 솔직한 그의 설명이 있었다"와 같이 또다른 피해야 할 표현법인 '의'를 사용하지 않고서는 문장의 주체를 나타낼 방법이 없게 된다. 같은 까닭으로, ⑦은 '문제의 심각성'을 버리고 "이런 사실이 심각한 문제이다"로, 그리고 ⑧은 "우리 조상은 이렇게 지혜로웠다" 혹은 "우리 조상은 지혜롭게도 이렇게 하였다"로 써야 한다. 이런 표현은 주로 사실 관계를 밝혀 써야 하는 신문이나 잡지 등에서 많이 볼 수 있지만 자기가 분명히 해야 할 말인데도 용기가 없어 못하던가 혹은 어떤 사정으로 남에게 책임을 떠넘기려는 글 등에 '~반성이 있다' '~지적이 있다' '~계획이 있다' '~관측이 있다' '~흐름이 있다' 등과 같은 말과 함께 자주 찾아볼 수 있다.

번역체 문장이라고 제시된 앞의 예 중에서 마지막으로 설명할 부분은 한자말에 우리 말 '하다'를 붙여 동사로 쓰는 경우이다. 원래 '하다'가 접미사로 쓰여 동사나 형용사를 만들 때는 우리 말이나 혹은 한자말이라도 자주 써서 입에 익은 몇몇 명사 뒤에 붙어 각각 '생각하다'나 '빨래하다', '건강하다'나 '순수하다' 등으로, 의성어나 의태어 뒤에 붙어 '덜컹덜컹하다' '소근소근하다' 등으로, 몇몇 부사 뒤에 붙어 '빨리하다' '잘하다' 등으로, 몇몇 어근 뒤에 붙어 '흥하다' '착하다' 등으로, 그리고 몇몇 의존명사 뒤에 붙어 '척하다' '뻔하다' 등으로 쓰인다. 그런데 문제는 붙여서는 안 될 한자말로 된 명사에 '하다'를 붙여 쓰고, 나아가 이와같은 '하다'를 주체가 제3의 대상에게 동작이나 행동을 하도록 할 때 흔히 사용하는 접미사 '시키다'로 바꾸어서 아무 곳에나 붙여 쓴다는 데 있다. 한자말에 '움직임'이 없으면 '하다'를 붙이지 않는 것이 올바른 사용법이다. 그래서 '운동하다' '축구하다' 등은 잘 붙여졌지만 위 예의 경우와 같이 '위치'나 '기초' 등은 말에 움직이는 뜻이 없기 때문에 '하다'를 직접 붙일 수 없고 각각 "우리 학교는 부산에 있습니다" "오늘날에는 자유도 경제적 자립을 바탕으로 하는 자유이어야 한다"와 같이 '있다'나 혹은 다른 좋은 우리 말로 골라 써야 훨씬 우리 말답다. 이것 말고도 자주 틀리게 쓰는 말에는 '기반' '토대' '근거' '바탕' '이름' '기능' '자리' 등이 있는데, 이런 말을 쓸 경우이면 항상 '하다'가 뒤에 붙어 있는 지를 다시 한번 꼼꼼히 챙겨볼 수 있도록 해야 하겠다.

위에 든 예 이외에도 우리 말을 외국 말법에 따라 쓴 번역체 문장은 주위 어디에서나 흔히 찾아볼 수 있다. 한 나라의 말은 그 나라 사람들이 오랫동안 쌓아온 문화이기에 그 나라말답게 써야 삶에서 일어나는 여러 가지 일들을 가장 정확하게 전달할 수 있다고 본다. 따라서 무언가를 서술하고 묘사하고 설명하고 논증하여 사람들이 정확하게 이해하고 올바르게 판단하여 좋은 삶을 살 수 있도록 하는 글이 되기 위해서는 번역체 문장보다 우리 문장으로 써서 읽으면 오해없이 금방 알 수 있을 뿐만 아니라 우리 전통과 문화 속에 흥건하게 녹아 있는 맛까지도 덤으로 느낄 수 있도록 하는 것이 좋다.

2) 주어와 서술어 호응시키기

모든 문장에는 동작과 상태의 주체가 되는 주어와 이의 움직임과 놓여 있는 모습, 성질, 판단 등을 말해주는 서술어를 (때때로 생략되는 경우가 있기는 하지만) 기본적으로 포함하고 있다. 물론 문장에서 나타낼 상황이 좀 복잡하면 서술어와 짝을 이루는 목적어나 보어가 첨가될 수도 있고, 또 그 상황을 섬세하게 표현한다든가 혹은 글쓴이의 감정을 나타내려고 관형어나 부사어를 (독립어도 포함) 함께 넣기도 한다.

주어와 서술어가 호응해야 한다는 말은 문장의 주체가 하는 행위나 놓인 상태가 서술어로 표현된 내용과 논리적인 모순이 없어야 한다는 말이다. 간단한 예로, "철수가 웃는다"와 "건물이 웃는다"는 모두 '주어+서술어'로 쓰여진 문법적으로는 전혀 이상이 없는 문장이지만 우리 말을 익힌 사람이라면 누구나 뒷문장은 잘못되었다고 지적한다. '건물'이라는 말이 사람이 아니고 사물을 뜻하기에 '웃는다'의 주체가 될 수 없다고 알고 있기 때문이다. 즉, "건물이 웃는다"는 주어와 서술어가 호응하지 않는 문장이 된다. 이와같이 주어와 서술어가 잘 호응하지 않으면 이의 관계가 어색해져서 문장이 불완전해질 뿐만 아니라 이의 뜻도 혼란스럽기에 글을 쓸 때는 항상 조심해야 한다. 특히, 문장이 길어지거나 여러 홑문장이 복잡하게 결합된 겹문장이 되면 쓰려는 글의 내용만 머릿속으로 떠올리면서 처음에 나온 주어와 다르게 부자연스러운 서술어로 매듭지으려는 경향이 많기 때문에 글을 쓴 후에 주어와 서술어의 호응 관계가 분명하게 드러났는가를 꼭 확인해 보아야 한다.

만약 문장에 주어와 서술어 이외에 주어의 행위가 미치는 대상인 객체, 즉 목적어가 포함되는 경우이면 이 모두를 서로서로 호응시켜야 한다. 예를들면, "철수가 밥을 먹었다"와 "밥이 철수를 먹었다"는 역시 문법으로 따지면 다 정상이다. 그러나 사람들이 앞 문장만 옳고 뒷문장은 그르다고 하는 것은 서술어 '먹었다'의 주체와 객체를 합당하게 짝지은 문장이 어느 것인가를 잘 알기 때문이다. '철수'와 '밥'을 구별할 줄만 알면 어린 아이들도 뒷문장처럼 쓰지는 않는다. 이 경우, 앞 문장에선 '철수가'(주어)가 '먹었다'(서술어)에 대해 서술어의 주체로 올바르게 호응하듯이 '밥을'(목적어)도 '먹었다'(서술어)와 역시 서술어의 객체로 바르게 짝지어져 있는 반면에 뒷문장은 주어-서술어 뿐만 아니라 목적어-서술어 관계도 전혀 호응하지 않는다.

각 문장 성분들 사이의 호응 문제에 대한 또다른 예로 "개가 나를 무서워한다"와 "바람이 집을 흔들었다" 따위의 문장을 생각해 보자. 두 문장은 모두 사람이 주체가 아닌 점에서 같다. 하지만 첫 번째 문장은 (생물이 주체) 서술어 '무서워한다'의 주체와 객체를 바꾼 "내가 개를 무서워한다"와 함께 상황에 따라 얼마든지 쓸 수 있는 문장이고, 두 번째 문장은 (무생물이 주체) '흔들다'의 주체와 객체를 바꾸어도 쓸 수 없을 뿐만 아니라 아예 처음부터 우리 말법에 맞지 않는 무생물이 주어인 문장, 즉 물주구문(物主構文) 문장이다. 영어에선 문장의 주체를 가리지 않고 쓸 수 있기에 사물이 주어가 될 수도 있지만 우리 문장에선 무생물이 어떤 동작의 주체가 되어서는 안 된다. 따라서 위의 잘못된 예문은 "바람이 불어 집이 흔들렸다"와 같이 원인과 결과의 관계로 문장을 꾸미든지, 아니면 조건이나 환경, 상태 따위의 부사어임을 나타낼 때 쓰는 격조사인 '에'를 집어넣어 "집이 바람에 흔들렸다"와 같이 써야 맞는다. 비슷한 예로, 말로는 흔히 쓰는 "술이 많이 취했다"도 글로 쓸 때는 사람이 주체가 될 수 있도록 "(내가) 술을 마셔 많이 취했다"와 같이 나타내어야 한다.

이제부터 몇몇 예문을 제시하여 문장의 각 성분들 사이의 호응을 조심스럽게 살펴보고 이를 자연스러운 우리 말이 되도록 다듬어 보자.

예문

① 결혼식을 마치고 하례객들이 식당 안으로 들어서면서 시작되었다.
② 부모한테서 배운 말을 부끄럽게 여기고 잊어버리게 하는 훈련을 받았다.
③ 뒷바퀴가 앞바퀴보다 안쪽으로 들어와 있는 큰 차는 교통사고를 내기 쉽다.

위의 예에서 ①은 말보다 글로 나타낼 때 흔히 빠트릴 수 있는 문제로 문장에서 주어가 생략된 경우이다. 즉, 문장 전체의 서술어인 '시작되었다'에 대한 주어가 분명히 제시되지 않아 문장의 자연스런 흐름이 끊기고 뜻도 혼란스럽게 되었다. 물론 말을 할 때에는 "어디 가니?" "친구 집에 놀러" 등과 같이 누가 주체인지를 미리 알고 있기 때문에 생략하는 것이 오히려 더 자연스럽지만 예에서와 같이 글로 쓸 때에는 설사 결혼식을 마치고 할 수 있는 행사가 '피로연'이라는 것을 안다 할지라도 상황에 따라 그 밖의 다른 것도 될 수 있으니 뜻을 올바르게 전달하기 위해서 꼭 주어를 드러내는 것이 좋다. ②는 문장의 호응 문제에 대한 예민한 예로 주어와 서술어가 서로 동작이 미치는 방향이 맞지 않은 경우를 보여주고 있다. 즉, 문장의 서술어인 '부끄럽게 여기다'와 '잊어버리게 하다', '훈련을 받았다'는 모두 같은 주어에 대한 설명인데도 각 동사의 성질이 (능동이나 수동, 사동이나 피동 따위) 달라 주체와 객체를 분명히 구분할 수 없는 불완전한 문장이 되었다. 이 예에서는 ①에서 언급한 대로 쉽게 짐작할 수 있는 주어인 '우리'를 생략하여 훨씬 자연스럽게 나타내려고 하였으나 여러 서술어들의 성질인 태(態)가 서로 맞지 않아 오히려 더 혼란스럽게 보이는 측면도 있다. 따라서 예문 ②를 자연스러운 우리 말로 다시 쓴다면 생략된 말을 모두 살리고 동사의 태도 사동에서 능동으로 바꾸어 "부모한테서 배운 말을 부끄럽게 여기고 우리가 그 말을 잊어버리도록 훈련을 받았다"처럼 적는 것이 뜻의 이해에도 훨씬 좋을 듯싶다. 위 예의 마지막인 ③은 문장의 주체인 주어가 놓인 위치로 호응관계가 올바른 지를 따져 볼 수 있는 경우이다. 앞서 자주 언급하였듯이 우리 말은 변화있는 문장을 쓰기 위해 주어를 비롯한 여러 문장 성분들을 얼마든지 이동할 수 있다. 하지만 주어가 문장 중간에 위치하여 쉽게 드러나지 않으면 문장 구조를 파악하기 어려워 뜻을 뚜렷하게 전달할 수 없기 때문에 주장하고 설득하는 논문글에서는 대개 주어를 문장 앞에 나타낸다. 그래서 예문 ③은 "큰 차는 뒷바퀴가 앞바퀴보다 안쪽으로 들어와 있어 교통사고를 내기 쉽다"와 같이 주어를 수식하고 있는 관형절을 풀어서 읽는 순서대로 주어를 설명할 수 있도록 나열하면 우리 말의 고유한 서술성이 살아날 뿐만 아니라 문장의 독해도 훨씬 쉬워진다.

문장의 호응과 관련하여 위에서 든 예는 크게 3가지 분야, 즉 문장의 주어가 분명히 표시되었느냐, 동사의 성질이 올바른 형태로 표시되었느냐, 그리고 문장의 주어가 찾기 쉬운 곳에 놓여 있느냐 등으로 구분하여 설명하였다. 하지만 자기 나라 말을 어릴 적부터 자연스럽게 써 온 사람들은 글을 쓸 때 이런 문제로 뜻을 모호하게 전달하는 경우는 사실 드물다. 오히려 남의 나라 말을 배웠다는 우월감을 표시하기 위해 그 말법을 우리 말에 섞어 쓰든가, 또 글을 잘 쓴다고 자랑이라도 하듯이 일부러 문장을 아주 길게 늘여 쓰든가 하여 문장의 호응관계를 놓치는 경우가 더 많다. 간단한 예로, "노인의 아침은 심호흡과 단전운동에서 시작한다" "손이 크게 다쳐 피가 아주 많이 나왔다" 등과 같이 우리 말법과 어울리지 않는 무생물이 주체인 영어식 문장이나, 혹은 "깊은 산속에서 불어오는 바람이 나의 머리를 씻고, 또 나의 옷자락을 파고 들어와 내 가슴의 구석구석을 정갈하게 씻어 내리고 싶었다" "확실한 것은 그 사람들이 이제까지 잘못을 반성하고 앞으로 진실한 국민으로 살아갈 것은 틀림없습니다" 등과 같이 (지면관계로 아주 긴 예문을 들지 못해 자칫 부적절할 수도 있으나) 문장의 전반부에 세운 주어가 글을 써 가면서 도중에 자기도 모르게 바뀌진 채 마무리된 문장 따위를 들 수 있다. 물론, 첫 번째 예에선 '노인의 아침'이나 '손'(혹은 '피')와 같은 무생물이 아니라 이를 이끌고 관리하는 사람, 즉 '노인'과 '나'를 주체로 세워야 우리 입에 익은 살아있는 문장이 되고, 그래야 문장에서 나타내고자 하는 동작이나 상태를 더욱더 뚜렷하게 전달할 수 있게 된다. "노인은 심호흡과 단전운동으로 아침을 시작한다" "(나는) 손을 다쳐 피를 많이 흘렸다" 등으로 써야 우리 말답다는 말이다. 각 문장 성분의 자격을 제한하지 않는 영어식 표현법을 편하고 효율적인 어떤 측면이 있다는 핑계로 문장의 주체를 반드시 세워서 사람과 사물을 분명히 구별해야 하는 우리 문장에서 무작정 따라하는 것은 결코 옳지 못하다. 그리고 두 번째 예들은 모두 처음에 잡은 문장의 주체가 글을 써 가면서 감정에 깊이 빠졌던가, 혹은 또다른 덧붙일 말이 생각났던가 하여 자기도 모르게 바뀐 경우로 "바람이~씻어 내렸다" "확실한 것은~살아간다는 것입니다"로 써야 주어와 서술어가 잘 호응하는 문장이 된다. 이런 잘못은 보통 하고 싶은 말을 두서없이 길게 늘여 쓰는 경우에 많이 생기므로 글을 쓰다가 문장이 복잡하거나 길어지면 각 문장 성분들 사이의 호응이 분명하게 일치하는지 꼭 확인해 보아야 한다.

3) 주체 똑바로 세우기

앞서 언급하였듯이 문장의 주체는 문장에 나타난 온갖 동작이나 상태를 능동적으로 이끌고 가는 임자가 되는 말이다. 그래서 글을 쓸 때는 무엇보다도 이와같은 주체를 똑바로 세워서 문장의 내용이 직접 눈 앞에서 펼쳐지듯 생생히 전달되도록 해야 하는 것이다. 문장의 주체가 불분명하든가 우리 말법에 어긋나게 표현되든가, 혹은 글로 나타날 행위를 직접 이끌지 못하고 수동적인 자세를 취하든가 하면 아무래도 그 글을 읽고 떠올리는 영상도 모호한 배경 속에서 무엇이 움직이고 어떻게 변했는지 잘 알 수 없다.

우리 문장에서 주체가 제대로 자리를 잡지 못하고 표현되는 경우는 여러 가지 있지만 이 중에서 무생물이 주체가 되는 물주구문 표현과 주체가 직접 드러나지 않는 수동태 표현이 가장 흔하다. 물론 이런 것들은 (수동태인 경우는 특정한 대상을 강조하거나 혹은 수사학적인 기교를 위해 사용되는 때가 더러 있긴 하지만) 당연히 우리 말법이 아니다. 이는 외국 문화가 처음 우리 나라에 들어오면서 번역이 잘못되어 지금까지 그대로 굳어진 것도 있지만 실제는 외국 말에 대한 지나친 숭배로 오히려 우리 말에 대한 자연스러운 문법보다 외국 말에 대한 인위적인 문법을 더 익히게 됨으로써 나타나는 잘못된 버릇 때문이다. 나아가, 요즘은 세계화나 국제화의 추세 속에서 외국 말에 대한 앎이 지식의 척도로 오해되어 너나 할 것 없이 생활의 거의 모든 분야에서 좋은 우리 말이 있는 데도 영어식 표현을 예사로 쓰는 꼴이니 우리 말을 우리 말답게 쓰려는 사람이 오히려 이상한 나라의 말을 쓰는 사람처럼 비쳐지는 형편이다.

우리 말에서는 능동으로 행동할 수 있는 주체를 영어와 달리 주로 사람으로 제한하기에 물주구문 표현은 거의 있을 수 없다. 그래서 영어 문장 "Business brought him to Korea"나 "Five minutes' walk will make him cheerful" 등은 영어식 사고에선 완벽한 말이 되어 자연스럽게 의사소통이 가능하지만 이를 단순히 우리 말로 바꾼 "일이 그를 한국으로 데려왔다" "5분 걸음이 그를 쾌활하게 만들 것이다" 등은 우리 말로 표현되었지만 우리가 알아 듣기에는 영 어색한 말이 된다. 그런데도 이런 말들이 널리 퍼져서 이제는 진짜 우리 말을 할 때에도 이런 표현법을 익은 듯이 쓰는 안타까운 일이 벌어지고 있다. 이런 말들은 당연히 "일 때문에 그는 한국에 왔다" "5분 동안 걸으면 그는 기분이 밝아질 것이다"처럼 사람을 주체로 분명히 세워서 말하면 우리 말을 어릴 적부터 써온 이상 나머지 문장 성분들은 의식적으로 맞추지 않아도 자연스럽게 제자리를 찾아가게 된다.

그리고 우리 말에선 영어와 같이 어떨 때는 꼭 수동태로[36] 문장을 작성해야 한다라는 따위의 조건을 두지 않는다.[37] 즉, 우리 말은 행위의 주체가 분명히 드러나지 않거나 드러내고 싶지 않은 경우, 행위의 주체보다 행위의 대상을 강조하고 싶은 경우 따위에서 동작의 실제 주체가 아닌 다른 말을 주어로 하여 이 말이 서술어의 동작을 입을 수 있도록 문장 형태를 피동문으로 바꾸어야 한다고 엄격히 제한하지 않는다는 말이다. 영어권 사람들이 그 사람들의 오래된 언어 생활에 따라 능동태와 수동태를 자연스럽게 구분하여 쓰듯이 우리들은 우리 말법에 따라 우리 말답게 피동문을 만들어 쓰면 되는 것이다. 다만 우리 말에서는 보통 문장의 주체를 사물이 아닌 사람이 되도록 하는데, 만약 한 문장에 여러 사람이 나오는 경우이면 우리의 오래된 의식에 맞추어 연장자나 조직의 '위아래'를 따져 윗사람을 주체로 삼으면 되고, 또 사람과 사물이 함께 있으면 될 수 있으면 사람을 문장의 주체로 내세우되 꼭 강조해야 하는 말이 있으면 비록 사물이라도 문장의 앞에 두어서 그 주체를 중심으로 상황을 있는 그대로 묘사하면 된다. 간단한 예로, 친구가 차와 부딪힌 장면을 보고 "차가 철수를 치었다"라고 하는 것보다 "철수가 차에 치었다"라고 사람을 문장의 주체로 세우는 것이 훨씬 좋고, 나아가 이 장면을 경찰서에서 진술하는 경우라면 "(바로 그) 차가 철

---

36 영어를 공부한 사람은 대개가 수동태(passive voice)라는 말로 배웠지만 우리 말에서는 수동태와 비슷한 말이지만 문장의 주체가 다른 힘 때문에 움직인다는 분명한 뜻을 주기 위하여 피동문(被動文)이라는 말을 더 흔히 쓴다.

37 실제로 영어권 사람들이 영어를 쓸 때 문장 형태를 수동태와 능동태로 나누어 각각을 어떤 조건에 따라 의식적으로 구분하여 쓴다는 말은 아니다. 영어권 학자들이 비영어권 학생들을 대상으로 쓴 영어책을 (원서나 번역서 모두) 보면 보통 수동태가 사용될 수 있는 환경을 몇 가지 쭉 나열해 놓고 설명하는 경우가 많기 때문이다. 문제는 그런 설명을 익힌 우리 학생들이 우리 말의 사용에도 똑같이 적용하여 쓴다는 것이고, 그래서 우리 말법이 아닌 영어식 표현이 오히려 우리 말처럼 자주 쓰이기에 이를 바로 잡기 위하여 '수동태의 조건'이라고 하였다.

수를 치고 달아났다"와 같이 사물을 강조하기 위해 앞에 세우고 대신에 그 상황을 주체가 한 동작인 뺑소니를 있는 그대로 묘사하기 위해 '달아났다'라는 새로운 서술어를 첨가하면 더욱 생생한 느낌을 줄 수 있는 것이다.[38]

따라서 우리 말에서 물주구문과 피동문 표현은[39] 서로 별개의 문제로 풀어갈 것이 아니라 살아 숨쉬는 글을 쓰기 위해 문장 하나하나에 대한 주체를 우리 말에 녹아 있는 우리 문화와 우리 민족의 정서에 맞도록 세우려고 애를 쓰면 서서히 해결될 것이 틀림없다고 본다. 문장을 이끄는 것은 될 수 있으면 사람이 되어야 행위의 주체자로 그 장면이 생생히 떠오를 수 있겠지만 문맥의 중요도에 따라 설사 사물이 주체가 된다 할지라도 우리 말은 서술어가 풍부하기 때문에 외국 말법으로 적힌 물주구문과는 달리 귀에 거슬리지 않는다. 문장에서 주체가 올바르지 않는 몇 가지 예를 들어보면 다음과 같다.

예문

① 철수는 친구들에 의해 천재로 불려진다.
② 돌풍이 집을 마구 흔들었다.
③ 형에게서 편지가 왔다.
④ 정부는 교육을 개혁시킬 만한 힘이 없다.
⑤ 그런 생각에 의해 계획된 정책에 어떤 변화가 올까?
⑥ 이 단체는 김 선생님에 의해 이끌어져 왔다.
⑦ 자연과학은 많은 기술개발을 가능하게 하였다.
⑧ 여러 모로 어려움을 불러왔으나 지금은 해결되었다.
⑨ 수많은 기자들이 열띤 취재 경쟁을 벌인 것으로 알려져 있다.
⑩ 이 협상은 미국측에 의해서 거부되어지고 있다.

---

38 문장에서 사람이 여럿인 경우에 '위아래'를 따져 문장의 주체를 세우면 오늘날에는 비민주적이고 권위주의에 빠졌다고 오해 받기가 쉽다. 그래서 이 경우에는 문장에서 전달하고자 하는 내용을 보고 어떤 것이 더 중요하냐에 따라 주체를 잡는다. 즉, "사장은 과장한테서 보고 받았다"와 "과장은 사장한테 보고했다"에서 글로 쓸 문장은 문맥의 상황을 가장 잘 나타낼 수 있는 것을 선택한다.

39 우리 말에서는 의미를 따져 '부른다 → 불린다'처럼 피동 접사인 '이' '히' '리' '기' 등을 붙여서, '오해를 풀었다 → 오해가 풀어졌다'처럼 어간에 '아/어 지다' 등을 붙여서, '해결하다 → 해결되다'처럼 '되다' '당하다' '받다' '시키다' 등을 붙여서 피동문으로 만들어 쓴다.

실제로 이와같은 물주구문과 피동문에 대한 예들을 찾아보면 한쪽에서는 너무 많아서 놀라고, 또 다른 쪽에서는 그 쓰임이 너무 입에 익어서 더욱 놀라게 된다. 책이고 신문이고 방송이고 간에 주위에서 흔히 보는 글의 모든 생산 매체에서 어렵지 않게 볼 수 있는 표현들이다. 말은 공기와 같아서 부족하지 않을 때는 그 고마움을 느낄 수 없다. 우리의 자식들도 똑같이 깨끗한 공기를 마실 수 있도록 학교에서 배우고 가르치는 우리가 우리 말을 더욱 살려 쓰도록 해야 할 것이다. 지식인들이 외국 학문을 무분별하게 흉내내고 배웠다는 것을 멋진 글로 자랑만 하려다 우리 글이 외국 말에 오염되었다는 이오덕 선생님의 지적이 한낱 오해로 확인되었으면 좋겠다.

①에서 '불려진다'는 사람을 부르고 노래를 부른다고 할 때 흔히 쓰는 우리 말 '부른다'의 피동형인 '불린다'에 다시 보조동사 '지다'가 붙어 이중 피동으로 겹쳐진 말이다. 아마 영어 'by'를 직접 번역한 '~에 의해'라는 말과 함께 기계적으로 암기했던 문장이 아닌가 싶다. 당연히 "친구들이 철수를 천재로 부른다" 혹은 더욱 우리 말답게 "친구들은 철수가 천재라고 말한다" 등으로 써야 맞다. 비슷한 뜻으로 ⑥은 "김 선생님이 이 단체를 이끌어 왔다"가 된다. ②는 사물과 사람을 구분하지 않는 영어식 물주구문의 전형적인 예로 "돌풍에 (혹은 돌풍이 불어) 집이 마구 흔들렸다"로 고쳐 써야 한다. 영어에 정신이 빠진 사람들은 이 예문에 대하여 돌풍을 사람으로 빗대어 의인법으로 표현하였다고 우길 수 있으나 우리 말법과 완전히 어긋난다. 비슷하게 설명할 수 있지만 ③은 사실 그 자체로도 흔히 쓸 수 있는 말이다. 사람이 주체가 되지 않고 사물인 '편지'가 문장의 주어인 셈인데, 이는 문맥의 흐름에 따라 충분히 그럴 수도 있는 경우이다. 하지만 사람인 '형'을 강조하려고 문장의 앞에 세운 이상 사람을 주체로 잡아 "형이 편지를 보냈다" 또는 "(나는) 형이 보낸 편지를 받았다"와 같이 쓰면 훨씬 좋다. ④는 우리 글에서 흔히 나타나는 고질적인 병폐로 동사에 피동 혹은 사동(使動)의 뜻을 더하는 접사인 '시키다' 당하다' '받다' 등을 아무 곳에나 붙이는 예를 단적으로 보여주고 있다. 무언가 단호한 느낌을 갖도록 그렇게 쓴 모양인데 오히려 '개혁시킬→개혁할'로 바꾸어 써야 더욱 힘이 있는 주장이 되고, 아울러 정부가 다른 단체에게 명령하여 교육을 개혁하는 것이 아니라 정부가 직접 능동적으로 수행할 수 있는 능력을 말하는 것이어서 그 뜻도 올바르다. ⑤는 지금까지 설명한 여러 가지 문제가 모두 들어있는 문장이다. 특히 끝부분의 '변화가 온다'라는 표현은 전형적인 물주구문으로 '변하다'라는 익히 쓰는 서술어를 완전히 말살해 버렸다. 그래서 피동형 표현을

함께 고쳐서 "그런 생각으로 (그런 생각에 따라) 계획한 정책이 어떻게 변할까? (달라질까?)"로 써야 정말 우리 말답게 되는 것이다. ⑦과 ⑧도 모두 비슷한 예로 각각 "자연과학 덕분에 많은 기술을 개발할 수 있었다" "여러 모로 어려웠으나 지금은 해결하였다"와 같이 표현해야 한다. ⑨는 영어식 구문 'It is known that~'을 그대로 번역한 문장으로 일부러 피동형으로 표현할 필요없이 "수많은 기자들이 열띤 취재 경쟁을 벌였다고 한다"가 맞는 우리 말이다. 끝으로, 위의 마지막 예문인 ⑩은 앞에서도 잠시 언급한 것과 같이 피동을 몇 겹씩 둘러싼 문장이다. 문장의 주체를 아무도 모르게 아주 깊이 감추고 싶어서인지 피동을 만드는 접사인 '되다'를 붙이고, 여기에 역시 피동을 만드는 접사인 '-어/아- 지다'를 또 붙인 꼴이 되었다. 이는 당연히 "이 협상은 미국측이 거부하였다"로 써야 하고 설사 피동 문장을 허용한다 할지라도 "이 협상은 미국측에 의해서 거부되었다"처럼 써야지 이중 피동문이 되어서는 결코 안 된다. 이와 비슷한 예로 '해석되어지다' '극복되어지다' '각인되어지다' 매장되어지다' '기획되어지다' '준비되어지다' 등이 있는데, 여기서는 모두 '지다'를 빼야 하며, 더러는 '되다'까지 포함하여 모든 접사를 없애야 할 경우도 있을 것이다.

결론적으로, 우리 말에서는 문장의 주체만 똑바로 찾아 세우면 우리 말법이 아니면서 우리 말법인 양 버젓이 행세하는 물주구문과 잦은 피동문 표현을 자연스럽게 극복할 수 있다. 특히, 앞에서 언급한 이중 피동문 등은 우리 말법을 벗어났기에 당연히 쓰지 말아야겠지만, 이는 글을 쓰는 사람의 태도도 옳지 못하기에 꼭 고쳐야만 한다. 대학에서 쓰는 글은 대부분 사실을 (연구 내용이나 실험 결과 등) 설명하고 자기의 주장을 펼치는 글이기에 기본적으로 거짓없이 쓴다는 마음 자세가 꼭 필요하다. 그런데 문장에 나타난 동작이나 상태를 이끌어야 하는 주체가 피동문으로 자꾸만 숨어버리면 글의 내용에 대한 책임을 피하려는 듯한 인상을 주거나, 혹은 확실하지 않는 사실을 나중에 남이 그렇게 해 주기를 (혹은 저절로 그렇게 되기를) 바라는 마음을 나타낸 것 같아 글을 읽는 사람에게 믿음을 주지 못한다. 따라서 법은 지켜지는 것이 아니라 지켜야 한다는 아주 흔한 예문이 주는 암시와 같이 열심히 연구하여 밝힌 내용이나 잘못된 것을 설득하여 고치자고 주장하는 글 뿐만 아니라 대학에서 쓰는 여러 글 등에도 말을 돌리지 말고 분명하게 주체를 밝혀 쓰도록 한다면 우리 말이 더욱 우리 말답게 순화되면서 동시에 글의 효과도 더욱 클 것이라고 확신한다.

2-4 문장의 서술성 살리기

우리 말을 담는 우리 글은 소리글자이면서도 첨가어가 그 특징이다. 따라서 소리 나는 대로 적어 놓아도 무슨 말인지 쉽게 알 수 있도록 어려운 뜻글자인 한자나 귀에 익지 않은 외국 말 등은 될 수 있으면 쓰지 말고, 또 말을 글로 나타낼 때도 문장에 포함된 각 말의 상대적인 순서를 변경하거나 혹은 새로운 다른 말을 덧붙이는 것보다 문법적인 구실에 따라 말의 끝에 짧은 말만 (예를들어, 어미나 조사 등) 간단히 바꾸어 다른 문장으로 만들어 쓰는 것이 우리 말의 기본적인 문장 구성법이라고 1장에서 설명하였다. 예를들어, 외국 말인 영어에서는 내가 너를 사랑하면 "I love you" 그리고 네가 나를 사랑하면 "You love me"로 쓰지만, 우리 말에서는 "나는 너를 사랑한다"로 글을 쓰다가 "나를 너는 사랑한다"와 같이 각 말의 위지는 똑같이 두고 이른바 토씨, 즉 문법적 기능에 맞게 조사만 바꾸면 뜻이 완전히 다른 새로운 문장이 된다. 그리고 위의 홑문장과 달리 겹문장을 만들 때는 두 문장 "I hate you"와 "I hit you"이 어떤 관계로 연결되느냐에 따라 영어에서는 "I hate you, so I hit you" "I hate you, but I don't hit you" 등과 같이 새로운 말을 ('so'나 'but' 따위) 반드시 보태야 하지만, 우리 말에선 "나는 너를 미워하기에 (나는) (너를) 때린다" "나는 너를 미워하지만 (나는) (너를) 때리지 않는다"와 같이 반복되는 말을 생략할 수 있을 뿐만 아니라 처음에 나온 서술어 '미워하다'에서 이른바 어미만 '미워하기에' '미워하지만' 등으로 바꾸면 훌륭한 문장으로 다시 쓸 수 있다.

우리 말의 이와같은 특징을 하나하나 모두 살려 쓰려면 쉬운 우리 말로 말하듯이 쓰는 수밖에 없다. 얼른 알 수 없는 어려운 말(단어) 때문에 귀로 듣는 발음과 눈으로 보는 글자가 머리 속에서 똑같은 그림을 그리지 않는다면 소리글자의 특징을 살릴 수 없고, 또 말과 말을 상황과 논리에 맞게 서로 연결해 가면서 문장을 만들 때 말 끝에 있는 조사나 어미를 바꾸지 않고 새로운 다른 말을 덧붙이거나 말의 자리만 바꾼다면 이것은 다시 첨가어의 특징을 반영하지 못하는 꼴이 되고 만다. 물론 다른 나라의 말과 견주어 독특한 특징이 있다고 하여 꼭 그것을 살려 쓸 필요가 있느냐고 반문할 수도 있겠다. 서로 비교하는 대상이 말이 아니라면 충분히 그럴 수 있다. 하지만 말이란 그 나라 사람의 삶과 생각 그 자체로 옷이나 밥이나 집과는 달리 없으면 바로 죽을 수밖에 없는 것이기에 설사 우리 말이 다른 나라의 말과 견주어 장점이 아니고 오히려 불편하고 불합리한 여러 단점이 있다손 치더라도 우리는 어떻게든 우리 말을 살려 쓰도록 해야만 하는 것이다. 외국 말을 배웠다고 우리 말을 그 나라 말법으로 계속 쓰면 나중엔 그 나라 사람들의 감정이나 생각의 체계, 생활 태도 등을 우리 자신도 모르게 따라갈 수밖에 없다. 결국 우리 겨레의 넋이 사라지고 마는 것이다.

우리 말은 첨가어라는 특징 때문에 조사(토)와 용언(풀이씨)이 아주 발달되어 있다. 세종대왕이 한글을 만든 이후 우리 말이 한문을 읽을 적에 그 뜻을 깨닫기 쉽게 하려고 구절 끝에 붙이는 '토'로만 사용된 경우도 있었지만 실제로 이와같은 조사는 각 말이 문장 안에서 앞뒤의 말과 어떤 관계로 어떻게 쓰이는 가를 보여주는 대단히 중요한 구실을 한다. 용언은 보통 동사와 형용사와 같이 문장의 주체를 서술하는 말로 다른 나라의 말에도 대부분 있지만 우리 말과 같은 첨가어는 용언의 어미를 변화시킬 수가 있어 글로 나타낼 사물의 동작이나 상태를 아주 섬세하게 설명하고 묘사할 수 있다. 그래서 우리 말을 우리 말답게 쓰려면 이와같은 용언의 어미 변화나 말과 말 사이의 문법 관계나 뜻을 도와주는 조사를 적극 활용하여 될 수 있으면 문장의 서술성이 살아나도록 해야만 하는 것이다.

이 절에서는 조사를 우리 말법에 따라 올바르게 사용하고 용언의 어미 변화를 적극 살려 써서 우리 말에 우리 말의 특징이 듬뿍 담길 수 있도록 하는 방법에 대하여 알아보기로 한다. 우선, 우리 말에 생명을 불어 넣는 조사가 말버릇 때문에 글로 쓸 때도 그대로 써서 잘못 나타나는 경우를 잠시 살펴본 후에 우리 말에서 잘 쓰지 않는 관형격(冠形格) 조사 '의'가 일본식 명사구의[40] 영향을 받아 다른 조사가 놓일 자리에도 아무렇게나 쓰이는 아주 고쳐야 할 글쓰기에 대하여 따져본다. 다음, 우리 말의 서술성을 파괴하는 이른바 영어식 명사문이나[41] 이제는 이런 문장 구조에 익숙하여

40 '일본식 명사구'라는 말은 뒤에 나오는 '영어식 명사문'과 서로 짝을 이룰 수 있도록 이 책에서 만든 말이다. 둘 이상의 말이 모여 문장의 일부분을 만드는 말이 구(句)인데, 일본에서 구로 쓰기 위해 'の'를 사용하여 여러 말들을 (특히, 체언 따위) 모아 놓은 말을 나타내려고 붙인 말이다.

41 영어는 원래부터 서술어를 시제 이외에 말의 뜻과 관련하여 여러 가지로 바꾸지 못하기 때문에 문장의 서술성을 보완하려면 꼭 다른 말을 첨가하여야만 한다. 그래서 영어는 어쩔 수 없이 동사

우리 글을 쓰면서도 무조건 문장을 압축하여 나타내려는 잘못된 버릇을 지적하고, 아울러 이는 우리 말의 조사와 활용어미를 잘 섞어서 쓰면 얼마든지 해결될 수 있다는 것도 함께 보이기로 한다. 끝으로, 문장에 여러 생각을 담기 위하여 몇몇 홑문장을 겹문장으로 확장할 때는 주로 용언의 연결어미를 사용해야 하고 관형절이나 명사절과 같은 안긴문장은 될 수 있으면 쓰지 말아야 서술성이 더욱 살아난 우리 말이 된다는 것도 강조한다.

1) 조사 올바르게 쓰기

우리 말 조사를 사전에서 찾아보면 '말 끝에 붙어 그 말과 다른 말의 문법적 관계를 표시하거나 그 말의 뜻을 도와주는 말'로 설명되어 있다. 여기서 말과 말 사이의 문법 관계를 보여주는 격조사는 말이 주체이냐 ('이/가'와 같은 주격 조사) 객체이냐 ('을/를'과 같은 목적격 조사), 다른 말을 꾸미느냐 ('의'와 같은 관형격 조사나 '에/로/와/과' 등과 같은 부사격 조사) 서술하느냐 ('이다' 등과 같은 서술격 조사) 따위와 같이 말의 자격을 정하는 말로 어느 정도 한정되어 있으나 말에 감정을 실을 때 쓰는 보조사는 '은/는' '까지/부터' '뿐/밖에' '든지' '조차' '마저' '커녕' 등과 같이 말이나 글로 흔히 쓰는 것부터 상황마다 순간적으로 튀어나오고, 또 감정을 더욱 섬세하게 표현하려고 이런 말들을 여러 개로 겹쳐 쓰는 것까지 그 종류가 너무 많다. 물론 이런 조사들은 우리 말과 같은 첨가어만이 갖는 특징이며, 특히 말하는 사람의 감정을 아주 섬세하게 표현하도록 앞말에 덧붙일 수 있는 보조사들은 감히 그 어떤 나라의 말로도 표시할 수 없는 보배이다. 우리 말의 조사는 이와같은 좋은 특징으로 세계에서 우수하다고 높이 평가받고 있지만 지금은 말을 하고 글을 쓰는 우리들이 올바르게 가꾸지 못하여 자칫 잘못된 말법을 후손들에게 고스란히 물려주게 될 형편이다.

말을 하거나 글을 쓸 때 말을 듣는 사람이나 글을 읽는 사람들이 이미 그 내용을 어느 정도 이해하고 있다고 보면 문장에서 각 말의 자격을 결정하는 격조사를 대체로

문이나 형용사문보다 명사문을 자주 사용한다. 형용사도 다른 말을 붙여 명사로 쓰고 심지어는 멀쩡한 동사도 '동명사(gerund)'로 바꾸어 명사처럼 쓴다. 이 책에서는 이런 표현을 통틀어 '영어식 명사문'이라 하였다.

생략하여 사용하기도 한다. 하지만 이 규칙이 너무 무조건으로 사용되면서 앞의 2-2절에서 잠시 언급한 것처럼 말하는 사람들의 편의에 따라 힘 들이지 않게 발음하려 하거나, 또는 말을 하면서 자기가 강조하고 싶은 말이나 가쁜 숨을 잠시 쉬고 싶은 경우에 문장 성분과 관계없이 아무 격조사나 붙여 쓰는 버릇이 생겨 아예 틀린 말법인 줄 알면서도 편해서 그냥 사용하는 경우가 종종 있다. 그리고 우리 말은 말을 하면서 뜻을 더 강조하고픈 말이 있거나, 혹은 마음 속에 일어나는 감정 변화를 자세하게 나타내고 싶을 때는 보조사를 첨가하여 그 목적을 달성한다. 특히 이런 보조사는 문장의 아무 성분에나 잘 붙기 때문에 여러 개를 겹쳐 써서 말의 뜻을 훨씬 섬세하게 표현할 수 있을 뿐만 아니라 말하는 사람의 감정도 듬뿍 담을 수 있다. 하지만 이와같은 보조사도 앞의 격조사와 마찬가지로 기준을 정하지 않고 아무렇게나 써다 보니 말의 뜻보다 말하는 사람의 감정만 앞세우는 꼴로 이용되는 경우가 너무 많아 논문이나 보고서와 같은 객관적이어야 할 글도 개인의 감정과 편견이 쉽게 드러나는 글이 되곤 한다. 이 모두 우리 말을 올바르게 사용하기 위해서 꼭 고쳐야 할 버릇이다.

이제부터 이와같이 조사와 관련하여 흔히 저지르기 쉬운 잘못들을 하나씩 예문을 들어가면서 살펴보기로 한다. 먼저, 문장에서 각 말의 자격을 정하는 격조사와 관련된 예문을 보자.

예문

① 그 영향이 다른 곳까지 확대가 되었다.
② TV에서 당시의 모습 그대로를 보여주었다.
③ 우리 스스로가 서로를 위하고 도와야 한다.
④ 활짝 핀 장미를 책상에 장식해 놓았다.
⑤ 약은 약사에게 상의하십시오.
⑥ 부모로부터 재산을 많이 물려 받았다.
⑦ 이는 공무원에게서 예외없이 발견되는 공통적인 현상이다.
⑧ 체력면에 있어서 가장 튼튼한 사람이다.
⑨ 아이들마다에서 느꼈던 서글픔이었다.
⑩ 흡연은 이제 중학생에로까지 확산된 지도 오래되었다.

위의 ①은 앞의 2-2절에서 말버릇과 관련하여 언급한 내용과 같이 동사를 그대로 살려 '확대되었다'로 써야 하는데도 '이/가' '을/를' 등을 덧붙여 말에 새로운 자격을 만들어 사용한 예이다. 이런 현상은 '접수' '근절' '견인' '전개' 등과 같이 보통 한자말에 '하다'나 '되다'를 붙여 쓰는 경우에 아주 흔하게 나타난다. ②와 ③은 정말로 말버릇을 그대로 글로 쓴 경우로, 이는 부사에는 격조사를 잘 붙이지 않는다는 우리 말의 기본 규칙을 무시하면서 강조하고자 하는 말에 '지적'이나 '강세'의 뜻을 보태고 숨도 한번 쉬려고 격조사를 붙여 놓았다. 이럴 경우에는 문장의 실제 주체나 객체를 격조사로 살려서 "TV에서 당시의 모습을 그대로 보여주었다" "우리가 스스로 위하고 서로 도와야 한다"와 같이 써야 좋은 우리 글이 된다. ④도 앞의 예와 같이 버릇처럼 자주 쓰는 경우이지만 완전히 문법을 벗어난 문장이기에 꼭 살펴서 "활짝 핀 장미로 책상을 장식해 놓았다"와 같이 서술어의 목적어와 수단・도구를 나타내는 부사어를 분명히 구별하여 올바른 격조사를 붙여야 한다. "학교를 가기 싫다" "세균 때문에 병이 걸린다" "술이 많이 취했다" 등도 문장에 있는 (목적격이나 주격) 조사를 모두 각 문장의 서술어를 도와주는 부사격 조사인 '에'로 바꾸어 써야 맞는 말이 된다. ⑤도 역시 흔히 쓸 수 있는 표현이고, 또 완전히 틀렸다고 할 수도 없는 문장이지만 올바른 말법에 따라 동사 '상의하다'는 '약속하다' '비슷하다' '똑같다' '싸우다' 등과 같이 두 개의 목적어가 있어야 하기 때문에 소속이나 위치를 나타내는 격조사인 '에게'보다는 비교하거나 기준의 대상을 표시할 때 쓰는 격조사인 '와'를 붙이는 것이 훨씬 우리 말답다. 끝으로, ⑥에서 ⑩까지는 처음부터 우리 말이 아닌데도 영어나 일본어 등의 외국어를 말 그대로 번역하기 위해 사용되다가 지금은 아예 우리 말인 양 착각한 채로 계속 써 오고 있는 말이다. ⑥에 있는 '로부터'는 (혹은 '에서부터') 영어 'from'을 직역하기 위해 움직임의 방향과 경로를 나타내는 격조사인 '로'와 (혹은 '에서') 출발점의 뜻을 첨가하는 '부터'라는 보조사를 합하여 만든 말이고, ⑦의 '에게서'는[42] 일본어 'から' 'より' 등을 우리 말로 번역하면서 억지로 맞춘 말이다. '부모한테'

42 이오덕의 『우리말 바로쓰기 1』에 따르면 '에게서'는 우리나라 최초의 자유시를 쓴 최남선의 『海에게서 少年에게』가 그 시초라 한다. '에게'보다 더 구어적인 '한테'가 '한테서'와 같이 좋은 우리 말로 쓰이고 있음을 본떠서 일본어 'から' 'より'를 '에게'로 번역하여 다시 괴상하게 흉내낸 말이다. 이런 말들은 다행스럽게도 글로는 간혹 나타나지만 입으로는 아직 많이 쓰는 말이 아니기에 이번 기회에 모두 '에게'나 '에서'로 바꾸어 우리 말답게 쓰면 좋겠다.

와 '공무원에게'로 (혹은 '공무원한테서') 각각 고치면 훨씬 우리 말답다. ⑧의 '~에 있어서'는 (혹은 '~에 있어') 일본어 'において'를 그대로 번역해 쓰다가 요즘에는 영어 'in' 'for' 등을 번역하면서도 입에 익은 일본말 번역어를 그대로 갖다 붙인 말이다. 장소가 한정되어 일일이 다 예로 들 수는 없지만 이런 말 대신에 우리가 보통으로 쓰고 있는 말을 ('에' '에서' '에게' '부터' 따위) 그 자리에 넣으면 훨씬 부드럽고 자연스러운 우리 말이 된다는 것만 보아도 이 말은 틀림없이 우리 말이 아니다. 위의 예를 "체력(면)에서 가장 튼튼한 사람이다"로 고치니 누구나 쓸 수 있는 깨끗한 우리 말이 된 것처럼 앞으로 될 수 있으면 이 말을 안 쓰도록 해야겠다. ⑨와 ⑩은 조사를 필요없이 겹쳐 쓴 경우의 예를 보여준다. 물론 격조사에 보조사를 붙여 글이나 말에 좀더 감정을 실을 수도 있으나 너무 무원칙으로 어수선하게 겹쳐 쓰거나, 혹은 없어도 되는 조사를 이것저것 붙여서는 곤란하다. 첫 번째 예는 보조사 '마다'를 빼고 '아이들에서'로 쓰든가 아니면 보조사가 갖는 '낱낱이 전부'라는 뜻을 보태기 위해 '모든 아이들에서'로, 그리고 두 번째 예는 일본식 번역글인 '~에로까지'를 '~에게까지'로 바꾸어 쓰든가 아니면 그냥 '중학생까지'로 써도 우리 말의 뜻에는 전혀 지장이 없다.

실제로 우리 말 조사를 여러 개 붙여 쓰는 버릇은 이른바 지식인들이 일제시대 이후에도 여전히 일본 말이나 글을 그대로 번역하면서 마치 우리 말인 것처럼 아무런 꺼림없이 사용해 왔기 때문이다. 특히 일본 말 'の'를 우리 말 '의'로 번역하여 사용하는 경우는 너무 지나칠 정도여서 말이 된다 싶으면 아무 말에나 붙여도 글을 쓰는 사람이나 글을 읽는 사람이 모두 익숙하게 받아 들이게 되는 이상한 일이 벌어지고 있다. 이와 관련된 몇 가지 경우를 간략히 살펴보기로 하자.

예문

① 이 바둑은 중앙에서의 힘 겨루기가 관건이다.
② 장관이 품고 있는 통일에의 접근방법에 문제가 있다.
③ 사장이 앞으로의 연구방향에 대하여 설명하였다.
④ 행복에로 가는 디딤돌. / 역사에로의 여행.
⑤ 그는 중산층으로서의 기본 생활만 보장해 달라고 했다.
⑥ 오늘 학장님과의 면담이 잡혀 있다.
⑦ 이번 정책은 시민단체로부터의 반발이 심할 것이다.

위의 예에 나온 이상한 말들이 원래 우리 말이 아닌데도 왜 계속 사용할까에 대해 답하는 대신에 일본 글에서 너무 흔한 말이라 조금만 배워도 금방 알 수 있는 (일본) 말이 위의 예에 각각 짝으로 연결되어 있다고 먼저 말하고 싶다. 그만큼 일본 말을 우리 말로 직역해도 지금까지 워낙 많이 그렇게 번역되어 있는 지라 이제는 별로 이상하지 않다는 말이다. ①은 일본 말 'からの'를 그대로 옮겨 놓았고, ②~④는 'への'를 글에 따라 번역한 말이고, ⑤는 'としての', ⑥은 'との', 그리고 ⑦은 'からの'나 'よりの'를 그대로 베껴 쓴 말일 수 밖에 없다.

나중에 뒤에서 다시 설명하겠지만 일본 말 'の'는 일본 사람들이 쓸 때는 표준 규칙에 따라 사용하겠지만 우리 쪽에서 볼 때는 위의 어떤 경우가 되었든지 모두 문장을 압축하여 이른바 일본식 명사구로 나타낸 꼴이 된다. 앞에서 우리 말의 가장 큰 특징이 서술성이라고 설명했으니 이것만 보아도 일본 말 'の'를 우리 식으로 사용하는 관형격 조사 '의'는 될 수 있으면 쓰지 않는 것이 좋겠다. 옛날부터 우리 말에서는 이 '의'가 일본 말 'の'와는 달리 발음하기도 곤란하였기에 특히 입말로는 자주 생략하여 쓰기도 하였다. 물론 복잡한 일을 설명하고 생각을 자세히 나타내고자 하는 경우에는 '의'를 전혀 안 쓸 수는 없겠지만 위의 예와 같이 '의'를 붙여 놓아서 오히려 좋은 우리 말을 쓸 수도 없고, 또 우리 말의 서술성을 아예 말살하는 경우라면 하루 빨리 고쳐 쓰는 것이 우리 말을 살리는 길이라 생각한다. 위의 ①은 '의'를 빼고 간단하게 '중앙에서'라고 써야 말이 살아나고, ②는 '통일에 대한 접근방식'이나 '통일에 접근하는 방식'처럼 우리 말의 서술성이 완전히 살아나도록 말을 풀어서 쓰면 훨씬 우리 말답다. 멋 부리는 말로 '희망에의 길' '가을에의 초대' 등을 흔히 볼 수 있는데 말 뜻이 헷갈리면 아무리 치장을 잘해도 글의 생명은 끝난 것이다. ③은 '앞으로 연구할 방향'처럼 '의'를 뺀 대신에 '앞으로'라는 부사 다음에 동작의 움직임을 나타내는 용언이 오도록 하면 우리 말이 아주 부드럽게 된다. 이 방법은 '의'가 붙은 대부분의 말에 비슷하게 적용될 수 있는데 만약 뒤의 말을 용언으로 바꾸기 어려우면 '이룰' '할' '나갈' 따위의 동사를 첨가하여 '앞으로 나갈 연구방향' 등으로 쓸 수도 있다. 그래서 앞에 예로 든 말은 상황에 따라 '희망으로 가는 길' '가을에 하는 초대' 등으로 적으면 훨씬 이해하기가 쉽다. ④에 있는 '에로'는 우리 말에 없는 괴상한 말이다. 그냥 '(으)로'라고 쓰면 읽기도 알기도 쉬운데 입으로 잘 쓰지 않는 별난 말을 쓰는 것

은 아마도 과시하고 싶은 자기만의 권위를 드러내려는 심리가 나타난 것으로 보인다. 뒤에 있는 예도 '역사로 하는 (떠나는) 여행' 등과 같이 써야 무슨 말인지 알 수 있다. ⑤에서는 '의'를 무조건 떼내어야 하고, ⑥은 그냥 '의'만 없애도 되지만 앞에서 설명한 것처럼 '의'를 뗀 뒤에 다음에 나오는 말을 동사로 바꾸어 "오늘 학장님과 면담하기로 되어 있다"로 써도 싱싱한 우리 말이 된다. ⑦은 아예 모든 조사를 버리고 단지 '의'만 붙여서[43] '시민단체의 반발'로 하든지 아니면 동작의 주체를 분명히 살린다는 취지로 '시민단체에서 반발'이라고 쓰면 더 좋다.

우리 말을 우리 말답게 쓰고자 할 때 관형격 조사 '의'와 관련하여 해야 할 말은 너무 많다. 여기서 다룬 것처럼 일본 글을 흉내내어 동료에게 우쭐해 보이려고 여러 조사에 덧붙여 쓰는 것 말고도 실제 관형(冠形)의 뜻, 즉 말을 설명하듯이 서술하지 않고 뒤에 오는 말을 앞에서 꾸며서 글로 나타낸다는 뜻을 충분히 살리기 위해 우리 말의 서술성을 죽이면서까지 말을 압축하여 쓸 때도 이와같은 '의'가 약방에 감초처럼 사용되고 있다. 하지만 '의'가 문장을 압축할 때 쓰이는 경우는 내용의 매끄러운 전개를 위해 다음 소절에서 다루는 것이 더 알맞다고 생각되기에 여기서는 생략하기로 한다.

이 소절에서 다룰 마지막 내용은 우리 말의 조사 중에서 말의 자격보다 말의 뜻을 도와주는 보조사에 대하여 간략하게나마 알아보는 것이다. 보조사는 앞에서도 언급했듯이 말하고자 하는 것을 아주 섬세하게 나타내어 줄 뿐만 아니라 규칙도 그렇게 까다롭지 않아 아무 곳에나 잘 붙기 때문에 여러 개로 겹쳐 써도 별로 문제가 되지 않는다. 다만, 말의 뜻이 꼬집어 내어 놓듯이 섬세하게 표현되는 지라 아무래도 말하고 글을 쓰는 사람의 감정이나 편견이 너무 많이 드러날 수 있기 때문에 특히 논문이나 보고서와 같이 객관적으로 써야 할 글에선 이와같은 보조사를 신중히 사용해야만 한다. 예를들어, "한국사람이 나쁜 짓을 한다"와 "한국사람은 나쁜 짓을 한다"는 단순히 격조사와 보조사의 차이 밖에 없는 데도 그 뜻을 가만히 살펴보면 엄청 다르다는 것을 알 수 있다. 즉, 앞 문장은 현재 사실을 있는 그대로 밝히는 말이고 (여러

43 우리 말의 관형격 조사인 '의'는 보통 생략하여 써도 별 지장이 없지만 때때로 생각이나 사물이 있는 위치(소유・소속), 동작이 일어나는 곳(주체)이나 반대로 그 대상(객체)을 분명히 표시하고자 할 때 각각 '철수의 마음' '우리의 각오' '인권의 존중' 등과 같은 예로 쓴다.

사람들 중에서 지금 나쁜 짓을 하는 사람이 한국사람이라는 뜻), 뒷문장은 그 사실이 옛날부터 계속 습관적으로 이어져 와 지금은 다른 나라 사람들은 나쁜 짓을 안 해도 한국사람은 꼭 나쁜 짓을 한다고 모든 사람들이 생각하고 있다는 뜻이 되어 정말 기분 나쁘고 객관적이지 못한 말이 되었다.

우리 말에서 자주 쓰는 몇몇 대표적인 보조사들을 간추려 정리해 보면 다음 표와 같다.

보조사	설명	예 문
은/는	대조 화제의 대상 강조	인생은 짧고 예술은 길다. 오늘은 날씨가 좋다. 너에게도 잘못은 있다.
까지	범위의 끝 극한	동생을 역까지 바래다 주었다. 너까지 그럴 줄이야./바람에 비까지 왔다.
부터	범위의 시작	그는 어려서부터 공부를 잘했다. 1시부터 5시까지
마저	한층 더 마지막	너마저 나를 떠나는 구나. 막내마저 출가를 시키니 허전하다.
조차	한층 더 극단의 양보	그가 어디서 왔는지조차 모른다. 편지는커녕 이름조차 못 쓴다.
마다	낱낱이 모두 보편・균일	올해는 고을마다 풍년이다. 영희는 웃을 때마다 보조개가 팬다.
든지(든가)	가리지 않음	사과든지 배든지 다 좋다. 어디든지 사람이 사는 곳은 마찬가지다.
밖에	오직 하나	나를 알아주는 사람은 너밖에 없다. (*항상부정어와 함께 사용)
커녕	오히려 못함	밥커녕 죽도 못 먹는다. 인사는커녕 아는 체도 하지 않는다.
라도	차선의 것 가리지 않음	특별한 계획이 없으면 극장에라도 갑시다. 아무라도 있으면 나와 보시오.

만	한정 강조	하루 종일 잠만 잤더니 머리가 띵했다. 그를 만나야만 일이 해결된다.
도	똑같이(역시) 양보나 강조	밥만 먹지 말고 반찬도 먹어라. 너는 신문도 안 읽니?
나	최소 허용 가정(빈정댐)	심심한데 영화나 보러 가자. 자기가 천재나 되는 것처럼 굴더라.
나	놀람 가벼운 인용	앉은 자리에서 달걀을 열 개나 먹었다. 서울에는 눈이 많이 내렸다나 어쨌다나.
나마	아쉬운 만족	먼 발치로나마 보게 되어 기뻤다. 네 덕에 늦게나마 일을 마칠 수 있었다.
야	강조	영어야 세련이가 도사지. 한 달이 지나서야 답장이 왔다.

물론 위 표에 나타난 것 말고도 우리 말엔 많은 보조사가 있다. 그리고 이런 말들은 굳이 책으로 배우지 않는다 하더라도 어릴 때부터 (우리들은) 항상 말로 써 왔기 때문에 감정에 따라 말에 어떤 토씨가 붙느냐를 가만히 살펴보면 금방 알 수 있다. 외국 사람들이 우리 말을 배울 때 가장 우리 말다우면서도 입에 익지 않아 어려움을 겪는 분야가 아마 이쪽이 아닌가 싶다. 사실 우리 말의 모든 조사는 꼭 우리 말로만 되어 있어서 체언이나 용언과 같이 어느 정도 암기하여 쓸 수 있는 말은 비록 어려운 한자말이나 외국 말로 나타낸다 하더라도 이들의 자격을 정하고 감정을 넣고, 또 서로 부드럽게 연결하는 조사만큼은 (어미도 포함) 항상 우리 말밖에 쓸 수 없다. 그만큼 조사는 우리 말의 생명인 셈이고, 그래서 우리 말을 더욱 우리 말답게 쓴다는 측면에서도 꼭 한번쯤 정리해 두었으면 한다. 위 표에서 시작과 끝의 뜻을 보태는 '부터'와 '까지'라는 보조사와 별개로 문장에서 말에 여러 자격을 부여하는 '에서'라는 격조사도 함께 파악해 두면 좋고, 또 보조사 '든지'와 시제를 담고 어미로 사용되는 '던지'는 자주 헷갈리게 사용하므로 꼭 구분했으면 한다. 한정하고 강조할 때 쓰는 보조사 '만' 이외에도 '뿐'도 함께 사용하면서 '뿐만'이나 앞의 말을 인정하면서도 약간 의문을 표시할 때 쓰는 보조사 '마는'의 준말인 '만'과도 서로 구별해 보기 바란다.

2) 문장 압축하지 않기

우리 말이 글로 써질 때 대체로 많이 나타나는 형태, 즉 문장의 틀은 2-2절에서 잠시 언급한 것처럼 '무엇이 어떠하다' '무엇이 어찌하다' '무엇이 무엇이다'와 같이 3가지가 있고, 이때 문장에서 서술어가 어떤 품사이냐에 따라 각각 형용사문, 동사문, 그리고 명사문이라고 했다. 물론 이러한 문장 틀은 나름대로 쓰이는 데가 따로 있어 필요할 때 꼭 제 것을 찾아 써야 되겠지만 문장의 서술성을 살린다는 측면에서 보면 명사문보다 형용사문이나 동사문이 글에 자주 나타나야만 한다. 하지만 처음부터 번역이 잘못된 외국 말을 오랫동안 계속 써 오고, 또 외국 말을 배워 누구한테 보이려고 자랑 삼아 써 오던 것이 아예 버릇이 되어 이제는 서술성을 꼭 살려 써야 할 자리나 형용사문이나 동사문으로도 충분히 표시할 수 있는 데도 여러 개의 조사를 겹쳐 쓴 일본식 명사구를 쓴다든가, 아니면 그냥 쓰기 편하다는 핑계로 영어식 명사문으로 바꾸는 사람이 오늘날 너무 많다.

우리 말은 첨가어이고, 그래서 꼭 우리 말로만 표현되는 조사나 (서술)어미를 여러 가지로 바꿀 수 있는 것이 큰 특징이라 하였다. 예를들어, 말이 놓인 순서에 따라 문장의 뜻이 완전히 바뀌는 중국어나 영어와[44] 달리 우리 말은 말의 순서보다 말에 붙는 조사나 어미가 어떻게 바뀌느냐에 따라 뜻과 구실이 달라지기에 '먹다'와 같은 보통의 서술형에서 '먹자'로 바꾸면 청유형, '먹어'가 되면 명령형, 그리고 '먹냐'이면 의문형이 되는 것이다. 다른 한편으로, 우리 말은 소리글자이어서 말과 글을 똑같이 쓸 수 있는 특징이 있다. 그래서 '내가 사귀는 여자 친구'라고 말(발음)을 하고 글로도 그렇게 쓰지만 만약 한글이 없다면 지금도 '我交的女朋友'라고 표기해야 하는데 얼마나 끔찍한 일인가. 물론 옛날에 벼슬과 지식의 상징이 되었던 한자를 잊지 못하고 아직까지 그 권위를 갖고 싶은 사람들은 어느 정도 순화가 되었겠지만 여전히 "어머니께서 넘어져 얼굴을 다쳤다"로 적어도 되는 말을 꼭 "母親이 顚倒하여 顔面에 擦過傷이 發生했다"처럼 쓰는 사람이 있으니 참 안타깝다.

44 영어는 중국어보다 말의 순서에 어느 정도 융통성이 있고, 또한 서술어미도 시제를 나타낼 때 약간 바뀌기도 하지만 문장의 전체적인 뜻은 역시 중국어와 마찬가지로 말의 순서에 따라 확실히 달라진다.

문장을 압축하지 않고 풀어 쓰기 위해서는 이와같은 우리 말의 특징을 잘 살려 쓰면 되는데, 여기서는 한 문장 안에서 조사의 무분별한 사용으로 나타나는 일본식 명사구나 한자말로 심하게 압축된 표현 등을 풀어 쓰는 것에 대하여 알아보고, 두 문장을 연결하면서 우리 말의 서술성을 살리는 문제는 다음 소절에서 자세히 다루기로 한다. 우선, 다음의 예들을 살펴보기로 하자.

예문

① 형식상 문제가 많아 협상차 비밀리에 떠났다.
② 이런 조건하에서는 대안이 없는 한 서로 적대시할 것이다.
③ 단순화한 연극이 성황리에 종료됐다.
④ 이 길은 고향에로의 길이다.
⑤ 수도권으로의 과도한 인구와 산업의 집중을 억제하고

위의 ①에 있는 '-상(上)' '-차(次)' '-리(裡)' 등은 모두 한자말로 된 접사인데 쓰지 않으면 뜻을 나타낼 수 없는 곳 이외에는 될 수 있으면 쓰지 않는 것이 좋다. 예에서 보는 것처럼 우리 말의 서술성을 완전히 죽이기 때문이다. "형식에서 문제가 많아 협상하러 비밀로 떠났다"가 되면 정말 우리 말 같지 않은가. 만약 '비밀로'라는 말이 문법엔 맞는 말이지만 입에 익지 않았다면 '아무도 모르게' '남몰래' '조용히' 등과 같은 말로 바꾸면 된다. 이와같은 중국말 접사는 이밖에도 '-시(時)' '-시(視)' '-용(用)' '-한(限)' '-하(下)' '-적(的)' '-화(化)' '-성(性)' '-감(感)' 따위와 같이 알게 모르게 우리 글 속에 많이 들어와 있는데, 내가 경험해 보니 솔직히 모두 안 쓸 수는 없는 것 같았다. 벌써 초등학교, 중학교, 고등학교, 그리고 대학교를 거치면서 주위의 수많은 책으로 익혀 왔던 터라 나름대로 바꾸어 다시 쓴 글을 보면 오히려 이상하게 느껴질 정도였다. 그렇지만 이왕 우리 말을 우리 말답게 쓰려면 자기가 쓴 글을 다시 읽어 보고 만약 위에서 예로 든 접사가 글 속에 있으면 첫째, 중국어 접사만 없애든가 둘째, 중국어 접사를 없앤 후에 부사어로 (혹은 명사로) 만들어 주는 우리 말 조사나 어미를 첨가하든가 셋째, 그래도 입에 익지 않고 느낌도 이상하면 다른 말로 바꾸는 과정을 직접 거쳐 보길 권하고 싶다. 여러 가지가 있지만 이해하기 쉬운 예로, '정기적으로 만나는 모임'은 우선 '정기(으)로 만나는 모임'처럼 접사만 빼보고 그래도 부족하면 다른 말로 바꾸어 '때를 정하여 만나는 모임' 등으로 진행해 간다는 말이다. 이 내용을 적용하여 ②를 다시 써 보면 "이런 조건에서는 대안이 없으면 서로 적으로 대할(볼, 여길) 것이다"와 같이, 그리고 ③은 "단순하게 만든(연출한) 연극이 성대하게 끝났다"처럼 머리로 쥐어 짠 말이 아니라 평소 자연스럽게 입으로 하는 말로 적을 수 있다. ④는 앞 소절에서 언급한 것과 같은 종류의 예문인데, 여기서는 말에 서술성을 첨가하는 방법을 설명하려고 들어 놓았다. 즉, 우리 말을 살려서 "이 길이 고향길이다" "이 길은 고향으로 가는 길이다" 등으로 써야 하는데, 이를 좀더 우리 말답게 쓰면 "이 길로 가면 고향에 도달한다" "고향에 가려고 이 길을 지나간다" 등과 같이 동사문으로 바꾸어 말이 딱딱하지 않고 다정하게 감싸 안는 느낌을 주게 할 수도 있다. 문장이 살아 움직인다는 것은 주체를 정확하게 정한 후에 체언보다는 용언으로 (형용사나 동사 따위) 주체를 설명하면서 끝을 맺도록 썼다는 말이다. 그래서 한자말로만 압축된 말이나 관형격 조사 '의'가 들어간 말은 문장의 주체와 동작을 분명히 구분해 줌으로써 서술성이 듬뿍 담긴 우리 말로 다듬을 수 있다. ⑤가 이에 대한 좋은 예가 될 수 있는데 우선, 주체를 찾으면 인구와 산업이 너무 집중하는 것이고 동작은 이를 억제하는 것이니 "수도권으로 인구와 산업이 너무 집중하는 것을 억제하고"로 적어 놓으면 말할 때 흔히 쓰는 말이 되어 읽기도 이해하기도 아주 쉽다.

우리 말은 조사가 아주 발달했다고 설명한 바 있다. 그런데도 조사 하나하나를 제 구실대로 충분히 쓰지 못하고 일본 말에서 영향받은 '조사 겹치기'로 문장을 압축하려고만 하니 참 안타까울 뿐이다. 더군다나 어디에나 '의'를 붙여 이제는 이것이 (일본 말 'の'의 사용법) 관형격 조사의 새로운 활용법이다 라고 버젓이 우리 말 사전에까지 오를 처지가 되었다. 다른 격조사와 달리 '의'는 잘못 쓰면 여러 뜻으로 모호하게 해석될 수 있기 때문에 오히려 사용을 제한하고 다른 말로 바꾸어 쓰도록 교육해야 하는데도 말이다.

우리 말의 관형격 조사는 원래는 없어도 전혀 불편하지 않았다.[45] 첨가어가 특징인 우리 말은 하고자 하는 말에 대한 주체와 그 동작을 분명히 그려서 서술성이 살아

45 역설로 들릴 수 있겠지만 우리 말은 조사가 아주 발달했지만 말을 할 때는 오히려 이를 생략하여 쓸 수도 있었다. 간단한 예로, "내가 너를 만나러 학교에 갔다"를 주격과 목적격, 그리고 부사격 조사까지 모두 생략하여 "내 너 만나러 학교 갔다"와 같이 말할 수 있는 것처럼. 더군다나 여러 격조사로 풀어서 나타낼 수 있는 '의'는 아예 쓰지도 않았을 뿐더러 혹 사용해야 할 경우이면 그냥 그 자리를 비워 놓는 것만으로도 문장이 자연스럽게 흘러가는데 전혀 지장이 없었다.

나도록 해 왔기 때문이다. 특히, 두 말 사이의 관계가 관형격이라는 것은 상황에 따라 여러 가지 뜻을 가질 수 있기에 서술성이 생명인 우리 말의 말법에 반드시 포함해야 할 필요는 없었다. 그런데도 우리는 지금까지 알게 모르게 일본 말을 흉내내 온 버릇 때문에 지금은 이와같은 '의'를 글이 있는 어디에서나 쉽게 찾아 볼 수 있고, 또 이 말이 사용되어 오던 곳도 처음에는 주로 한자와 같이 앞말과 뒷말이 명사인 경우로 한정되었지만 지금은 아무런 제약없이 조사나 서술어미 뒤에도 겹쳐 쓰는 것이 예사가 되었다. 한자가 많은 관공서 문서나 법조문을 보면 왠지 딱딱하고 어떨 때는 무슨 말인지조차 잘 알 수 없는 경우가 생기는 것도 우리 말의 서술성을 살리는 어미를 (글자 수를 줄인다는 핑계로 오히려) 죽이고 각 말의 자격에 맞는 조사도 골라 쓰지 않고 모조리 '의'로 표현하기 때문으로 생각된다. 다음 예들을 살펴보기로 하자.

예문

① 구성원 상호간의 비판과 타협도 민주주의의 한 양식이다.
② 관리 소홀과 시설의 노후로 인해 문제가 많았다.
③ 현정권의 개혁에 대한/부조리의 척결을 위해/협조와 화합의 자세로
④ 일본의 중국과의 경제관계/스스로의 약속과 스스로의 발언
⑤ 심한 추위 속에서 얇은 스웨터 차림의 철수는 몸을 떨었지만 아버지의 부름소리가 들려와 안도의 한숨을 쉬었다.

위의 예제들은 모두 우리 주위에서 흔히 볼 수 있는 문장이다. 물론 이렇게 쓴 글이 잘못되었다고 지금 당장 고치라는 말은 아니다. 그럴 수 있다면 더 이상 바랄 것이 없겠지만 버릇이란 오랫동안 익어온 것이라 이를 없애는 데도 역시 시간이 그만큼 필요하기 때문이다. 하지만 우리 말을 우리 말답게 쓴다는 것이 어떤 것이라는 것을 알면 앞으로 글을 보는 태도가 달라져 좋은 우리 말 표현법이 떠오르지 않는 문장 이외에는 대체로 우리 말답게 쓰려고 할 것이므로 이를 조사해 보는 것도 그만큼 가치가 있다고 본다. ①은 극단의 비교처럼 보이겠지만 1919년에 발표된 독립선언문에서[46] 우리 말이 한문을 읽는데 흐름을 매끄럽게 하는 토씨로만 써졌던 것을 연상하

46 처음 학교에서 배울 때는 우리 선조들의 애국심을 보여주는 좋은 글로 알았으나 일반 민중이 알지 못하는 '한문에 심하게 중독된 글'인 것을 나중에 커서 알게 되었다. 첫 부분은 그 당시에

게 하는 문장이다. 즉, 하도 오래 써서 이제는 입에 자연스럽게 익은 말이지만 조사와 어미를 제외하고 모두가 한자로 이루어졌는데 설사 이 경우처럼 꼭 한자말을 써야 될 자리라도 뚜렷한 주체와 함께 우리 말의 서술성을 첨가하는 서술어미를 적극 살려서 "구성원이 서로 비판하고 타협하는 것도 민주주의가 지닌 한 양식이다"로 써야 말하듯이 쉽게 써진 우리 글이 된다. ②도 당연히 "관리가 소홀하고 시설이 낡아서 문제가 많았다"처럼 되어야 한다. 여기서 특히 주의할 것은 처음부터 '의'를 쓰려고 마음을 먹으면 '시설의 노후로 인해'처럼 한자말을 먼저 떠올리게 되고, 또 까닭이나 근거를 나타내는 부사격 조사인 '로'를 써 놓고도 한자말 '-인(因)해'를 다시 첨가하는 버릇이 사라지지 않는다는 것이다. 글이 좋게 보이도록 꾸미려고 하지 않고 그냥 하고 싶은 말을 알아 듣기 쉽도록 쓰고자 하면 '노후'보다는 자연스럽게 '낡다'가 먼저 입으로 나오고, 또 없어도 될 '-인해'라는 말도 아예 사라지도록 격조사보다 서술어미 '-아(어)서'가 바로 붙어야 서술성이 더욱 살아난다. '노후로 인해'와 같은 말은 학식 있는 사람들이 쓰는 말이고 '낡아서'와 같은 우리 말은 세련되지 못하여 대체로 저속한 말이다 라는 생각은 빨리 버려야 할 것이다. ③은 각 말들의 자격이 주격, 목적격, 그리고 관형격에 관계없이 모두 '의'를 붙여 쓴 예문들이다. 그래서 원래는 '현정권이 개혁을 대하는' '부조리를 척결하기 위해' '협조하고 화합하는'처럼 주체를 세우고 서술어미를 살려 써야 하지만 압축하여 글자 수를 줄이거나 혹은 영어 전치사나 일본어 'の' 등의 말을 그대로 직역하여 흉내내는 데 익숙하다 보니 이제는 올바르게 고쳐 쓴 것이 오히려 이상하게 보일 지경이다. ④도 역시 같은 예이지만 이 경우는 말과 말 사이의 자격으로 보아 도저히 쓸 수 없는 곳인데도 이미 '의'를 아무데나 붙이는데 습관이 되어 있는 모습을 보여주고 있다. 당연히 '일본과 중국의 경제관계' '스스로 한 약속과 발언' 등으로 써야 한다. ⑤에서 '아버지의 부름 소리가 들려와'와 같은 표현은 이른바 영어식 물주구문으로 이 역시 우리 글에서 알게 모르게 많이 보는 말이다. 앞에서도 여러 번 지적했듯이 '아버지가 부르는 소리를 듣고'처럼

모든 학생이 다 외운지라 아직까지 "吾等은 玆에 我 朝鮮의 獨立國임과 朝鮮人의 自主民임을 宣言하노라"로 기억하고 있고 여기서 우리 말은 조사와 어미뿐이다. 이보다 앞서 1896년에 서재필 박사가 창간한 〈독립신문〉에 있는 글처럼 "우리는 오늘 우리 조선이 독립 국가이고 조선 사람이 자주 민족임을 선언한다"가 되었다면 훨씬 더 떳떳하고 훨씬 더 자랑스러운 독립국이고 자주민이 되었을 것이다.

주체를 분명히 밝혀 쓰면 자연스럽게 우리 말이 된다. 또 '얇은 스웨터 차림의 철수는 몸을 떨었다'도 주체의 동작에 대한 근거를 분명히 밝혀 '철수는 얇은 스웨터를 입은 탓에 (추워서) 몸을 떨었다'와 같이 써야 된다. 사실 예문 ⑤는 여러 문장으로 나누어 써야 할 글을 한 문장에 압축하여 쓴 글이다. 물론 글을 쓸 때는 둘 이상의 문장, 즉 둘 이상의 생각을 한 문장으로 줄여 쓸 수 있는데 이 경우도 절(節)보다[47] 될 수 있으면 우리 말의 서술의미로 연결하는 것이 훨씬 낫다. 이와 관련한 설명은 매끄러운 내용 전개를 위해 다음 소절에서 자세히 언급하기로 한다.

3) 연결어미 살려 쓰기

글을 쓸 때 홑문장으로만 글을 쓰는 경우는 거의 없다. 물론 홑문장으로만 짧게 써서 강하면서도 쾌활하고 분명한 느낌을 줄 수도 있지만 글이란 앎과 생각을 조리 있게 정리하여 드러내는 것이기에 개념이 복잡하고 생각이 깊으면 아무래도 홑문장보다 겹문장이 효과가 훨씬 클 수밖에 없다. 앞에서도 설명했듯이 한 문장에 주어와 서술어가 각각 두 개 이상씩 쓰인 문장을 겹문장이라 하는데, 이때 한 문장이 다른 문장 속에 하나의 성분으로 들어가 안긴 것을 안은문장, 그리고 두 문장이 접속사가 아닌 우리의 고유한 서술어미로 나란히 이어진 것을 이은문장이라 한다.

우리 말이 우리 말답기 위해서는 토씨, 즉 조사와 어미를 살려 써야만 하기에 복잡한 생각을 겹문장으로 표시할 때 될 수 있으면 안은문장보다 이은문장으로 많이 나타내도록 해야만 한다. 안은문장에 있는 안긴문장, 즉 절은 뒤에 나오는 말을 꾸밀 수 있도록 우리 말의 많은 어미 활용 중에서 꼭 하나인 관형사형으로만 쓰든가 혹은 아예 어미 변화를 처음부터 할 수 없도록 '–기'나 '–(으)ㅁ'을 강제로 붙여 명사형으

47 주어와 서술어를 모두 갖추었으나 독립하여 쓰지는 못하고 다른 문장의 한 성분으로만 쓰이는 글의 단위로 "철수가 온다는 소식을 들었다" "네가 좋아할 일이 생겼다" 등에서 밑줄 친 부분과 같이 관형사형 어미 '–는' '–(으)ㄹ/ㄴ' 등이 붙어 뒤에 오는 체언을 꾸미는 관형절, "철수가 그 어려운 일을 해냈음이 분명하다" 등에서 명사형 어미 '–음'이 붙어 문장에서 명사 구실을 하는 명사절, 그리고 별로 구별하여 쓰지는 않지만 형식에서 보면 "우리가 그 사람의 도움없이 그 일을 할 수 있을까?"처럼 문장에서 부사와 같은 구실을 하는 부사절 등이 있다. 실제로 위의 부사절은 "그 사람이 도와주지 않더라도 우리가 그 일을 할 수 있을까?"로 쓰는 것이 훨씬 우리 말답다.

로만 쓰기에 이은문장처럼 우리 말의 서술어미를 앞뒤 말의 상황에 따라 100% 활용할 수 있는 것과 전혀 반대이기 때문이다.

그렇다고 이은문장은 좋고 안은문장은 나쁘다는 말이 아니다. 모든 문장이 다 제 구실에 맞는 자리가 있다. 명사문이 우리 글틀이 아니고, 또 관형절이나 명사절이 들어간 문장은 우리 말의 서술성을 죽이기에 글을 쓸 때 하나도 사용하면 안된다고 하면 아무리 고급 표현력을 지닌 대문장가라 하더라도 좋은 글을 쓰기는 틀렸다. 글을 읽는 사람이 지루하지 않으려면 우선 문장이 탄력성이 있고 응집력을 갖춘 변화있는 모습으로 나타나야 하기 때문이다. 글을 쓸 때는 글의 성격이나 내용, 그리고 글에서 강조할 위치 등에 따라 홑문장부터 안은문장과 이은문장까지 골고루 잘 섞여야 한다는 말이다. 단지, 여기서 영어나 그 외 다른 외국 말이 자체의 언어 작성규칙이나 언어 인식체계로 볼 때 홑문장과 안은문장, 이은문장의 비가 보통 35%:50%:15% 정도이지만 우리 말은 말의 위치보다 조사나 어미의 활용 등으로 문장의 뜻이 결정되고, 또 일이나 생각이 흘러가는 순서에 따라 글로 나타내어야 하기에 각 문장의 비가 영어와 반대로 이은문장이 전체문장의 50% 이상이 되어야 한다는 것을 강조하고 싶다.[48]

아무쪼록 우리 말의 효율이 높으면서도 아주 간단한 문장 표현법인 이은문장 쓰기를 제대로 익히지도 않고 영어에서 영어 말법에 맞는 복잡한 문장 표현법을 (간단한 예로, 긴 문장을 관형절로 만들든가, 짧다 하더라도 여러 개의 관형절을 연속으로 쓰든가, 명사절을 자주 만들어 쓰든가, 그리고 명사문으로 문장의 끝을 맺든가 하는 따위) 그냥 옮겨와 흉내내듯이 써 본들 결코 우리 말이 되지 않을 뿐더러 글로 나타났다 하더라도 글을 읽는 사람이 시간을 많이 들여야 그 뜻을 이해할 수 있거나, 아니면 무슨 말인지도 모른 채 읽을 수 밖에 없다는 것을 꼭 마음에 새겨 두어야겠다. 다음은 관형절로 쓰진 예문들이다.

---

48 Weisman(1985)에 따르면 영어권에서 전문 작가는 안은문장(complex sentence)을 50%, 홑문장(simple sentence)을 35%, 그리고 이은문장(compound sentence)과 그 외의 여러 문장을 합하여 15% 정도를 쓴다고 했다. 정확하고 체계에 맞추어 조사해 보지는 않았지만 잘 쓰진 글 몇 편을 중심으로 살펴보면 우리 말에선 영어에서 나타난 안은문장과 이은문장의 비가 반대로 되는 것이 글이 지루하지 않으면서도 우리 말의 특징인 조사나 어미의 활용을 충분히 살릴 수 있었다.

예문

① 오늘도 건강한 하루 되시기 바랍니다
② 뭘 먹은 사실을 기억하지 못하는 얘를 혼내면 뭐해?
③ 적성을 개발할 수 있는 지도에 힘써야 한다.
④ 걱정을 <u>끼친 데 대한</u> 용서/남녀 <u>차별로 인한</u> 피해
<u>싫다는 이유로</u> 접수/교통이 <u>통제되는 관계로</u> 정체
⑤ 공직자로서 국가적 난국을 타개하는 개혁의 선봉이 되어야 한다.
⑥ 교내 식당에서 판매하는 음식의 질이 떨어진다는 문제점을 제기해도 개선되지 않는데 대한 항의 표시로 불매운동을 벌일 계획이다.

우선, ①은 워낙 관형절(수식어)을 쓰는 데 익숙하여 아무데나 관형어를 붙인 꼴로 우리가 인사할 때 흔히 쓰는 말이다. 이 말을 좀더 자세히 해석해 보면 사람이 건강하게 보내는 것이 아니라 하루가 건강한 것을 뜻하는 말이 되므로 "오늘 하루도 건강하시기 바랍니다"로 써야 맞다. 워낙 영어식 표현에 물들었기에 아마도 이런 말을 쓰는 사람은 당연한 말로 생각할 수도 있겠다 싶다. 이와 비슷한 말로 "즐거운 주말 되시길 바랍니다"도 있다. ②와 ③은 멋 부리는 글에 심심찮게 나오는 문장이다. 우리 말은 영어와 달리 글의 초점이 명사에 있는 것이 아니라 서술어에 있는 데도 한 뭉치씩 관형절로 만들어 명사를 ('얘'나 '지도') 수식하도록 했다. 각각 "얘가 뭘 먹었는지 기억하지 못하는데 혼내면 뭐해?" "적성을 개발할 수 있도록 힘껏 지도해야 한다"와 같이 써 '기억하지 못하는' '지도해야 하는' 동작이 글의 중심이 되도록 해야 한다. ④도 많이 쓰는 형태인데 이는 주로 한자로 된 접속어를 늘 써왔던 탓이다. 글의 대상이나 까닭을 좀더 강조한다고도 볼 수 있으나 이런 글이 되면 하나의 관용어(慣用語)로 굳어져 버려 우리 말의 특징인 서술어미를 전혀 활용할 수 없게 된다. 따라서 될 수 있으면 줄 친 부분 각각을 '끼쳐서' '차별로' '싫어서' '통제되어' 등으로 써서 우리 말도 살리면서 필요없는 군더더기도 없앨 수 있도록 해야겠다. 말을 풀어 쓴다는 뜻을 대변하는 예가 ⑤이다. 사건이 흘러가는 순서대로 말하듯이 쓰면 되는 것이다. 그래서 "공직자로서 개혁의 선봉이 되어 국가적 난국을 타개해야 한다"처럼 무엇이든 개혁하는데 먼저 앞장 서는 사람이 되고, 그래서 국가적 난국도 타개하는 사람이 되도록 글을 써야 한다. 끝으로, ⑥은 무얼 말하려는 지는 어렴풋이 알아도 문장 속에 있는 여러 말들의 자격을 따지고 주체와 대상의 논리 관계를 맞추면 전혀 말법에 맞지 않는 예문이다. 이런

문장은 주로 한 문장에 많은 내용을 담으려고 할 때 자주 나타나는데 "교내식당에서 파는 음식이 질이 떨어진다며 문제점을 제기했는 데도 개선되지 않았다" "그래서 항의 표시로 교내식당을 상대로 불매운동을 벌일 계획이다"와 같이 최소한 두 문장으로 나누어 쓰면 어느정도 해결할 수 있다. 물론 나눈 문장이 아직 분명하지 않다면 쉽게 이해할 수 있을 때까지 한 문장에 생각이 하나만 들어가도록 계속 나누면 된다.

앞의 예에서 잠시 보았지만 관형절이 몇 개씩 들어가 길이가 아주 길게 된 문장은 의미를 쉽게 전달하지 못해 몇 번씩 읽어야만 한다. 아무리 표현력이 좋고 미사여구(美辭麗句)가 많이 들어갔다 하더라도 뜻이 모호하면 좋은 글이 결코 될 수 없다. 그래서 자기가 쓴 글이 길다 싶으면, 즉 써 놓은 글을 한번 읽어서 이해하기 어려우면 무조건 문장을 짧게 끊어서 쓰기를 권하고 싶다. 문장이 너무 짧아서 글의 내용이 건조하면 근처에 있는 몇몇 문장을 묶어 쓰도록 하는데, 이때 될 수 있으면 관형사형 어미를 이용하지 말고 꼭 서술어미를 붙여서 사건이 일어난 순서대로 적도록 한다. 그리고 관형절뿐만 아니라 관형어도 될 수 있으면 쓰지 않는 것이 좋은데, 이 경우는 "내 가슴에 아직 많은 사랑이 남았다"를 "내 가슴에 사랑이 아직 많이 남았다"처럼 관형어를 피수식어 뒤로 보내어 부사나 서술어로 바꾸면 쉽게 해결할 수 있다. 간단한 예로,

예문

> 최근 우리 국민들은 분단 반세기 만에 최초로 개최되는 남북 정상회담에 설레는 마음을 가눌 길 없으면서도 우리 사회 한쪽에서 벌어진 대립과 분열, 그리고 갈등으로 인한 상처 때문에 심정이 착잡하기 그지없었다.

는 그렇게 긴 글은 아니지만 줄 친 것처럼 여러 관형어를 갖고 있고, 또 앞부분의 설레는 마음과 뒷부분의 착잡한 마음이 모두 한 문장으로 표현된 글이다. 우선, 가장 이해하기 쉬운 홑문장으로 분리하여 다시 쓰면

예문

> 최근 분단 반세기 만에 최초로 남북 정상회담이 개최되었다. 우리 국민들은 마음이 설레어 가누지 못하였다. 하지만 우리 사회 한쪽에서는 대립하고 분열하였다. 갈등도 일어났고 상처도 생겼다. 그 때문에 심정이 착잡하기 그지없었다.

와 같이 한 문장에 생각 한 덩어리만 들어가도록 하고, 또 관형어도 서술어나 부사로 바꾸어 어미가 살아나도록 할 수 있다. 끝으로, 이를 다시 비슷한 생각과 행동을 한데 묶어 문장이 지루하지 않도록 서술어미로 합치기도 하면서 정리하면

> 예문
>
> 최근 남북 정상회담이 분단 반세기 만에 최초로 개최되어 우리 국민들은 마음이 설레어 가눌 수가 없었다. 하지만 우리 사회 한쪽에서 대립하고 분열하여 갈등이 일어나고 상처도 생겨 마음이 몹시 착잡했다.

처럼 쓸 수 있다. 첫 번째 글은 한 문장에 주제를 중심으로 여러 가지 생각을 포섭하는 듯이 자세하게 나타내었지만 무엇보다도 지루하고 이해하기 어려워 별로 추천하고 싶지 않은 글쓰기이고, 두 번째 글은 이와 반대로 강한 인상을 주면서 내용도 분명하여 읽는 즉시 이해할 수 있는 것이 큰 특징이다. 하지만 이 경우엔 문장을 쓸 때 비유나 수사가 거의 없이 짧은 문장으로만 썼기에 자칫 건조해지기 쉬워 자기만의 글 색깔을 나타낼 수 없을 뿐더러 설득하는 글에선 오히려 거부반응을 불러 올 수도 있다. 이 두 문장의 장점을 골고루 갖추면서도 우리 말의 서술의미의 특징을 살려 글의 리듬과 초점을 글을 쓰는 사람이 마음대로 부릴 수 있는 글이 바로 마지막 글이다. 이 모든 것을 뚜렷하게 보여줄 수 있는 예문은 아니었지만 여러 문장을 우리 말의 서술의미로 붙여 써 보고, 또 긴 문장을 의미 단위로 작게 나누어 보기도 하면서 몇 번 훈련하면 좋은 결과가 있으리라 믿는다.

이제 이 소절의 마지막으로 명사절에 대하여 알아보기로 한다. 명사절도 앞의 관형절처럼 우리 말의 서술성을 죽이는 외국의 대표적인 문장 표현방식 중의 하나이다. 우리 말의 특징이 서술어미를 적절히 활용하는 것인데도 영어의 영향을 받아 말의 끝에 '-기'나 '-(으)ㅁ'을 붙여 억지로 문장을 명사로 만들어 쓰는 고약 버릇이 문제이다. "결국 거짓말로 밝혀졌다" "의사가 되려고 공부한다"로 하면 좋은 우리 말이 되는데도 무슨 까닭인지 "결국 거짓말임이 밝혀졌다" "의사가 되기 위해 공부한다"가 되는 것이다. 우리 말은 첨가어라는 특징 때문에 앞뒤 문장의 연결관계를 (예를들어, 순접, 역접, 첨가나 보충, 조건, 동시상황, 양보, 전환, 요약 따위) 접속사와 같은 다른 말을 삽입하지 않고도 용언 끝만 바꾸어 나타낼 수 있다. 말하자면 기본 용언 '먹

다' 하나에 어미만 바꾸어 '먹으니' '먹으므로' '먹어서' '먹으나' '먹지만' '먹더라도' '먹고' '먹는데다가' '먹으면' '먹는데' '먹는다해도' '먹는다하더라도' '먹는다손치더라도' 먹기는커녕' '먹기에' 등과 같이 그 뜻을 몇 수십 개씩 쪼개어 전달한다. 그런데도 '먹다'에 '기'나 '-(으)ㅁ'을 붙여 '먹기'나 '먹음'과 같이 명사로만 사용하려고 하니 우리 말의 서술성은 아예 없어져서 말에 섬세한 뜻을 담지 못하게 되는 것이다. 이와 관련된 몇몇 예문을 살펴보기로 하자.

예문

① 경찰은 사고를 예방하기보다는 사건을 은폐하기에 바쁘다.
② 당신에게 말을 걸어옴은 당신과 친해지고 싶음입니다.
③ 첫째는 계속되는 물가 상승과 이에 따른 생활고 압박이다. 둘째는 농촌의 상대적 빈곤 심화이다. 셋째는 부정부패의 만연과 사회 가치관의 붕괴이다.
④ 여야의 지루한 공방으로 더욱 무더운 여름이 될 전망이다.
⑤ 장마 대책을 많이 했음에도 불구하고 매년 비 피해가 반복된다.

위 예문 ①과 ②는 말을 명사로 표현하여 쓰는 대표적인 경우로 '-기'를 붙인 ①은 너무 흔히 사용하기에 오히려 무엇이 잘못되었는지조차 구분하기 어려운 것 같고, '-(으)ㅁ'을 붙인 ②는 우리 말을 오랫동안 써온 사람들은 예문 자체를 거북하게 느낄 수도 있겠지만 우리 말보다 영어로 써진 책이 이해하기 쉽다고 말하는 요즘 젊은이나 영어 번역문엔 익숙하지만 우리 글쓰기가 서툴면서도 스스로 그렇게 생각하지 않는 사람이 쓴 글을 보면 대체로 이와같은 문장이 많이 들어 있다. 두 문장 모두 우리 말의 서술어미를 살려 "경찰은 사고를 예방하려 하지 않고 사건을 은폐하려고만 한다" "당신에게 말을 걸어오는 것은 당신과 친해지고 싶기 때문입니다"처럼 쓰고 읽을 때도 그렇게 읽어야 우리 말처럼 들린다. ③은 우리 말의 서술어미와 상관없이 한자만 연결하여 쓴 대표적인 명사문이다. 한때 암기가 우리 나라의 중요한 교육방법 중의 하나였을 때는 이처럼 딱딱 끊어서 요약하듯이 글로 써야 쉽게 외울 수 있다고 판단했을 수도 있지만 요즘은 우리 말의 서술성을 살려 말하듯이 글로 써 놓아야 표현과 이해가 다같이 쉬워져 학습효과가 더 좋다고 말할 수 있다. "첫째, 물가가 계속 올라서 생활이 어렵다. 둘째, 농촌이 도시보다 너 가난해졌다. 셋째, 부정부패가 널리 퍼졌고 사회 가치관이 무너졌다"가 되면 읽으면서 바로 이해할 수 있고, 그래서 외우는 것도 그만큼 빨라진다. ④는 외국어를 암기식으로 배운 덕택에 우리 말로 글을 쓰면서도 우리 말의 형편은 살피지도 않고 암기하여 입에 굳은 외국 말법으로만 끝맺은 글이다. 가만히 살펴보면 문장의 주어와 서술어가 전혀 호응하지 않든가, 아니면 주체가 분명하지 않는 경우가 대부분인데도 말이다. 특히 이런 경우는 모두 한자로 된 우리 말에 '이다'를 붙여 만든 꼴이라[49] 우리 말의 서술성을 아예 죽이는 명사문이나 절이 포함된 문장이 될 수밖에 없다. 하지만 이런 문장은 우리 말답게 우리 말의 주체를 뚜렷이 찾아 세우기만 하면 자연스럽게 고칠 수 있다. 즉, 주체가 분명하면 서술어도 '이다'보다는 '하다'를 붙여 그 행위를 직접 나타낼 수 있고,[50] 또 말하는 사람이 직접 주체로 나타날 때는 문제가 되는 마지막 서술어를 모두 빼고 '~(라)고 한다' '~(ㄴ) 것 같다' '~(라)는 것이다'로 처리하면 된다. 따라서 위 예문은 '나'를 능동의 주체로 세워 "여야가 지루하게 공방을 펼쳐 더욱 무더운 여름이 될 것 같다"로 써야 주장이 분명하면서도 자연스럽게 보인다. 끝으로, ⑤는 영어의 영향을 받아 모든 용언을 우리 말의 서술성이 죽는 명사형으로 바꾸어 써 보니까 여러 가지 불편한 점이 있어 이제는 그 서술성을 살리기 위해 한자 서술어를 명사형 다음에 이어놓은 예이다. 즉, 우리 말 '했다'의 어간에 현재의 사실과 반대되는 말을 할 때 쓰는 '-지마는'이라는 연결어미를 써서 '했지마는' 혹은 줄여서 '했지만'으로 쓰면 아주 우리 말다운데 영어의 표현법이 입에 굳어 '했다'를 '했음'으로 미리 바꾸어 놓은 터라 더 이상 어미를 활용할 수 없기에 편법으로 우리 말로 '거리끼지 않다' '얽매이지 않다'는 뜻을 갖는 한자 서술어인 '불구(不拘)하다'를 붙여 '했음에도 불구하고'와 같이 아주 어렵게 글을 쓴 꼴이 되었다.

우리 말의 서술성이 이와같이 영어 때문에 죽고 어설프지만 다시 한자로 살아난 말에는 이 외에도 참 많다. 몇몇 예를 들어보면,

---

49 이와 비슷한 것으로 '~라는 생각이다' '~라는 반성이다' '~라는 여론이다' '~라는 계획이다' 등이 있으며, 때때로 '~라는 반성이 있다'처럼 '이다' 앞에 주격조사를 넣고 '이다'도 '있다'로 바꾸어 쓰기도 한다.

50 간단한 예로, '~라는 지적이다'로 끝맺은 글은 주체를 분명히 세워서 '~라고 지적했다' '~라고 지적받았다' 등으로, 그리고 '~라는 생각이다'는 '~라고 생각하고 있다' 등으로 쓰면 좋다.

예문

㉠ 배는 저장의 어려움으로 인하여 제 값을 받기 어렵다.
㉡ 시장은 사견임을 전제로 자기의 생각을 어렴풋이 비쳤다.
㉢ 그는 나를 봄과 동시에 고개를 돌려 버렸다.
㉣ 이미 빌려준 돈을 돌려줌을 조건으로 새로운 계약을 맺었다.
㉤ 영어로 대화함을 이유로 외국 사람이라고 판단할 수는 없다.

따위를 들 수 있다. 모두 '저장이 어려워' '사견이라며' '보자마자' '돌려주는 것(조건)으로' '대화한다고'와 같이 각각 써야 한다. 위 예문 ㉣에서 바르게 활용되는 좋은 우리 말을 적지는 못했지만 이 경우에 말하고 싶은 것은 설사 우리 말의 서술어미를 찾지 못했다 하더라도 '돌려줌을 조건으로'와 같이 명사형으로 쓰지 말고 '돌려주는 것으로'와 같이 관형사형을 우리 말 '것'에 연결하여 쓰면 좋다는 것이다. 우리 말에선 옛날부터 '-(으)ㅁ'보다 '-(ㄴ) 것'을 더 많이 썼다.

이런 글틀이 쓰이는 예는 워낙 많아서 하나하나 다 찾을 수는 없다. 한자 서술어를 붙이기에 따라 온갖 것으로 쓸 수 있기 때문이다. 그렇지만 예컨대 '먹다'라는 동사를 중심으로 '먹음으로 말미암아' '먹음에 있어서' '먹음에도' '먹음으로써' '먹음으로 하여금' '먹음으로 해서' '먹음을 바탕으로' 따위는 이제는 더 이상 쓰지 말았으면 한다.

제3장 대학 글쓰기의 준비

글을 쓴다는 것은 결코 쉬운 일이 아니다. 그렇다고 딱히 생각만큼 어렵다고 할 것도 못되어 지레 겁먹고 두 손 놓고 가만히 있을 수는 없다. 대학이든 사회이든 어디를 가든지 자기를 드러내고 미래의 가치를 높이려면 글쓰기가 말하기 못지 않게 큰 몫을 차지하기 때문이다. 특히, 오늘날과 같이 정보가 매일같이 홍수처럼 쏟아지고, 그래서 이와같은 정보를 대하는 사람도 자기한테 맞는 것을 잘 골라서 읽어야만 될 때는 글을 쓰는 사람이 글을 읽는 사람을 배려하는 차원에서 꼭 써야 할 말은 다 채우되 읽는 사람이 필요한 정보가 있나 없나를 쉽게 찾아볼 수 있도록 쓰는 것이 아주 중요하다. 다시말하면, 글쓰기는 내용면에서 우리 말로 말하듯이 쉽게 쓰는 것도 중요하지만 학교나 사회 등 어느 조직에 관계없이 지식과 정보를 밝히는 글이면 누구나 쉽게 검색할 수 있게 일정한 형식에 맞추어 쓰는 것도 오늘날엔 무시할 수 없다는 말이다.

이 장부터는 사람들이 좋은 대인관계를 유지하기 위해 몸에 여러 가지를 치장하듯이 글도 글을 읽는 사람(독자)에 따라 여러 가지로 겉모습을 (글의 형식이나 배치 따위) 바꾸어야 하고, 또 사람들이 낯선 도로에서 이정표를 따라 길을 찾아가듯이 독자들도 글의 주제나 내용, 강조, 결과 등을 글을 읽기 전이나 읽는 중간이라도 필요하면 언제든지 확인해 볼 수 있도록 하는 글쓰기에 대하여 알아보기로 한다. 즉, 제1장의 그림 1.1에서 보인 좋은 글을 만드는 두 개의 글쓰기 중에서 '우리 말로 쉽게 쓰는 글쓰기'는 제2장에서 언급하였기에 이와는 또다른 갈래에서 설명해야 하는 '형식을 갖춰 친절하게 쓰는 글쓰기'에 대하여 지금부터 몇 장에 걸쳐 하나씩 살펴본다.

이 장에선 위의 두 가지 글쓰기 방법에서 어떤 것이 되었든지 누구나 글을 쓸 때 꼭 생각해 보아야 할 가장 밑바탕이 되는 것들을 먼저 살펴서 글쓰기의 준비가 나름대로 이루어질 수 있도록 한다.

사람들이 글쓰기를 할 때 깊이 생각하지 없고 그냥 지나치기 쉬운 것이 이른바 글쓰기의 준비라는 단계이다. 글쓰기의 준비는 말이 뜻하는 바와 같이 글쓰기를 실제로 시작하기 전에 쓸 글에 대한 마음의 태도를 다시 한번 더 다잡기 위해 이것저것 짚어보면서 무엇을 왜 써야 하는지에 대하여 마음 속으로 그려보는 단계이다. 이는 크게 힘들이지 않고도 처음부터 글의 방향을 잡아 글의 내용에선 논리적인 일관성(consistency)을, 그리고 글의 구조와 표현 방법에선 통일성(coherence)까지 생각해 볼 수 있는 아주 좋은 기회인데도 사람들이 별로 관심을 갖지 않거나 아예 이와같은 글쓰기의 준비 단계가 있는 것 자체를 모르는 것 같다.

글쓰기의 준비를 어떻게 하였던지 이 단계가 끝나면 무엇보다도 글쓰기의 목적(objectives)과 동기(motivations)가 뚜렷이 나타나야 한다. 오늘날의 글은 옛날과 달리 그것이 상업용이든 자료보관용이든, 또는 학술용이든 간에 독자가 많이 읽고 호응해야 좋은 글로 평가 받는다. 따라서 글의 목적이 분명해야 어느 정도 미리 파악할 수 있는 독자의 성향에 따라 글의 방향과 내용을 결정할 수 있고, 또 이와같은 독자의 직업이나 연구 분야에서 흔히 가질 수 있는 의문들을 글을 쓰는 사람이 적절히 자극할 수 있도록 마음에 실감나게 와 닿는 동기를 제시해야 처음부터 끝까지 깊은 관심을 갖고 읽어 보게 될 것이다.

이 장에서는 글쓰기의 준비가 효과적으로 될 수 있도록 글의 목적과 동기에 대한 이야기뿐만 아니라 이를 결정하는데 큰 영향을 주는 독자에 대한 언급도 함께 살펴보기로 한다. 또한, 이 책에서 말하는 글이 그냥 이것저것 책임없이 써보는 낙서는 아니기에 어떻게 하면 독자에게 신뢰를 줄 수 있을까 하는 문제를 사회나 학교에서 공적으로 쓰는 글이 꼭 갖추어야 할 일반적인 조건들을 제시하면서 풀어보도록 한다.

3-1 글이 갖추어야 할 기본 조건들

글이란 원래 나름대로 의미를 갖고 있다. 소설이나 시 등과 같이 글쓴이의 상상력과 표현력으로 써진 문예글은 독자에게 재미나 감동을 주어 사람이 정신적으로 사람답게 살 수 있도록 하고, 또 보고서나 논(설)문 등과 같이 이해력을 바탕으로 써진 전문글은 올바른 기술을 개발 · 축적하여 사람이 물질적으로 문명을 편리하게 이용할 수 있도록 해준다. 따라서 글이 글로서 이와같은 몫을 제대로 수행하기 위해서는 아무쪼록 독자가 한번 읽고 도망가지 않고 자주 찾아와 읽을 수 있도록 해야만 한다. 특히, 이 책의 중심이 되는 전문글인 경우는 논리적인 증거 자료를 필요치 않는 문예글과 달리 제시된 자료부터 표현 방식까지 이른바 글의 질에 대하여 독자에게 얼마만큼 믿음을 줄 수 있느냐가 큰 관건이 된다.

글의 질(quality in writing)은 글을 읽는 독자에 따라 평가가 다를 수 있다. 예컨대 독자도 글을 읽는 목적이 있기에 주로 학문이나 기술 발전의 흐름을 알고 싶어 하는 사람은 깊이는 얕지만 글에서 다루는 폭이 넓은 글을, 반대로 전문 분야에서 발생한 문제점을 해결하려고 늘 고민하던 사람은 내용이 백화점식으로 나열된 것보다는 한 주제를 깊게 파헤친 글을 더 좋게 평가하는 경우와 같다. 중요한 이론을 알기 쉽게 설명한 글을 찾는 독자가 있는가 하면 이론을 실제로 어떻게 응용하는가에 관심이 더 많은 독자도 있고, 또 말로 써진 글을 눈으로 요약할 수 있도록 표나 그림이 많이 삽입된 것을 좋아하는가 하면 심지어 글의 스타일(style), 즉 발표지에 실린 글자 크기나 줄간 간격, 여백 주기, 문장 형태 등에 더 민감하게 반응하는 독자도 있다. 독자들은 자신의 학문적인 목적뿐만 아니라 글 읽는 취향에 따라서도 글을 골라 읽는다는 말이다.

하지만 글이 아무리 독자에 따라 점수가 매겨진다 하더라도 정보를 전하는 글이 기본적으로 갖추어야 할 조건은 항상 있게 마련이다. 쓴 글을 남에게 내놓기 위해서는 글쓴이의 글을 대하는 태도가 먼저 검증되어야 하기 때문이다. 다시말하면, 사실이 아닌 정보나 부풀린 말이 있는지, 글의 내용을 확실히 알고 썼는지 개관적으로 사고하지 못하고 편견을 담았는지, 글을 실을 발표지에 맞는 규칙과 스타일을 따랐는지, 혹은 글이나 기호를 약속한 표기법에 맞게 썼는지 등은 글이 글로서 생명을 지닐 수 있는 가장 기본적인 조건이므로 남의 평가에 앞서 글쓴이 스스로 먼저 판단해 보아야 한다.

이제 글쓰기의 준비 단계에서 글을 읽어줄 독자의 요구사항이나 취향을 분석하기 전에 먼저 생각해 볼 만한 것으로 글의 (보통 전문글) 종류, 즉 과제에 대해 연구비를 신청할 때 쓰는 제안서(proposal), 수행 과정이나 결과에 대한 보고서(report), 터득한 학문적 내용에 대한 발표논문(conference paper)이나 학술논문(journal paper), 개발된 장치에 대한 설명서(manual)나 소개논문(article), 나아가 학위논문(thesis) 따위에 관계없이 공통으로 적용되는 사항들을 간략히 살펴보기로 한다.

1) 정직하고 공손하게

정직(honesty)은 글을 쓰기 전에 했던 노력과 거기서 얻은 정보를 하나하나 솔직히 있는 그대로 밝히는 것이다. 쓰려는 주제에 대해 자료나 결론 등이 마음에 들지 않는다고 처음부터 거짓으로 왜곡하는 것과 아예 빼버리고 말없이 넘어가는 것 따위가 여기에 해당한다. 특히, 학문적이나 기술적인 논문을 쓸 때 다른 사람의 생각이나 용어, 접근방식 등을 여러 측면에서 베꼈으면서도 출처를 밝히지 않는다든가, 아니면 직접 읽어보지도 않은 전문가의 글을 돋보일 요량으로 죽 나열해 놓는 것은 글쓴이의 글에 대한 나쁜 태도를 지적할 수도 있지만 나중에 짊어질 책임 문제와 관련하여 중요하게 생각해 보아야 한다.

공손(politeness)은 글을 쓰면서 용어 선택이나 문장의 표현 방식 등을 잘 가려써서 독자가 기분 나빠하지 않도록 하는 것이다. 남의 잘못된 글이나 자기가 쓴 글에 대한 반박문을 보고 논리적인 근거없이 윽박지르듯 상대하는 사람들이 많다. 글도 의사소통의 한 수단이기에 상대방의 행위에 따라 감정이 복받쳐 오를 수도 있다. 하지만 어떤 경우라도 합당한 자료와 정보를 제시해 가면서 '무엇이 왜 잘못되었고 그래서 이렇다'는 것을 하나씩 짚어준다면 오히려 막무가내로 잘잘못을 따지는 것보다 훨씬 더 설득력을 갖춘 글이 될 것으로 믿는다. 특히, 전문글인 경우는 때때로 강한 어조로 자기의 주장을 나타낼 수도 있지만 글을 읽는 상대가 글에 담긴 세심한 배려

때문에 나중에 학문적 동조자가 되든가, 아니면 최소한 격한 상대자로는 만들지 않을 좋은 기회로 이와같은 공손한 글쓰기를 활용할 수 있다.

정직과 공손은 사람이 살아가는 데도 없어선 안될 덕목이지만 글쓰기 할 때도 마찬가지다. 글로 나타난 '글얼굴'에 글쓴이의 인격이 고스란히 나타나기 때문이다. 말은 입 밖으로 나오면 더 이상 주워 담을 순 없어도 시간이 지나면 잊혀질 수 있지만 글은 글쓴이의 손을 벗어나는 순간부터 영원히 남을 뿐만 아니라 요즘은 인터넷을 통해 그 전파 속도도 엄청나 혹 잘못된 정보나 남을 모욕하고 깎아 내리는 투의 글이면 글쓴이의 이름과 명예는 세대를 두고 더러워질 수 밖에 없다. 주제와 관련된 정보는 유리하든 불리하든 모두 밝히고 모르는 정보는 모른다고 시인하면서 (아는 정보를 의도를 가지고 일부러 말하지 않는 것과 다름) 건전하게 비판하는 글과 그 차원이 아주 다르다.

2) 정확하고 명료하게

글쓰기에서 정확(accuracy)과 명료(clarity)는 분명히 구별하여야 한다. 숫자 10.5는 10.5로 똑바르게 표기해야지 105나 1.05로 (실수로) 잘못 쓰지 않도록 주의해야 하고, 또 글에서 밝힐 생각이나 주장도 애매모호하게 표현하여 두 가지 이상의 뜻으로 받아드리게 써서도 안 된다. 표기가 정확하지 못한 글은 마치 우리 말에서 토씨를 잘못 쓴 것처럼 (혹은 영어에서 관사를 잘못 사용한 것처럼) 읽기가 부드럽지 못하여 짜증나는 경우가 많다. 그리고 글이 불명료한 것은 독자가 쉽게 이해하지 못하기도 하지만 오늘날과 같이 연구과제를 여럿이 모여 팀으로 수행하는 경우는 잘못된 정보 때문에 나중에 그 원인을 찾느라 법석을 떨든가, 아니면 아예 처음부터 다시 시작해야 하는 등 값비싼 대가를 치를 수 밖에 없다.

글이 정확하다는 것은 글을 객관적이며 편견없이 쓴다는 뜻도 있고, 또 해석이 불명료하다는 것은 기계의 사용 설명서나 의사의 처방전 따위의 경우처럼 잘못 오해하여 사람의 생명까지 앗아갈 수 있다는 의미도 된다. 그래서 이 문제는 앞의 정직과 공손의 문제에서 다룬 내용과 어울려 생각해 볼 때 서로 일맥상통하다. 즉, 글이 사실을 의도적으로 과장하거나 축소하여 정보가 왜곡된 채 씌진 경우이면 신뢰도나 정직성이 땅에 떨어져 다시는 그 글쓴이의 말과 글을 믿지 않을 것이고, 마찬가지로 글쓴이가 자기의 글재주를 부릴 속셈으로 상대방의 이해력에 상관없이 모호한 말이나 문장을 마구 쓸 때는 공손함과 배려심이 없는 것으로 보아 이 역시 독자를 화나게 해서 앞으로 그 글쓴이의 말과 글을 될 수 있으면 멀리하려고 할 것이다.

글이 부정확하고 불명료한 것은 보통 글쓴이가 시간에 쫓긴다든가 누구의 편을 드는 글을 쓰려고 자료를 취사선택하는 경우, 혹은 글쓰기가 서툰 데도 자기의 글재주를 믿고 전체 뜻보다 문장 하나하나를 꾸미는 데만 신경을 쓰는 경우에 흔히 나타난다. 글이란 발표하는 장소에 관계없이 남이 읽어서 나를 드러내는 것이기에 좋은 대인관계를 유지하기 위해 겉모습을 가꾸어 가듯이 글쓴이는 글을 쓰기 전에 '글얼굴'도 항상 씻고 관리해야 한다. 글에 대한 생각과 태도를 올바르게 갖는 것이 중요하다.

3) 내용은 빠짐없이 찾기 쉽도록

글은 기본적으로 독자가 필요한 모든 정보를 다 포함하는 것이 좋다. 그래서 보통 글을 쓸 때는 읽을 만한 독자의 범위를 미리 추측한 후에 글의 내용에 대한 깊이와 넓이를 결정하곤 한다. 이는 앞에서도 잠시 언급했듯이 비록 내가 쓴 글이라도 결국은 남이 평가하는 것이기에 친절하게 배려하여 쓰는 것이 기본이기 때문이다.

글에서도 특히 전문글은 대개 주제를 학문이나 기술의 끊임없는 발전 과정 속에서 관심있는 것이나 미진했던 것으로 뽑아내므로 글로 써서 남에게 내놓을 때는 반드시 지금까지 이어져 온 과정이나 제시된 문제점, 글쓴이가 직접 수행한 연구 내용, 그리고 연구 결과나 앞으로의 전망 등을 빠짐없이 밝혀 놓아야 한다. 물론 글의 성격이나 발표되는 자리에 따라 몇몇 생략할 수 있는 부분도 있긴 하지만 원칙적으로 이른바 '서론–본론–결론'이라는 틀에 따라 써야만 한다. 오히려 친절한 글일수록 이를 더욱 세분화하여 글 전체를 한눈에 볼 수 있는 초록(abstract)이나 연구 내용을 깔끔하게 정리한 요약(summary), 나아가 글을 쓰는 순서, 예비지식, 이전의 연구와 견주어 학문적으로 이룬 기여도, 참고문헌, 부록 등을 첨가하여 글 전체가 아니더라도 독자가 관심있는 부분만 선택적으로 찾아서 읽어 볼 수 있도록 글을 구성한다.

소논문(article) 혹은 길이가 아무리 작은 글이라 하더라도 전문글로 쓰려고 마음먹었다면 주제를 설명하는 시작에서 마무리하는 끝까지 기본 틀을 항상 지켜야 한다. 이런 까닭은 여러 가지가 있겠지만 무엇보다도 독자가 읽을 글을 정독하지 않고도 빠른 시간에 글의 개략적인 내용 및 결론으로 제시하는 말 등을 참고하여 자기의 연구 분야에 보탬이 되는 글인지 판단할 수 있도록 하기 위해서다. 글이 하루에도 산처럼 쌓이는 오늘날엔 너무나 당연한 말로 더 이상 설명을 덧붙이는 것은 군더더기일 뿐이다. 한편, 이와같은 글쓰기의 기본 틀을 앞에 나온 여러 조건들과 뭉쳐서 살펴본다면 독자가 글을 읽고 단계별로 따라가면서 직접 적용해 볼 수 있게 배려하기 위해서라고 말할 수도 있다. 글의 내용이 독자가 검정할 수 있도록 체계적이어야 글쓴이의 전문성과 신뢰성이 쌓여 새로운 이론이나 기술로 인정받을 수 있고, 또 전문글은 조직이나 학교 등 글쓴이가 소속된 단체에서 누가 언제 살펴보더라도 학문적 이론이니 절차, 문제 해법, 적용 대상 등에 대한 하나의 표준화된 공식 문서로 구실해야 하기 때문이다.

글쓰기 전에 생각해 보아야 할 기본 조건들은 지금까지 언급한 것 외에도 글이 내 생각을 남에게 효과적으로 알리는 대화 수단이라는 점에서 가독성(readability)과 관련하여 몇 가지를 더 보탤 수 있다. 즉, 글쓴이와 같은 말과 글을 쓰고 비슷한 분야에서 일하는 독자가 한두 번 읽고도 무슨 말인지 알 수 없다면 아무리 훌륭한 내용을 담은 글이라 하더라도 대화가 끊어져 전혀 무의미한 것이 되고 만다. 이는 보통 그 나라 말에서 정한 규칙인 말법을 따르지 않거나 고상한 외국 말로 자꾸 말을 만들어 사용한다든가, 또는 글쓴이가 문장 구성력이 서툰데도 욕심이 앞서 한 문장에 여러 가지의 생각을 넣으려고 하는 경우에 흔히 나타난다. 심지어 맞춤법과 띄어쓰기는 내버려 두더라도 각 문장 성분에 따라붙는 수식관계가 분명하지 않는 절이 있는가 하면, 또 계속되는 접속부사로 (반점도 포함) 문장이 끝없이 이어질 뿐만 아니라 나중에는 문장의 주체나 객체도 아예 구분할 수 없는 글도 종종 볼 수 있다.

따라서 글의 가독성을 높이려면 가장 쉽게는 어려운 외국 말보다 우리 말을 잘 살려 될 수 있으면 말하듯이 글을 쓸려고 하고, 나아가 조금 시간을 들여 노력해 본다면 평소 자주 글을 써온 사람한테 수시로 도움을 받아 흔쾌히 고치는 과정을 몇 번 거쳐서 발표하면 된다. 글쓰기는 쉬운 일이 아니다. 그렇다고 어려운 미분방정식을 풀기 위해 산수(算數)부터 함수, 극한 등 어려운 분야까지 머리를 써서 많은 시간을 들여야 해결되는 것도 아니다. 입으로 말을 하면서 자기를 표현할 수 있는 성인이라면 초보운전 딱지를 떼기 위해 조수석에 앉은 전문가에게 이것저것 묻고 몇 번 실습하다 보면 운전 감각이 잡히는 것처럼 자연스럽게 터득할 수 있는 것이다. 꼭 연습이 필요하다는 것을 제외하면 정도의 차이는 있지만 아무 것도 아니라는 말이다. 우리말의 '맞춤법 통일안'을 한 번 읽어 보고 인터넷에서 국어사전을 몇 번 찾아보면 글쓰기는 그만큼 빨리 는다는 것도 두말 하면 잔소리가 된다. 외국 말을 공부하는 데는 밤낮을 가리지 않으면서도 정작 우리 말에는 얼마만큼 시간과 마음을 주었는지 스스로 물어보았으면 좋겠다.

3-2 독자를 선택하여 분석하기

글은 형식이나 내용이 모두 글을 읽어 줄 독자에 따라 달라져야 한다고 앞에서 말한 바 있다. 누가 읽을 지도 모르는 상태에서는 무엇을 어떻게 써야 할 지 도무지 알 수 없기 때문이다. 글을 읽을 대상이 어떤 직업군에 속하는 사람인지, 문장이나 용어에 대하여 주로 어떤 성향을 갖고 있는지, 글로 쓸 주제나 접근 방법에 대한 일반적인 태도가 무엇인지, 또는 왜 글을 읽는지 따위를 미리 파악하여 글에 포함할 내용뿐만 아니라 글의 형식인 스타일까지도[51] 세심하게 신경 쓰는 것이 많은 독자를 확보하는 데 기본이다.

독자가 읽고 싶어하는 것만 골라서 그대로 쓸 수는 없겠지만 독자가 필요하고 관심 갖는 것이 무엇인지 전혀 모르고 쓰는 것과 큰 차이가 있다. 아무래도 글쓴이가

---

51 글쓰기에서 스타일(style)은 글쓴이의 취향에 따라 이야기를 전개하고 생각을 나타내는 하나의 독특한 방식으로 용어를 선택하는 것부터 문장으로 표시하여 글로 구성하는 것까지 다 아우르는 말이다. 그래서 말이 개념적인지 구체적인지를 구분하고, 문장을 홑문장(단문)으로 쓸 것인지, 아니면 이은문장(중문)이나 안은문장(복문)으로 쓸 것인지 판단해야 한다. 나아가, 컴퓨터에서 문서 편집기를 사용하는 경우이면 글꼴의 종류나 크기, 여백, 단수, 줄간 및 자간 간격, 맞춤 방식 등과 같이 각 쪽이 보일 모습도 적절히 결정해야 한다.

독자의 처지에서 쓴 글은 단순한 정보 전달에 그치지 않고 말 한마디라도 가렵고 의심 나는 곳을 짚어갈 수 있기 때문이다. 간단한 예로, 학생들의 대학 교재용으로 쓴 글인 경우에 이론이나 사실의 설명과 함께 글쓴이가 학생일 때를 떠올려 무엇이 왜 헷갈렸고 실제로 제작할 때 이런 어려움이 있었다는 경험이나 당시에 대처했던 방식 등을 같이 적어 놓으면 한결 동정(同情)하는 글이 되어 독자인 학생이 쉽게 다가설 수 있는 책이 되고, 또 인터넷 게임 소프트웨어를 개발한 후 이와 관련한 설명서를 쓰는 경우엔 그냥 조작법에 대해서만 쓸 것이 아니라 쓸 당시의 사회 문제로 부각된 말을 (이를테면, 게임 중독이나 인터넷에서 통용되는 돈 문제 따위) 몇 마디라도 넣어 독자가 (게임 소프트웨어를 사용하는 학생들뿐 아니라 부모들도 독자) 걱정하는 문제를 함께 고민하는 모습을 보이는 것도 독자를 배려하는 글로 좋은 예가 된다.

독자를 선택하는 문제는 어떤 종류의 글을 쓸 것인가에 따라 다르다. 그리고 글의 종류, 즉 이 책에서 주로 다루는 전문글인 경우는 학회의 논문집에 발표하는 논문, 연구 내용을 기록하는 보고서, 조직이나 외부 기관에 대해 사업을 설명하고 연구비를 신청하는 제안서, 전문 잡지에 기술의 현 상황이나 요약을 투고하는 소논문, 아니면 학교에서 수업할 때 제출하는 과제물이나 전문 연구자로서 인정받기 위한 학위 논문 따위가 있는데 이는 3-3절에서 설명할 글의 목적과 동기와 직접 관계를 갖는다. 다시말하면, 전문글을 읽을 독자는 글쓴이가 글을 왜, 그리고 무엇 때문에 쓴다는 것이 분명하면 이미 확보되었다고 말할 수 있다. 다만, '글얼굴'을 효과적으로 내비치기 위하여 그런 독자들의 여러 관점들을 조심스럽게 한번 더 분석해 보는 문제만 남아 있는 것이다.

독자를 분석하는 문제는 크게 독자의 직업군에 대한 일반적인 성향과 소속된 독자 개인의 개별적인 취향으로 나누어 생각해 볼 수 있다. 쉽게 말하면, 학위 논문을 쓰는 경우 이를 심사하는 학자들이 (교수나 학위를 갖고 있는 사람) 갖는 평균적인 생각, 즉 어느 정도 보수적이라 글의 형식에 민감하면서 사소한 표현법도 읽으면서 구분하려는 경향을, 그리고 선정된 심사 위원 각각이 평소에 글을 쓰고 연구하는 방식, 즉 전문 용어를 자주 쓰면서 문장을 길게 하는지 짧게 하는지, 이론적인 연구 내용보다 실험이나 합당한 수치 예를 꼭 포함하는지 등을 서로 교차해 가면서 알아보는 것이다. 물론 독자 한 사람 한 사람을 꼼꼼히 따져 볼 수는 없지만 앞의 예와 같이 학위 논문인 경우 지도교수를 통한다든지, 아니면 그 사람이 바로 전에 쓴 글을 몇 편 찾아서 읽어볼 수도 있다.

요즘은 조직이나 전문 학회 등에서 글을 출판하는 경우 대부분 자체에서 만든 '투고요령'이나 '집필요강'이 있어 글의 형식이나 스타일은 이미 결정되어 있다. 그리고 기술에 대한 전문 분야도 아주 세분화되어 있어서 하나의 주제를 정해 놓고 이른바 '특집 글'만 모아서 발표하는 곳도 흔히 있다. 그래서 글을 쓸 때 이미 글의 내용이나 형식이 어느 정도 정해져 있어 독자에 대한 배려나 관심 끌기가 필요 없다는 사람도 있으나 이는 크게 잘못 되었다고 보아야 한다. 글은 당연히 독자가 필요해서 읽는 것이지만 전문 직업인인 경우엔 단순히 연구 분야와 비슷해서 읽는다고는 보기 어렵고 어떻게 보면 가슴에 품어 두었던 풀리지 않는 작고 사소한 문제 하나라도 찾아 보려고 읽는 것이기에 "이것이다"라고 생각할 수 있도록 말 한마디 꼬집어내어 적어놓는 것이 큰 효과가 있다. 쓴 글에 얼마만큼 관심을 갖도록 독자의 개별적인 사항까지도 소홀하지 않게 배려했느냐가 관건인 셈이다. 같은 분야의 많은 글 중에서도 독자가 가장 먼저 찾는 글이라야 대체로 끝까지 읽힐 수 있는 글이 아니겠는가.

독자 개인의 성향은 이 외에도 조직에서 집행할 수 있는 권한의 정도나 수행하는 연구의 종류, 주제를 바라보는 시각 등으로도 분석할 수 있다. 보통 이런 경우는 학술 논문보다 조직에서 보고서나 제안서를 쓸 때 많이 써먹곤 한다. 즉, 독자가 결재 능력이 얼마만큼 있고 전문 지식이 어느 정도 있느냐에 따라 글에 나타낼 요구 조건을 독자의 능력 범위 안에 있으면서 선택하는 용어도 지식 수준에 맞추고, 또 독자가 조직 관리 차원에서 부하 직원이 현재 하는 일을 확인하고 싶어 하는지, 아니면 어떤 사업 주제를 놓고 업무 분담이나 사업 계획을 짜고자 하는지에 따라 독자의 글 읽는 목적이 달라지기에 글의 내용도 당연히 거기에 맞추어 쓰면 글쓴이를 훨씬 잘 드러낼 수 있다. 평소 독자의 생활 태도나 성격이 낙관적이냐 비관적이냐에 따라 글에 보인 연구 주제의 선정에서 접근 방법까지 바라보는 시각이 정반대로 나올 수 있다는 것도 당연해 평가되어야 한다.

지금까지 살펴본 독자의 분석과 관련한 내용 중에서 쓰려는 글의 종류와 독자의 개별적인 취향 사이의 관계를 쉽게 판단해 볼 수 있도록 하나의 예로 정리해 보면 표 3.1과 같다.

표 3.1 글의 종류에 따라 개인 성향을 분석한 표

개인 성향 / 글의 종류	문장·용어에 대한 선호도	담당 분야 및 직위	주제에 대한 태도	글 읽는 목적
학회논문	중요		보통	아주 중요
학위논문	중요		아주 중요	중요
보고서/제안서		아주 중요		중요
소논문 등	중요		보통	중요

표 3.1에서 분석한 결과를 모든 글쓴이에게 똑같이 적용할 수는 없다. 글도 표에 나타난 것 이외에 여러 가지가 있을 뿐만 아니라 쓰려는 목적도 다를 수 있고, 또 같은 글이라도 쓸 당시의 사회 환경이나 추세가 변하여 중요도 측면에서 독자의 취향이 바뀔 수 있기 때문이다. 하지만, 표 3.1은 아무리 독자가 글을 보는 관점이 바뀐다 하더라도 개인 성향에 대한 문항만 달라질 뿐 글을 쓰기 전의 준비 단계로 꼭 해 보아야 할 중요한 분석 과정이 어떻게 하면 가장 효과적으로 달성될 수 있는가를 보여 주는 하나의 검사표(checklist)로서 충분한 가치가 있다.

사회 환경이나 글을 바라보는 일반 독자의 판단 기준이 바뀌더라도 글의 목적과 동기만 분명하면 어떻게든지 독자의 관심을 끄는 글을 써 나갈 수 있다. 이는 독자에 대한 분석은 글의 목적과 동기가 분명하지 않고서는 도무지 불가능하다는 것을 뜻한다. 글을 쓰려는 목적에 (왜 연구를 했느냐에 대한 답) 따라 글의 내용이 결정되고, 또 글을 쓰려는 동기에 (무엇 때문에 발표를 하려고 하느냐에 대한 답) 따라 글의 형식이나 배치, 글 꾸미기 따위를 금방 파악할 수 있기 때문에 독자의 일반적인 경향이나 개인에 대한 성향은 그 자체로 참 중요하지만 이와같은 글의 목적이나 동기와 함께 연결하지 않고선 제대로 된 평가를 할 수 없다는 말이다.

3-3 글의 목적과 동기

글쓰기의 준비 단계에서 가장 중요하게 결정해야 할 항목이 바로 글의 목적과 동기이다. 글을 왜 무엇 때문에 쓰는지 확실히 정하지 않고서는 글의 주제(subject)가 분명치 않아 결국 끝을 맺지 못할 뿐만 아니라 글의 바탕을 이루는 생각(idea)이나 예로 제시하는 경험, 사건(event) 등과 같은 소재(topic)들도 제멋대로라 실속도 없고 방향도 없는 글이 되고 만다. 따라서 이 절에서는 내용이 알차고 방향이 잘 잡힌 글을 쓰기 위한 가장 기초적인 것으로 글의 목적과 동기를 분명히 구별하여 밝히고 실제로 글을 쓰기 전에 독자의 관심과 어떻게 맞출 것이냐에 대하여 알아보기로 한다. 또한, 글쓰기 책에서 흔히 보고 듣는 말인 글의 주제나 소재 등의 용어도 여기서 설명하는 글의 목적 및 동기와 어떤 관계가 있는지 이 자리를 빌어 살펴본다.

1) 중심 용어 정리하기

글의 목적을 왜 글을 쓰는가에 대한 답으로, 그리고 글의 동기를 무엇 때문에 글을 쓰는가에 대한 답으로 보면 서로 똑같은 말로 받아들일 수 있다. 사실 영어에서도 글이라는 수식어가 없이 그냥 이 말을 쓸 때는 엄밀히 구분하지 않는 한 목적(purpose)은 왜에 대한 답으로 '무언가를 이루려는 것'이고, 동기(motivation)는 무슨 이유로 했느냐에 대한 답으로 '무언가에 끌리는 것'으로 사용한다. 비슷하게 쓰이는 말로, 무언가를 얻으려고 지향하는 것을 뜻하는 목표는 영어에선 상황에 따라 'target' 'aim' 'goal' 'object' 등 여러 말로 구분하기도 한다. 따라서 글쓰기에서 이 말들을 분명히 구별할 필요가 있는데 이 책에선 '목적'인 경우 보통처럼 '마음 속에서 무언가를 얻겠다고 의도한 것'보다 글 쓰는 일이 좀더 강하게 느껴지도록 '마음 속뿐만 아니라 머리 속에서도 꼭 쟁취하겠다고 정한 것(대상)'의 뜻으로 써서 오히려 목표의 뜻에 가깝게 사용하기로 한다. 그리고 '동기'라는 말은 어디에 무엇 때문에 글로 정보를 알리고 자기를 들어내는 것이니 다른 의미를 첨가할 것 없이 원래 말을 그대로 살려서 써도 괜찮을 듯싶다.

글의 목적(objective)은 연구하고 실험하여 관련 분야에 무언가를 기여할 수 있는 학문적 혹은 물리적 대상이다. 예컨대, 새로운 이론이나 원리를 찾는다든가 새로운 장치를 만든다든가 풀리지 않던 어려운 공학문제를 새롭게 푼다든가, 혹은 현재 적용하고 있는 기준이나 방법보다 더 효과적인 것을 찾아낸다든가 따위를 들 수 있다. 말은 '글의 목적'이지만 실제는 글을 쓰기 전에 전문 분야에서 필요하여 계획했던 것을 뜻하므로 작업이나 연구의 목적(purpose)에[52] 오히려 더 가깝다고 볼 수 있다. 그래서 글의 목적은 산 넘어 있는 것을 마음으로 생각하면서 찾아가 보는 것이 아니라 눈 앞에 이미 있는 것을 머리를 써서 공략하듯이 파헤쳐가는 것이다.

글의 동기(motivation)는 글쓴이가 어떤 자리를 빌어 글을 밖으로 발표하려는 까닭이다. 즉, 쓰려는 글 자체의 목적인 것이다. 알고 있는 지식을 유명한 논문집에 이름을 드높이기 위해 싣는다든가 누군가를 교육하고 설득할 목적으로 책이나 글을 쓴다든가 수행하는 작업에 대한 진행 보고서를 작성한다든가, 또는 학위논문을 쓸 자격을 따기 위해 조건을 갖춘다든가 따위가 여기에 들어간다. 앞에서 언급한 연구나 글의 목적을 통해 얻은 지식과 정보를 어떻게 자기를 드러내는데 써먹겠느냐는 말이다. 그래서 글의 목적은 학문적이고 욕심없이 진행하는 것인 반면 글의 동기는 실제적이고 욕심을 갖고 기회를 잡는 것이다.

글(연구)을 왜 쓰게(하게) 되었는지 무엇 때문에 글을 쓰는지 먼저 정하지 않고는 글의 방향을 제대로 잡기가 어렵다고 말한 바 있다. 글이란 글의 종류에 관계없이 하나의 주제와 이를 뒷받침하는 여러 소재가 잘 맞아야 제대로 된 효과를 얻을 수 있는데 연구나 체험을 통해 찾은 것이 없고 누구에게 어떤 목적으로 쓴다는 마음의 다짐이 없이는 시작도 못할 뿐더러 그 끝도 일반적인 상식이나 도덕적인 훈계로 맺을 수밖에 없는 것은 당연하다. 글의 주제가 그만큼 중요하다는 말이다.

글의 주제(subject)는 글에서 뚜렷하게 드러내어 말하고 싶은 것이다. 연구하고 관찰하여 밝힌 사실이나 느끼고 경험했던 현상을 글의 목적으로 하여 글쓰기를 할

52 목적(purpose)은 이루어 얻을 것을 마음으로 다짐한 것이니 연구의 목적이라 함은 아직 연구의 결과를 손에 쥐지 않은 시작의 단계에서 방향을 제시할 때 쓸 수 있는 말이다. 하지만, 글의 목적(objective)은 연구의 결과를 놓고 그 과정을 기록해 놓거나 남에게 알리려고 쓰는 것이니 얻으려는 대상이 구체적으로 있다는 것이 서로 다르다.

때 이를 최고로 효과가 있게 전달하고자 선택하는 말이 바로 글의 주제인 셈이다. 예컨대, 무엇에 대하여 글을 썼느냐고 물었을 때 만약 "글쓰기를 잘하는 방법에 대하여 썼다"고 한다면 그 주제는 '글쓰기를 잘하는 방법'이 되고, 이때 글의 목적은 이 문제에 대하여 많이 고민하여 깨우친 것인 '쉽고 친절하게 글쓰기를 하려면 이렇게 해야 한다' 따위가 된다. 또한 이와같은 글의 주제나 목적에 따라 터득한 것을 자기를 드러내기 위해 책이나 논문집 따위에 발표하게 되면 당연히 '글쓰기를 잘하려는 학생들을 도와 주려고' '글쓰기 분야도 이만큼 노력하여 실력을 갖추었다고 드러내려고' 등의 말이 글의 동기로 정해지는 것이다.

글의 소재(topic)는 글의 주제를 두드러지게 뒷받침하는 글감(글거리 · 쓸거리 · 이야깃거리)이다. 음식을 만들 때 여러 가지 재료가 있어야 하듯이 글도 주제에 맞는 글감이 싱싱하게 느껴져야 좋은 글이 되는 것이다. 앞의 '글쓰기를 잘하는 방법'이라는 주제에 대하여 독자가 글을 읽어가면서 "아, 참! 그렇지, 나도 이런 경우를 많이 겪었어"라는 말이 저절로 나온다면 분명히 주제를 지탱하는 글감이 깊숙이 와 닿았기 때문일 것이다. 초등학교 때 우연히 써 낸 글이 뽑혀 상을 받은 이후로 선생님이 늘 머리를 쓰다듬어 주어 으슥했던 일, 아이가 쓴 독후감을 보고 꾸지람을 했지만 막상 고쳐 주려니 막막했었던 일, 작문 시간에 시작도 못하고 시간만 흘러가는데 옆 친구는 벌써 끝마친 것을 보고 부러워했던 일, 학위논문을 작정하고 멋지게 써 냈는데 지도교수가 온통 빨갛게 수정한 원고를 되돌려주어 창피했던 일 등등. 글쓰기를 왜 잘해야 하는 지 내세울 수 있는 경험이나 근거, 또는 이미 밝혀진 사실이나 앞으로의 추세 등을 하나의 글감으로 선택하면 독자가 글의 주제를 확실히 붙잡는데 큰 도움이 된다.

지금까지 살펴본 글의 소재, 주제, 동기, 그리고 목적에 대한 서로의 관계를 보기 좋게 나타내면 그림 3.1과 같다. 그림에 있는 화살표로 알 수 있듯이 글은 주제를 통해 무엇을 말하고 싶은가를 우선 결정하는 것에서 시작한다. 그 다음, 밑으로는 (글의 내용 측면에서) 주제를 감싸고 돋보이게 하는 소재를 찾아내고, 또 위로는 (글의 방향 측면에서) 주제에서 건져낼 학문적 성과를 어떻게 달성하고 어디에 그 사실을 알릴 것인가를 글의 목적과 동기로 결정한다면 글의 범위와 방향에서 대체로 처음에 생각했던 것을 끝까지 흔들리지 않게 써나갈 수 있다. 여기서 주제와 관련하여 밝혀낼 것을 어떻게 찾아야 하는가는 글쓴이가 주제에서 가장 관심있는 문제를 풀기 위해 연구 방법이나 접근 방법(approach method) 등을 무엇으로 정했느냐 하는 것이고, 연구 결과를 어디에 알릴 것이냐는 책으로 쓸 것이냐 보고서나 논문으로 (학위 논문 포함) 생각하고 있느냐, 논문이라면 어떤 학회에 발표할 것이냐 등을 말한다.

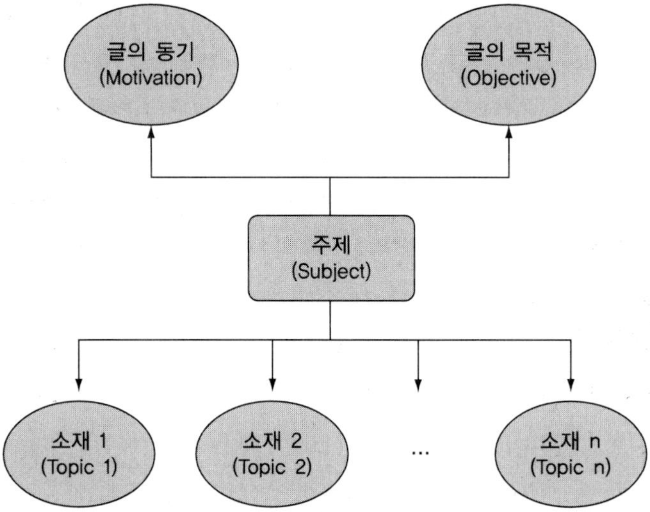

그림 3.1 글의 소재, 주제, 동기 및 목적 사이의 관계

2) 목적과 동기를 독자의 관심에 맞추기

독자를 알고 쓸 글의 목적이 분명하면 무엇을 어떻게 써야 할 지는 확실히 정해진 셈이다. 앞에서 계속 말해 왔듯이 글에 포함할 내용이나 방향 등을 미리 정할 수 있을 뿐만 아니라 독자의 취향에 맞는 용어나 문장 구조, 문단 구성 등도 효과적으로 잘 선택할 수 있기 때문이다. 따라서 독자의 관심을 분석하여 글의 목적과 동기에 맞추는 일은 쓸 글에 대한 전반적인 전략(strategy)과 세세한 전술(tactics)을 수립하는 것과 마찬가지라고 말할 수 있다.

좀더 구체적으로 말하면, 이미 글쓰기 준비 단계에서 글의 목적과 동기를 정하고, 또 읽을 독자를 꼼꼼히 살폈다면 밝힐 주제에 대하여 독자가 (내용이 빈약하여) 실망하거나 (반대로 너무 상세하여) 지루해 하지 않을 글의 범위와 깊이를 결정할 수 있다. 이뿐만 아니라, 독자의 수준에 맞도록 어려운 전문 용어나 복잡한 문장 구조는 해설하는 부분을 따로 두거나 한 문장에 한 생각이 들어가도록 풀어서 쓸 것인지, 나아가 독자의 스타일이나 관심도에 따라 선택적으로 읽어 볼 수 있도록 전체 개요, 현재 상황, 강조 부분, 응용 부분, 요점 정리 등과 같이 문단이나 글의 구조를 어떻게 만든다는 것까지 글의 모든 구상이 머릿속에 자세히 그려질 수 있다. 물론 쓸 주제에 맞는 좋은 글감이 미리 떠올랐다면 각 부분의 제목이나 목차도 어느 정도 써놓을 수 있고, 또 목록(list)이나 표, 그림 등을 포함할 것인지 응용 예로 기존의 문제를 사용할 것인지 수치 예를 새로 만들 것인지 따위도 당연히 결정할 수 있는 것이다.

전문글을 쓰는 경우는 독자의 관심을 끄는 것이 생각 밖으로 쉬울 수 있다. 우선 전문글을 읽을 독자는 대부분 글쓴이와 비슷한 연구를 하는 사람들이기에 궁금하여 알고 싶은 것 등을 예상할 수 있어 어느 정도 읽을 만하도록 글의 내용을 선택할 수 있고, 또 논문을 전문적으로 발간하는 학회인 경우는 글쓰기 안내(guidelines for authors)라고 하여 '게재요강'이나 '집필요령'을 배포하고 있기 때문에 글의 내용뿐만 아니라 스타일이나 표기법 등과 같은 글의 형식도 이미 지정되어 있기 때문이다. 보통 '게재요강'에는 글의 제목에서 참고문헌(reference)이나 부록(appendix)에 이르기까지 글을 싣는 전반적인 순서를 일컫는 글의 체제(體制), 글쓴이의 자격, 정해진 쪽수, 심사료나 게재료, 심사 일정이나 규칙 등을, 그리고 '집필요령'에는 글자 크기나 단수(段數) 등과 같은 기본적인 글틀(template)을 비롯하여 표나 그림의 표시법과 참조법, 숫자나 괄호의 이용, 참고문헌 표기 방법 등을 적어 놓는다.

글쓰기에서 독자의 관심을 파악하여 자기가 정한 글의 목적이나 동기에 맞추는 것은 수학 문제를 푸는 것처럼 하나의 답을 찾는 문제가 아니기 때문에 실제론 그렇게 쉬운 일만은 아니다. 그래서 글쓰기가 어느 정도 연습이 필요하다는 것도 문장 표현력이나 글의 구성 방법 등을 잘하자는 목적도 있지만 글을 쓰기 전에 미리 자기 글을 읽을 독자가 누구며 어떻게 글을 써야 가장 효과가 있게 설득할 수 있을까 하는 문제를 고민하여 몸에 익히는 것도 한 목적이다. 따라서 이 소절에 대한 주제를 더 이상 말로 언급하기 보다는 임의의 상황을 설정하여 바라는 목적을 달성하려면 독자의 어떤 항목을 집중적으로 파악해야 하는지 하나의 예를 들어 보기로 한다.

자동차 연구부에 근무하는 A씨가 팀장으로서 연구원의 사기나 일의 효율을 높이기 위해 값이 좀 비싼 공학용 소프트웨어를 사달라고 상관인 연구부장에게 몇 달 전부터 계속 부탁하고 있는 경우를 생각해 보자. 이번에는 정말 설득해야겠다고 마음먹고 글을 쓴다면 당연히 독자가 되는 연구부장에 대하여 알고 있는 사실을 낱낱이 정리해 볼 필요가 있다. 즉,

- 구입하고자 하는 장비에 대해 전문가인가? 보통의 경우로 볼 때 고급기술이나 새로운 장비에 대한 관심이나 구매 태도가 어떠한가? 전문 기술인 출신이냐 경영 관리인 출신이냐, 장비 구입에 호의적이냐 적대적이냐 따위.
- 평소 나나 나의 팀에 대해 어떻게 생각하고 있는가? 나를 믿고 있는가, 팀의 연구 능력을 높이 평가하는가 따위.
- 연구부의 독자적인 결재 권한이 어느 정도인가? 자금 규모로 보아 직접 결재가 가능한지 상부에 다시 보고하여 허락을 받아야 하는지 따위.

등을 살펴보면 글의 내용이나 서술 방식을 택하는데 큰 도움이 된다. 만약 A씨가 자기의 경험이나 주위의 도움을 받아 위의 항목에 대해 분석했다면 새로운 장비를 어떻게 다른 것과 비교해 가면서 강조할 것인지, 사용하는 용어를 전문 용어로 쓸 것인지 따로 쉬운 말로 설명해 둘 것인지, 제안서 형태를 약식으로 할 것인지 사장까지 볼 수 있도록 요약문에 기대 효과까지 덧붙여 기본 틀을 갖출 것인지 따위를 쉽게 그려보게 되는 것이다. 필요하다면 앞의 표 3.1처럼 나름대로 검사표를 옆에 두고 우선순위를 챙겨가면서 써 나갈 수도 있다. 다음, 독자의 평가가 끝났기에 이제는 쓸 글에 대한 목적이나 동기를 정의해야 한다. 물론 이 경우는 글의 주제가 '전용 소프트웨어를 구매해야 한다'로 분명하고, 또 글의 동기도 윗사람을 설득하기 위한 제안서의 작성에 있기 때문에 크게 고민할 필요는 없다. 다만, 파악된 독자의 특징에 맞춰 이와같은 주제를 잘 드러내 보이도록 하려면 어떤 자료를 찾아 어떤 정보를 얻어내어야 하는가를 결정해야 한다. 예를들어, 구입할 소프트웨어가 있느냐 없느냐에 따라 연구의 질이 어떻게 달라질 수 있느냐 하는 것부터 가격이나 기능 면에서 서로 비

교해 볼 다른 소프트웨어에 대한 조사까지 하나의 좋은 글감이 될 수 있는 것은 모두 찾아보아야 한다. A씨가 주제를 가장 잘 뒷받침할 수 있는 글감으로 몇 가지 예를 제시하면 다음과 같다.

- 현재 연구할 때 공학 계산 및 그래픽 처리를 어떻게 하고 있는가?
- 현재 쓰는 방법의 단점이 무엇이고 새로운 장비가 들어오면 어떻게 좋아질 수 있는가?
- 연구의 질을 높일 수 있는 가장 최선의 방법은 무엇인가?
- 가격과 기능 면에서 다른 대안과 비교하면 어떤 점이 나은가?
- 새로운 장비에 대한 예비 검사의 결과나 다른 업체에서 구입하였다면 그 효과가 어떻게 나오고 있는가?

이와같은 글감은 이 외에도 앞서 분석한 독자나 글의 목적 및 동기에 따라 여러 가지가 될 수 있지만, 이는 전적으로 글쓴이가 얼마만큼 이런 종류의 글쓰기에 익숙해 있느냐와 깊은 관계를 갖는다. 사람이 좋은 대인 관계를 만들기 위해 몇 차례 전문 훈련을 받아 상대방의 처지에 맞는 말을 잘 골라 써야 하듯이 글도 나름의 '글얼굴'이 있기에 독자를 파악하고 글의 목적과 동기에 맞추어 글감을 잘 선택하는 글쓰기 연습이 반드시 어느 정도 필요한 것은 당연하다.

제4장 대학 글쓰기의 시작

글쓰기의 준비 단계에서 독자를 파악하고 글의 목적과 동기도 분명히 설정했다면 이제부터는 주제에 대하여 본격적으로 글을 쓰는 과정을 밟아야 한다. 글쓰기는 보통 주제에 맞는 글감을 모으고, 주제가 돋보이도록 글감의 순서를 정하고, 초고(草稿)를 작성하고, 그리고 쓴 글을 다듬는 순서로 이루어진다. 물론 이런 절차는 옛날부터 해오던 방식이고, 또 대부분의 책에도 나와 있지만 원론적인 것이므로 꼭 따라야 한다는 말은 아니다. 사람마다 다 글 쓰는 습관이나 취향이 다르기에 하나의 방식에 얽매이면 아무래도 제 글을 쓰기가 불편해지기 때문이다. 하지만, 글이 꾸준한 연습으로 점점 글 같은 글로 써진다는 것을 생각해 볼 때 글쓰기를 처음 시작하는 사람이나 평소 글쓰기를 나름대로 해 왔어도 아직 몸에 배지 않은 사람은 전문가가 오랫동안 살펴보고 실천해서 낸 결론인 이와같은 방식을 따르는 것이 체계적으로 빨리 배울 수 있는 좋은 방법이라 여겨진다.

책에는 또 글쓰기를 시작할 땐 반드시 쓸 계획을 미리 세워 두라고 하였다. 글을 쓰기 전에 계획 단계를 거쳐 글의 방향을 글의 목적이나 동기에 맞추어 두면 나중에 쓸 주제에 대한 글감도 찾기 쉬울 뿐만 아니라 주제를 다루는 방법이나 무엇을 어떻게 강조할 것인지 따위를 글을 써가면서 흔들리지 않게 진행할 수 있다. 특히, 글쓰기에서 글의 계획을 짜야 하는 것은 요즘처럼 방대한 연구 분야나 오랜 시간이 걸리는 작업 스케줄로 혼자가 아닌 여럿이 공동 연구하고 글도 부분으로 나누어 함께 쓰는 경우에 꼭 필요하다. 글의 계획을 잘 잡아서 글쓴이가 생각을 쉽게 정리하게 되고, 그래서 글감을 주제가 돋보이는 알맞은 장소에 둘 수 있다는 것은 글쓰기에서 큰

이점이 아닐 수 없다.

이 장에서는 글쓰기의 준비 단계에서 독자를 파악하고 스스로 세운 글의 목적과 동기를 글쓰기를 시작할 때 어떻게 효과적으로 써먹을 수 있느냐에 대하여 알아보기로 한다. 즉, 글쓰기의 계획을 어떻게 실행하고, 또 글감을 모으고 정리할 때 어떻게 하면 체계적으로 할 수 있느냐 하는 것을 살펴본다. 글은 글쓰기의 기본단계를 (계획 세우기 → 글감 모으기 → 글감 정리하기 따위) 밟지 않고 쓸 수도 있으나, 이 경우에 쓸 주제를 연구하고 조사하여 자료를 많이 얻었다면 글의 내용은 깊으나 독자를 배려하지 못해 끝까지 읽으려 하지 않을 것이고, 반대로 자료는 많지 않아도 글재주가 뛰어나면 독자를 배려한 모양새는 갖출 수 있으되 내용이 없어 이 역시 오랫동안 읽히지 않는다.

문예글을 쓰는 사람은 작품을 발표했다 하여 작가라는 말을 붙여준다. 물론 문학작품이나 사진, 조각, 그림 따위는 남의 것을 베끼지 않고 스스로 만든 창작품이니 그럴 수도 있을 것이다. 전문글은 어떠한가? 원리를 파헤치고 과학적 방법을 찾아 결과를 내고, 자료를 정리하고, 지식을 전파하고, 새 기술을 밝혀내고, 그래서 사람들이 어제보다 더 편한 오늘을 살아갈 수 있도록 하는 전문글은 기본적으로 이해력이 밑바탕이 되어야겠지만 문예글 못지 않게 생각(idea)에 대한 창작력도 꼭 필요하지 않나 싶다. 어떤 글이 되었든지 작가는 독자를 이끌고 설득하여 글의 주장이 실행될 수 있도록 써야 하니 글의 효과가 정신적이냐 물질적이냐 하는 차이만 있을 뿐 노력하여 만들어내는 것은 다 똑같다. 전문글을 쓰는 사람도 문예글의 작가처럼 자기를 드러내려면 (혹은 남이 알아주려면) 많이 읽고 많이 쓰는 연습이 꼭 필요하다는 뜻이 되겠다.

4-1 계획 세우기

글의 계획은 독자를 이끌 수 있는 정보를 글의 목적과 동기에 맞추어 미리 분석하는 것을 말한다. 여기서 글의 목적은 쓸 글의 내용을 잡아주고 글의 동기는 독자에 따라 글의 주제를 다루는 방법을 정하는데 도움을 준다고 말한 바 있다. 따라서 글의 준비 단계에서 이미 독자를 파악했으니 이제는 어떤 내용을 어떻게 쓸 것인지 글을 본격적으로 써내려 가기 전에 생각해 놓아야 한다.

글쓰기 전에 계획을 짜 두는 것은 오늘날의 연구 환경이나 과제 규모를 반영한 측면도 있다. 연구 논문이나 과제 보고서를 쓰는 경우에 옛날에는 만족하는 결과가 다 나올 때까지 기다린 후에 글을 쓰고 발표도 하는데 요즘은 워낙 바쁜 세상이라 일과 글을 동시에 시작하여 부분별 결과가 나오면 글을 계속 붙여 나가는 식이다.[53] 여러 까닭이 있겠지만 (각주 참조) 아마도 연구 결과를 예상대로 맺지 못한다 하더라도 연구 주제나 과정을 먼저 시작했다고 표시하여 그 분야에 이름을 내고 우선권을 확보하려는 뜻도 있는 듯하다.

글의 계획은 기본적으로 독자의 관심이 어디에 있느냐에 따라 작성되는 것이니 꼭 이렇게 해야 한다 라는 정해진 규칙이 있는 것은 아니다. 글쓴이가 글의 목적을 무엇으로 잡아 어디에 어떤 방법으로 발표할 것이냐 하는 것이 글의 계획을 끄집어내는 열쇠인 셈이다. 예를들어, 글쓴이가 쓸 글의 목적, 즉 연구하고 실험하여 알아내고 싶은 것이 어떤 현상을 설명할 수 있는 새로운 이론이라면 글의 내용엔 반드시 그 현상을 진술하는 부분과 밝힌 이론이 맞는다고 증명하는 부분이 들어가야 한다. 또, 이 글의 동기, 즉 글을 내놓는 자리가 전문 학회에 발표되는 논문이라면 그 학회가 제시하는 '게재요강'이나 '집필요령'에 따라 글의 형식을 정할 뿐만 아니라 다루려는 주제도 학회의 성격이나 주요 독자에 맞추어 깊이와 넓이, 강조할 부분, 표나 그림, 식 등의 삽입 여부, 나아가 문장 종류까지 미리 판단해 볼 수 있고, 이런 단계를 밟아 나름대로 정리해 두는 것이 바로 글의 계획을 (글의 목적에 따라) 짜는 것이 된

---

53 옛날처럼 한꺼번에 몰아서 쓰지 않고 연구나 프로젝트(project)의 시작이나 중간중간 결과가 나올 때, 또는 연구와 관련된 생각이 갑자기 떠오를 때마다 한 분야씩 쓴다고 하여 이전의 고전적 글쓰기(classical writing)에 대응하여 점진적 글쓰기(incremental writing)라 한다. 이 방법을 흔히 전문글을 쓸 때 많이 채택하는 까닭은 수행하는 연구 과제의 범위가 넓어 과제를 끝내고 나서 글을 쓰면 당시 느끼고 표현하고 싶은 말을 생생하게 살리지 못하고, 또 이런 일을 주도하는 연구자는 회사에서 큰 기대를 품고 있는 사람이기에 하나의 연구가 끝나면 글을 쓸 시간도 없이 또다른 연구를 이끌어가야 하기 때문이다. 이밖에, 연구하는 사람과 글을 쓰는 사람을 달리 했을 때 일어날 수 있는 기여도(contribution)에 따른 대표/참여 저자(corresponding/secondary authors), 연구를 끝내는 것뿐만 아니라 글을 쓴 후에도 전문 학회에 싣기 위해 대기하는 시간 (짧게는 석 달, 길게는 일년 이상), 특허 등의 문제를 해결할 목적도 있다.

다. 표 4.1은 글의 목적에 따라 들어가야 할 내용이나 강조 부분 등을 적어본 하나의 예이다.

표 4.1 글의 목적에 따른 글의 계획표

글의 목적	꼭 담아야 할 글의 내용
새로운 이론을 제시	• 문제나 현상을 있는 그대로 진술 • 제시한 이론에 대한 증명 • 개발한 이론을 강조
실제적인 응용을 제시	• 적용할 원리를 설명 • 응용 기술 및 예를 제시 • 실현가능성과 유용성을 강조
새로운 장치를 개발	• 현재 사용하는 장치의 장단점 • 개발한 장치가 필요한 이유 • 개발 기술을 강조
기존 지식을 정리	• 기존 지식을 순서(시간이나 기능 등)에 따라 나열 • 각 지식의 장단점 분석 • 현재 주로 쓰는 지식과 추세를 강조

표 4.1에 나타낸 글에 담아야 할 내용에는 글쓴이가 글의 목적을 바라보는 시각에 따라 필요한 만큼 더 보태거나 뺄 수도 있다. 새로운 이론을 제시할 목적으로 글을 쓰지만 기존의 몇몇 이론을 합치고 접근 방법을 달리해서 이룰 수도 있기에 틀에 맞춘 거창한 증명보다 기존 이론을 글의 내용으로 정리하고 접근 방법을 글의 중심 생각(main idea)으로 강조할 수 있다는 말이다. 알고 싶은 사실을 목표로 하여 연구에 집중할 때 이를 정확하게 얻을 수도 있지만 전문 분야에선 뜻밖의 다른 내용이 찾아지는 경우가 흔하다. 따라서 글의 계획을 글쓰기 전에 미리 작성해 놓으면 글의 목적을 달성하는 과정이나 결과가 달라도 글의 내용을 필요에 따라 바꿀 수가 있어 큰 도움이 된다.

글의 계획을 (글의 동기에 따라) 또다른 예로 작성해 보면 표 4.2와 같다. 표에서 보는 것과 같이 글을 쓰게 된 동기에 따라 연구 내용이나 글의 주제를 어떻게 다루어야 하고 무엇을 강조해야 하는지 분명히 구별하여 접근해야 한다. 물론 이 경우도 앞에서 언급한 것과 같이 글쓴이가 가진 글의 동기에 대한 시각이나 글쓴이가 소속된 조직의 규칙에 따라 특히 강조할 부분과 뺄 부분을 선택할 수 있다. 하지만 글의 목적을 정해 연구 내용을 자신의 계획에 따라 자신이 직접 실행하는 것과 달리 글의 동기로 결정하여 쓴 글은 책이나 문서로 출판되어 자신의 뜻과 관계없이 남이 (독자가) 좋고 나쁨을 판단한다는 측면에서 될 수 있으면 표 4.2에 있는 것처럼 일반적인 권장사항에 따라 주제를 다루는 것이 좋다.

표 4.2 글의 동기에 따른 글의 계획표

글의 동기	주제를 다루는 방식
논문으로 발표	• 주제를 학회 특징에 맞추기 • 글틀을 비롯하여 쪽수를 생각하기 • 심사 조건을 주의 깊게 살피기
연구 보고서로 작성	• 시간 및 주제별 연구 현황 나타내기 • 연구 방법 및 결과 자세히 쓰기 • 다음 연구 계획 및 내용 밝히기
과제 제안서로 제출	• 문제점과 꼭 필요한 까닭 나타내기 • 할 일의 목적과 범위 정하기 • 과제 결과물의 장단점 예상하기
연구 결과 기록	• 획득 과정을 논리적으로 정리하기 • 연구 내용 자세히 쓰기 • 연구 결과 요약서 붙이기[54]

글의 동기로 결정되는 글의 종류나 글을 발표하는 자리도 표 4.2에 있는 것 말고 여러 가지가 있을 수 있다. 신기술의 소개나 발전 방향, 요약 정리 따위와 같이 주로 논문집보다 학회지나 전문 잡지에 부탁을 받고 싣는 소논문(article)을 비롯하여 주

54 연구 결과를 기록하거나 방대한 자료를 정리하는 경우에는 보통 이의 내용을 찾기 쉽게 하고, 또 다른 사람이 다시 정리하는 수고를 피하기 위해 책이나 문서의 앞이나 뒤에 한 눈에 알아볼 수 있도록 요약한 글을 붙여 놓는다.

제를 놓고 여러 사람이 모여 질의와 답변을 통해 의견을 교환하는 회의 등에서 내놓는 발표논문(conference paper), 개발된 장치나 출시된 소프트웨어에 대한 설명서(manual), 그리고 연구팀들이 한자리에 모여 서로 의견을 나누고 글로 정리한 회의록(minutes)에 이르기까지 참 많이 있다. 하지만 이 글들은 모두 제각각의 의도를 가지고 있기에 표에서 하나씩 예로 제시하지 않았다 하더라도 글의 뜻을 살린다는 취지로만 쓴다면 글의 계획은 충분히 정할 수 있을 것이다. 이 책을 읽는 독자 스스로 기회를 만들어 이런 글들을 쓴다고 가정하고 표 4.2의 예처럼 한번 작성해 봐도 좋을 것 같다.

아무튼 글은 계획이 바로 서야 글의 방향을 쉽게 잡아서 형식도 내용도 모두 글의 목적과 동기에 맞게 쓸 수 있을 뿐만 아니라 연구 과정에 예상치 못한 결과가 나온다 하더라도 머뭇거리거나 망설임 없이 글을 완성할 수 있게 되는 것이다. 글의 계획을 잡는 것이 익숙하지 않는 사람도 글을 쓸 때마다 생각하면서 조금씩 연습해 간다면 머지않아 글의 한 과정으로 자연스럽게 받아들일 수 있고, 그래서 글을 쓰는데 자신감이 생겨 훨씬 자주 글을 쓰고 싶게 될 것이다.

4-2 글감 모으기

글감(topics)은 글의 주제를 뒷받침하면서 단락(段落)[55] 하나씩을 이끌어가는 글의 소재로 다른 책에서 뜻의 차이는 어느 정도 있겠지만 보통 개요(outlines)나 생각(ideas) 따위로 (범위를 좀 좁히면 쓸거리나 제재 따위로) 비슷하게 부르기도 한다. 글의 계획이 끝났으면 글의 목적과 동기, 또는 글쓴이의 판단 등으로 정한 쓸 글의

55 글에서 단락과 문단(文段)은 영어로 말하면 똑같이 'paragraph'로 설명할 수 있지만, 여기서는 뜻을 서로 구분하여 사용하기로 한다. 즉, 단락은 글을 내용으로 구분할 때 나누어지는 글의 한 부분이고, 문단은 내용보다는 글을 써가면서 들여쓰기를 통해 글의 모습이 구분될 때 나타나는 몇몇 문장들의 집합이다. 문단은 글을 보면 금방 알 수 있는 반면에 단락은 적게는 한 문단에서 많게는 수십 문단까지 글을 읽어가면서 내용을 파악해야 확인할 수 있다는 말이다.

각 요점을 잘 드러낼 수 있도록 글감을 만들어내거나 찾아야 하는 것은 당연하다.

글감을 찾는 방식은 글쓴이마다 다 다를 수 있다. 일정한 과정을 거치지 않고 가장 열심히 연구하여 찾아낸 것의 앞과 뒤만 살펴서 글감을 모으는 사람부터 글감을 수집하면서 글에 나타낼 위치를 함께 파악하여 뒤에 설명할 '글감 정리하기' 과정도 같이 해 나가는 사람까지 천차만별일 뿐만 아니라, 아예 글감을 모으고 정리하는 과정을 전혀 밟지 않는 사람도 더러 있다. '글감 모으기' 과정을 꼭 거칠 필요는 없지만 아무래도 글감이 부족하면 글의 쪽수를 맞추려고 지나치게 말이 계속 이어지든가 전혀 관련이 없는 글감이 대중없이 자리를 잡는 경우가 많기 때문에 될 수 있으면 글감을 미리 정해서 글을 쓰라고 말하고 싶다. 다만, 글감을 찾는 방식이 문제인데, 이 역시 어느 방식이 좋고 어느 방식이 나쁘다고 말하기보다 얼마만큼 글감을 많이 모을 수 있느냐 하는 문제이기에 여러 방식을 상황에 맞게 골라 쓸 수 있도록 하면 좋겠다.

이 소절에서는 지금까지 알려져서 널리 사용하고 있는 '글감 모으기' 방법에 대하여 알아보기로 한다. 이 방법들은 문예글이나 전문글에 관계없이 다 쓸 수 있지만 특히 전문글에 적용하면 효과를 크게 볼 수 있고 나중에 글감을 정리할 때에도 아주 편하게 사용할 수 있다. 한편, 어떤 방법을 사용하든지 찾아낸 글감은 반드시 글의 주제와 관계가 있어야 한다. 글의 내용에 포함할 글감은 글쓴이의 마음먹기에 따라 얼마든지 찾아낼 수 있지만 주제를 돋보이게 하는 글감은 항상 따로 있게 마련이다. 따라서 글감을 찾는 방법을 나타내기에 앞서 글감이 될 수 있는 조건들을 나름대로 먼저 정리해 보고자 한다.

- 주제를 뒷받침하여 돋보이게 하는 것
- 내용이 확실하고 근거가 분명한 것
- 될 수 있으면 여러 상황과 장면을 골고루 나타낼 수 있는 것
- 될 수 있으면 남의 관심과 흥미를 끌 수 있는 것

위의 첫 번째와 두 번째는 당연한 말이다. 주제와 관련이 없거나, 또는 있다 하더라도 내용도 근거도 의심스럽다면 주제가 없는 밍밍한 글이 되거나 독자가 글쓴이를 믿지 않게 되어 오히려 낭패를 당할 수 있기 때문이다. 세 번째는 주제를 좋게 보이

도록 하는 글감뿐만 아니라 바라보는 시각에 따른 장단점이나 사용할 때의 주의점, 남이 잘 했던 점 등도 잘 살려 쓰면 훌륭한 글감이 된다는 말이고, 그리고 마지막은 글쓴이가 비록 조금 오래된 주제를 다룬다 하더라도 이것이 최신 지식이나 정보와 어떻게 관련되는지 밝혀주는 글감을 찾아 쓰면 글의 내용이 훨씬 싱싱해 질 수 있다는 말이다.

1) 자유롭게 말하기

자유롭게 말하기(free talking)는 말 그대로 상대방과 말로 묻고 답을 해가면서 주제에 맞는 글감을 찾아가는 방법이다. 이 방법은 연구 내용이나 쓸 말이 너무 많아 무엇부터 써야 할 지 헷갈릴 때 이용하면 아주 효과가 좋다. 우선 "새로운 공학 소프트웨어를 사 달라고 제안하는 글을 쓰고 싶다"라고 말하면, 이 말을 들은 상대방은 "지금 쓰고 있는 것은 왜 나쁜데?"라고 물을 수 있고, 그러면 다시 "공학 계산할 때 시간도 많이 걸리고 정확도도 떨어져서 계획한 장치를 제시간에 설계하기가 종종 곤란했었거든" 등과 같이 답을 해가면서 글감을 찾아가는 식이다.

이 방법으로 글감을 찾으려면 글쓴이의 말을 듣고 기꺼이 답을 해줄 상대방이 누군가가 큰 관건이다. 물론 눈에 보이는 아무나 상대방이 되어도 혼자서 글감을 찾는 것보다야 낫겠지만 보통 함께 연구했던 사람이나 친한 동료처럼 쓸 내용이나 처한 환경을 잘 아는 사람을 상대방으로 정하면 대체로 독자의 관심을 끌고 의문을 풀어줄 수 있는 답이나 질문을 훨씬 쉽게 만들 수 있다.

이런 경우도 있다. 만약 쓸 주제에 대하여 연구가 부족하고, 또 자료도 충분히 수집하지 못하여 좋은 질문과 충분한 답을 찾을 수 없다면 상황을 반대로 생각해 보는 것도 한 방법이 될 수 있다. 이를테면, 앞의 질문에 이어서 "새로 구입할 장치의 장점이 뭔데?"라는 질문에 대한 답이 분명하게 떠오르지 않는다면 "현재 사용하는 장치의 단점은 뭘까?"로 바꾸어 이때껏 작업하면서 느꼈던 불편한 점을 말해 보면 된다. 특히, 이 방법은 어떤 정확하지 않는 현상이나 경험을 설명할 때 긍정적이든 부정적이든, 또는 자기 자신의 해설이든 남의 해설이든 글감이 너무 한쪽으로 치우쳐 독자가 글의 내용을 인정하기 어렵다고 판단되는 경우에 쉽게 응용해 볼 수 있다.

2) 자유롭게 써보기

자유롭게 써보기(free writing)는 혼자서 이것저것 일정한 시간 동안에 글을 써나가는 방법이다. 물론 아무거나 쓰는 것은 아니다. 한 10분 정도 시간을 잡고 쓸 주제에 대해서 가장 먼저 머리에 떠오르는 것부터 계속 이어가면서 말이 되는지 문법에 맞는지 꼼꼼하게 따지지 말고 그냥 빈 종이에 적어 나간다. 생각난 말이 앞에 쓴 말과 어떤 관계가 있으며 왜 이 말을 쓰려고 하는지 따위를 다시 되새기려고 글을 써나가는 과정을 잠시라도 멈추면 안 된다는 말이다. 만약 주제에 대해 하고 싶은 말이 생각나지 않는다면 앞의 방법에서 잠시 언급한 것처럼 무엇을 생각할 수 없는가에 대하여 문장을 만들어 가면 된다.

글은 시작이 어렵다. 글을 몇 번 써본 사람은 누구나 주제에 대해 처음 몇 문장만 생각대로 써진다면 분명히 끝까지 쓸 자신이 있다고 보통 말한다. 논문을 쓸 때 서론만 쓰면 벌써 반 이상을 썼다는 말도 글의 시작이 그만큼 어렵다는 말이다. 말이나 문장을 글에 어떤 순서로 포함할 것인지, 아니면 아예 생략할 것인지 따위에 전혀 고민할 필요없이 1차로 15분 그리고 좀 쉬었다가 2차로 다시 10분 등의 과정을 거쳐서 글을 시작할 수 있다면 이 방법은 제 몫을 충분히 한 셈이다.

이 방법은 여러 사람이 함께 하기보다 혼자서 글감을 모으고자 할 때 효과적으로 사용할 수 있다. 따라서 처음 글을 쓰려고 막상 자리에 앉아보니 무엇을 먼저, 그리고 어떻게 진행해 나갈 지가 전혀 생각나지 않는다면 우선 이 방법을 생각해 보는 것도 좋을 듯싶다. 실제로 이 방법은 글쓰기를 두려워한다든가 자기 능력을 스스로 과소평가하여 글만 쓰려고 하면 실망감에 사로 잡히는 사람들에게 어느 정도 용기를 주고자 할 때 흔히 적용하는 방법이다.

3) 즉흥 사고법

즉흥 사고법(brainstorming)은 마음 속에 숨어 있는 생각(idea)을 재빨리 머리 밖으로 끄집어낼 수 있는 방법으로 글쓰기의 글감뿐만 아니라 광고 회사 등 이른바 아이디어를 모아야 할 곳에는 어디든지 두루 쓰이는 방법이다. 주제를 충분히 생각한 후에 머릿

속에 떠오르는 생각이나 말을 적당한, 즉 종이나 칠판, 컴퓨터 등에 적어가다가 일정한 시간이 지나면 다시 앞의 말들도 함께 읽어가면서 또다른 말을 계속 기록해 가는 식이다. 이 역시 앞의 방법과 마찬가지로 적어 놓은 말들을 어떻게 구성할 것이며, 또 주제와 어떤 관계를 갖는지에 대하여 고민하지 않고 그냥 쉼없이 진행해야만 한다.

이 방법의 큰 특징은 속도이다. 그래서 앞의 두 방법과 달리 문장을 만들 필요없이 생각나는 말을 단어나 구(句)의 형태로 그대로 써 놓으면 된다. 단순히 말의 의미만 파악할 수 있으면 나중에 글감을 정리할 때 생각하고 있는 글 전체의 틀이나 주제의 흐름에 맞도록 살을 붙여서 문장을 만들면 되는 것이다. 마치 질 좋은 연탄을 공을 들여 하나씩 얻는 것보다 땔감이 될 수 있는 것은 무엇이든지 갈퀴로 쌓아 나가는 것과 같다.

이 방법을 진행할 때 생각해 보아야 할 것이 하나 더 있다. 즉흥(卽興)이라는 말이 풍기는 맛을 그대로 살리려면 그 자리에서 바로 일어나는 느낌이나 생각이 끊기지 않고 나와야 하기 때문에 하나의 주제만 바라보면서 실행하기는 곤란하다. 그렇다고 주제를 바꾸어 가면서 글을 쓸 수는 더 없다. 따라서 주제나 글쓴이가 처한 환경을 잘 아는 사람들이 함께 모여서 이 과정을 밟는다면 주제뿐만 아니라 앞 사람이 뱉은 말이 뒤 사람을 자극하고, 또 연속으로 다음 사람을 자극하여 이른바 시너지 효과(synergistic effect)를 극대화할 수 있게 되는 것이다. 한 사람이 앉아서 3시간 동안 이 방법으로 글감을 찾는 것보다 세 사람이 모여서 1시간 동안 하는 것이 더 많은 글감을 찾을 수 있다는 말이다. 글의 목적에 따라 연구를 하여 결과를 얻고, 그리고 글의 동기를 정하고 계획을 짜서 글을 쓸 준비를 하는 것은 대체로 글쓴이 혼자만 관계하는 일이 아니다. 지도교수나 팀원, 비슷한 전공의 다른 연구원, 혹은 연구 주제와 직접 관련은 없지만 함께 근무하는 동료 등과 어울려 터놓고 얘기해 보면 아마도 큰 효과가 있을 것으로 보여진다.

구체적인 예를 하나하나 들 수는 없지만 이 방법의 중요도를 생각하여 진행하는 절차만이라도 간략히 제시하면 다음과 같다.

1. 주제를 생각하면서 머릿속에 제일 먼저 떠오르는 말을 적는다. 여러 사람이 모인 경우에는 우선 주제를 잘 아는 사람이 모두에게 다시 설명해 주고 스스로 생각나는 말이 있을 때까지 아는 사람들만 돌아가면서 말을 이어간다.

2. 적어 놓은 말에 글쓴이가 주제와 관련하여 꼭 넣고 싶은 말을 덧보태어 다시 읽으면서 생각나는 말을 계속 적어 간다.
3. 적어 놓은 말을 보고 서로 성격이 비슷하거나 논점이 가까운 것끼리 묶는다.
4. 주제의 흐름이나 글 전체의 틀을 생각하면서 각 묶음의 배치를 개략적으로 놓아 본다.
5. 각 묶음을 순서대로 다시 읽어보고 글의 흐름을 방해하거나 필요 없다고 생각되는 말은 과감히 지운다.
6. 시간이 지난 후에 다시 읽어 보고 부족하다고 생각되면 처음부터 다시 진행하여 필요한 만큼 글감을 더 보탠다.

이 과정에서 특히 주의할 부분은 5와 6의 단계이다. 욕심이 앞서 단계 5를 대강 넘겨 이것저것 다 글감으로 잡게 되면 자칫 방향이 없고 핵심 주제가 뚜렷하지 않는 이상한 글이 되고 말며, 또 아무리 급하더라도 쓴 글을 잊어버린 후에 다시 생각해 보는 여유를 갖지 않는다면 글의 내용에 관계없이 좋은 글은 결코 되지 못한다. 글을 쓸 때 시간을 쪼개어 조금씩 나누어 쓴다는 것은 싱싱한 글감을 새로 얻을 기회를 갖는 것뿐만 아니라 글쓴이가 아닌 독자의 처지가 되어 글을 평가할 수 있는 기회까지 얻으려는 것이다. 이른바 아이디어는 책상에 앉아 있을 때보다 신문을 보든가 거리를 걷든가, 목욕을 하든가 드라이버를 할 때, 심지어 잠을 잘 때 오히려 더 잘 나오는 것만 봐도 알 수 있다.

4) 단계별 사고법

단계별 사고법(sequencing)은 어떤 순서나 논리적인 단계를 밟아 가면서 글감을 찾아내는 방법으로 어떻게 사용하느냐에 따라 여러 가지로 응용할 수 있다. 다시말하면, 비슷한 글감끼리 무리를 지어 놓고 서로의 포함 관계를 잘 살펴 상위와 하위 모임으로 구분하고, 또 구분된 각 모임도 중요한 글감 등은 따로 떼어내 새로운 모임으로 계속 만들어 간다. 그렇지 않으면, 아예 처음부터 글에서 나타내고 싶은 결론적인 말을 먼저 써놓고, 이어서 이를 증명이나 설명하는 본론의 말, 이 말을 쓰게 된 까닭이나 분위기를 선날하는 서론의 말 등을 찾아감으로써 글쓴이가 순서나 단계의 기준을 주어진

여건에 따라 선택하든지 혹은 수시로 바꾸어 가면서 글감을 모아가는 식이다.

이 방법으로 글감을 모아갈 때 만약 '결론-본론-서론' 형식에 맞춰 주제에 대해 하고 싶은 말을 문장으로 찾아간다면 해석적 사고법(analytical sequencing), 그리고 단어나 구를 중심으로 원이나 선 등을 이용하여 그림을 그려가면서 찾아간다면 도해적 사고법(graphical sequencing)이 된다.

해석적 사고법은 여러 가지 글감을 대체로 깊게 찾을 수 있는 즉흥 사고법과 달리 글의 틀에 따라 하고 싶은 주장과 밝힐 근거, 또는 중심 생각과 뒷받침 생각 등을 분명히 제시할 수 있어 글의 흐름을 비교적 쉽게 잡을 수 있는 것이 큰 특징이다. 이를테면, 연구를 해 나가면서 얻은 지식이나 정보 중에서 어떤 것을 (글의 동기를 정하면서 알아낸) 독자에게 집중으로 전달할 것인가에 대하여 먼저 결정한다. 즉, 글을 통해 말하고 싶은 중심 주제나 주장을 적어 보라는 말이다. 물론 이 경우에 얼른 생각이 나지 않으면 앞에서 잠시 언급한 것처럼 "기존의 방법은 적용하기가 쉽지 않다" "효과적인 방법이 개발되어야 한다" 등과 같이 평소에 느끼고 있던 문장을 만들어 제시한다. 다음, 주장할 말을 뒷받침할 수 있는 말을 찾아 적는다. 만약 주장할 말이 "새로운 소프트웨어를 구입해야 한다"이면 왜, 그리고 어떻게 할 수 있는지 밝혀줄 수 있도록 "연구 경쟁력이 떨어진다" "허가제로 계약하면 상대적으로 싸게 이용할 수 있다" 따위로 써놓는다. 뒷받침 문장이 많으면 많을수록 나중에 글을 쓸 때 단락 수가 늘어나는 것은 당연하다. 끝으로, 글의 서론이 될 수 있는 말을 찾아야 하는데, 이는 보통 주장하는 말과 관련된 추세나 꼭 말해야 하는 까닭, 남들이 먼저 했던 여러 가지 따위를 적으면 된다.

한편, 도해적 사고법은 앞에서 언급한 '글감 모으기'의 모든 방법들이 어떤 수준의 구분없이 직선적으로 이루어지는데 반해 말 그대로 그림으로 표시하여 글감 사이의 종속적인 관계까지도 보여줄 수 있는 아주 입체적인 방법이다. 물론 사용하는 그림의 종류에 따라 여러 이름을 붙일 수 있는데, 이때 보통 많이 쓰이는 것 중에는 글감들을 원으로 묶은 후에 이른바 행성-위성 관계를 찾아 선으로 이어 가는 송이법(clustering)과 글감들의 포함 관계를 이용하여 상위 글감은 위에, 그리고 하위 글감은 아래에 적어 놓고 줄기에서 가지가 뻗어가듯이 서로 연결해 가는 가지법(branching)이 있다.

송이법은 번저 쓸 글에 대한 주제나 제목이 될 만한 말을 축약하여 단어나 구의 형태로 빈 종이의 가운데 적어놓고 천체의 중심인 태양을 뜻하도록 원으로 진하게 감싸면서 시작한다. 이를테면, 어떤 연구팀이 경쟁력을 높이기 위해 새로운 공학 소프트웨어를 사야 한다고 제안하려는 경우를 생각해 보면 당연히 쓸 글의 동기나 제목은 '새로운 공학 소프트웨어에 대한 제안'이 될 것이다. 다음, 이와같은 태양의 빛을 받아 주위를 맴돌면서 태양을 더욱 돋보이게 하는 행성들을 찾아야 하는데, 여기에는 '현재 쓰는 소프트웨어의 문제점', '새로운 소프트웨어의 종류 및 분석', 그리고 '구입할 소프트웨어의 좋은 점' 따위가 올 수 있다. 즉, 태양계의 중요한 별인 수성, 금성, 지구 등을 찾은 셈이다. 계속해서, 달이 지구의 위성이듯이 각 행성에 대한 위성을 새로운 글감으로 찾아서 서로의 종속관계에 따라 선을 그어 그림 4.1과 같이 나타내면 송이법이 완성되는 것이다.

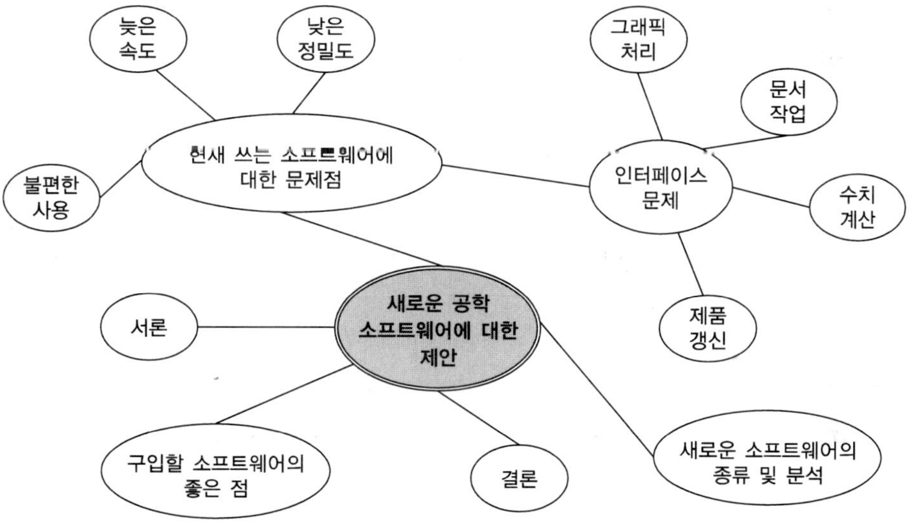

그림 4.1 송이법으로 글감 모으기

그림 4.1에서 행성으로 잡은 '현재 쓰는 소프트웨어의 문제점'이라는 글감은 위성 4개를 갖고 있는데, 이 중에 '인터페이스 문제'라는 글감은 제 스스로 위성을 또 갖고 있는 것에 주목할 필요가 있다. 현재 쓰는 소프트웨어는 다른 작업과 연결시켜 주는 인터페이스에서 문서 작업할 때 짠 프로그램을 그대로 쓰지 못할 뿐더러 파일 형식이 단순하여 우수한 그래픽 프로그램을 사용하지 못하거나 수치 데이터도 입출력할

때 호환성이 없고, 나아가 새로운 기능을 실시간으로 갱신할 수 없는 문제도 있어 노력이나 유지보수비가 많이 든다는 것을 보여준다. 이처럼 송이법은 기본적으로 행성-위성 관계로 모든 글감을 뽑아내기 때문에 '글감 모으기'뿐만 아니라 뒤에서 설명할 '글감 정리하기'도 어느 정도 할 수 있다는 것이 큰 장점이다.

가지법은 그림 4.1의 송이법처럼 글감만 모으면 글에 나타날 위치도 따라서 정할 수 있는 방법이지만, 다만 원이나 선보다는 상위 글감은 위에, 그리고 이와 관련된 하위 글감은 그 아래에 그림 4.2와 같이 가지처럼 뻗어가게 하는 것이 다르다. 즉, 글의 주제를 가장 위에 쓰고 중심 소재는 그 다음에 놓으면서 가지를 만들고, 그리고 그 다음의 세부 글감들은 또 그 밑에 두어 순서대로 글감을 모아가는 것이다. 물론 층의 깊이나 폭은 전혀 제한이 없고 각 층 사이의 종속 관계도 굳이 그림처럼 나타낼 필요없이 직선을 사용하여 편리하게 하면 된다.

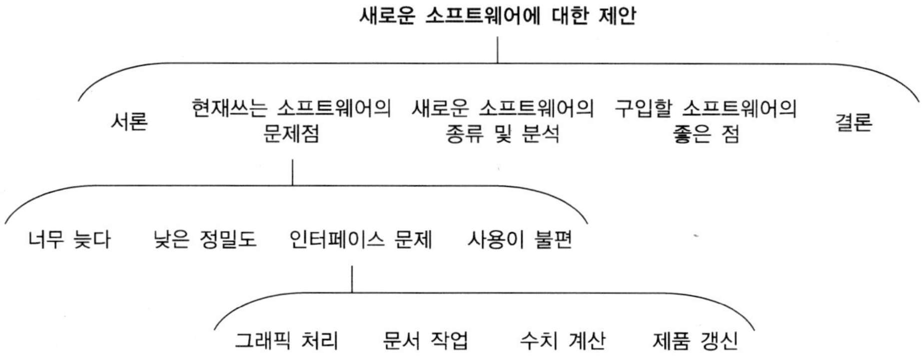

그림 4.2 가지법으로 글감 모으기

위에서 살펴본 것처럼 해석적이든 도해적이든 단계별 사고법은 글감을 모으면서 정리도 어느 정도 같이 할 수 있다는 것이 무엇보다도 좋은 점이다. 글감만 많이 모은다고 해서 좋은 글이 나오는 것이 아님을 생각해 볼 때 글감을 논리적인 순서나 단계에 따라 차곡차곡 석어 가면서 상황에 따라 뺄 것은 빼고 보탤 것은 보탤 수 있는 이 방법이야말로 전문글을 쓰는 사람들에게 특히 유용하지 않나 싶다. 물론 글감을 미리 모아놓고 다음 소절에서 설명할 '글감 정리하기' 방법을 동원하여 쓸 수도 있지만 글을 쓰든 연구를 하든 아무래도 흘러가는 과정에 번거로운 매듭이 있기 보다 매끄럽게 넘어가는 것이 좋다고 볼 때 이 방법은 그만큼 가치가 있다는 말이다.

지금까지 '글감 모으기'에 대하여 알아 보았다. 글감을 단어나 구로 찾든 문장으로 찾든, 또는 그냥 글로 써서 찾든 그림을 그려 찾든 문제는 글의 주제를 연구의 목적과 글의 동기에 얼마만큼 잘 맞추어 잡았느냐에 따라 글감의 양과 질이 결정된다는 것을 잊지 말아야 한다. 연구나 학습을 통하여 직접 부딪치면서 경험하지 않았다든가 글의 동기를 정해 독자를 세심히 파악하지 않고서는 좋은 글을 만들 좋은 글감을 찾기가 정말 어렵다. 글재주를 부리면 어느 정도 형식은 갖출 수 있을지 몰라도 독자가 읽어보고 부족하지도 군더더기도 없는 글감 때문에 주제가 더욱 돋보인 것을 보고 "야, 이 글 참 괜찮네"라고 말을 던져줄 수 있는 글은 거의 불가능하다는 말이다. 아무쪼록, 이 책에서 언급한 '글감 모으기' 방법은 광산에서 보석을 캐어낼 수 있는 하나의 도구로 쓸 수 있는 것이지 빈 광산에서 없는 보석을 만들어 주는 만능 제조기가 아니다는 것을 명심하고, 아울러 글의 계획이나 목적, 동기 등을 잘 수행해서 금은보화가 엄청 숨어 있는 데도 맨손으로 캘 수는 없는 노릇이니 이 도구들 중에서 어떤 것이 나에게 잘 맞는지 어떻게 하면 효과적으로 사용할 수 있는지 여러 번의 연습을 통하여 잘 익혀 주면 더없이 좋을 것이다.

4-3 글감 정리하기

글쓰기를 본격적으로 시작하기에 앞서 가장 마지막으로 이루어져야 할 것이 바로 앞의 여러 방법으로 찾은 글감을 글에서 적당한 자리를 차지할 수 있도록 정리하는 것이다. 집을 지을 때 설계도가 먼저 만들어져야 하듯이 글을 쓰는 데도 설계를 해야 하고, 따라서 주제를 정하고 필요한 글감을 수집한 뒤에 이를 어떤 방법으로 어떻게 얽어놓아야 좋은가 하는 것을 생각해야만 한다. 이처럼 글쓰기에서 글감을 주제에 맞게 정리하여 짜 맞추는 것을 이 책에서는 '글감 정리하기' 혹은 '얼거리 짜기'라 하고 다른 책에서는 '글의 구상(構想)'이나 '아웃라인 작성'이라는 말을 함께 쓰기도 한다.

글감을 정리하는데 가장 좋은 방법이란 사실 없다. 냉철한 논리나 체계적인 추론 등을 두루 갖추면 좋겠지만 글쓴이마다 똑같이 가질 수 있는 것도 아니고, 또 같은 연구 내용을 준비했다 하더라도 글의 동기나 독자의 관심에 따라 선택되는 글감이나 다루려는 글감의 깊이와 폭 등이 모두 다르기 때문이다. 그래서 글감의 정리는 어떻게 보면 글쓴이의 직관(intuition)이 가장 중요한 관건이다 싶다. 지식을 동원하여 머리를 짜내기 보다 그냥 아무 설명할 수 없는 느낌으로 글감을 잘 살려서 앞뒤를 결정하고 간단히 처리할 것과 더 강조하여 나타낼 것을 알맞게 골라내는 것이다.

그렇다고 직관이 저절로 생기는 것은 아니다. 모난 돌도 이리저리 뒹굴어야 매끈해지듯이 독자의 관심에 맞는 주제를 잡아내고 습득한 정보를 어떻게 하면 잘 다룰 수 있나를 알아보기 위해 좋은 글을 많이 읽고 많이 써보면서 감을 잡아 나가야 한다. 물론 이 경우에 무턱대고 한다고 효과가 나는 것은 아니다. 글을 읽고 써가면서 어느새 자기도 모르게 '글감 정리하기'에 대한 감이 들도록 하려면 꼭 마음에 새겨두고 잘 관찰해 가야 하는 몇몇 사항들이 있다. 이른바 어디에나 노하우(know-how)란 것이 있게 마련인데, 이는 앞선 전문가들이 오래된 경험으로 깨우친 하나의 '비법'과도 같은 것이니 특히 처음 글쓰기를 시작하려는 사람들이 시간을 아끼면서 효율적으로 감을 터득하기 위한 하나의 지침으로 활용하면 좋을 것으로 보인다.

이 절에서는 앞 절에서 모은 글감을 잘 정리하여 글이 살아나도록 하는 이 같은 '비법'을 한번 정리해 보기로 한다. 잘 아는 내용은 복습한다는 마음으로, 그리고 잘 몰랐던 것은 다시 공부한다는 마음으로 새겨 읽어서 글을 쓰는 단계마다 재미와 흥이 절로 풍겨나올 수 있었으면 좋겠다.

1) 글감 분류하기

글감은 글로 쓸 재료이기에 집을 지을 때 재료가 여러 가지로 필요한 것처럼 그 갈래도 아주 많다. 그뿐만 아니라 땅을 파서 다지고, 뼈대를 세우고, 외장을 바르고, 그리고 내장을 꾸밀 때 그 세부 재료가 다 다르듯이 글에서 한 단락을 가꾸어 가는 글감도 비록 같은 내용이라 하더라도 진술 방법이나 글 쓰는 태도 등에 따라 역시 다 다르다. 그래서 글의 주제가 될 수 있는 중심 글감(main topic)부터 이를 돋보이게 하는 수많은 뒷받침 글감(supporting topics)까지 풀이하고, 근거로 대고, 예로 제시하고, 남의 것을 인용하고, 또 경험을 밝히는 것 따위를 일일이 세어보면 오히려 건축 자재보다 더 많을 수도 있다.

글감을 분류하는 목적은 글쓰기를 준비하여 실행하기 전에 글의 흐름이나 전체적인 짜임새, 글의 길이 등을 미리 정하여 결국 글의 내용에는 일관성을, 그리고 글의 구조에는 통일성을 주자는데 있다. 다시 건축에 비교해 보면, 건물주의 뜻에 따라 설계도가 나오면 공사를 시작하기 전에 여러 곳에 흩어져 있는 자재를 한 곳에 각 갈래별로 모아 놓아야 처음대로 작업이 진행될 수 있을 뿐만 아니라 자재를 찾지 못하든가 부족하여 건물이 날림으로 끝나는 것을 방지할 수 있는 것과 같다. 앞에서도 약간 언급이 있었지만 글이 일관성이 없고 통일성을 갖지 못하면 사공이 많은 배가 결국 산으로 가듯이 손님이 (독자가) 원하는 곳으로 절대 데려다 주지 못한다.

글의 뼈대를 만드는 가장 기본적인 글감은 글을 막 쓰기 시작하려고 할 때 이미 나눠져 있어야 한다. 다시말하면, 무엇을 중심으로 어떻게 뒷받침하면서 글을 써갈 것인가를 마음 속에 정해 놓고 있어야 한다는 말이다. 물론 글쓰기를 본격적으로 실행하게 되면 다음 장에서 언급할 내용처럼 글의 각 부분에 맞도록 뒷받침하는 글감을 어떻게 다루면서 무엇을 써야 하는지도 세세히 파악하고 있어야 한다. 그러나 이 단계에서는 글쓰기 방법을 자세히 아는 것보다 글을 주제를 중심으로 뒷받침해 갈 때 폭을 넓게 할 글감과 깊이 있게 쓸 글감, 아니면 눈에 특히 튀게 해야 할 글감 등을 글쓴이의 직관으로 미리 결정해 놓자는 것이다. 여기서 바로 말로 설명할 수 없는 감이란 것이 필요하고, 그래서 이를 터득하려면 좋은 글을 많이 읽고 많이 써보아야 한다.

먼저, 남의 글을 읽든가, 또는 자기가 직접 글을 쓰면서 글감을 정리해 보고자 할 때 먼저 생각해 보아야 할 것을 간단히 요약하면 다음과 같다.

• 글에서 중심 글감(혹은 주제)은 무엇인가?
• 주제를 돋보이게 하는 뒷받침 글감은 무엇인가?
• 자신 있게 다룰 수 있는 글감은 무엇인가?
• 글에서 강조할 글감은 무엇인가?
• 글의 길이는 얼마로 할 것인가? (글을 쓸 때에만)

사실 위의 것을 세밀히 따져 본다는 말은 제3장의 글쓰기 준비에서 다룬 글의 목적과 동기를 독자와 어떻게 잘 맞추느냐 하는 것과 같은 맥락이다. 앞에서 글쓰기를 집 짓는 것에 비유했으니 기초공사를 튼튼히 해야 하는 것은 어쩔 수 없다. 그래서 남이 쓴 글을 읽고 있는 경우라면 위의 내용이 글에 잘 드러나도록 썼는가를 마음에 새기면서 점차 감으로 느껴가면 되고, 만약 자신이 직접 쓰는 경우라면 앞 절의 '글감 모으기'에서 얻은 글감들이 쭉 나열돼 있는 것을 보고 질겁하여 멍하니 있지 말고 위의 것을 하나하나 맞추면서 글감들을 선별해 가면 나름대로 마음에 와닿는 것을 느낄 수 있게 된다.

위의 것을 생각해 갈 때 분명히 깨우쳐야 할 것은 주제가 되는 중심 글감도 중요하지만 나머지 글감 중에서 주제를 돋보이게 하고 꼭 자신만이 근거나 예 등으로 제시할 수 있는 뒷받침 글감이 오히려 더 독자의 관심을 끈다는 것이다. 환갑 잔치는 어느 자식이든 베풀 수 있어도 정성을 들여 직접 준비하지 않고 남이 만든 음식이나 식권으로 대체한다면 찾아온 손님들은 모두 돌아서서 욕할 것은 당연하다. 그리고 글감을 자신 있게 다룰 수 있다는 것은 연구나 실험을 통하여 얻은 지식이나 정보가 아주 많아서 이 글감에 대해선 여러 측면으로 글을 쓸 수 있다는 말이고, 글에서 강조하고픈 글감이란 연구하고 실험한 까닭, 즉 글의 목적이 새로운 방법을 제시하는 것인지 기존의 이론에 대한 응용인지 유용한 장치를 새로 만드는 것이지, 아니면 진리를 재차 주장하는 것인지 따위를 서로 구별해서 알아두어야 한다는 말이다.

다음, 뒷받침 글감을 분류할 때는 글에 나타날 단락을 생각하면서 비슷한 것은 서로 묶고 대등하거나 논리적 순서가[56] 필요하면 따로 떼어내면서 진행해 나간다. 예를 들어, 새로운 공학 소프트웨어를 구매하는 글을 쓰려고 글감을 모았다면 이 소프트웨어가 할 수 있는 일, 들어가는 비용, 혹은 나타나는 효과 등에 대한 글감들을 찾아 각각 묶은 후에 우선순위가 있으면 순서도 바꾸고, 또 각 묶음 안에서도 예로 제시하는 것인지 강조할 것인지 등을 가려내어 새로 독립시키고, 나아가 덧보태야 할 말이 필요하면 다시 관련된 글감을 생각해 내면서 묶어 가는 식이다. 이 경우 앞 절에서

---

56 글감의 논리적 순서는 글 전체의 흐름에서 앞에 먼저 진술되지 않고서는 이어서 계속 진행할 수 없는 경우를 일컫는다. 따라서 어떤 글감이 다른 글감과 논리적 순서를 갖게 되면 반드시 차례대로 글에 나타나야만 하고, 그래야 글이 끊어졌다거나 비약되었다는 인상을 주지 않는다. 흔한 예로, 글의 구조를 말할 때 '서론-본론-결론' 등으로 구분하는 것도 같은 까닭이다.

설명한 단계별 사고법으로 글감을 모아 각 글감들 사이가 행성-위성 혹은 종속 관계로 분명히 나타나 있으면 이 과정은 당연히 생략해도 된다. 하지만 글감이란 꼭 한 방법만으로 얻지 않고 여러 방법을 몇 번씩 진행하면서 구해내는 것이 보통이기 때문에 이와같이 쓸 단락에 맞춰 구분해 보는 것도 글쓰기의 감을 잡는데 큰 도움이 된다.

끝으로, 글을 쓸 때는 꼭 넣어야 할 글감이 빠진다든가, 혹은 쪽수가 부족하여 아무 글감으로 그냥 채워 버리는 일이 일어나지 않도록 글의 길이도 아울러 잘 따져보아야 한다. 또한, 글의 목적이나 동기, 그리고 독자의 관심과 관계없이 열심히 해서 얻어낸 정보라는 까닭만으로 무턱대고 글에 포함해서는 안 된다. 글의 흐름을 방해할 뿐만 아니라 독자가 금방 싫증 낼 수밖에 없는데, 이때는 글에 사실 확인만 해주고 굳이 꼭 쓰고 싶다면 글과 함께 부록(appendix)을 따로 만들어서 표시해 두는 것이 훨씬 좋다. 이를테면, 수식을 증명하든지 규모가 큰 데이터를 제시하든지, 또는 글을 끌고 가는데 없어서는 안될 중요한 이론이라도 주제를 돋보이게 하는데 오히려 짐이 되는 글감이라면 글의 본 내용과 떨어져서 따로 다루거나, 아니면 아예 참고문헌(reference)을 참조하라고 일러두는 정도로 끝내야 한다. 여기서 부록이나 참고문헌은 독자를 좀더 효과적으로 배려하기 위한 글의 한 부분으로 글쓰기를 직접 실행하는 다음 장에서 대표적인 글의 구조인 서론(introduction), 결론(conclusion), 초록(abstract), 요약(summary) 등과 함께 다시 자세히 설명할 것이다.

2) 개요로 정리하기

개요(outlines)는 앞에서 글감이나 이른바 아이디어(ideas)와 같이 쓸 수 있는 말이라고 했다. 하지만 엄밀히 구분하면, 글감은 글이 될 수 있는 모든 재료인 (직접적인 것과 간접적인(비유적인)인 것을 다 포함) 반면에 개요는 글감을 주제와 관련하여 간결하게 추려낸 직접적인 말이다. 자동차와 관련하여 전문글을 쓰는 경우 '엔진'은 비록 자동차가 아닌 다른 것에 대해 글을 쓴다 하더라도 글의 좋은 재료가 될 수 있는 글감이지만 개요는 꼭 '엔진의 성능 향상' 혹은 "엔진의 성능은 제어기에 따라 크게 차이가 난다" 등과 같이 주제와 관련하여 어떤 상태나 동작으로 직접 표현되어야 한다는 말이다.

개요는 다시 쉽게 표현해서 글을 싣는 순서를 정리해 논 목차(contents)로 생각해도 좋다. 다룰 주제를 모아 놓은 뒷받침 글감들의 성격에 맞게 몇몇 중요한 항목으로 나누어서 각각 번호와 함께 적당한 제목을 개요 형식으로 붙이고, 만약 나눈 항목에 논점을 달리 하거나 특히 강조하고픈 글감이 같이 있으면 또다시 나누어 그 밑에 역시 번호로 구분하여 제목을 요약해 두면 된다. 나도 그렇지만 대부분의 사람들은 서로 작성하는 방법은 다를지 몰라도 목차를 먼저 작성한 후에 글을 쓴다고 본다. 목차는 글의 전체적인 내용이 흘러가는 방향을 보여주는 지도와 같은 것이기에 나중에 글을 써가면서 혹 중요한 항목이 빠졌는지 불필요하게 중복된 내용은 없는지 등을 쉽게 살펴볼 수 있게 해 주기 때문이다.

개요는 크게 요약식 개요(topic outline)와 문장식 개요(sentence outline)로 구분할 수 있다. 요약식 개요는 말 그대로 정리된 글감을 보고 각각을 주제에 맞게 간결한 어구(語句)로 요약하여 글의 짜임새를 한눈에 알 수 있도록 한 것이고, 문장식 개요는 각각을 짤막하면서도 구체적인 문장으로 표시하여 글의 전체적인 흐름을 잘 드러나도록 한 것이 특징이다. 한때는 글쓰기 공부를 하면서 글의 각 단락에 대한 주제문(theme sentence)을 먼저 찾아야 글이 일정한 방향으로 매끄럽게 진행된다고 하여 문장식 개요 작성을 많이 강조했지만 요즘은 일일이 주제문을 찾아 글의 내용을 미리 완전하게 정해 놓는 것이 글쓴이의 사고를 오히려 얽매이게 하여 독자의 관심을 끌려는 마음이 줄어들 수 있다고 판단하여 요약식 개요를 강조하고 있는 추세이다. 물론 이 두 개요 중에서 어느 것이 좋다고 말하려는 것은 아니다. 오늘날 글쓰기 환경이 옛날과 달리 글의 내용뿐만 아니라 글을 읽는 독자의 반응도 잘 살펴보아야 하기 때문에 문장식 보다 요약식 개요로 짜놓고 글의 동기가 변할 때나[57] 글을 쓰면서 독자의 관심을 끌만한 새로운 글감을 찾았다면 작성된 개요를 즉시 수정할 수 있도록 하자는 것이다.

57 좋은 연구 결과를 얻어서 글의 목적이 분명해지면 글의 동기는 상황에 따라 수시로 변할 수 있다. 전문학회에 보내 이름을 세상에 알리는 것뿐만 아니라 잡지에 실어 그 가치를 널리 퍼뜨리거나 실제적 응용을 위해 연구비를 신청하는 제안서를 작성한다거나, 아니면 학위논문으로 제출하는 등 글을 써낼 자리는 얼마든지 있다. 그래서 각 경우마다 글의 개요를 약간씩 달리하여 강조할 부분을 다시 정하든가, 혹은 내용을 빼고 더 첨가하는 과정이 있어야 하는 것은 당연하다.

요약식 개요에 대한 하나의 예로 미래의 운송 수단으로 개발되었던 자기부상열차(MAGLEV: magnetically levitation vehicle)에 대하여 간략히 적어보면 다음과 같다.[58]

제1장 서론
1.1 MAGLEV의 소개와 개발추세
1.2 MAGLEV의 특징과 문제점
1.3 MAGLEV에 대한 새로운 접근방법
제2장 자기부상열차의 모델링
2.1 MAGLEV의 구조
2.2 MAGLEV의 동특성(dynamics)
제3장 자기부상열차의 해석
3.1 MAGLEV의 주파수역 해석
3.2 MAGLEV의 시간역 해석
제4장 자기부상열차의 제어기 설계
4.1 제어방법의 소개
4.2 MAGLEV에 대한 제어기 설계
4.3 MAGLEV의 성능평가 및 고찰
제5장 결론
5.1 요약
5.2 전망 및 앞으로 수행할 과제

위에 작성된 개요는 연구 목적이나 동기, 또는 그 분야의 전문 용어 등에 관계없이 일반적인 공학 절차인 '모델링(modeling) → 해석(analysis) → 설계(design)'을 글의 기본 틀인 '서론(제1장)-본론(제2장에서 제4장까지)-결론(제5장)'에 맞추어 쓴 것이다. 그래서 어떤 특정 부분을 다른 각도에서 연구하여 글을 쓰려고 하는 경우에는 위와 다르게 전문 용어를 섞어 가면서 문제를 풀 때 가장 심각하게 고민했던 부분만

58 자기부상열차는 말 그대로 자석의 힘을 이용해 레일과 바퀴 사이를 띄워서 (부상시켜) 달리는 열차이다. 본문에 소개한 목차는 1991년 글쓴이가 석사학위를 위해 쓴 논문에서 따왔는데 한 2년 동안 한국전기연구소와 협력으로 더 연구하여 1993년 대전 엑스포 행사 때 현대정공에서 제작한 차량을 대상으로 간단히 시험해 보기도 했다.

을 적어도 된다. 심지어 중심어가 될 수 있는 자기부상열차라는 말을 빼고 '비선형이면서 불안정한 시스템'을 주제로 잡아 이의 모델링이나 해석에만 (혹은 설계에만) 집중하여 써도 좋은 논문이 된다. 전문글은 어떤 일을 처음과 끝까지 모두 밝혀내기보다 어떤 특정 부분을 깊이 연구하여 결과가 좋으면 좋은 대로 나쁘면 나쁜 대로 그 까닭을 붙여 쓰는 것이 예사이기 때문이다. 하지만 꼭 잊지 말아야 할 것은 주제의 폭이 아무리 좁고, 또 쓸 말이 누구나 다 아는 사실이라 하더라도 전문글인 이상 '서론'과 '결론'을 빼먹어서는 안 된다.

만약 위의 개요로 전문학회에 실을 논문을 쓴다고 가정해 보자. 학회에서 제시하는 글쓰기의 기본 요구조건은 당연히 만족하는 것으로 보고 글에서 다룰 중심 내용만 잠시 살펴보기로 한다. 우선, 서론의 글감이 되는 1.1은 홍보 잡지에 자기부상열차를 소개하는 글에는 유용할 지 몰라도 정식 논문인 경우에는 초점을 흐릴 가능성이 있어 생략하는 것이 좋겠다. 물론 '개발추세' 부분을 꼭 넣고 싶다면 1.2에서 기존의 여러 기술을 간략히 언급하면서 각각의 장단점도 함께 기술하면 된다. 다음, 본론에서 다룰 글감이 각각 또다른 논문이 될 만큼 중요하면서도 덩치가 크기 때문에 글쓴이가 실제로 설정한 글의 목적에 맞추는 것이 좋을 것 같다. 이를테면, 자기부상열차의 운동 특성을 파악하여 이를 효율적으로 제어할 수 있는 시간역 설계법을 연구하였다면 제2장과 제3장을 합하여 모델링은 중요한 식(式)만, 그리고 해석은 시간역에서 벌어지는 특별한 현상을 중심으로 해석하면서 적어가면 독자가 제4장의 설계법에만 집중할 수 있어 효과가 더 나을 것이다. 만약 모델링 과정도 글의 내용에 어느 정도 영향을 준다면 쪽수가 허락하는 한 본문보다 부록을 따로 붙여 첨가하면 된다. 끝으로, 결론을 쓸 때는 학위논문이나 보고서 등에서 흔히 볼 수 있는 '전망'이나 '앞으로 수행할 과제' 따위는 빼고 오히려 연구해 가면서 지적해 둔 해결하지 못한 부분이나 글쓴이가 제시한 방법이 갖는 한계점, 적용 가능성 등을 두루 써놓는 것이 훨씬 논문답다.

보고서인 경우에는 당연히 모델링, 해석, 그리고 설계 부분을 구분하여 적는 것이 좋다. 모델링과 해석의 어떤 부분이 글에서 보일 설계법을 선택하는데 영향을 주었는지, 또는 각 부분에서 특별히 주의할 점이나 다르게 파악할 때 일어날 수 있는 현상 등을 아주 상세하게 표시해야 하기 때문이다. 학위논문도 될 수 있으면 각 분야를 아는 만큼 폭넓게 적는 것이 좋은데, 이때는 특히 서론 부분에서 주제와 관련하여 다른 사람들이 지금까지 해왔던 내용을 '예비지식(Background)'이라는 새로운 부분을 만들어 서로의 장단점을 비교하여 학위논문을 쓸 자격을 갖추었다고 간접적으로 나타내 보여야 한다. 그리고 본론에서는 이때껏 심혈을 기울인 결과로 제시할 수 있는 공학 데이터를 '결과(Results)'라는 새로운 부분에서 따로 요약하고, 또 결론에서는 쓴 논문이 연구 분야에 끼친 기여나 연구 내용에서 부족한 부분을 언급하면서 앞으로 더 이루어야 할 연구방향을 뚜렷이 나타내어 정말로 학위를 받을 자격이 있다고 자신있게 선언해야 한다. 전문잡지에 실을 소논문인 경우이면 될 수 있으면 이론적인 내용은 빼고 각 부분의 중요한 결과들만 보여 주면서 성능이나 실현 가능성, 경제성 따위에 초점을 맞추면 되고, 만약 연구 대상을 소개만 하는 목적이라면 아예 본론 부분을 없애고 대신에 서론과 결론을 알기 쉬운 말로 적어가면 좋을 것이다.

결론으로 말해, 개요로 글감을 정리하면 획득한 연구 내용을 글의 동기에 따라 이리저리 독자의 관심에 맞추어 가면서 글의 방향이나 내용을 쉽게 바꿀 수 있는 것이 장점이다. 또, 앞의 '글감 분류하기'와 함께 진행하면서 보충해야 할 뒷받침 글감을 미리 짚어 볼 수 있기 때문에 글을 쓰면서 필요한 글감을 따로 연구하거나 조사해 갈 수도 있다. 만약 어떤 글감을 더 써넣어야 할 지 분명하지 않으면 제3장에 있는 표 3.1을 약간 응용하여 표 4.1처럼 활용해도 좋다.

표 4.1 글에 쓸 글감에 대한 분석표

독자 / 목적	공학적 접근방법	원리 구현	비용 절감	효율 향상	예비지식 학문추세
새로운 이론 제시	1.3	2.2, 3장, 4.2		4.3	1.1, 4.1, 5.2
실제적 응용 제시	4.2	4.2	1.3		1.2, 4.3
새로운 장치 개발		2.1			

표 4.1을 보면 앞에서 예로 제시한 요약식 개요의 각 절을 가로축으로 나열된 독자의 관심 사항에 맞추어 비슷하게나마 관련된 곳에 적어 놓았다. 예를들어, 요약식 개요

에 있는 4.3절은 독자가 궁금해 하는 효율의 문제를 최종으로 설계된 시스템의 성능을 평가하면서 함께 언급하고, 또 실제적인 응용 면에서 여러 가지를 고찰하여 독자에게 기존의 것과 차이가 나는 정보나 학문적인 추세 따위도 같이 밝히려는 요량으로 배치하였다. 만약 독자가 글을 읽는 목적이 표에 있는 것과 다르다면 당연히 필요없는 것은 빼고 새로운 것을 첨가하고, 그리고 세로축으로 표시된 글의 목적이 '관련 학문의 비교·분석' 등과 같이 역시 표와 다르면 아래로 칸을 하나 더 만들어 똑같은 절차를 밟아 나가면 된다.

3) 논리로 정리하기

이 소절에서는 분류된 글감을 보고 누구나 인정할 수 있는 논리로 글의 목적에 맞게 순서를 정하는 문제에 대하여 생각해 보기로 한다. 논리가 기준이 된다 하여 무슨 거창한 잣대를 좇기 위해 머리를 써서 따지는 것이 아니다. 봄 다음은 여름이고, 또 물은 높은 곳에서 낮은 곳으로 흐른다는 자연의 질서를 응용할 뿐이다. 다만 글에서 독자를 설득하여 주장을 정확하면서도 완곡하게 나타내려면 어떤 논리가 가장 좋으냐 하는 것을 선택하는 일이 남는다.

논리로 글감을 정리하는데 익숙하면 하나의 글감에 대하여 단락을 써 내려갈 때도 큰 도움을 받는다. 한 단락에 단락의 중심 생각(문장)을 하나 놓고 나머지 뒷받침 문장을 이용하여 조화롭게 꾸미는 기술을 얻으면 아무래도 글을 쓰는데 할 말을 훨씬 더 두드러지게 나타낼 수 있기 때문이다. 글의 전체적인 흐름이 뚜렷하더라도 단락의 내용에 논리가 서지 않는다든가 각 단락 사이의 연결이 매끄럽지 못하면 독자도 따라서 머리가 멍해져서 좋은 글로 오랫동안 남을 수 없다는 것을 생각해 볼 때 아마 이 작업이 글쓰기의 실무에서 가장 중요하지 않을까 싶다. 그래서 이와 관련된 내용은 다음 장에 새로 자리를 마련하여 자세히 언급하기로 하다.

글쓰기에서 흔히 이용하는 논리는 자연이 만들어 놓은 시간과 공간에 대한 질서가 대부분이다. 연구를 진행한 과정이나 사건이 일어난 순서대로 글감을 정리한다든가 왼쪽과 오른쪽, 혹은 위와 아래에 놓인 위치대로 글감을 적어가면 가장 알기 쉽다. 이를 삶에 응용하면 우선, 시간과 관련해선 원인이 있어야 결과가 나온다는 것이나 문제가 있으면 방법을 찾아서 결국 해결책도 제시하는 것 등으로, 그리고 공간과 관련해선 작은 것은 서로 뭉쳐 합치든가 (분류하든가) 큰 것은 다시 작은 것으로 나누든가 (구분하든가) 하는 일 따위로 쓸 수 있다. 어쩌다가 머리를 좀 쓴다 하더라도 중요한 것에서 덜 중요한 것으로, 아니면 일반적인 것에서 구체적인 것으로 상황에 맞게 이끌어 가는 것이니 생활 속에서 수월찮게 터득할 수 있는 이치 말고는 아무것도 없다.

위에서 언급한 여러 논리로 글감을 정리해 갈 때 꼭 생각해 두어야 할 것은 항상 글로 쓸 내용의 목적이 먼저 정해져야 한다는 것이다. 글의 전체적인 목적이야 글쓰기를 시작하기 전에 이미 밝혀졌을 것이지만 앞의 여러 방법들을 통하여 글감을 모으고 분류하여 잡아 놓은 목차의 각 장이나 절, 그리고 지금 쓰려고 하는 각 단락에 대한 목적도 분명하게 정해야 한다. 목적은 글감을 질서 있게 놓아 무언가를 효과적으로 얻어야 할 까닭을 말해주므로 목적이 없으면 글감도 정리할 필요가 없는 것은 당연하다. 그래서 같은 장이라도 목적이 서로 다른 절이나 같은 절에서 성격을 달리하는 단락이 있으면 글감의 위치를 정하는 기준 논리도 역시 달리 채택하여 글이 언제나 목적을 쫓아가도록 해야만 한다.

여기서 설명할 '논리로 정리하기'에 나오는 기본적인 유형은 다음 장에 있는 '글쓰기 방법' 부분과 여러 가지 면에서 내용이 겹칠 수도 있다. 글도 종류에 관계없이 따져 보면 대개 사실을 알기 쉽게 풀이하든가 주장의 타당성을 증명하고 설득하든가 느낌이나 사물을 있는 그대로 표현하든가, 아니면 내용의 줄거리를 늘어놓든가 따위가 보통이니 각 경우의 목적에 맞추어 준비된 글감을 어떻게 정리할 것인가 하는 것이 관건이기 때문이다. 어쨌든 읽어보고 좀 부족하다 싶으면 다음 장에서 다시 보충할 수 있으니 여기선 본격적인 '글쓰기 방법'이 아닌 '글감 정리하기'란 차원에서 개략적으로 익혀두면 좋겠다.

1. **시간적인 순서:** 글을 쓸 때 글감을 연구와 관련된 작업이나 사건이 일어난 순서대로 (혹은 그 역으로)[59] 적어 가는 것은 어찌 보면 자연의 순리를 가장 잘

59 시간을 역순으로 활용하여 현재에서 과거로, 다시 현재로 되돌아오면서 글의 분위기를 상황에 맞게 바꾸는 기법은 전문글보다 문예글에서 흔히 볼 수 있다. 물론 전문글에서 서론에 옛날의 결과를 쓰고 다시 현재의 일을 정리하여 미래의 추세를 적어가는 것도 비슷한 예인 것은 틀림없다.

활용한 방식이 아닐까 싶다. 물건이 만들어지는 절차나 문제를 푸는 과정, 그리고 실험 순서 등과 같이 전문글의 주제가 될 만한 것들을 이와같은 시간 유형(chronological pattern)으로 정리해 가면 아무래도 독자가 읽고 잘 이해할 수 있을 뿐만 아니라 직접 따라 해 볼 수도 있어 참 좋다. 이를테면, 글의 목적이 실험 데이터를 수집하여 그림을 그려 해석하는 단계를 설명하는 것이라고 하면 그 개요를 다음과 같이 작성할 수 있다.

제1장 데이터 수집
    1.1 컴퓨터와 실험 장치의 인터페이스
    1.2 실시간 프로그램의 설치 및 조정
제2장 데이터 가공
    2.1 작동 조건에 맞는 데이터 색출
    2.2 데이터 보간(補間)
제3장 데이터 작도
제4장 데이터 해석

이 방법은 글을 읽는 사람에게도 도움이 되겠지만 글쓴이도 글을 쓰면서 생각을 다시 재정립할 수 있어 좋고, 그래서 각 절을 설명해 가면서 중간중간에 주의점이나 특이점 등을 덧붙여 놓는다면 그만큼 친절한 글이 될 것이다.

2. **공간적인 순서:** 어떤 물리적인 장치의 형상이나 장면을 그려낼 때 아무런 계획도 없이 보이는 대로 적어 간다면 글의 인상이 산만해지기 쉬운 것은 당연하다. 앞에서도 여러 번 언급했지만 글이란 모름지기 글을 읽는 사람이 글을 읽고 글쓴이와 같은 그림을 그릴 수 있어야 좋은 글이 된다. 그래서 이런 경우에는 공간 유형(spatial pattern)을 최대한 살려서 앞과 뒤, 위와 아래, 그리고 오른쪽과 왼쪽 등으로 공간의 일정한 질서에 따라 써나가는 것이 아주 효과가 있다. 예를들어, 글의 목적이 컴퓨터의 주변 장치를 설명하는 글이라면 (키보드만을 설명하는 부분으로 한정하여)

제1장 컴퓨터 본체

제2장 컴퓨터 키보드

2.1 문자키 모음(왼쪽)

2.2 편집 및 방향키 모음(가운데)

2.3 숫자키 모음(오른쪽)

제3장 컴퓨터 모니터

와 같이 개요를 나타낼 수 있다. 물론 컴퓨터 키보드 부분에 '2.4 기능키와 표시등 모음(맨 위)' 등을 첨가하고, 아울러 앞에 있는 각 절의 괄호에는 위-아래의 구분을 위해 '(아래 왼쪽)'처럼 모두 '아래'라는 말을 붙여 놓으면 공간의 구분도 그만큼 뚜렷해진다.

3. **시간적인 순서의 응용**: 글감을 정리하는데 시간의 흐름을 약간 고급스럽게 응용하면 이른바 원인-결과 유형(cause-effect pattern)과 문제-방법-해법 유형(problem-method-solution pattern) 등을 만들 수 있다. 여기서 원인-결과 유형은 말 그대로의 뜻도 있지만 어떤 행위에 대한 효과를 설명할 때나, 그 반대로 어떤 효과를 주기 위해 어떤 조치들이 필요한 지를 주장할 때도 아주 유용하게 사용할 수 있는 방법이다. 그리고 문제-방법-해결 유형은 무엇보다도 문제 해결을 해 나가는 보통의 접근 방식대로 적을 수 있기 때문에 독자가 글을 읽으면서 기대한 것과 같은 순서로 글을 이끌 수 있다는 것이 큰 장점이다. 만약 글의 목적이 생산 자동화를 해야 한다고 주장할 요량이면 자동화 방법과 그 효과를 함께 나타내는 것이 훨씬 설득력이 있다. 즉,

제1장 자동화 적용 범위

제2장 자동화의 효과

2.1 생산성 향상 효과

2.2 작업 환경 개선 효과

2.3 기술 개발 효과

제3장 향후의 자동화 계획

와 같이 요약식 개요를 정하여 제1장에서 자동화를 구축할 대상 시스템을 (조립 자동화를 위한 컨베이어나 로봇 등, 물류 자동화를 위한 자동창고나 운반차 등) 나열해 놓고, 이어서 각각의 효과를 몇 가지로 분류하여 적으면 (앞으로 추진할 계획까지 곁들이면) 자연스럽게 글의 목적을 달성할 수 있을 것이다. 한편, 생활 주변에서 일어날 수 있는 오염에 대한 글을 쓴다고 생각해 보자. 글의 목적은 생활 오염 때문에 몸살을 앓고 있는 강과 산, 그리고 공기의 모습을 알려 앞으로 깨끗한 환경을 보존하려면 우리 모두 어떻게 해야 한다고 주장하는 것이 되겠다. 우선, 주위에서 흔히 볼 수 있는 오염의 실태와 그 영향을 속속들이 살펴 문제가 심각하다는 것을 한 장에 걸쳐 밝혀주고, 다음 장에선 이와같은 오염을 줄이거나 정화할 수 있는 여러 가지 방법들을 조사하여 특징과 함께 죽 소개해 놓는다. 끝으로, 새로운 장을 열어 개인, 회사, 그리고 정부가 꼭 해야 할 일들을 앞에서 분석한 특징과 각각이 주어진 상황을 서로 견주면서 구체적으로 적어 오염 방지에 대한 하나의 해법이 될 수 있도록 한다. 물론 이 주제는 답이 대체로 주어진 것이어서 결국 일반적이고 상식적인 말로 끝날 공산이 커서 별로 주목을 받지 못할 글이 되기 쉽다. 하지만, 어떤 공학적인 문제를 해결하려는 경우에는 글쓴이의 연구가 뒷받침되는 한 이처럼 현재 상황을 설명하고 여러 가지 가능한 대안을 살펴서 최종적인 해법을 내놓는 순서로 글을 쓴다면 글의 목적도 뚜렷하게 달성할 수 있을 뿐만 아니라 글이 매끄럽고 논리도 섰다는 말을 쉽게 듣게 될 것이다. 당연한 논리라도 자주 써먹지 않으면 금방 잊어먹을 수가 있기에 실전에서 빛을 내기 위해 '원인-결과'와 '문제-방법-해법'으로 글감을 정리하는 과정을 평소에 늘 익혀두도록 하면 좋을 것이다.

4. **공간적인 순서의 응용**: 물리적인 공간을 개념적인 공간으로 약간 변형함으로써 넓게 퍼진 글감은 범위를 좁혀서 하나하나씩 따로 다루도록 하고, 또 여기저기에 뿔뿔이 흩어진 글감은 일정한 기준에 맞는 것끼리 한데 모아서 적을 수도 있다. 이른바 쓸 주제를 세세하게 쪼개어서 각각이 주제를 만드는 중요한 요소인 것처럼 써나가는 구분(partition)과 비슷한 특징이 있는 것끼리 묶

어 항목별로 설명해 가는 분류(classification)로 응용할 수 있다는 말이다. 예를들어, 미래의 운송수단인 자기부상열차를 새로운 방법으로 모델링하여 그 결과식을 내보이는 것이 글의 목적인 경우이면

제1장 본드선도 모델링
제2장 에너지 공급 시스템
  2.1 본드선도 모델링
  2.2 벡터 모델링과 비교
  2.3 동특성 해석
제3장 트랙 시스템
  3.1 본드선도 모델링 (이하 제2장과 모두 같음)
제4장 차량 시스템

와 같이 새로운 모델링 방법을 먼저 소개한 후에 직접 모델링하여 이전의 모델식과 비교하고 해석하는 과정을 자기부상열차를 구성하는 각 분야별로 나누어 글을 구성할 수 있는데 바로 분류라는 글감 정리하기의 좋은 예이다. 여기서 제3장과 제4장의 각 절은 모두 제2장과 같다. 그리고 만약 글의 목적이 컴퓨터 구조를 밝혀내는 것이라면 앞과 달리 컴퓨터를 본체와 주변장치로 구분하고, 또 본체는 중앙처리장치와 기억장치, 보조기억장치 등으로, 그리고 주변장치는 입력장치와 출력장치 등으로 나누어서 하나하나에 집중하여 써가면 좋다. 글감의 정리를 구분으로 한다는 말인데 뜻에 약간의 차이가 있을 수 있지만 다른 책에선 분석(synthesis)이라는[60] 말로도 쓴다.

5. **논리적인 추론의 기본 순서:** 글감을 정리할 때 자연의 질서인 시간과 공간을 벗어나 어느 정도 머리를 써서 생각해 보아야 할 때도 있다. 그렇다고 새로운 것을 찾아내듯이 깊게 고민해야 한다는 말은 아니다. 철학적으로 말하면 연역

60 글감을 큰 것에서 작은 것으로 정리해 갈 때 기준이 객관적이면 구분(partition), 그리고 글쓴이의 주관이 많이 포함되면 분석(synthesis)이라고 한다. 하지만 글의 개요를 잡는 경우에는 별 차이가 없고, 나중에 글의 본문을 본격적으로 써갈 때는 글의 전체적인 흐름보다 단락 사이의 연결이나 단락에 있는 문장들 사이의 관계를 잘 살펴야 하기 때문에 차이를 두는 경우가 많다.

법(演繹法)이니 귀납법(歸納法)이니[61] 하여 어려울 수도 있지만 쓸 글의 성격에 따라 중요한 내용부터 말할 것인지, 아니면 전체를 먼저 요약한 후에 하나하나씩 풀어갈 것인지를 결정하는 것이므로 평소 다른 글을 읽어 오면서 쌓인 느낌이나 개인적인 취향으로도 할 수 있는 일이다. 간단한 예로, 컴퓨터 운영체제나 전문 소프트웨어의 사용설명서나 소개 책을 보면 첫 장에는 할 수 있는 일이나 작업 방법에 대하여 전반적으로 한번 훑어 보고 자세한 내용은 분야별로 각 장을 따로 두어 설명해 놓은 것을 쉽게 볼 수 있다. 이와같은 일반에서 구체로 정리하기(general-to-specific organization)는 연역적 표현 방법의 한 예인데, 처음에는 다룰 주제의 전체를 요약하거나 일반적인 원리를 적어놓고 나중에 각각을 풀어간다든가 구체적인 응용을 설명해 가는 식이다. 한편, 조사를 많이 하여 쓸 것은 많은데 시간이나 공간의 질서로 글감을 정리하기가 곤란한 경우가 있을 수도 있다. 예컨대, 소비자가 흠이 있다고 끊임없이 지적하는 상품을 다시 기능별로 조사하여 발견된 문제점에 대한 보고서를 쓴다고 생각해 보자. 이때, 조사한 시간 순서로 글을 쓰는 것은 글의 목적을 제대로 살릴 수 없겠지만 상품의 부품별로 좋고 나쁨을 적어가는 것은 나름대로 괜찮을 듯싶다. 하지만 기대를 갖고 출시한 신상품에 문제가 있다고 보고하는 글이 공간의 질서를 응용하여 부품별로 나열해 놓으면 글의 목적을 집중하여 보여주기가 곤란하다. 그래서 이런 경우에는 글에서 강조할 말이 상품의 문제점이니 이를 앞에 배치하여 독자의 관심을 미리 모으는 것이 좋다. 즉,

제1장 서론
1.1 조사 이유
1.2 조사 방법
제2장 발견된 문제점
2.1 전원 공급기 오작동 빈번
2.2 제어기판 고정 불량

61 사실 글쓰기에서 연역법과 귀납법을 응용하는 것은 아주 중요하다. 모든 글감을 사실로만 쓸 수는 없고 다른 것을 추론하여 이끌어내기도 해야 하고, 또 몇 가지 현상을 보고 일반적인 원리도 밝혀내야 하기 때문이다. 하지만 글의 개요를 짜는 여기서는 간단한 경우만 살펴보고 자세한 내용은 제5장에서 다루기로 한다.

2.3 정상상태에서 미세한 소음 발생
제3장 정상적인 부품들
제4장 평가

와 같이 더 중요한 것에서 덜 중요한 것으로 정리하기(more-important-to-less-important organization)로 글감을 배치한다. 물론 글의 성격, 즉 글이 주제에 대해 우호적이냐 비우호적이냐, 혹은 글쓴이의 주관에 따라 이런 배치를 반대로 바꿀 수도 있다. 글을 될 수 있으면 끝까지 읽도록 하기 위해서 처음에는 덜 중요한 것을 놓고 아주 중요한 말을 하면서 끝맺는 것이 한 예가 된다.

지금까지 글감을 정리하는 방법들에 대하여 살펴보았다. 글을 본격적으로 쓰기 전에 글감을 먼저 분류하여 일반적인 틀인 '서론-본론-결론'에 따라 개요도 짜고, 또 적당한 논리를 사용하여 각 장의 글감을 순서대로 정리하는 것은 집 짓는데 필요한 설계도를 작성한다든가, 혹은 한번도 가보지 않은 험악한 산을 오르려고 등산지도를 미리 찾아보는 일과 같다고 말한 바 있다. 집의 설계를 잘하고 잘못함에 따라 살기 좋은 집을 제대로 짓느냐 지을 수 없느냐, 그리고 등산지도 때문에 자칫 길을 잃어 조난당하느냐 그렇지 않느냐 하는 것이 결정된다고 볼 때 이 장의 내용은 글쓰기에서 그만큼 중요하다. 비록 이것저것 다 챙겨 초보자라도 글쓰기를 완벽하게 시작할 수 있도록 더 많은 정보와 방법 등을 보여주진 못했지만 이의 중요성을 알리고 가야 할 방향을 제시했다는 측면에서 나름대로 가치가 있다고 본다.

글쓰기에서 글감을 정리하는 일은 기술(technology)보다는 기능(skill)에 더 많이 의존한다. 어떤 원리에 하나하나 따져 맞추는 것이 아니라 남의 글을 읽고 내 글도 많이 써보아 느낌으로 터득하는 것이 훨씬 중요하다는 말이다. 제2장에서 언급한 글을 잘 쓰는 세 가지 비법, 즉 많이 읽고, 많이 쓰고, 그리고 많이 다듬는 삼다(三多)를 생각하면서 자기만의 느낌을 가질 수 있도록 꾸준히 노력했으면 좋겠다. 특히 전문글인 경우에는 글(연구)의 목적이 같다 하더라도 글의 동기나 독자의 관심에 따라 여러 가지로 바꾸어 가면서 써야 하기 때문에 삼다의 뜻을 더욱 살려야 할 것이다. 나아가, 개요를 잘 잡는 것뿐만 아니라 문장을 만들 때도 우리 말을 살려서 편하고 쉽게 쓰겠다는 마음까지 보탠다면 더없이 좋겠다.

제5장 대학 글쓰기의 실행

글쓰기를 본격적으로 한다는 말은 글의 구조를 파악하여 글의 동기에 맞게 정하고 글의 단락도 글의 목적에 충실하려면 어떤 방식으로 어떻게 연결하면서 써가야 하는지 직접 해본다는 말이다. 집 지을 준비가 되었으니 현관이니 응접실이니, 그리고 안방과 아이들 공부방 등을 집의 종류에 따라 따로따로 구분해가면서 벽돌을 하나씩 쌓아나가야 한다. 물론 집터를 필요한 용도별로 나누어 표시해 두는 일은 글의 구조를 정하는 것이고 벽돌을 쌓는 일은 단락을 만들어 간다는 뜻이다. 그러니까 지을 집이 승강기가 딸린 아파트인지 마당이 넓은 한옥인지, 아니면 그냥 간단히 칠 수 있는 천막인지를 정하는 것은 글의 동기가 하고, 벽돌을 쌓아가면서 때로는 모난 구석을 만나 쪼개기도 하고 때로는 둥근 원형면을 살리기 위해 수월찮게 공(功)을 들이는 것은 독자의 관심을 될 수 있으면 잘 이끌 수 있도록 하여 글의 목적을 최대한 살리려는 것이다.

집의 구조는 집의 종류에 관계없이 대체로 동서양을 막론하고 비슷하니 문화나 생활 방식에 따라 좋은 자리에 놓아야 할 방이나 예쁘게 꾸며야 할 곳 따위만 차이가 있을 뿐 이미 표준으로 정해진 형태를 그대로 받아들여도 되겠다. 이를테면, 먹고 자고 쉬는 기능은 집의 가장 중요한 구실이므로 설사 서로 겸용한다 하더라도 꼭 필요하기에 글에서도 서론(introduction), 본론(body), 그리고 결론(conclusion)의 틀을 기본으로 갖추고, 혹 베란다나 목욕탕, 현관 등이 필요할 수도 있으니 글을 발표하는 장소의 성격에 따라 초록(abstract)이나 요약(summary), 결과(result), 제언(recommendation), 기여(contribution), 전망(future works), 부록(appendix), 참고문헌(reference), 감사의 글(acknowledgement) 등을 선택적으로 붙여나가면 된다.

하지만 벽돌을 쌓는 일은 집의 구조를 필요에 따라 하나씩 고르는 것과 전혀 다르다. 몇 가지 가능한 것에서 선택하는 문제가 아니라 익힌 기술과 창의력을 총동원하여 스스로 해나가야 한다는 말이다. 비바람이 몰아쳐도 흔들리거나 물이 새지 않아야 할 뿐만 아니라 주위와 조화를 이루고 아름다움이 돋보이도록 기초에서 마무리까지 꼼꼼하게 살펴야 한다. 그렇다고 딱히 벽돌공의 손재주만 기대해서도 안 된다. 어디든 경쟁적으로 집을 지으려고 하는 마당에 한 곳에만 오랫동안 머물고 있을 수만은 없기 때문이다. 시멘트를 반죽하고 수직이나 수평을 맞추고 못을 박고 물건을 자르든가 묶을 때는 연장이 있어야 한다. 싸움을 잘한다고 전쟁터에 맨손으로 갈 수 없는 것과 마찬가지다. 글쓰기에서 연장이란 맞춤법과 어휘력을 갖추고 글이 무엇을 알려주든 주장하든 그려내든, 아니면 그냥 이야깃거리로 서술하든지 간에 어느 때나 효과적으로 써먹을 수 있는 중심말을 뒷받침하는 기술이나 표현 방법 등을 말한다.

이 장에서는 앞에서 언급한 것을 내용 전개의 편의를 위해 글이 갖추어야 할 구조와 글쓰기의 실행 방법이라는 말로 바꾸어 하나씩 설명해 가기로 한다. 글의 구조를 여러 부분으로 나누어 각 부분마다 내세우는 목적에 맞게 글을 쓰면 가장 기본적인 글쓰기가 되는 것은 틀림없지만 글을 도대체 몇 부분으로 나누어야 하고 말하고 싶은 것을 어떻게 표현하면 잘 전달할 수 있느냐 하는 것이 문제이다. 그래서 '글이 갖추어야 할 구조'에서는 글에 포함될 수 있는 모든 부분을 그 구실과 쓸 내용 등을 먼저 살펴본 후에 글의 동기에 따라 발표할 자리가 결정되면 하나씩 선택적으로 포함해 갈 수 있도록 하고, '글쓰기의 실행 방법'에서는 각 부분뿐만 아니라 단락 하나하나의 중심말을 글의 전체 주제가 살아나도록 글감의 성격에 따라 표현하고 뒷받침하는 구체적인 방법을 나름대로 설명해 보기로 한다.

글쓰기는 본디 어렵다. 아는 것을 아는 대로만 쓸 수 있어도 글쓰기는 성공한 것이다. 글을 쓰면서 아는 것을 아는 대로만 쓰면 남이 흉본다고 생각하여 자꾸 꾸미는 바람에 처음 쓸 말이 다른 말로 바뀌고, 그래서 무얼 말하는지 끝도 없이 제자리만 빙빙 도는 글이 된다는 것을 깨달아야 한다. 이 장에서 제시하는 것은 독자를 배려하는 마음으로 글의 형식을 갖추어 쉽게 찾아 볼 수 있도록 하고, 또 아는 것을 아는 대로 쓰되 될 수 있으면 효율을 높일 수 있도록 하는 하나의 기준을 앞선 사람들이 밝힌 것을 토대로 적은 것이다. 어떻게 써먹을까 하는 것은 전적으로 여러분의 몫이다. 아마도 읽고 이해하여 여러분의 생각과 말로 다시 정리될 때 글쓰기의 효과가 나타나지 않을까 싶다.

5-1 글쓰기의 실행 방법

글은 대개 '무엇'을 알려주거나 '무엇'을 주장하거나 '무엇'을 있는 그대로 그려내거나, 아니면 '무엇'을 이야기하고 싶을 때 쓴다. 그리고 하나하나 배타적으로 존재하는 것이 아니라 여러 경우가 섞여서 한 편의 글이 되는 셈이다. 전문글의 경우로 바꾸어 보면 어떤 현상의 원리나 해결 방법을 알아냈다거나 어떤 장치를 개발하기 위해서 꼭 해야 할 연구가 있다거나 남이 써놓은 여러 글들을 비교해 본다거나, 혹은 지난 학문을 정리하고 앞으로의 방향이 어떻게 될 것이라고 적어볼 때 따위가 딱 들어맞는다.

글에 무엇을 왜 담느냐에 따라 글을 쓰는 방식이 다르다. 이를테면, 알려주기는 독자에게 사실을 알기 쉽게 풀어서 설명하는 식으로 글을 써야 하고, 논증을 통하여 쓴 말의 타당성을 증명하여 독자를 설득하도록 쓰는 것은 주장하기의 전형적인 방법이다. 또, 그려내기는 어떤 대상이나 사물, 현상 따위에 대한 느낌을 그림을 그리듯이 독자에게 내보이는 것인데 작업 과정이나 실험 방법 등을 경험한 그대로 늘어놓는 이야기하기 방식과는 많은 차이가 있다. 따라서 글쓰기 방법은 글을 쓰는 본뜻이나 목적에 따라 적절하게 골라야 하고, 이때 어느 하나가 중심이 되면 나머지 다른 것들은 독자가 지루해 하는 것을 피하고 글의 분위기도 살리기 위해 보조 도구로 쓰이는 것이 보통이다.

글의 기본은 문단이다. 문단이 모여서 글에 나타날 여러 내용 중에서 하나가 되는 단락이 되고, 또 단락이 모여서 한 편의 글이 되는 것이다. 앞 장에서도 언급하였지만 문단과 단락은 영어로 말하면 둘 다 'paragraph'로 쓸 수 있지만 엄밀히 따지면 분명한 차이가 있다. 즉, 문단(文段)은 영어 자체나 한문에서 알 수 있듯이 여러 문장을 하나로 묶은 것으로 글쓴이의 생각이 하나 들어가 있는 반면에 단락(段落)은 말 그대로 연결된 여러 문단의 끝이다. 글쓴이의 생각을 이것저것 모아 글을 구성하는 이야깃거리를 (또는 글감을) 하나 만든 것이 단락이라는 말이다. 그래서 처음에 들여쓰기를 하여 '글의 기본은 문단이다'라는 생각을 적고 있는 여기가 하나의 문단이고 (물론 그 외 나머지는 모두 뒷받침 문장이다) 5-1절의 맨 앞에 있는 두 문단은 다같이 글쓰기 방법에 (앞 문단은 글쓰기를 하는 까닭을 적었고 뒤 문단은 각 까닭에 맞는 글쓰기 방식을 구분하였다) 대하여 써놓았으니 두 개가 합쳐 하나의 단락이 되는 것이다.

문단은 글쓴이의 생각을 담는 최소 단위이다. 하나의 글감에 대하여 말하고 싶은 생각의 개수만큼 하나씩 문단으로 차지한다. 만약 생각이 하나만 있는 글감으로 글을 썼다면 문단이 단락이 되는 것이고, 이 경우에 쓸 글도 글감이 하나이면 문단 하나가 결국 글 한 편이 되는 셈이다. 앞 장까지는 모두 글감에 대해서만 이야기를 했지만 글을 직접 쓰려고 할 때는 글감이라는 작은 주제를[62] 놓고 머리에 떠오르는 생각을 어떻게 문단으로 이끌고 가느냐가 중요하다. 그리고 문단은 중심 생각 하나를 여러 뒷받침 생각으로 완전히 마무리해야 하므로 끝나기 전까지는 함부로 줄을 바꾸면 안 된다. 시작할 때도 들여쓰기와 같이 눈에 쉽게 띄는 서식(書式)을 써서 새로운 생각을 적어간다고 표시해 주는 것이 좋다. 글에서 단락이 뚜렷이 구분되면 독자가 글을 읽으면서 글쓴이의 생각을 잘 잡아 이해하는 데도 큰 도움을 주기 때문이다.

글쓰기는 어떻게 하면 주제, 즉 말하고자 하는 바를 잘 드러나도록 쓸 수 있느냐 하는 것이 큰 관건이다. 이미 글의 목적을 통해 밝힐 '무엇'이 정해졌으니 이제는 '어떻게' 알차게 전달할 수 있는지 따져야 한다. 그래서 글의 주제를 여러 가지 글감을 찾아 정리해 가면서 작은 주제로 나누는 것도 이와같은 '어떻게'의 문제를 효과적으로 처리하기 위한 한 방편으로 볼 수 있다. 아무래도 주제의 폭이 넓으면 좁은 것보다 깊이 있고 구체적으로 다루지 못하여 독자의 가슴에 와 닿는 말을 할 수 없기 때

62 글은 글감(단락)으로, 그리고 글감은 생각(문단)으로 짜진 것이므로 제각각 할말이 따로 있기 마련이다. 그래서 글의 중심말은 '글의 주제' 혹은 '큰 주제'가 되고, 이때 단락의 중심 말은 '단락 수제' 혹은 '작은 주제', 그리고 문단의 중심말은 '중심 생각'이라 한다. 물론 글에서 '글의 주제'를 포함하는 중심 단락을 뺀 나머지는 모두 뒷받침 단락, 단락의 '작은 주제'를 포함하는 중심 문단을 뺀 나머지는 모두 뒷받침 문단, 그리고 각 문단에서 '중심 생각'을 뺀 나머지는 '뒷받침 생각' 혹은 '뒷받침 문장'이다.

문이다. 작은 주제를 품고 있는 단락은 다시 글쓴이의 생각을 적은 문단으로 채워져야 하므로 결국 글쓰기의 핵심은 문단에서 어떻게 뒷받침하느냐 하는 문제로 귀착된다. 즉, 글쓰기를 잘 하려면 거창한 행사를 성공으로 이끌어야 한다는 강박관념에서 벗어나 그냥 생각 한 토막을 적어내는 문단 쓰기일 뿐으로 보아도 좋다는 말이다. 마음 편하게 먹고 문단만 생각하면서 작은 주제와 관련하여 하고 싶은 말을 (중심 생각을) 아는 그대로, 있는 그대로, 느낀 그대로 써나가면서, 혹 부족하다 싶으면 따로 설명하거나 예로 제시할 수 있는 말 따위를 덧붙여간다. 글이란 부담을 갖든가 잘 쓰려고 욕심을 내면 결코 좋은 글로 쓸 수 없다.

이 소절에서는 글쓰기의 기본이 되는 문단 쓰기와 글의 종류에 따라 써먹을 수 있는 글쓰기 방식에 대하여 알아보기로 한다. 앞에서도 언급했지만 글쓰기는 결국 문단 쓰기로 봐도 틀림없다. 하지만 문단 쓰기도 중심 생각(문장)만 있는 것이 아니라 여러 뒷받침 생각(문장)과 잘 어울려야 더욱 돋보일 뿐만 아니라 독자가 읽고 이해하기도 훨씬 쉽다. 이른바 '뒷받침 기술'이라 말할 수 있는 글쓰기의 노하우가 필요한 것이고, 이는 문단과 문단 사이의 연결 관계를 잘 맞추어 될 수 있으면 단락의 주제를 벗어나지 않게 하는 데도 마찬가지로 필요하다. 한편, 글쓰기 방식은 글을 쓸 때 꼭 하나만 고수(固守)하는 것이 아니다. 각 경우를 따져 적절히 골라 사용해야 글이 실감나서 독자가 지루하지 않게 되는 것이다. 그래서 글이 '무엇'을 설명하든 주장하든 그려내든, 아니면 이야기하든 간에 각각의 글쓰기 방식을 익히기는 먼저 하지만 나중에 문단이나 단락을 써갈 때는 딱히 구별하지 말고 알맞은 곳에 알맞은 방식을 찾아 자유롭게 활용하는 것이 좋다. 이 소절이 글쓰기에 대한 모든 정보를 주지는 못하겠지만 시멘트를 반죽하고 벽돌을 쌓는 데는 아쉬운 대로 쓰일 수 있지 않겠나 싶다. 시간을 두고 자주 읽어서 자기 말로 다시 써볼 수 있다면 아마도 그것이 기술과 경험을 바탕으로 한 글쓰기의 최고 연장이 될 것으로 확신한다.

1) 문단 만들기

글쓰기는 글의 주제를 잡아서 글감을 찾고 이어서 단락에 포함될 작은 주제를 정리하는 준비 단계를 거친 후에 각 단락을 이루는 문단에 작은 주제와 관련된 생각을 하나씩 써나가면서 본격적으로 시작된다. 여기서 생각(idea)이란 설명하기 어렵지만 머리를 써서 글감을 파헤쳐 얻은 것부터 글감이나 이를 보고 연상된 것에 대한 경험이나 기억, 의견, 관심, 앞으로 일어날 느낌까지 정신 작용으로 일어나는 모든 것이다. 설명이 더 어려운 것 같은데 그냥 글쓴이의 마음에 떠오른 것으로 글감과 직접적이든 간접적이든 관련만 있다면 무엇이든지 좋다.

글을 쓸 때 문단으로 나누어 쓰는 까닭은 생각 하나를 다른 생각과 구별하여 글의 전체 짜임새를 뚜렷이 드러내고 글의 뜻도 더불어 더 분명하게 하기 위해서다. 물론 써진 글을 봐서는 금방 깨달을 수 없겠지만 그림 5.1처럼 그림으로 정리해 놓고 보면 글 전체의 구조가 확실하게 드러나는 것을 알 수 있다. 그림 5.1에서 맨 아래에 있는 것들은 앞서 언급한 생각을 문단 하나하나에 담아 미리 정한 단락의 주제(theme), 즉 전체 글의 작은 주제도 되는 글감의 주제를 지탱하고 있고, 또 가운데 있는 것들은 이렇게 만든 단락들이 서로서로 협조하여 글의 목적에서 뽑은 주제를(보통 글의 주제(subject) 혹은 큰 주제라고도 함) 떠받치고 있는 모습이다. 결국 글의 준비나 시작 단계에서 목적과 글감이 파악되었다면 글쓰기의 실행은 글이 이와같은 피라미드 구조로 분명하기 때문에 맨 아래를 차지하고 있는 문단만 알맞은 생각으로 채워나가면 된다.

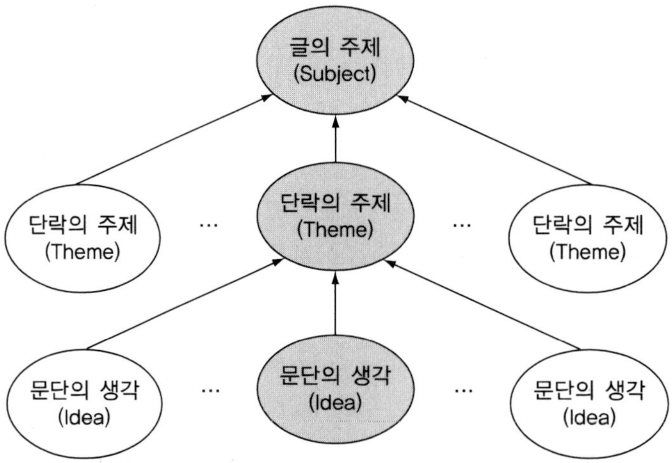

그림 5.1 글의 피라미드 구조

그렇다고 문단이 모여 단락을 만드는 것을 보면 생각을 순서도 없이 마음대로 놓을 수만은 없는 것 같다. 단락은 쓸 글을 내용으로 분류할 때 하나의 이야깃거리가 담긴 또다른 글이기 때문에 반드시 주제가 있기 마련이고, 그래서 문단을 만들어 생각을 내놓는 것도 이 주제를 잘 뒷받침하여 돋보이게 해야 할 뿐만 아니라 문단과 문단이 서로 협동하도록 연결하는 것도 아무렇게나 해서는 안 된다. 문단에 담은 이 생각 저 생각이 오히려 단락의 주제를 흩트려서는 결코 좋은 글을 쓸 수가 없는 것이다.

문단에 생각을 놓을 때는 기본적으로 한 문단에 한 생각만 들어가도록 해야 한다. 이른바 '중심 생각'을 놓고 필요하면 그 앞이나 뒤에 종속적이거나 부수적인 생각으로 뒷받침해 가면서 단락을 써나가야지 대등한 중심 생각을 계속 이어 놓으면 할 말을 알아듣기 쉽게 전달하지도 못한 채 다른 말을 하는 꼴이 되고 만다. 글을 읽어 가다가 "왜 갑자기 딴 소리를 하지?"하는 생각이 드는 글이면 십중팔구 중심 생각을 '뒷받침 생각'으로 이해하기 쉽도록 제대로 설명하지 않고 또다른 생각을 계속 덧붙여 '논거없이 단정만 하는 글'로 판단하면 틀림없다. 문단은 생각을 담는 그릇이라는 말을 빌리지 않더라도 김치는 김치그릇에 국은 국그릇에 담아야지 그릇 하나에 김치와 국이라는 다른 음식을 (글로 치면 별개의 생각을) 함께 담을 수 없는 것과 마찬가지다. 그래서 문단을 써갈 때는 앞에서 말한 것처럼 들여쓰기와 같은 문단 표시자로 형식을 구분하고, 내용적으로는 독자가 궁금해 하지 않도록 중심 생각 하나만 충분히 털어놓은 후에 그 문단을 마무리하는 것이 좋다.

문단이 모여 단락의 주제를 이끌어 간다고 했으니 문단 사이의 관계도 잘 조정해야 하는 것은 두말할 필요가 없다. 어떤 글이든 글을 써가면서 생각 하나하나가 논리적으로 구체화되어 갈 때 비로서 글의 주제가 살아난다고 보아야 한다. 전체 글이 '서론–본론–결론'의 틀을 지켜서 하고자 하는 말을 깔끔하게 전달하듯이 문단을 쓸 때 여러 문제나 현 상황을 먼저 적어 단락의 주제를 넌지시 알리는 것부터 시작하여 이를 하나씩 풀어가면서 핵심을 밝히는 단계를 지나 마지막으로 쓴 내용의 결과를 간결하고 명확하게 요약·정리하는 것이 좋다는 말도 같은 뜻이다. 이 밖에 문단이 지닌 내용과 구실의 중요성을 따져 그림 5.1에 나타낸 것처럼 색을 칠한 중심 문단을 다른 뒷받침 문단이 앞뒤로 연결되어 생각을 보충해 가는 것도 한 예가 될 수 있다. 생각을 담은 문단이 서로 매끄럽게 연결되지 않으면 마치 집을 떠받치는 기둥이 균형을 잃은 것처럼 주제가 무엇인지조차 알 수 없을 정도로 혼란스러울 뿐이다.

이제부터는 지금까지 살펴본 '문단 만들기'의 기본 방식, 즉 문단은 중심 생각 하나를 뒷받침하면서 써야 한다는 것과 문단과 문단은 놓이는 순서이든 서로 보충하는 구실이든 항상 논리적 관계를 가져야 한다는 것에 대하여 좀더 구체적으로 알아보기로 한다. 문단에 담긴 생각이 잘 뒷받침되면서 서로 어울려야 하고, 그래서 단락의 작은 주제들도 서로 협조하면서 제 기능을 해야 글의 목적이 제대로 달성될 수 있다는 것을 절대로 잊지 말길 바란다.

(1) 중심 생각 뒷받침하기

문단에는 반드시 중심 생각을 하나만 담아야 한다. 물론 여러 개의 중심 생각을 붙여 놓아도 형식상 하나의 문단은 될 수 있겠지만 글이란 글쓴이보다 독자를 위한 것이니 글의 흐름을 방해하여 독자가 오해하거나 무슨 말인지 헷갈린다면 아무 소용없는 글이 되고 만다. 그래서 한 단락에 여러 개의 중심 생각이 대등하게 묶여 있으면 이를 따로 떼어 새 단락으로 독립시키는 것이 좋다. 또한, 앞에서도 말했지만 문단은 단락을 뒷받침해야 하기 때문에 문단에 담길 생각은 단락의 주제, 나아가 글의 주제와도 어떤 관계를 가지고 있어야 한다. 좋은 생각과 훌륭한 뒷받침이라도 주제와 너무 동떨어져 있으면 아무래도 헛수고가 될 공산이 크기 때문이다.

단락에 중심 생각만 적으면 독자가 뚜렷하게 그 뜻을 잡아내지 못할 수도 있다. 대개 개념이 복잡하거나 그런 말을 하게 된 동기, 까닭, 분석, 예시 등이 부족한 경우가 대부분이다. 또 한 문장에 할 말을 한꺼번에 많이 넣어서 독자가 적어놓은 말만으로는 언뜻 새길 수 없을 때도 마찬가지인데, 이때는 중심 문장의 앞뒤로 이른바 '뒷받침 문장'을 덧붙여서 뜻을 더욱 구체적이며 풍부하게 만들어야 한다. 뒷받침한다는 것은 중심 문장을 좀더 풀어서 뜻이나 개념을 알기 쉽게 한다는 말이니 뒷받침 문장이 중심 문장보다 훨씬 구체적이어야 하는 것은 당연하다.

중심 생각을 뒷받침하는 방법에는 쓸 문단의 성격이나 글을 써나가는 진술 방식에 따라 천차만별이다. 이를테면, '무엇'을 알려주는 글이면 개념을 새로 정의하여 대상을 명확하게 규정해 준다거나 이미 알려진 것들과 서로 견주어 비교해 본다거나, 아니면 일정한 기준에 따라 분류하거나 구분한다든지 하여 말을 덧붙이면 되고, '무엇'을 주장한다면 타당성을 밝혀 독자를 설득할 수 있도록 예를 제시하거나 논거(論據)를 대가면서 뒷받침하는 식이다. 그리고 '무엇'을 있는 그대로 그려보고자 할 때 모양이나 감촉, 빛깔 등만 써놓지 말고 인상도 함께 적어서 생동감을 더해 준다거나, 또는 '무엇'을 서술해가면서도 일어난 순서뿐만 아니라 바라보는 관점을 적절히 조절하여 이야기를 실감나게 하는 것도 비슷한 예이다. 각 경우의 자세한 글쓰기 법은 내용의 매끄러운 전개를 위해 다음 소절에서 모두를 한데 뭉쳐 다시 살펴보게 될 것이다.

뒷받침 방법에 이것저것 많이 있다는 것을 말했지만 실제로 중심 생각을 확실히 뒷받침하려면 이의 각각을 고루 섞어서 사용하는 것이 보통이다. 같은 생각이라도 뒷받침을 달리함으로써 읽고 이해하거나 느끼는 정도를 바꿀 수 있고, 때때로 물리거나 질리는 표현이 되어 독자가 지루해 하는 것을 막을 수 있을 뿐만 아니라 글쓴이 자신도 표현 기법을 여러 가지로 늘려갈 수 있어 좋다. 똑같은 말을 적더라도 단어를 바꾸어 쓴다거나, 또는 우리 말의 기본 틀인 '주어+(목적어/보어)+서술어'에 부사나 형용사와 같은 수식어를 첨가하여 강하게 표현한다든가 아예 어순을 바꾸어 미묘하게 멋을 부리든가 하는 따위도 이와같은 뒷받침 방법의 변형된 예로 볼 수 있다.[63]

문단에서 중심 생각을 좀더 쉽게 드러내고자 한다면 뒷받침할 때 마음속으로 여러 가지를 스스로 물어보면서 쓰면 큰 도움이 될 수 있다. 남에게 무언가를 전달할 때 꼭 필요한 기본적인 정보를 육하원칙으로 정하고 있으니 중심 생각의 앞뒤에 놓일 뒷받침 생각을 만들어갈 때 이를 응용해 보자는 것이다. 다만, 앞과

63 Stephen King이 쓴 『On Writing』(우리 말 번역서는 『유혹하는 글쓰기』이다)에 보면 글을 쓸 때 대체로 소심하고 자신감이 부족한 글쓴이일수록 자기가 쓴 글을 독자들이 이해하지 못할까봐 걱정하여 부사나 문장 구조를 바꾸어 수동태로 자주 쓴다고 하였다. 이런 사람은 대부분 남이 내 글을 비판할 것이 두려워 항상 시간에 쫓기듯 글을 쓰거나 책임을 회피하기 위해 안전한 글만 쓰려고 하기 때문이라는 진단도 곁들였다. 맞는 말이다. 하지만 수동태는 어쩔 수 없는 경우를 제외하고는 동서양을 막론하고 글의 주체를 분명히 살려 쓰도록 하면 해결할 수 있지만 부사를 사용하는 문제는 서로 다르다고 본다. 우리 말은 영어와 달리 일상 생활에서 절(clause), 즉 안긴문장을 잘 사용하지 않는다. (2-4절 참조) 물론 글 꽤나 읽은 사람들은 멋을 부리려고 글에 자주 써먹기도 하지만 글은 말하듯이 써야 한다는 이 책의 취지로 보면 안긴문장보다 이를 부사어나 서술어로 바꾸어 쓰는 것이 훨씬 우리 말답다. 그래서 부사어를 함부로 써서 글이 객관적이지 못하거나 감정이 지나쳐서 독설(毒舌)이 되는 것만 조심한다면 언제든지 비슷한 말끼리 바꾸어 가면서 써도 좋다고 본다.

뒤에 놓인다는 위치의 문제를 그냥 공간적인 순서로만 보지 말고 논리적인 흐름의 문제로도 해석할 수 있다고 보아 원인과 결과 혹은 문제제시와 해결방안 등으로 개념을 넓혀서 적용한다. (4-3절에서 '논리로 전개하기' 참조) 이를테면, 글로 적힌 중심 생각을 보고 먼저 "쓸 말이 알맞게 나타났는가?" "이 정도면 충분한 설명이 될까?" "달리 설명할 방법은 없는가?" 등과 같은 기본적인 질문을 한 후에 "이 말과 관계 있는 사람은 누굴까?" "언제나 할 수 있는 말인가?" "다른 주제에 적용해 보면 어떨까?" "이 말의 속뜻은 무얼까?" "왜 이 말을 했지?" "어째서 이럴까?" 따위를 속으로 생각한다. 뒷받침에 별로 도움이 되지 않을 것 같으면 이내 중심 생각에 대한 논리적인 관계를 따져 "어떤 까닭이 있을까?" "어떻게 해결할 수 있을까?" "원인과 결과를 잘 찾아내었나?" "조건과 효과는 충분히 파악했나?" "제시된 문제가 올바른가?" "다른 대안은 없는가?" 등을 물어 본다. 그 밖에도 글쓰기 방법과 관련하여 여러 가지 질문을 해볼 수도 있는데 뒷받침의 목적이 중심 생각을 보충하여 독자의 이해를 높이는 것이라고 볼 때 항상 독자의 편에서 궁금해 할 것을 생각하면서 친절하게 적어 간다면 쓸 말이 없어 뒷받침을 못하는 경우는 일어나지 않을 것이다.

중심 생각을 뒷받침하는데 논리적인 과정을 응용한 좋은 예로 이른바 두괄식이니 미괄식이니 하는 방법이 있다. 실제 이 방법은 문단 쓰기보다는 어떤 주제가 있는 단락이나 전체 글을 놓고 문단이나 단락을 연결할 때 옛날부터 흔히 써왔는데 문단에 생각을 담아 잘 드러나도록 여러 문장으로 뒷받침하는 일도 하나의 글쓰기로 보고 똑같이 적용해 보는 것이다. 두괄식은 중심 생각을 문단 첫머리에 두고 뒤에서 뒷받침하는 방법으로 연역적 사고가 그 핵심인데 반해, 미괄식은 귀납적 사고에 맞춰 앞에서 천천히 구체적인 말로 설득해가다가 끝에서 중심 생각으로 마무리하는 방법이다. 서로 장단점이 있지만 자세한 내용은 이어서 나올 '문단과 문단 연결하기'나 다음 소절인 '글쓰기 방식'에서 다시 다루어 보기로 한다.

이런 경우도 있다. 중심 생각을 뒷받침해 가면서 할 말의 뜻을 살리지 못하고 오히려 퇴색시킬 수도 있는데 대부분 중심 생각보다 뒷받침 생각이 더 많은 시선을 끌었기 때문이다. 예를들어, 중심 생각이 "국가 경쟁력을 갖추기 위해서는 고급 연구인력을 적극 키워야 한다"일 때 올바른 뒷받침 문장이면 당연히 '국가 경쟁력'이나 '연구인력 지원 방안', 좀더 나간다면 '이공계 기피 현상의 실태와 해결책' 등이 되겠지만 난데없이 '정치인의 자질 문제'나 '널리 퍼진 사회부조리' 급기야 '국민성 문제'까지 들고 나온다면 뒷받침 생각이 중심 생각보다 튀어도 너무 튄 꼴이 되고 만다. 글을 읽다가 이처럼 "이 말이 무슨 관계가 있지?" "왜 이 말을 썼을까?"라고 의문이 들면 독자를 설득하기는커녕 오히려 글쓴이의 자질 문제만 시비거리로 떠오르게 된다. 그래서 뒷받침할 때는 단락의 중심 생각에만 집중하면서 나타내고자 하는 뜻이 점점 구체화되고 좁혀질 수 있는 말로만 채워가는 것이 좋다.

마지막으로, 문단에 담을 생각(문장)의 개수에 대하여 알아보자. 문단은 단락의 주제를 지탱해야 하기 때문에 제 기능을 충실히 수행할 수 있는 정도면 몇 개의 문장이 들어가더라도 괜찮다. 정한 기준이 없어 글쓴이가 하고 싶은 말을 충분히 뒷받침할 만큼 쓰면 된다는 말이다. 하지만 글이란 아무래도 독자를 위한 것이고, 그래서 독자가 읽으면서 숨이 찰 정도로 몇 쪽씩 넘어가는 긴 문단이나 달랑 한 문장만 써서 내용을 되씹어 볼 기회를 주지 않으면 좋지 않게 생각할 것이 뻔하다. 그렇다고 균형을 잡는다고 모든 문단을 길이가 서로 비슷하게 써가는 것도 독자가 지루해 하는 것은 마찬가지다. 이른바 길고 짧고 강하고 약한 '리듬'이 중요하다는 것인데, 이때 글을 자주 써본 사람들은 보통 중심 생각의 폭을 조절하는 기법을 사용하곤 한다. 이를테면, 뒷받침을 하면 중심 생각이 점점 구체적이고 상세하게 풀려가는 것이니 생각의 범위를 좁히면 좁힐수록 뒷받침 문장도 그만큼 줄어든다는 이치와 같다. 반대로 문단의 길이가 작은 경우는 중심 생각을 조금 넓혀 잡으면 글쓴이가 뜻했던 대로 문장 몇 개를 더 넣을 수 있게 된다.

(2) 문단과 문단 연결하기

생각을 담고 뒷받침이 잘 된 문단은 그 자체로 어느 정도 독립된 글로 볼 수 있다. 마치 소프트웨어 공학에서 가르치는 모듈(module) 개념과 같이 기능과 구실만 맞는다면 다른 글의 한 부분으로 그대로 쓸 수 있다는 말이다. 하지만, 글이란 아무래도 생명체와 같아서 주위 환경, 즉 글의 목적이나 동기, 독자의 관심, 하물며 글쓴이가 글을 쓰는 태도나 문제를 바라보는 관점 등이 변하면 자연히 잘 어울리도록 모습을 바꾸어 가야 한다. 그림 5.1을 다시 언급하지 않더라도 문단은 단락을 위해, 그리고 단락은 전체 글을 위해 서로 매끄럽게 연결되어야 한다는 뜻이다. 여기서는 이와같은 문단과 문단을 연결하는 방법에 대하여 알아보기로 한다. 물론 단락과 단락의 연결은 규모의 차이뿐 문단에서 하는 것과 전적으로 같기 때문에 따로 설명할 필요는 없다.

우선 문단을 서로 연결할 때 여러 가지 조건에 따라 알맞게 지적할 수 있도록 문단의 이름부터 정의하기로 한다. 흔히 쓰는 말로 글의 앞쪽에 있으면 문제를 제기하고 글을 쓰는 까닭 등을 적는 것이 보통이니 도입문단, 끝에 놓여 지금까지 한 말을 요약하거나 앞으로 할 일 등을 적어 가니 결말문단, 그리고 도입문단과 결말문단 사이에서 문제를 풀어간다거나 원인을 분석하여 해결책을 내놓고 타당성도 확인하는 전개문단 (혹은 발전문단) 따위로 부르는 것과 같다. 말할 것도 없이 이런 이름들은 문단이 단락이나 글 속에서 수행하는 임무에 따라 구분한 것이다.

도입문단은 글의 구조에서 말하면 '서론'과 하는 일이 같다. 그래서 자세한 쓰기 법은 5-2절을 살펴보아도 되겠는데 여기서 꼭 기억할 사항은 어떤 문단을 쓰더라도 항상 글의 흐름을 놓치지 말아야 한다는 것이다. 이를테면, 도입문단은 다음에 전개문단과 (글의 구조로 보면 '본론'과 같음) 연결되므로 도입문단의 끝 부분이 전개문단의 시작 부분과 계속 이어질 수 있도록 문장을 놓아야 한다. 따라서 도입문단은 보통 앞쪽에서 일반적인 말로 넓게 시작하고 뒤로 갈수록 범위를 점점 좁히다가 끝에 가서 본론에서 다룰 아주 구체적인 문장을 집어 넣기 때문에 꼭지점(강조점)이 아래에 있는 역삼각형 모양의 문단 구조를 갖게 된다. 똑같이 해석해 보면, 전개문단은 모든 문장이 다 대등하게 연결되어 있으므로 문단 구조가 사각형이고 본론에서 다룬 내용을 구체적으로 다시 한번 더 강조하는 결말문단은 (글의 구조로 보면 '결론'과 같음) 보통의 삼각형처럼 위에 꼭지점이 있으면서 차츰 아래로 갈수록 일반적인 추세나 나아가야 할 방향 등을 제시하면서 폭이 넓어지는 것이 정상이다.

문단은 또 문단의 성질이나 글을 쓰는 방식에 따라 여러 가지로 나눌 수 있다. '무엇'을 알려주는 것이면 설명문단, '무엇'을 증명하는 것이면 논증문단, '무엇'을 느낀 그대로 그려내는 것이면 묘사문단, 그리고 '무엇'을 일어난 일의 순서대로 하나씩 말해 가는 것이면 서사문단 등이 된다. 하지만 이렇게 딱 부러지게 말할 수 있는 것도 아니다. 문단 안에서 뒷받침을 어떻게 하느냐에 따라 글쓰기 방식이 수시로 바뀔 수 있기 때문인데, 그래서 글을 쓸 때는 중심 생각을 하나씩 풀어가기 위해 최선으로 선택할 수 있는 방식이 무엇인가 하는 것을 따져보는 것이 아주 중요하다. 남의 글을 읽으면서 글쓰기에 대한 감을 터득하라는 것도 어찌 보면 이 문제를 주의 깊게 살펴 보라는 말로 해석할 수 있으니 글쓰기 법을 상황에 맞게 정하는 것은 그렇게 쉽지만은 않다. 글쓰기 방법에 대해서는 다음 소절에서 따로 자세히 설명하기로 한다.

문단에 이름을 붙일 때 문단이 담고 있는 내용을 보고 판단하는 경우도 있다. 즉, 단락이나 글의 주제를 가장 뚜렷하게 나타내는 문단은 주요문단이고 그 밖의 다른 모든 문단은 보충문단이다. 따라서 주요문단에는 보통 글쓴이의 주장이나 글의 결론을 요약하여 담든가, 아니면 글에서 특히 강조하고 싶은 말이 있는 경우에는 다른 문단과 구별하기 위해 예외적으로 포함하기도 한다. 보충문단은 말 그대로 주요문단을 앞과 뒤에서 뒷받침하면서 독자의 궁금증을 하나씩 해소해 주는 문단이다.

이제 지금까지 정의해 온 각 문단을 가지고 글을 써갈 때 흐름을 매끄럽게 하여 글다운 글을 만들어 주는 문단과 문단의 연결 문제에 대하여 생각해 보기로 하자. 왜 문단을 연결해야 하는가는 어리석은 질문이지만 왜 매끄럽게 연결해야만하는가는 글쓰기에서 아주 중요한 질문이다. 이른바 문맥(文脈)이 닿도록 쓴다는 말인데 글의 주제가 갖는 논지는 반드시 문단과 문단이 서로 논리나 의미, 혹은 그 밖의 다른 적절한 관계로 연결되면서 구체화될 때 비로소 명확해지기 때문이다. 좋은 문단을 썼다 하더라도 문맥이 맞지 않으면 미꾸라지 한 마리가 온 웅덩이를 흐려놓는 것과 같다.

문단의 연결은 기본적으로 문장이 문단으로 바뀐 것 외에는 앞의 '중심 생각 뒷받침하기'에서 여러 뒷받침 문장을 중심 문장이 돋보이도록 적어가는 것과 똑같다. 다시말하면, 알맹이가 담긴 주요문단을 중심으로 앞이나 뒤에 이를 뒷받침할 수 있도록 보충문단들이 놓일 순서를 정하면서 문단을 연결해 간다는 말이다.

물론 이때에도 문단의 순서는 문장의 순서가 문단 안에서 그렇듯이 단락의 형식과 내용에서 모두 모순이 없도록 해야 한다.

단락의 형식은 아무래도 글의 구조와 밀접한 관계가 있으니 '서론–본론–결론'과 같은 기본 틀처럼 자리를 차지하는 것이 좋겠다. 그러니까 단락의 앞에는 왜 이 단락이 필요하고 무엇을 어떻게 말하려는지 밝히는 도입문단을 적어 독자의 흥미를 먼저 끌 수 있도록 하고, 이어서 글쓴이의 주장을 써가면서 독자가 궁금해 하는 것도 필요하면 예를 하나씩 들어서 설명해 가는 전개문단과 주제를 다시 확인하고 앞으로 할 일을 밝혀 독자가 글을 읽으면서 만들었던 생각을 차분히 정리할 수 있도록 도와주는 결말문단을 차례로 놓는다. 각 문단에는 꼭 이런 내용만 들어가야 한다고 정한 것은 없다. 대체로 그렇다는 말인데, 이는 글이 글쓴이보다 독자를 위한 것이니 독자가 글을 읽으면서 왔다갔다하지 않고 나온 순서대로 생각을 키워갈 수 있도록 하는 것이 제일 바람직하기 때문이다. 이런 측면에서 각 문단은 위에 언급한 내용 말고도 도입문단에는 옛날을 기록하고, 오늘을 설명하고, 문제를 발견하여 제시하고, 문제의 핵심을 파악하고, 쓸 목적과 동기 등을 적을 수 있고, 또 전개문단에는 글의 주장을 논리적으로 뒷받침할 수 있도록 증거를 대고, 남의 것을 인용하고 반론하며, 원인을 분석하여 대책을 내놓고, 적용 사례를 들어 타당성을 확인하는 따위의 글을 포함해도 좋다. 마찬가지로, 글의 논점을 요약하여 주장하고 싶은 말을 다시 강조하거나 전문 지식으로 제언하여 독자의 관심을 유도하는 일 등은 결말문단에 넣도록 한다.

그렇다고 단락의 형식만 믿고 문단의 순서를 기계적으로 짜맞추듯 해서는 곤란하다. 도입문단으로 썼으니 단락의 맨 앞에 두고 내용이 결말문단에 포함되는 것이니 단락의 맨 끝에 와야 한다고 단정해서도 안 된다. 단락의 서론, 본론, 결론에 해당하는 각 문단들은 다루려는 주제의 범위나 강조할 내용 등에 따라 개수를 줄이거나 늘릴 수가 있어 같은 묶음 안에서도 그 순서를 조심스럽게 정해야 하고, 또 주제의 내용이나 표현 방법 등에 따라서 단락의 성격을 다르게 쓸 수 있으므로 그 위치도 바꾸어 놓을 수 있다. 여기서 맡은 일이 비슷한 문단들 사이의 순서를 정하는 문제는 앞에서 잠시 언급했던 연역법이니 귀납법이니 하는 몇몇 잘 알려진 논리적인 사고 과정을 응용하여 풀어 나갈 수 있고, 또 문단의 위치를 바꿀 때는 앞뒤 연결 관계에 맞는 이음말을[64] 잘 찾아냄으로써 어느 정도 해결할 수 있다.

먼저, 글쓰기에 써먹을 수 있는 대표적인 논리과정을 살펴보기로 하자. 단락의 형식 면에서 보면 이미 말했던 것처럼 앞에서 대부분의 사람이 다 아는 일반적인 이야기로 분위기를 잡아가다가 뒤로 갈수록 점점 구체적인 것을 끄집어내도록 문단을 배치해 가는 두괄식과 이와는 반대로 독자의 눈에 확 띄는 특별한 경험이나 사례를 먼저 적어가다가 단락의 뒤에서 하고 싶은 말을 일반화하여 마무리하는 미괄식이 여기에 속한다. 당연히 두괄식은 논리적인 추론 과정 중의 하나인 연역법(deductive method)을 응용한 것으로 진술하는 내용이 글을 써 가면 갈수록 더 뚜렷하게 나타나기에 역삼각형 구조 혹은 구체화 과정이라 하고, 미괄식은 귀납법(inductive method)을 본뜬 것이므로 아래(뒤)로 갈수록 넓어지는 삼각형 구조 혹은 진술 방법에서는 일반화 과정을 따랐다고 말한다.

연역법과 귀납법은 특히 '무엇'을 주장하는 글에서 독자를 효과적으로 설득할 수 있는 글쓰기의 한 방법이다. 그래서 어떤 것이 좋고 나쁘다고 말할 수 없지만 각각의 장단점이 있는 것만은 사실인 것 같다. 즉, 연역법은 글의 전개가 부드럽다는 점과 글쓰기를 시작할 때 처음에 무슨 말부터 써야 할 지 잘 모르는 경우에 교훈적인 말이나 불변의 진리, 일반적인 원리 등을 내세워 놓고 뒤로 가면서 차츰 뒷받침해 갈 수 있다는 점 따위로 대부분의 사람들이 좋아하는 방식이지만 앞에 한 말이 뒤에 다시 반복될 수 있어 독자가 지루해 하기 쉽고, 또 점점 구체화해 가는 과정에서 자칫 한 단계를 건너 뛰어 잘못하면 논리의 비약이 일어날 수 있다는 단점도 있다. 그리고 귀납법은 처음부터 구체적이고 가슴에 와 닿는 말로 독자의 관심을 일정한 방향으로 끌고 가다가 끝에 가서 하고 싶은 말을 단호하게 내뱉어 내기 때문에 설득하는 글에서 글의 인상을 강하게 할 수 있다는

64 이음말은 문장이나 문단 등을 뒷받침해 갈 때 한 생각을 다른 생각으로 바꾸어 분위기를 전환한다는 뜻으로 '전환어(轉換語)', 그리고 내용의 전개가 논리적인 관계를 가지면서 다른 내용으로 옮아간다는 뜻으로 '전이어(轉移語)' 라고도 한다. 무엇이 되었든 우리 말에서는 모두 접속부사가 맡는데, 여기에는 '그리고' '그래서' '그런데' '그러나' '다시말하면' '한편' '예를들면' 따위와 같이 누구나 쓰는 것부터 글쓴이가 구나 절, 문장을 따지지 말고 생각이나 문단을 상황에 맞게 연결할 수 있도록 임의로 만든 것까지 있다. 글쓴이가 남을 흉내내지 않고 새로운 이음말을 지어내는 능력도 글을 잘 쓰는 비결의 하나다.

장점이 있는 반면에 제시한 근거가 빈약하거나 미리 면밀하게 검토하지 않으면 나중에 성급하게 일반화하여 끝을 맺었다는 말을 듣기 쉽다. 이 방법들에 대한 설명은 내용 전개상 다음 소절에서 예와 함께 자세히 언급하기로 한다.

문단을 논리적으로 놓는다는 것은 간단히 앞 문단의 마지막 문장과 뒤 문단의 처음 문장이 서로 관계를 갖도록 한다는 뜻도 있다. 간단한 예로, 어릴 적 친구들과 놀면서 자주 불렀던 '끝말 노래' – "원숭이 엉덩이는 빨갛다" "빨간 것은 사과다" "사과는 맛있다" "맛있는 건 바나나다" "바나나는 길다" "긴 것은 기차다" "기차는 빠르다" "빠른 것은 비행기다" "비행기는 높다" "높은 것은 백두산이다" – 를 생각해 보면 쉽게 이해할 수 있다. 앞 문단에 원숭이를 설명하고 다음 문단에서 사과에 대하여 쓸 요량이면 먼저 원숭이에 대하여 하고 싶은 말을 적다가 문단 끝이 다가오면 다음 문단을 헤아려서 어떤 관계가 있는 말로 (여기서는 원숭이 엉덩이와 사과의 색깔을 연결) 마무리하고, 이어서 다음 문단에 들어오면 앞 말을 바로 이어가면서 글을 계속 써나가는 식이다. 물론 이 문단의 끝이 다시 다가오면 또 다음 문단을 생각하여 서로 연결할 수 있는 말로 (여기서는 사과와 바나나의 맛) 끝을 맺으면 된다. 당연한 말인 것 같은데도 실제 글을 직접 써 갈 때는 이 방법을 잘 활용하지 않는 것 같다. 쓸 말이 없던가 어떻게 문단을 놓아야 될까 고민하면서 망설이게 될 때는 이 방법을 먼저 적용해 보는 것이 좋다. 시간이 절약되는 것은 물론이지만 무엇보다도 생각치도 못한 아이디어가 가끔 나오기도 하는데 이것이야말로 글쓰기를 몸으로 터득해 가는 좋은 예가 되지 않을까 싶다.

다음, 문단의 성격이나 뜻을 잘 살펴서 논리적으로 모순이 없도록 써 나가는 방법에 대하여 알아보자. 앞뒤 문단이 어떤 내용을 담았느냐에 따라 성격이 서로 대등한지 종속적인지, 혹은 뜻이 어떤 논리 관계로 연결되어 있는지를 분간할 수 있다. 그리고 이렇게 파악된 문단을 서로 이어 놓을 때는 이음말을 써서 독자가 다음에 나올 것이 지금 읽은 것과 어떤 관계에 있는지를 분명하게 짚어 주는 것이 보통이다. 결국 이 문제는 쓸 문단의 성격이나 뜻을 미리 판단하여 각 문단 사이의 문맥이 더 뚜렷해지도록 이음말을 직접 만들거나 혹은 선택하는 문제로 생각해 볼 수 있는데, 이는 글의 흐름을 잡아가는 데는 이음말이 문단의 내용을 하나씩 채우는 것 못지않게 중요한 구실을 한다는 말이다. 쓸 말이 아주 생각나지 않을 때는 앞 말을 다시 읽어 보고 더 뒷받침할 것인지, 아니면 전혀 새로운 내용을 적어 가도 되는지를 생각하여 각 경우에 맞는 이음말만 먼저 써 놓아도 글쓰기가 훨씬 편하다는 것을 느낄 수 있을 것이다.

표 5.1 대표적인 이음말의 쓰임새

연결 방식	문단 사이의 관계	이음말의 종류
순접	논리적인 모순없이 차례대로 순조롭게 잇기(까닭, 원인, 조건 등의 관계)	그리고, 그래서, 그러니, 그러므로, 따라서 등
역접	앞과 반대되거나 일치하지 않는 내용을 어긋나게 잇기	그러나, 하지만, 그렇지만, 그렇더라도 등
요약	앞과 다른 것이 아님을 다시 설명하고 강조하듯이 잇기	다시말하면, 즉(곧), 요컨대, 이를테면 등
첨가(보충)	덧보태거나 부족한 것을 채우면서 뒷받침하듯이 잇기	그리고(또), 더구나, 뿐만 아니라, 이외에도 등
전환	앞과 다른 내용을 도입하여 분위기를 바꾸듯이 잇기	그런데, 한편, 그건 그렇다치고, 다른 쪽에서 보면 등

표 5.1은 대표적인 이음말의 쓰임새를 문단 사이의 관계에 따라 요약·정리한 표이다. 물론 이런 이음말들이 어떤 연결 방식에서 무슨 뜻으로 쓰인다는 것을 모르는 사람은 없을 것이다. 글을 읽고 쓰다 보면 아마도 문장 성분 중에서 이음말만큼 많이 써먹는 말도 없지 않을까 싶다. 하지만, 이음말은 2-2절의 '문장 쓰기와 연결 올바로 하기'에서 언급한 것처럼 실제로는 문장이나 문단을 이어갈 때 많이 쓰면 쓸수록 문맥이 오히려 더 어수선하여 독자가 아주 성가시기 쉽다. 이음말이 앞뒤 말의 논리적인 관계를 직시해주는 이점도 있지만 글이 자연스럽게 흘러가는 것을 막을 수 있고, 더군다나 앞뒤 말의 성격이 같다고 하여 똑같은 이음말을 반복해서 쓰는 사람도 있어 글의 내용은 내버려 두더라도 우선 글을 읽기가 무척 곤혹스러울 때가 많다.

우리 말에서 이음말의 좋은 사용법은 될 수 있으면 줄여 쓰는 것이라고 제2장에서 말한 바 있다. 오히려 글을 잘 쓰는 사람은 문장이나 문단을 만들어 갈 때 아예 이음말이 소용없도록 내용을 앉힌다고도 했다. 이럴 수야 없겠지만 그만큼 이음말을 제자리에 잘 쓰자는 말로 받아들이면 좋겠다. 하나의 기법으로 앞서 언급한 것처럼 각 문단에 속한 문장을 하나씩 써갈 때 미리 앞 문단은 역삼각형 구조, 그리고 뒤 문단은 삼각형 (혹은 사각형) 구조가 되도록 하는 것도 응용해 볼 수 있다. 그리고 이음말이 꼭 필요한 경우에는 표 5.1의 기본적인 말도 좋지만 될 수 있으면 새롭게 만들어 간다는 마음을 갖는 것이 중요하다. 이음말이라 하여 꼭 문장 성분으로 잘 알려진 접속어만 (접속부사 포함) 되는 것은 아니다. 이음말은 생각이 담긴 문장이나 내용이 담긴 문단을 서로 논리적인 관계가 끊기지 않도록 보조적으로 붙이는 말이기 때문에 앞이나 뒤에서 하고 싶은 말을 함께 섞어서 하나의 문장으로 만들어 써도 된다.

앞뒤 문단의 관계가 글의 성격이나 뜻 측면에서 논리적으로 분명하면 이음말을 사용하지 않고도 이어갈 수 있다. 예를들어, 앞 문단이 어떤 주장을 제시하고 뒤 문단이 이의 근거를 설명한다면 굳이 두 문단 사이에 '왜냐하면' '까닭을 살펴보면' 등과 같은 이음말을 쓸 필요가 없다는 말이다. 읽으면서 누구나 확실하게 논리적 관계를 알 수 있다면 이음말은 글의 흐름을 방해하는 군더더기일 뿐이다. 이와같은 논리적 관계의 흔한 예로는 위의 '주장과 근거'뿐만 아니라 '원인과 결과' '과제와 해결' '원리와 적용' 따위도 비슷하게 설명할 수 있다. 즉, '원리와 적용'인 경우 앞 문단이 원리를 설명하고 뒤 문단에서 적용 방법을 예로 들고, 또는 그 순서를 바꾸어 구체적인 사실을 앞 문단에서 예로 제시하고 뒤 문단이 원리나 법칙을 설명하면 이음말이 소용없다는 말이다.

이 밖에도 문단과 문단을 연결할 때는 여러 관계를 만들 수 있다. 서로 다른 사례를 들어 대비해 볼 수도 있고, 분석하는 방법을 응용하여 한 문단에 한 부분씩 담아 나열하든가, 혹은 중요도를 따져 우선순위대로 순서를 잡아가는 따위와 같이 문단 사이의 관계는 글에 따라 한둘이 아니다. 문단 연결을 이토록 신경 써야 하는 것은 글의 논지를 처음부터 끝까지 한결같이 하여 독자의 이해를 도울 뿐만 아니라 이음말도 잘 고르고 만들어 문장의 변화를 살릴 수 있기 때문이다. 글이 지루하지 않고, 또 글쓴이 자신도 글을 써가면서 생각의 폭을 체계적으로 키워갈 수 있기도 한다. 문단의 연결이 자연스럽지 못하면 글 전체의 균형이 깨어져 뜻도 혼란하여 글로서의 가치는 그만큼 떨어지는 것은 당연하다. 좋은 글을 많이 읽어 이음말이 없어도 깨끗하게 잘 연결된 문단을 주의깊게 살펴보고 글쓰기를 많이 하면서 이음말을 꼭 넣어야 하는 경우가 생기면 직접 만들어 쓰는 연습도 꼭 해보길 바란다. 글을 안 써본 사람은 글맵시도 부릴 줄 모른다.

2) 글쓰기 방식

글은 대개 '무엇'을 알려주고 주장하고, 느낌을 적고, 또 '무엇'을 이야기하고 싶을 때 쓴다. 이른바 글의 목적이 정해지고, 나아가 어디에 누구한테 어떻게 보이려고 쓰겠다는 글의 동기마저 확실하면 이미 글쓰기의 준비는 다 끝난 것이다. 물론 글쓰기를 본격적으로 시작하려면 글의 목적에서 찾아낸 '무엇'을 잘 표현할 수 있는 주제 문장을 하나 써 놓고 이를 뒷받침할 수 있는 여러 글감들을 모으고 정리하고, 그래서 개요를 작성하는 것까지 이루어져야 한다. 여기서는 글의 목적에 따라 각각의 특징을 살려갈 수 있는 글쓰기 방식에 대하여 하나씩 살펴보기로 한다. 앞에서도 지적했지만 한 편의 글이 꼭 한 가지 방식으로만 쓰이지는 않는다. 하지만 글쓰기 방식을 하나하나 두루 잘 활용하려면 전체를 묶음별로 나누어 체계적으로 익혀 놓아야 나중에 주제나 글감에 맞춰 잘 선택하여 써먹을 수 있을 것이라고 확신한다. 짜진 개요를 보면 내 주장을 강하게 펴기 위해 증명하고 설득해야 할 부분, 기존에 있던 복잡한 사실들을 쉽게 설명해야 할 부분, 맞닥뜨린 상황이나 느낌을 잘 그려 놓아야 할 부분, 그리고 일의 흐름을 관찰하듯이 시간 순서대로 구체적으로 풀어 놓아야 할 부분 등이 섞여 있을 것이고, 아마 이것을 판단하는 능력도 글쓰기가 몸에 밴 사람만이 가질 수 있는 글쓰기의 재능이 아닐까 싶다.

주제를 '컴퓨터'로 잡고 글을 써보는 경우를 생각해 보자. 먼저 "컴퓨터는 전자 회로를 이용하여 자료를 고속·자동으로 처리해 주는 기계로 수치 계산, 자동 제어, 사무 관리, 데이터 처리, 언어·화상(畵像)의 정보 처리 따위에서 광범위하게 이용되며 옛날에는 전자 계산기라는 말로도 썼다"라고[65] 써도 한 편의 글이고, 또 "컴퓨터

65 인터넷 포털 사이트인 야후(yahoo)에 등록된 국어사전을 참조한 글이다.

는 크게 본체와 주변 장치로 나눌 수 있는데 본체는 중앙처리장치와 기억장치로 다시 구분된다. 중앙처리장치는 연산과 제어 작용을 수행하여 그 결과를 이내 기억장치에 담아서 오래오래 쓸 수 있도록 해준다. 주변장치는 본체에 정보를 들여보내는 키보드와 같은 입력장치와 처리된 정보를 다시 밖으로 보여주는 모니터와 같은 출력장치가 있다"[66] 혹은 "컴퓨터는 내 친구다. 내가 심심하면 같이 놀아주고 공부하면 공부도 도와준다. 네모 난 얼굴이 눈도 코도 없으면서 나만 보면 신이 난 듯 기뻐 날뛴다. 큰 소리만 치는 엄마보다 회초리만 드는 아빠보다 컴퓨터가 나는 훨씬 더 좋다"[67] 등도 똑같이 한 편의 글이다. 동일한 대상을 생각하면서 쓴 글이지만 글의 내용과 성격에서 차이가 많고 글쓰기 방식도 서로 다르다는 것을 알 수 있다. 누가 어떤 상황에서 글을 쓰느냐 하는 것도 중요하지만 글쓴이가 어떤 목적으로 어떻게 글을 쓰느냐 하는 것도 글의 분위기를 드러내는데 무시할 수 없다는 말이다.

표 5.2 글의 목적으로 나눈 글쓰기 방식

글의 목적	글쓰기 특징	글쓰기 방식
알려주기	'무엇'을 알기 쉽게 풀이	설명
주장하기	'무엇'을 증명하여 설득	논증
그려내기	'무엇'을 느낀 대로 표현	묘사
이야기하기	'무엇'을 차례대로 나열	서술

글의 목적과 글쓰기 방식을 짝을 지어 나타내면 표 5.2와 같다. 앞서 여러 번 언급했듯이 글의 목적에 따라 글쓰기 방식이 달라져야 하는 까닭은 하고 싶은 말을 말이 아닌 글로 최고의 성과를 거두기 위해서다. 그리고 글을 구성하는 단락과 문단도 나름대로 써야 할 속셈이 있으므로 글 전체로 보면 여러 가지 글쓰기 방식이 나타나는 것은 당연하다. 한 편의 글에 처음부터 끝까지 한 가지 글쓰기 방식만 고수한 글은 찾아보기 어렵다. 단락의 주제를 중심으로 주요문단은 '논증'으로 강하게 주장하고 보

66 컴퓨터의 구조를 생각하며 직접 써본 글이다.
67 초등학교 4학년 아이가 '컴퓨터'에 대해 하고 싶은 말을 써 보라고 하여 쓴 글을 단어나 토씨 따위에서 약간 수정하였다.

충문단은 '설명'이나 '서술' 혹은 다시 '논증'을 붙여 좀더 확실히 뒷받침하는 식이다.

글쓰기 방식을 하나씩 배우기에 앞서 하나 알아둘 것이 있다. 글은 기본적으로 사실을 바탕으로 쓰는 것이 옳다. 물론 문예글에서는 상상력을 동원하여 이야기를 꾸며서 쓰는 경우도 있지만 전문글인 경우에는 연구나 조사를 하여 알게 된 사실을 경험과 견주어 보든가, 아니면 직접 실험하여 확인하면서 다시 새로운 것을 얻어내든가 하여 글을 쓰는 것이 보통이다. 문제는 이런 과정에서 얻은 지식이 만족스럽지 못하다 하여 혹 있을 수 있는 자신의 잘못된 연구 방식이나 부족한 정보 등을 솔직히 적지 못하고 오히려 감추고 변명하는 말로 글을 쓴다든가, 심지어는 아예 사실을 가공하거나 조작하여 거짓말로 그럴듯하게 포장하는 일도 더러 있다. 글이란 전문글일수록 글의 목적을 충족할만한 결과를 찾지 못했다 하더라도 그 까닭이나 경험, 느낌, 앞으로 연구해 볼 것 등을 생각한 그대로 적어 두는 것이 훨씬 더 좋은 글이 되는 데도 말이다. 아마도 이런 잘못은 시간에 쫓겨 이른바 '실적'을 내 놓아야 하는 사람이나 처음부터 글쓰기에 대한 그릇된 태도를 가진 사람이 자주 저지르지 않을까 싶다. 글쓰기는 말하기처럼 얼굴을 맞대지는 않지만 엄연히 '글얼굴'이 있어 감추고 변명하고 거짓말하여 독자를 속이는 것은 누워서 침 뱉기인지라 결국 자신이 책임질 수밖에 없다.

(1) 설명하는 글쓰기

연구나 실험, 경험 등으로 익히고 습득한 것을 독자의 수준에 맞춰 알기 쉽도록 풀어가는 방식을 '설명'이라 한다. 그러니까 밝힌 사실을 글로 쓰되 글쓴이의 느낌이나 생각 따위는 넣지 말고 자신이 알고 이해한 그대로 독자도 그렇게 될 수 있도록 쓰는 것이 설명하는 글쓰기 방식이다. 예를들어, 어떤 원리나 현상을 설명한다고 하면 우선 이를 소개하는 (혹은 정의하는) 것부터 왜 필요하고, 무엇과 관계 있고, 어디에 적용할 수 있는지 등을 공부하여 익힌 그대로 적으면 된다. 결국 설명하는 글쓰기는 어떤 것에 대하여 독자가 무엇이든 궁금해 할 것을 미리 파악하여 친절하게 알려 주듯이 쓰는 방식이다.

독자가 궁금해 할 수 있는 것은 셀 수 없을 정도로 많아 글쓴이가 일일이 짚어갈 수는 없다. 그래서 글쓰기를 설명하듯 쓸 요량이면 주제에 대해 일어날 수 있는 여러 의문점들을 먼저 정리해 보고 자기가 알고 있는 내용과 맞춰가면서 시작하는 것이 좋다. 물론 이 과정에서 부족하다 싶으면 쓸 것을 더 찾아내어야 하고, 아니면 주제의 폭을 좁혀 아는 것을 더 깊게 다룰 수 있도록 하여 독자가 실망하지 않도록 해야 한다. 독자가 한번 읽고 마음이 몹시 상하여 다시 찾지 않는다면 글의 성과는 그만큼 떨어지기 때문이다.

글이 신선하다는 것은 독자의 의문점을 남과 다르게 찾아서 풀었다는 말로도 해석할 수 있다. 평소에 이해하고 있었던 것도 다른 각도에서 설명된 글을 읽으면 아무래도 이해의 질(質)을 높여줄 수 있으니 이 역시 좋은 글인 것은 틀림없다. 그러고 보면 설명하는 글쓰기 방식은 공학에서 흔히 다루는 '어떤 문제에 대한 새로운 접근법' 등과 일맥상통한 점이 있고, 그래서 전문글을 쓰는 사람들이 가장 많이 쓰는 방식이 아닌가 싶다. 문제는 이와같은 독자의 의문점을 어떻게 찾느냐 하는 것인데 이는 전적으로 글쓴이의 노력에 달려 있을 뿐이다. 자신이 알고 있는 지식을 여러 상황에서 설명하고 적용해 보면서 스스로 미심쩍다고 생각되는 것이 있으면 바로 그것이 독자도 똑같이 느끼는 의문점이다.

그렇다고 쓸 대상을 확실히 알려줄 수 있는지 이것저것 무턱대고 검토해 보라는 말은 아니다. 글쓰기를 자주 해보라는 것에는 여러 가지 까닭이 있겠지만 이처럼 아는지 모르는지 객관적으로 판단할 수 있는 능력도 기르려고 한다는 사실에 주목할 필요가 있다. 다시말하면, 사람의 이해력을 도와주는 몇 가지 잘 알려진 과정을 미리 설정해 놓고 쓸 대상을 각각에 견주어 하나씩 차례대로 말할 수 있는지 확인해 보는 것이다. 그래서 쉽게 쓸 수 있으면 잘 아는 부분이고 써 놓고도 뭔가 꺼림직하면 확실히 알지 못하는 부분이 된다. 물론 쓸 대상이 무엇이냐에 따라 모든 과정을 다 해볼 필요도 없고, 또 해보려고 해도 다 밝힐 수도 없다. 쓸 대상의 성격에 따라 설명하는 글쓰기 방식에서 최선의 것들을 잘 고를 수 있는 것도 역시 글쓰기의 재능이다.

지금부터 사람의 이해력을 도와주는 몇 가지 잘 알려진 과정들, 즉 설명하는 글쓰기의 방식들을 하나씩 살펴보기로 한다. 자기만 아는 것을[68] 남이 이해할 수

68 글은 비록 독자가 알고 있을 것이라고 생각되더라도 자기만이 알고 있는 것처럼 쓰는 것이 좋다. 보통은 글의 형식을 순서대로 유지하기 위해서인데, 이보다는 글쓴이의 생각을 끊지 않고 자연스럽게 흐르게 하여 글을 쓰면서 자신감도 얻고, 또 잘 알려진 지식인 경우 직접 확인했다는 사실을 보여주는 효과가 있어 글의 완성도가 높아지기 때문이다. 그리고 아무리 단순한 지식이

있도록 자세히 설명한다고 가정하면 아마 금방 알 수 있을 것 같다. 쓸 대상의 실체나 개념이 무엇인지 풀어서 알려 주어도 잘 모르겠다는 반응이면 독자가 알 만한 것과 비교도 하고, 비슷한 것끼리 묶거나 나누어 다시 설명하기도 하고, 그래도 부족하면 쓸 대상을 분야별로 쪼개어 하나하나 파헤쳐 보여주는 등의 익히 알려진 방법부터 스스로 해 보면서 배운 독특한 방법까지 여러 가지가 있을 것이다. 지면 관계로 일일이 다 찾아 볼 수는 없지만 흔히 쓰이는 방법만을 정리해 두어도 큰 도움이 될 뿐만 아니라 조금씩 쌓여 번쩍이는 다른 것을 찾아내는 데도 제 구실을 톡톡히 할 것으로 믿는다.

① 정의하기

글에서 밝힐 대상이나 주제 속에 포함된 중요한 항목, 생각 등을 명확하고 철저하게 규정하는 것이 정의하기(defining)이다. 보통 이런 방법은 글이나 단락의 첫머리에서 흔히 볼 수 있는데 쓸 대상의 실체나 개념, 나아가 다룰 범위까지 미리 써놓으면 이어지는 글의 내용을 아주 조리있게 꾸려갈 수 있기 때문이다. 그래서 정의하기는 어떤 대상을 설명할 때 가장 기본적인 글쓰기 방식이 된다.

정의하기는 어떤 대상을 두고 "이것이 무엇이냐?"에 대한 답을 찾아가는 식으로 보통 'A는 B이다'의 꼴이다. 여기서 A는 쓸 대상인 피정의항(被定義項)이고 B는 A를 알기 쉽게 풀어놓은 정의항(定義項)이다. 하나의 예로, 우리 나라에서 만든 문서작성기인 '아래아 한글'에 따라오는 사전을 보면 말을 "말은 사람의 생각이나 느낌 따위를 표현하고 전달하는데 쓰는 음성 기호이다"라고 풀어놓았다. 그러니까 A가 '말'이고 B가 '~ 음성 기호'라는 것인데, 여기서 특히 주의깊게 살펴보아야 할 곳이 B이다. B의 마지막 부분인 '음성 기호'는 A인 '말'이라는 개념보다 더 큰 개념, 즉 상위개념이라 일컫는 유개념(類槪念)으로[69] '말'을 포괄하는 말이고, B에서 '~'로 표시된 앞 부분은 피정의항이 가지고 있는 특징이나 중요한 성질을 나타내는 말이다. 즉, '말'의 기본적인 특징은 "사람의 생각이나 느낌 따

라도 모든 독자가 글쓴이와 같은 관심을 가진다고 볼 수 없기에 다 안다고 할 수는 없다.

69 논리학에서 쓰는 어려운 말이지만 쉽게 설명하면 소나무, 봉선화, 수양버들 따위는 각각 개별적인 개념을 지시하지만 식물이라 말하면 이를 다 포함하는 말(개념)이 되고, 이때 소나무 등은 종개념(種槪念)이라 하고 식물은 유개념이라 한다.

위를 표현하고 전달하는데 쓴다"는 것이다.

어떤 것을 정의하고자 할 때는 이의 유개념과 개별적인 특징을 잘 찾아서 적되 몇 가지 주의할 점이 있다. 보통 정의할 말의 유개념은 잘 찾지만 가장 뚜렷하게 나타내어야 할 특징을 적어 갈 때는 너무 추상적이거나 막연하게 말하는 경우가 많다. 예를들어, '과학'의 유개념은 '학문'인 것을 알고 "과학은 형이하학적인 깊은 진리를 연구하는 학문이다" 라든가, 혹은 '사람'의 유개념을 '동물'로 찾아 "사람은 무리를 지어 사는 동물이다"라고 정의를 하면 잡힐 듯 하면서도 잡히지 않고, 또 맞는 것 같기도 하면서 틀린 것 같기도 하여 아주 종잡을 수가 없다. 물론 각 대상에 대한 가장 중요한 특징도 올바르게 설명하고 있지 못하므로 'A는 B이다'의 형식만 갖추었을 뿐 정의했다고는 보기 어렵다.[70] 그밖에, "정치가는 정치하는 사람이다"처럼 설명할 대상을 정의항에 다시 되풀이 하여 여전히 정의하는 문제를 풀지 않은 채 남겨 둔다거나, "차는 사람만 실어서 옮기는 것이 아니다"처럼 'A는 B이다'의 기본 형식을 바꾸어 정의항의 범위를 대상과 다르게 하여 등식으로 연결하지 않는 정의 등은 모두 잘못되었다.

② 비교하기

비교하기(comparing)는 말 그대로 쓸 대상을 다른 것과 견주어 말하는 것인데, 이때 비교할 대상은 누구에게나 잘 알려진 것이어야 훨씬 효과가 크다. 두 대상의 성질 중에서 비슷하거나 공통점을 찾아 직접 비교해 보거나, 아니면 서로 다르거나 차이점을 밝혀 대조하듯이 글을 써서 독자의 이해를 돕게 되는 것이다. 언뜻 보면 비교와 대조는 서로 대립되는 뜻이 있어 각각 독립적인 글쓰기 법으로 나누어질 것 같지만 실제는 이 둘을 적절히 섞어 써야 독자에게 더 뚜렷한 인상을 남길 수 있다.

어떤 대상을 비교하여 설명하는 경우 가장 먼저 생각해야 할 것이 바로 비교하는 기준을 정하는 일이다. 두 대상의 공통점과 차이점도 말할 기준을 제시하지 않고서는 전혀 찾을 수 없다. 그래서 비교할 때는 독자가 잘 알 수 있는 것 중에

70 '과학'은 깊은 진리보다 보편적인 원리와 법칙을 체계적으로 찾아낸다는 것이, 그리고 '사람'은 무리를 짓기도 하지만 (다른 동물들도 대개 무리를 짐) 생각을 하고 도구를 사용한다는 것이 특징이기에 이런 말이 정의문에 꼭 들어가야 올바르게 정의되었다고 볼 수 있다.

서 쓸 대상과 비슷하거나 같은 부류에 있는 것을 비교 대상으로 정하는 것이 일반적이다. 예를들어, '기차'를 설명하고자 한다면 같은 운송 수단이면서 독자도 잘 알 수 있는 '버스'를 내세워 운행 방법이나 모양 등을 기준으로 같은 점과 다른 점을 하나씩 언급해 가면 된다. 어떤 야구 팀의 전력을 알기 쉽게 알려 주려면 수비나 공격 분야를 각각 기준으로 삼아 다른 야구 팀과 (청소년 팀이던 프로팀이던 상관없이 독자가 잘 파악하고 있다고 생각되는 팀이면 좋다) 비교해야지 엉뚱한 축구 팀을 불러와 서로 대비시킬 수는 없다는 말이다. 같은 뜻에서, 서로 다른 두 회사에서 만든 비슷한 가격의 자동차를 놓고 성능을 기준으로 비교해 볼 수도 있는데, 이때는 이와같은 비교의 글쓰기가 독자에게 판단의 근거나 어떤 결론을 제시하는 셈이 된다.

한편, 비교를 통해 무엇을 설명할 때는 두 대상의 공통점과 차이점 중에서 어떤 점을 특히 강조할 것인가에 따라 글의 효과가 다를 수 있기 때문에 글의 목적에 맞추어 신중하게 결정해야 할 경우가 종종 있다. 이를테면, 보통은 객관적인 자료를 가지고 중립적인 처지에서 글을 써는 것이 맞지만 새로운 장치를 개발하여 이의 우수성을 글로 발표하는 경우에는 기존의 장치와 하나씩 비교해 가면서 몇몇 기준에 대해서는 새 장치만 가지고 있는 독특한 특징을 차이점으로 내세우는 것이 훨씬 효과가 있고, 반대로 기존에 널리 쓰고 있는 권위있는 장치를 상대적으로 싸게 대체할 수 있는 제품을 만들었을 경우에는 뛰어난 특징을 애써 찾아 밝히는 것보다 공통점을 자세히 적어서 기능에서도 전혀 뒤떨어지지 않다는 것을 보여주면 좋다.

이런 것도 있다. 글을 써 가면서 좀더 실감나는 설명을 위해 "컴퓨터에 있는 중앙처리장치는 사람의 두뇌와 같은 구실을 한다"처럼 비유(比喩)를 사용하여 나타내는 경우가 있다. 이런 표현도 궁극적인 목적은 개념이 복잡하거나 설명하기 어려운 대상을 아주 단순하고 친숙한 것에 빗대어 독자의 이해를 도우려고 하는 것이니 당연히 비교하는 글쓰기 법이 된다. 오히려 이와같은 비유 표현은 서로 다른 대상에서 몰랐던 어떤 관계를 찾게 해주므로 적절하게 사용만 한다면 효과가 훨씬 더 클 것이다.

③ 분류하기

글쓰기에서 어떤 대상을 분류하기(classifying)로 쓴다는 것은 두 가지 뜻이 있다. 하나는 우리 말 '분류'의 본뜻을 살려 비슷한 성질이나 특성을 갖는 다른 대상들과 한데 뭉쳐서 좀더 큰 개념으로 설명한다는 말이고, 또 하나는 이와는 반대로 쓸 대상을 일정한 기준에 따라 하나씩 나누어 좀더 작은 개념으로 설명한다는 말이다.[71] 예를들어, '학교'를 설명하면서 초등, 중등, 고등, 대학 등으로 하나씩 나누면서 말을 이끌 수도 있고, 또 학교를 학원 등과 같이 묶어서 교육기관이라는 큰 틀에서 살펴볼 수도 있다. 앞의 정의하기에서 배운 유개념과 (상위개념 혹은 큰 것) 종개념을 (하위개념 혹은 작은 것) 이용하여 다시 정리하면, 유개념을 종개념으로 나누어 가면서 설명하는 것은 구분이고 종개념을 여러 개 묶어서 유개념으로 글을 쓰는 것은 분류가 된다.

쓸 대상을 분류나 구분으로 설명하고자 한다면 앞의 비교하여 글쓰기와 마찬가지로 정확한 기준을 제시하여야 하고 글을 써가면서도 흔들림없이 일정하게 유지해야 한다. 기준이 모호하다거나 글을 써가면서 이쪽저쪽 경계를 넘나들면 독자는 이해는커녕 오히려 혼란만 가중될 뿐이다. 이를테면, "한 나라의 학교는 저마다 가르치는 교육 수준이 다르고 교육 내용도 달라서 초등, 중등, 대학, 인문계, 실업계 등과 같이 여러 가지가 있으며, 이 경우 대학은 학문하는 내용에 따라 인문대학, 공과대학, 의과대학 등으로 따로 운영하고 있다"처럼 써놓으면 기준이 하나가 아니기 때문에 각 학교가 어떤 기준에 따라 나누어졌는지 분명하지 않고, 또 뒤에 있는 기준은 앞과 같은 것인지 다른 것인지 헷갈린다. 보통 전문글에는 위의 예문에 나와 있는 친숙한 개념보다 한층 새롭고 복잡한 개념을 주로 다룬다고 볼 때 분류나 구분의 기준을 분명하게 잡아 두는 것이 독자의 이해를 도와주는데 얼마나 중요한지 대강 짐작할 수 있다.

④ 분석하기

쓸 대상에 포함된 사물이나 개념이 복잡하여 한꺼번에 설명하기가 곤란할 경우

---

71 대상을 일정한 기준에 따라 나누어 가는 것은 우리 말로 '구분'의 뜻이다. 그러니까 분류하는 글쓰기 방법은 분류와 구분이라는 두 가지 작업을 하나씩, 혹은 필요에 따라 섞어 가면서 쓴다는 말과 같다.

에 이의 구성 요소들을 하나씩 나누어 글로 써가는 방식이 분석하기(analyzing)이다. 그렇다고 대상을 나누는 자체에만 집중해서는 안 된다. 분석은 기본적으로 대상을 구성 요소들로 쪼개어서 반드시 각 요소들의 상호 연관성을 낱낱이 살펴 적어야 제 목적을 달성하는 것이다.

분석은 앞에서 설명한 구분과는 다르다. 구분은 항상 일정한 기준을 가지고 더 작은 부류로 나누어 가지만 분석은 쓸 대상이 무엇이든지 간에 구성 요소라고 생각되는 것은 아무것이나 기준없이 나눌 수 있다. 예를들어, '나무'는 이른바 소나무, 감나무, 밤나무 혹은 침엽수, 활엽수 등과 같이 각각의 특징에 따라 종류별로 구분해 갈 수도 있지만 나무를 하나의 구조로 보고 뿌리, 줄기, 잎 등과 같이 쪼개어 각각의 기능과 성질을 서로 분석해 (혹은 연관성을 조사해) 가면서 글로 써나갈 수 있다는 말이다. '시계'는 쓰임에 따라 손목시계, 탁상시계, 벽시계 등으로 구분되지만 시침, 분침, 밑판, 태엽 등과 같이 구성품을 하나씩 떼어 내는 것도 분석하기로 글을 쓰는 좋은 예가 된다. 결국 구분하기는 쓸 대상을 나누어 써도 그 본연의 성질을 그대로 유지하는 반면에 분석하기는 아예 완전히 다른 대상이 새로운 글감으로 나오는 것이다.

분석하는 글쓰기 방식은 쓸 대상을 구조적으로 분명히 구분할 수 있는 경우이면 아주 쉽게 적용할 수 있다. 공간적인 배치에 따라 하나씩 나누어 적어갈 수 있으니 아무래도 자세히 적을 수 있고, 그래서 독자도 많은 정보를 받아 이해의 수준을 높일 수 있기 때문이다. 물론 이 경우에 나눈 각각의 요소들이 서로 어떻게 관계하는지 분명히 밝히지 않으면 그 효과는 반감될 수밖에 없다. 한편, 분석하는 글쓰기 법은 이와같은 물리적 분석(physical analysis)뿐만 아니라 개념적 분석(conceptual analysis)도 쓸 대상에 따라 흔히 적용할 수 있다. 이를테면, '물고기'를 자세히 설명하려면 머리부터 몸통, 지느러미 등을 물리적으로 (혹은 구조별로) 하나씩 나누어 그 구실을 뚜렷이 적듯이 '민주주의'라는 형태가 없는 개념을 설명해야 할 때에도 우선 이의 정의를 풀어 본 후에 아직도 부족하다 싶으면 '대통령제'와 '내각책임제' 등과 같이 이를 실천할 수 있는 제도를 머리에 떠올려 하나씩 분석해 가면 된다.

(2) 논증하는 글쓰기

논증은 왜 이런 말을 하는지 그 까닭이나 근거를 갖다 대면서 뒷받침하는 것이다. 물론 글쓴이가 주장하는 말은 무엇이라도 관계없지만 남과 다른 의견이면 독자의 관심을 끄는데 훨씬 더 좋고, 또 뒷받침할 때에도 확실한 논거를[72] 가지고 조리있게 써야 독자를 합리적으로 설득할 수 있다. 그래서 논증하는 글쓰기를 잘하려면 나름대로 주장하고자 하는 말을 올바로 세워 놓고 이를 합리적으로 설득할 수 있는 여러 가지를 생각해 두어야 한다.

논증하는 글쓰기에 주장이나 의견이 드러나지 않으면 아무 의미가 없다. 이것도 맞고 저것도 맞는 식이면 아무리 뒷받침을 잘했다 하더라도 논증하는 글쓰기로 봐줄 수 없다는 말이다. 물론 이런 투의 말도 하나의 의견은 될 수야 있겠지만 분명하게 주장하여 독자를 글쓴이의 의도대로 끈다는 측면에서 보면 글의 목적을 전혀 찾을 수 없기 때문이다. 독자는 보통 자기와 다른 의견이 담긴 글에 관심이 많아서 주장이나 의견을 드러낼 때도 될 수 있으면 색다르거나 남이 흔히 갖지 않는 것이면 더 좋다. 처음부터 여러 사람의 주목을 받을 만큼 기발한 것을 찾기는 어렵다 하더라도 연구를 많이 하여 그 방면에 지식이 쌓이고 글도 많이 써 보면 주장이나 의견을 내놓는 요령이 붙게 마련이다. 혹 남이 먼저 제기한 말과 비슷한 주장이다 싶으면 주장하는 말의 폭을 조정해 보든가, 아니면 뒷받침을 다시 찾아서 주장의 관점을 달리하는 것도 한 방법이 되겠다. 여기서 한 가지 주의할 것은 남과 다른 것이면 된다 하여 글쓴이의 개인적 취향에 따라 제시해서는 안된다. 이런 주장은 필시 뚜렷한 근거가 없을 뿐더러 그 까닭을 적당히 내세운다 하더라도 누구에게나 인정 받기가 어렵기 때문이다.

글의 주장이 널리 전파되기 위해서는 독자가 논리적으로 납득하고 수긍할 수 있도록 해야 하는 것은 당연하다. 이른바 주장의 타당성을 합리적으로 뒷받침하여 독자의 마음을 사로 잡아야 한다는 말이다. 그래서 '합리적'이라는 말을 최대한 살리기 위하여 글의 주장에 도달하는 과정이 누구나 인정하는 사실을 바탕으로 이끌어야지 감정이나 사사로운 정에 호소해서는 안된다. 또한, '논리적'인 설

72 논증(論證)의 사전적 뜻은 옳고 그름을 논리적으로 증명하는 것인데 이와같은 논증에 필요한 여러 가지 까닭이나 증거 따위를 논거(論據)라 한다.

득을 위해서는 주장을 뒷받침할 수 있는 까닭이나 근거가 분명해야 한다. 누구나 인정할 만한 사실이나 객관적인 증거, 권위자나 믿을 만한 전문가의 견해, 통계적인 분석이나 수치 등과 같은 확고한 자료가 뒷받침되지 않고 막연히 하는 주장은 아무런 근거가 없는 것이나 마찬가지이므로 독자가 전혀 납득하지 않는다.

논증하는 글쓰기는 명백하지 않은 사실이나 원칙을 잘 뒷받침하여 독자가 알아듣도록 한다는 측면에서 앞의 설명하는 글쓰기와 비슷하다. 굳이 두 글쓰기 법을 구별하자면 뒷받침의 강도에서 논증인 경우는 주장을 믿게 하고 거기에 따르도록 하기 위해 증거를 대고, 예를 제시하고, 필요하면 추론을 통해 새로운 사실이나 원리를 밝히는 따위와 같이 아주 적극적으로 해야 하기 때문에 설명에서 사용하는 '정의' '비교' '분류' '분석' 등의 방법보다 조금 더 세다고 볼 수 있다. 하지만 두 글쓰기 방법은 모두 독자의 이해력을 바탕으로 우격다짐이 아닌 이치에 맞는 과정을 체계적으로 거친다는 점에서 논리적인 글쓰기, 즉 논(설)문의중요한 기둥이다.

지금부터 이와같은 논증하는 글쓰기에 흔히 쓰이는 여러 방법들을 하나씩 살펴보기로 한다. 이미 확인했다시피 '논증'은 기본적으로 논리학의 생명이다. 명제를 만들어 놓고 증거로 옳음을 밝히고, 부족한 증거는 추론이나 유추 과정을 거쳐 새로 만들고, 또 오류가 있나 없나를 검증하는 따위와 같이 어느 것 하나 예삿일이 아니다. 그렇다고 여기서 이런 과정들을 세세히 다루는 것은 이 책의 본뜻에 맞지 않을 뿐더러 논리학 방면의 지식도 턱없이 모자라 전혀 가능하지가 않다. 그래서 논리학의 학문적 내용은 되도록 생략하고 꼭 필요한 부분은 글쓰기에 한번쯤 응용할 수 있을 만큼만 적어보기로 한다. 비록 논리학의 간단한 소개에 그쳤지만 위에서 잠시 언급한 '논리적'이고 '합리적'이라는 말만 보통의 상식 수준으로 이해하고 있다면 글을 쓸 때 그다지 어렵지 않게 적용해 볼 수 있을 것이라 믿는다.

① 연역적 추론하기

추론은 어떤 판단을 근거로 다른 판단을 이끌어 내는 것이고 연역은 일반적인 사실이나 원리에서 개별적인 사실이나 특수한 다른 원리를 발견해 내는 것이니 연역적 추론하기(deductive inferring)는 이미 알고 있는 일반적인 진술을 먼저 저어 놓고 새롭고 구체적이고 특수한 사실을 강조하듯이 주장하는 글쓰기 법이다. 경험하지 않은 주장(결론)을 잘 알려진 말(전제)을[73] 내세워 논리로만 이끌어 간다는 말인데, 이 방법의 대표적인 형식이 바로 삼단 논법(syllogism)이다.

주장하는 말을 독자가 다 옳다고 믿게 하려면 앞에 뒷받침으로 제시하는 말인 전제가 반드시 참이어야 한다. 전제가 옳지 않으면 아무리 좋은 말로 포장해도 논리와 상관없는 우격다짐밖에 되지 않는 것은 당연하다. 또 놓인 전제들이 참이라 할지라도 연결이 매끄럽지 않으면 이른바 논리의 비약이 발생하여 이 역시 주장하는 말에 신뢰를 주지 못한다. 이를테면, "사과는 맛있다. 바나나는 길다"라고 하면 각 문장은 옳다 하더라도 어떤 관계로 연결되었는지 전혀 알 수 없는 반면에 두 문장 사이에 "맛있는 것은 바나나"라고 한마디 던져 놓는다면 상황이 아주 달라지는 것과 같다. 그래서 연역적 추론으로 글을 쓸 때는 논증의 단계에서 내세우게 되는 전제와 전제의 연결에 모순이 없는가를 확인하는 일이 가장 중요하다.

연역적인 글쓰기로 글을 쓰면 보통 단락이나 문단이 이른바 두괄식이라 하여 첫머리에 주장하고픈 중심 내용이나 생각이 놓이는 꼴이다. 그러면서 이내 일반적인 사실이나 원리를 대전제로 내세워 주위를 환기하고 바로 좀더 구체적인 이야기들을 소전제로 적어가면서 결국 마지막으로 다시 한번 더 글쓴이의 주장을 드러낸다. 연역적인 글이 가끔 지루해 (혹은 부드러워) 보일 수 있는 것도 이처럼 앞에서 한 말이 뒤에서 거듭 반복되기 때문이다. 비슷한 내용을 계속 이어놓으면 아무래도 글에 논리가 없는 것 같고 있다 해도 빈약해 보일 수가 있어 뒤에 설명할 귀납적인 글쓰기처럼 강한 인상을 주지 못하는 한 까닭이지 않을까 싶다.

마지막으로 연역적인 글쓰기의 한 예를 살펴보기로 하자. 사람들이 보통 말보다는 글로 뜻을 전할 때 아무리 화가 나더라도 상대에게 이성을 잃지 않고 배려하고 있다는 것을 보여주려는지 강한 인상보다 부드러운 인상을, 그리고 직접적

---

73 전제(premise)는 어떤 결론을 추론할 때 (어떤 주장을 말할 때) 이의 기초가 되는 명제로 널리 옳다고 인정되는 일반적인 것은 (개념이 큰 것은) 대전제, 그리고 이보다는 개념이 작지만 역시 옳다고 믿을 수 있는 것은 소전제가 된다. 예를들어, "사람은 죽는다. 임금은 사람이다. 그러므로 임금은 죽는다"와 같은 삼단 논법의 한 예에서 첫 번째 문장은 보편 타당한 일반적인 진리이므로 대전제이고 두 번째 문장은 이 역시 인간 세상에서는 다 믿을 수 있는 말이므로 소전제가 된다. 물론 이와같은 전제는 모두 결론으로 하는 말을 (세 번째 문장을) 믿도록 강하게 뒷받침하는 구실을 한다.

인 표현보다 간접적인 표현을 더 좋아하는 것 같다. 물론 글 쓰는 상황에 따라 그 방법도 달리 선택되겠지만 일상 생활 속의 글쓰기를 분석해 보면 90% 이상이 귀납보다는 연역적인 글쓰기를 좋아하고, 또 증거를 갖다 대는 것도 직접적인 추론보다 삼단 논법과 같은 간접적인 추론이 더 많다. 그래서 “모든 동물은 죽는다. 따라서 사람도 죽는다”처럼 일반 사실에서 직접 다른 사실을 유도하는 것보다 “모든 동물은 죽는다. 사람도 동물이다. 그래서 사람은 죽을 수밖에 없다”처럼 전제와 결론 사이에 또다른 전제를 넣어 서로 매끄럽게 연결도 하거니와 부드럽게 돌려서 말하려는 뜻도 있는 것이다. 나아가 독자를 배려하면서 더 멋을 부리려면 “모든 동물은 죽는다. 덩치가 작은 곤충부터 몇 수십만 배나 되는 코끼리까지 정도의 차이는 있을지언정 일정한 시간이 지나면 숨쉬고 활동하는 것이 멈출 수밖에 없다. 사람은 동물 분류상 등뼈동물에 속한다. 말로 생각을 나타내고 도구를 만들어 쓰는 것 등이 다른 동물들과 구별되지만 이것도 목숨이 있어야 가능한 것을 보면 동물인 것이 분명하다. 그래서 사람은 어쩔 수 없이 죽기 마련이다. 사람이 존재했을 때부터 영생을 위한 약이나 종교가 등장하는 것만 보아도 쉽게 알 수 있다”와 같이 각 전제나 결론을 덧붙여 설명하거나 증명할 수 있는 자료들을 제시하면서 쓴다. 틀에 맞추어 ‘대전제-소전제-결론’의 말만 달랑 적어 놓아서는 글이 온전치 않을 수도 있고, 경우에 따라서는 독자가 무슨 말인지 잘 모르기 때문에 항상 뒷받침으로 다지면서 살을 붙이는 과정이 꼭 필요한 것이다.

② 귀납적 추론하기

귀납적 추론하기(inductive inferring)는 앞의 연역과 반대로 구체적인 여러 가지 사실들을 먼저 근거로 나열한 후에 이를 바탕으로 일반적인 사실이나 원리를 적어 나가는 글쓰기 방법이다. 그러니까 직접 경험한 사실이나 이전에 인정된 지식을 전제로 하여 이들의 인과 관계를 잘 살펴서 누구라도 거역할 수 없는 새로운 결론을 만들어 낸다는 말이다.

귀납적인 글쓰기를 하면 보통 단락이나 문단이 이른바 미괄식이라 하여 처음에는 구체적인 사례를 들어 독자를 일정한 방향으로 설득해 가다가 글의 뒤편에서 단호하게 끊듯이 하고 싶은 말이 나타나게 된다. 그만큼 글의 인상이 강하다는 말인데, 이 때문에 보통의 생활글에선 잘 찾아볼 수 없지만 무언가 깨우치고 발견한 것을 뚜렷이 자신있게 드러내고 싶다거나, 아니면 선동하는 글이나 신문 따위의 사설 등에서 어떤 사실을 강하게 주장하여 빠른 시간에 여론을 형성하려는 목적이면 아주 효과적으로 쓰일 수 있다.

귀납적인 글쓰기가 제시하는 결론의 말이 보편적인 진리로 인정받기 위해서는 비록 한정된 경험과 관찰이지만 적어 놓은 구체적인 사례들이 실제적으로나 논리적으로 모순이 없어야 하고, 또 되도록 많이 살펴서 나중에 일반화할 때 이의 범위가 넓어질 수 있도록 해야 한다. 이를테면, "모든 곤충은 알을 낳는다"고 주장하고 싶어서 나비나 매미, 그 밖의 알만한 곤충들이 다 알을 낳는다는 사례를 일일이 들었다 하더라도 글쓴이도 모르게 알을 낳지 않는 곤충이 한 마리라도 있게 되면 이 결론은 사실로 입증될 수 없다. 또, 같은 높이에서 떨어뜨린 깃털과 구슬이 동시에 땅에 닿지 않는 것을 관찰하고 이내 중력가속도는 물체마다 다르게 작용한다고 성급하게 결론을 짓는다면 이 역시 과학적 지식이 부족하여 여러 가지 상황을 검토하지 못해서 발생하는 잘못된 판단이기에 하나의 새로운 법칙으로 내세울 수 없다. 앞의 연역적 글쓰기가 논리적 비약(logical gap)이 일어나지 않도록 주의를 해야 하듯이 귀납적 글쓰기는 이와같은 성급한 일반화(hasty conclusion)를 경계해야 한다는 말이다.

이런 경우를 다시 살펴보자. 느닷없이 "반도체 기술은 한국이 제일이다"라고 단정적으로 주장한다면 아무도 믿지 않겠지만 몇몇 구체적인 사례로 반도체 생산량이나 시장 점유율 등을 적어서 다른 나라의 그것과 비교해 놓으면 어느 정도 신뢰를 줄 수가 있다. 하지만 이 경우도 "반도체 기술은 한국이 제일인 것 같다"처럼 단언보다는 개연성이 드러나도록 적어야 옳다. 많이 생산하고 많이 팔았다는 사실만으로는 아직 불확실한 추정 단계에 와 있을 뿐 기술을 평가하는 잣대로 누구나 인정할 수 있는 것이 아니기 때문이다. 그래서 위와 같은 귀납적인 결론이 누구나 믿을 수밖에 없는 확실한 진실이 되기 위해서는 반도체 집적 기술부터 불량률, 소비자 반응에 이르기까지 실질적인 자료나 세계적으로 권위있는 잡지에 난 기사 등이 전제로 함께 제시되어야만 하는 것이다. 비록 귀납적인 추론이 작은 경험에서 큰 지식을 밝혀 내는 것이라고 하더라도 그 과정에 잘못된 판단이나 성급함이 있어서는 안 된다는 말이다. 구체적인 사례가 부족하면 단정보다는 추정하듯이 말하고, 다시 지적 욕구가 발동하면 더 많은 정보를 찾아서 일반화의 범위가 될 수 있으면 넓어지도록 계속 관찰하고 연구해 가는 것이 인간이 지식을 만들어 가는 기본적인 과정이고, 이것이 귀납적인 글쓰기의 본질이 아닐까 싶다.

논리적 비약이나 성급한 일반화를 피하려면 대체로 다음의 과정을 따라가는 것이 좋다. 우선, 쉽게 얻을 수 있는 구체적인 사례들을 잘 관찰하여 이들의 공통성을 뽑고 머릿속에서만 임시로 일반화를 한번 시도해 본다. "(요즘 들어 수출이 느는 것을 보니) 반도체 기술이 많이 좋아진 것 같다" 따위가 된다. 다음, 자신이 없으면 무리하게 결론을 내리지 말고 그 개연성만을 표시할 수 있도록 가정하는 조항을 둔다. 이를테면, "반도체 수출이 최고로 늘었다. (이 상황이 더 계속된다면) 아마도 세계인이 모두 우리 반도체가 우수하다는 것을 알게 될 것이다" 등과 같이. 만약 더 확정적인 말로 끝맺고 싶으면 구체적인 사례를 (집적 기술의 수준, 불량률, 생산 비용 따위) 더 많이 살펴본다. 이것저것 기술과 관련한 학문적 동향이나 실제적인 데이터를 많이 찾으면 찾을수록 귀납적인 추론이 더 확고해지는 것은 당연하다. 끝으로, 귀납적인 결론을 더 가치있게 드러내기 위해서는 다른 보조적인 자료로 뒷받침할 필요가 있다. 권위있는 잡지에 실린 기사나 소비자 단체의 조사 보고서, 관련 당사자들의 느낌 등을 덧붙여 놓아 믿음을 더 크게 만들어 준다. 물론 이런 과정들을 꼭 지켜야 하는 것은 아니지만 하나의 글쓰기 요령이라고 보면 한번쯤 연습 삼아 실습해 보는 것도 괜찮지 않겠나 싶다.

전문글을 쓰는 사람한테는 귀납적으로 글을 쓰는 것 못지 않게 생각도 귀납적으로 하는 방법을 익혀 놓는 것이 유용할 때가 참 많다. 문제를 찾아내고 합당한 해결책을 제시한다거나 특별한 직관을 얻고자 하는 경우에는 머리를 짜내기보다 생각의 흐름을 미리 훈련된 과정에 따라 유연하게 둘 때 '아하!'하고 종종 떠오를 수 있기 때문이다. 일어나는 일이나 사건 등을 미리 잘 관찰해 두었다가 할 말에 빗대어 서로 공통점을 찾아보기도 하고 필요하면 다룰 범위도 늘렸다 줄였다 하면서 문제의 초점을 맞추면 쓸 주제뿐만 아니라 글감도 의외로 쉽게 찾을 수 있다.

③ 유추하기

유추는 이미 알고 있는 사실에서 잘 알려지지 않은 또다른 사실을 뽑아내는 것이다. 다시말하면, 두 개의 구체적인 사실을 놓고 공통점이 있나 없나를 논리적으로 찾아간다는 말이다. 그래서 유추하기(analogical inferring)는 새롭게 제시되는 복잡한 것을 독자가 이미 알고 있을 만한 사물이나 개념과 비슷한 점이 있나 없나 하나씩 따져가면서 적어가는 글쓰기 방법이다. '인생'을 딱 부러지게 설명할 말을 찾지 못하여 "인생은 마라톤과 같다"라고 했다면 오르막 내리막을 앞만 보며 굽이쳐 달려가야 하는 마라톤을 인생의 희로애락(喜怒哀樂)에 비유했으니 아주 간단하면서도 훌륭한 유추가 된다.

하지만 유추하기로 만들어 낸 주장은 일반화된 결론이라기 보다 아직 불확실한 추정 단계에 있는 말로 보는 것이 맞다. 새로운 약을 개발하여 사람에게 적용하기 전에 얼마만큼의 효능이 있는지를 알아보려고 여러 대상에 임상 실험해 보는 것에 견줄 수 있다. 쥐나 토끼, 돼지 등에 실험하여 안전하다고 해도 사람에게도 똑같이 안전하다고 100% 말할 수 없기 때문이다. 그러니까 유추로 주장한 말은 하나의 구체적인 사례를 새롭게 관찰한 것으로 보고, 이를 계기로 본격적인 귀납적 글쓰기를 하는 출발점으로 삼는 것이 좋다는 말이다. 성급한 일반화를 막아주기 위해 새로운 사례 하나를 유추를 통해 발견했다는 것 자체가 중요한 뜻을 갖는다.

이런 경우도 유추하기의 한 본보기이다. 학교 문법 시간에 동사의 과거형은 '었'을 어간에 붙여 '먹었다'처럼 쓴다고 배웠다고 하자. 약간만 똑똑하면 누구라도 이를 응용하여 '보았다' '울었다' '없었다' 등과 같이 다른 말의 과거형도 만들어 쓸 수 있을 것이다. 바로 이처럼 한 사실에서 다른 사실을 예측할 수 있는 아주 생산적인 추론 방식이 유추인 것이다. 물론 이 적용이 너무 확대되어 '하었다' '졸었다' '자았다' 등과 같이 잘못 쓸 수도 있다. 하지만 이런 잘못된 적용에서조차도 동사에는 일정한 규칙을 똑같이 적용할 수 없구나 하는 사실을 배울 수 있기 때문에 유추는 어쨌든 사람이 새로운 사실을 하나씩 깨달아 가는 계기를 마련해 주는 유용한 방법이다.

유추하여 글을 쓸 때 한 가지 주의해야 할 것이 있다. 새롭게 제시하는 구체적 사실을 독자도 뚜렷이 그려볼 수 있게 하려면 이미 알고 있는 대상이나 개념과 아무렇게나 견주어서는 안 되고 반드시 비교하는 내용이 결정적인 정보를 줄 수 있는 것이어야 한다. 이를테면, 두 학생의 외모가 비슷하다고 성적도 그럴 것이라고 유추할 수는 없지만 지능 지수를 비교 대상으로 해서 두 학생의 성적이 비슷할 것이라는 유추는 좀더 확실한 근거를 줄 수 있다는 말이다. 비슷한 예로, 오래 전부터 항상 가져 왔던 의문인 "화성에는 사람이 살까?"라는 주제로 글을 쓴다고 생각해 보자. 지구에는 사람이 살고 있으니 서로 비교해 보는 것은 당연할 것이다. 이때, 지구와 화성은 모두 태양계의 행성으로 크기부터 태양에서 떨어진 거리나 공전하고 자전하는 행태도 서로 비슷하다고 이것만 따져 성급하게 결론에 도달한다면 별로 설득력을 갖지 못한다. 왜냐하면 이런 비교는 사람이 살 수 있는 조건과 직접적인 관계가 없기 때문인데, 대신에 물이 흘렀던 흔적이 있고 엷으나마 지구와 같은 대기권이 있다는 과학자들의 언급을 적어가면서 "화성에도 사람이 살 것이다"라고 추정하면 어느 정도 근거있는 말로 받아들여질 수 있는 것이다.

유추한다고 하여 꼭 불확실한 추성 난세의 말만 하는 것은 아니나. 처음에는 대체로 가설(假說)이 되겠지만 꾸준히 노력하고 연구하여 유사점과 공통점을 많이 찾으면 찾을수록 이 결론은 일반적인 원리나 법칙이 될 수도 있기 때문이다. 글을 쓰면서 지식 수준도 높아간다는 말이 이것과 관계가 있지 않나 싶다. 연구 분야에서 이미 잘 알려진 사실을 바탕으로 새롭게 추정하는 말을 세우고 이를 누구나 믿을 수 있는 원리나 법칙으로 만들기 위해 연구해 가면서 또다른 가설을 끌어들이는 과정이 계속 반복되면 될수록 학문도 그만큼 우뚝 올라서게 될 것이다. 오늘의 학문은 어제 이런 과정을 누군가가 거쳤기에 가능하고, 그래서 내일의 학문을 위해 우리가 지금 또 이런 과정을 거쳐야만 한다. 유추는 학문 발전의 가장 기본적인 원동력이 틀림없다.

④ 예증하기

예증하기(exemplifying)는 말 그대로 글의 주장이 타당하다는 것을 입증하기 위해 구체적인 사례를 하나씩 제시하면서 적어가는 글쓰기 방법이다. 이때, 구체적인 사례를 남이 쓴 글이나 통계 숫자, 옛날부터 전해오는 격언이나 속담처럼 이미 나타나 있는 그대로 적어가야 할 때는 인용하기(citing)라는 말로 따로 구분한다. 그러니까 독자가 글을 더 쉽게 이해할 수 있도록 하고자 하는 말과 관련된 자기의 경험이나 실제적인 사건, 전해 들은 이야기 따위를 글쓴이 나름대로 다시 엮거나 해석을 덧붙여 적어간다면 예증하는 글쓰기가 되고, 이와는 달리 남의 권위를 빌려 글에 신뢰를 주기 위해 남이 한 것을 그대로 담아 간다면 인용하는 글쓰기가 된다.

예증하는 글쓰기는 앞에 한 말을 한번 더 예를 들어 설명하는 꼴이니 독자가 대체로 이해하기 어려울 것이라고 생각되는 추상적이고 관념적인 말을 다시 풀어 쓴다는 느낌으로 진행한다. 그래서 글을 써가면서 이런 느낌을 살리고 독자에게도 미리 알려주기 위해 '예를들면' '이를테면' '하나의 예로' '다시말하면' 등과 같은 이음말로 실마리를 삼는 것이 보통이다. 하지만, 이것보다는 이와같은 예증의 효과를 최대한 살리기 위해 얼마나 구체적이고 실감이 나는 사례를 찾아 적을 수 있느냐 하는 것이 더 중요한 문제이다. 적절한 예증은 글의 설명력과 함께 독자를 감동시키기도 하지만 가벼운 우스갯소리나 확실치 않은 사실, 혹은 확실하더라도 예증하는 장소를 엉뚱한 곳에 적어 놓다가는 자칫 글이 한가한 이야기로 끝나거나 설득력을 갖지 못하거나, 아니면 독자를 오히려 더 혼란케 하는 글로 빠질 가능성이 많다. 예증을 하는 횟수도 문제가 될 수 있다. 예증을 많이 하면 독자를 배려하는 것 같지만 지나치면 할 말과 구분이 안되 나중에는 글이 산만하기 쉽다. 그래서 적절한 예증으로 글의 효과를 살리기 위해서는 남의 글을 많이 읽고 전문 분야를 많이 연구하고 경험하여 구체적인 사례들을 미리 많이 확보하고 있어야 한다. 그리고 더 중요한 것은 글을 써가면서 알맞은 장소에 알맞게 예증하였는지 늘 확인하여야만 한다. 구체적인 사례를 안다고 해서 아무 곳에나 예증을 놓아서도 안되고 꼭 예증해야 한다고 해서 아무 사례나 들어서도 안 된다.

인용하는 글쓰기는 글의 주장을 남의 이름을 빌려 효과있게 나타내고자 하는 것이니 무엇보다도 널리 알려졌거나 권위를 인정할 수 있는 말을 찾아내는 것이 중요하다. 이 역시 남의 글을 많이 읽어보는 수밖에 없지만 그렇더라도 달랑 인용하는 말만 써놓아서는 효과를 기대할 수 없다. 설사 인용이 남의 말을 있는 그대로 적어 놓는 것이라고 하더라도 글을 써가면서 반드시 그 말을 잘 뒷받침하여 주장하는 말로 쉽게 연결되도록 해야 인용의 진짜 가치가 드러나기 때문이다. 남의 말을 인용했더라도 하고 싶은 말은 글쓴이가 직접 자기 생각을 담아 전달해야 한다는 말이다. 인용으로만 끝났다면 결국 남의 말에만 보조를 맞추었을 뿐이다. 또 하나, 보통의 글에 인용이 많이 나타나는 까닭은 여러 가지가 있겠지만 많이 알고 있다는 것을 과시할 목적도 있는 것 같다. 크게 나무랄 일은 아니지만 이를 알고 있는 독자는 글을 가볍게 보고 시시해 할 수도 있기 때문에 글의 성격에 따라 신중할 필요가 있다. 특히 철학이나 어떤 사상, 전문적인 분야인 경우에 깊이 연구하지 않았다면 속속들이 다 파악할 수 없었을 텐데도 단편적이고 피상적인 지식인지도 모른 채 냅다 인용하고, 여기다 잘못된 해석까지 덧붙이면 나중에 크게 곤욕을 치를 수 있다.

(3) 묘사하는 글쓰기

묘사(delineation)라는 어려운 말을 썼지만 무언가를 있는 그대로 열거하거나 기록할 때 흔히 쓰는 말인 기술(description)로 이해해도 좋을 듯싶다. 단지 묘사라는 말이 갖는 말맛을 살린다면 묘사하는 글쓰기는 쓸 대상을 놓고 모양, 빛깔, 감촉, 소리, 냄새 등 어떤 것이라도 마치 눈 앞에 사진이나 그림을 펼쳐 보여주듯이 글로 써나가는 것이라고 말할 수 있다. 이 방법은 대상을 풀이할 때에 글쓴이의 주관적인 생각을 곁들이지 않는다는 점에서 앞의 설명하는 글쓰기와 구별되고, 또 당연히 논리적인 추론 따위와 전혀 관련이 없다는 점에서 논증하는 글쓰기와 다르다. 객관적인 모습을 있는 그대로 적어 낸다는 점에서는 뒤에 나올 서술하는 글쓰기와 같지만 쓸 대상이 시간에 따라 움직이지 않고 정지해 있다는 점에서 역시 차이가 있다.

묘사하는 글쓰기는 크게 두 가지 방법으로 나눌 수 있다. 하나는 사실만 있는 그대로 간결하게 적는 실제적인 묘사이고, (보통 기술법이라고 한다) 또 하나는 사실을 그대로 적되 생생하고 현실감이 드러나도록 적는 예술적인 묘사이다. (보통 묘사법이라고 한다) 이미 짐작하다시피 대부분의 책에서 언급하는 묘사하는 글쓰기는 어찌 보면 예술글에서 문장을 멋있고 아름답게 나타내려고 만든 묘사법이다.[74] 하지만 전문글을 써야 하는 사람은 묘사법도 물론 필요하겠지만 학

74 묘사법은 실제로 어떤 사실을 글로 읽지만 눈으로 직접 보고 만지면서 느끼는 것처럼 감각이 살아나도록 적는 기법이다. 하지만 요즘은 배우는 사람들이 미사여구(美辭麗句)만 좇아서 멋만

문적인 목적으로 남겨야 하는 기록 따위는 정확성이 생명이기 때문에 그야말로 기술법이 더 필요하지 않나 싶다. 학문적 발전의 바탕은 냉철하고 객관적인 관점에서 사실을 (현상이나 연구 결과 등) 있는 그대로 기록해 두는 것부터 이루어져야 하기 때문이다. 그런데도 기술법보다 묘사법을 먼저 앞다퉈 다루는 것은 아마도 우리 나라 문장론이 과학이나 기술보다 문학과 예술 등에 더 치중하여 왔기 때문으로 생각된다.

① 기술법으로 쓰기

기술법은 실제적인 (전문적인) 묘사 혹은 객관적인 묘사라고 할 만큼 대상을 있는 그대로 낱낱이 적어내는 글쓰기 방법이다. 그래서 이 방법은 여러 사물을 객관적으로 기록한다거나 과학적인 연구나 관찰로 만든 자료를 제시한다거나 사용설명서처럼 어떤 장치의 성능이나 구조 등을 적는다거나, 아니면 좀더 학문적으로 기계 부속품을 하나하나 따져 간다거나 화합물의 성분 등을 분석하는 과정을 적어간다거나 살아 움직이는 생물의 생태를 자세히 기록해 간다거나 하는 따위에 주로 쓰인다.

기술법의 예를 하나씩 다 들어 보일 수는 없다. 앞에서도 말했지만 이 책은 글을 될 수 있으면 우리 말로 쉽고 친절하게 쓸 수 있도록 하는 것이 주목적이기 때문에 독자를 배려하는 글쓰기 이외에는 깊은 지식이 없어 폭넓게 다룰 수가 없다. 하지만, 여기서 꼭 기억해 두어야 할 것은 쓸 대상을 있는 그대로 나타내는 글쓰기 방식에는 3가지가 있고, 이들은 각각 고유한 특징을 가지고 글의 성격을 제각각으로 결정한다는 것이다. 이를테면, 갑자기 뭔가 큰소리가 나는 것을 듣고 "큰소리가 났다"라고 하면 일어난 사실을 (혹은 현상을) 글쓴이의 감정을 빼고 객관적으로 적었으니 기술이고 "어디선가 대포처럼 꽝 하고 났다"라고 쓰면 설명으로 글쓴이가 사실을 다른 대상에 견주는 기법으로 자기의 주관적인 견해를 포함했다. 그리고 "소리가 꽝 터져 귀가 한참이나 멍멍했다"라고 하면 사실을 바라보고 느낀 글쓴이의 감흥이 글에 배어 있으니 묘사가 된다. 글마다 글맛이 다 틀리

부리려는 경향이 있는 것 같다. 글은 멋이 아니라 맛이 살아나야 한다. 이를테면, "바람이 몹시 차다"와 같은 단순한 설명도 좋지만 "바람이 칼날처럼 뺨을 스친다"처럼 때때로 감각을 들추어내기도 해야 한다.

다는 것을 알 수 있다. 특별히 시간을 내어 이와같은 글쓰기 기법에 대해 따로 공부를 해도 좋겠지만 무엇보다도 좋을 글을 많이 읽고 많이 써보면 자연스럽게 익힐 수 있을 것이다. 표 5.3은 어떤 사람에 대한 신상명세서를 보고 기술법을 이용하여 글로 간단히 나타낸 표이다.

표 5.3 기술법으로 쓴 신상명세서

글머리표로 만든 신상명세서	기술법으로 풀어 쓴 신상명세서
• 이름: 박전수 • 성별: 남 • 신장: 174(cm) • 체중: 74(kg) • 생년월일: 1961년 11월 16일 • 주소: 부산 수영구 광안동 101-6번지 • 학력: 부산대학교 공과대학 졸업(1988) 동대학원 졸업(1996, 공학박사) • 직업: 대덕대학 전자정보과 교수 부산대학교 기계공학과 강사(현) • 가족관계: 부모와 처, 아들 딸 각 1명	박전수는 1961년에 남자로 태어나 현재 부산 수영구 광안동 101-6번지에 살고 있다. 1988년에 부산대학교 공과대학을 졸업하고 같은 학교 대학원에서 계속 공부해 오다 1996년에 공학박사 학위를 받았다. 키는 174(cm)이고 몸무게는 74(kg)이며 대덕대학 전자정보과 교수로 8년 근무하다 현재는 부산대학교 기계공학과에서 강의하고 있다. 가족은 부모와 처가 있으며 아들과 딸도 각각 하나씩 두고 있다.

기술법에 대한 예문을 더 이상 들지 않는 대신에 글을 쓸 때 한번씩 생각해 두면 유용하게 써먹을 수 있는 몇 가지 주의 사항을 간추려 보기로 한다. 첫째, 쓸 대상에 대한 정확한 정보가 나타나도록 해야 한다. 기술법의 목적에 비추어 보면 당연하다. 없는 것을 만들지도 말고 좋게 꾸미지도 말며 그냥 있는 그대로만 쓰라는 말이다. 그래서 기술법으로 글을 쓰려면 뭐니뭐니해도 대상에 대한 정확한 관찰과 확실한 자료의 수집 등이 먼저 이루어져야 한다. 둘째, 쓸 대상을 될 수 있으면 간결하게 표시하도록 해야 한다. 아무리 빈틈없이 관찰하고 정확하게 자료를 수집했다 하더라도 모은 것을 다 적어 놓아서는 독자가 알기는커녕 오히려 멍멍해질 뿐이다. 조사된 자료를 총망라해서 사진 찍듯이 늘어놓기보다는 대상을 가장 잘 나타낼 수 있는 특징적인 요소만을 골라서 적어야 한다는 말이다. 자질구레한 것은 혼란만 보탤 뿐 대상의 뚜렷한 기술에는 방해만 된다. 셋째, 쓸

대상에 대한 정확한 자료를 찾을 때는 반드시 글의 목적에 맞추어야 한다. 어떤 자동차에 대한 글을 적어간다고 할 때 소비자에게 광고하기 위해서인지 엔진에서 바퀴까지의 동력전달장치를 연구할 목적인지, 아니면 자동차 운전 교습용으로 운전석의 구조를 소개할 목적인지 등에 따라 글에 나타날 중심 정보가 달라져야 하기 때문이다. 끝으로, 쓸 대상에 대한 정확한 정보를 찾았다 하더라도 글로 쓸 때 아무렇게나 놓아서는 안 된다. 독자가 글을 읽어 가면서 전체 모습이 잘 그려질 수 있도록 대상의 각 요소에 대한 위치나 방향 등을 잘 잡아가면서 써야 한다는 말이다. 예를들어, 디젤차의 엔진룸을 기록해 두는 글이라고 한다면 "한 가운데 있는 엔진을 중심으로 왼쪽에는 냉각수와 워셔액 저장탱크가 나란히 놓여 있고, 오른쪽에는 에어클리너와 배터리가 순서대로 앞에 놓여 있고 그 뒤쪽에 브레이크액 저장탱크가 있다. 엔진의 앞에는 엔진오일 및 변속기오일 게이지가 양쪽에 막대 모양으로 박혀 있다"처럼 글로 쓸 순서나 각 요소의 자세가 분명하도록 나타내는 식이다. 물론 이런 것들은 기술할 대상의 성격이나 글의 목적, 독자의 수준 등에 맞춰 결정되어야 한다.

② 묘사법으로 쓰기

묘사법은 쓸 대상에 대한 지식이나 정보의 단순한 전달보다 이의 생생한 느낌이나 현실감을 불러일으킬 수 있도록 글쓴이의 감각을 최대한 살려 쓰는 글쓰기 방법이다. 말의 감성적인 표현력과 문장미학(文章美學)을 이용하여 독자도 글쓴이처럼 똑같이 감흥을 느끼도록 쓰는 것이니 주로 문학 작품과 같은 예술글에서 많이 찾아볼 수 있다. 전문글에서는 흔히 나타나진 않지만 그래도 글의 대상을 바라보는 관점이 여러 가지로 변할 수 있기 때문에 필요에 따라 이 방법 저 방법 섞을 수 있도록 한번쯤 경험해 두는 것도 나쁘지 않다.

묘사법으로 잘 쓰진 글을 보면 누구나 감탄할 뿐이다. 글을 이렇게도 쓸 수 있구나 하는 느낌을 받는 글이면 대체로 전문 작가의 손을 거쳤다고 보면 된다. 그런데 이와같은 전문 작가는 항상 인문계 출신자만 있는 것이 아니고 이공계 출신자도 더러 있다는 사실을 아는 사람은 별로 없고, 아니 이보다는 대부분의 사람이 이공계를 나오면 아예 전문 작가가 될 수 없다고 생각하는 것 같다. 묘사하는 글은 누구라도 예리한 관찰력과 뛰어난 언어 감각만 있으면 잘 쓸 수 있는 데도 말이다. 이공계가 여러 현상을 살펴서 개념을 만들어 내고 실생활에 응용하여 결과를 분석하는 일과 같이 날카롭게 따져가는 일에는 오히려 인문계보다 조금이라도 낫다고 볼 수 있기에 글쓰기에서는 더 유리하다. 물론 말을 부릴 줄 아는 능력은 인문계가 좋겠지만, 이것도 감각을 담아내는 글쓰기 측면에서 보면 누가 글을 많이 읽고 많이 써보았느냐 하는 문제와 직결되기 때문에 이공계가 마음만 먹으면 불리하다고만 할 수 없다.

묘사법의 솜씨를 닦으려면 예리한 관찰력을 기르고 언어적 감각을 살려야 한다고 했다. 예리한 관찰력은 이른바 '안광이 지면을 철'하듯이 대상을 집중하여 빠짐없이 살펴보라는 말이지만 대상의 몇몇 특징을 날카롭게 건져내라는 말도 된다. 처음 본 사람을 돌아서서 첫인상을 정확히 집어내는 것처럼. 그러니까 묘사를 잘 하는 것은 쓸 대상을 빠짐없이 잘 살펴서 가장 두드러지는 특징을 무엇으로 포착하느냐 하는 것과 깊은 관계가 있다. 쓸 대상의 모든 요소들을 다 끄집이내는 것은 글로 적기도 번거롭겠지만 다 쓴다 하더라도 독자의 주의를 받지 못하기 때문에 전혀 쓸모가 없다. 즉, 묘사하는 글쓰기를 했지만 평범한 기록으로 끝난다는 말이다.

쓸 대상에 대한 두드러진 특징을 예리한 관찰력으로 잘 찾아내었다 하더라도 이를 감각적으로 표현하는 기법을 갖추지 못하면 묘사하는 글쓰기는 생겨날 수가 없다. 독특한 인상이나 느낌, 감흥 따위를 생각만으로 끝내지 말고 글로도 똑같이 살아나도록 쓸 수 있어야 한다. 분명 어려운 문제이다. 이태준의[75] 말을 빌리자면, 대상의 진실은 날카로운 촉각이 아니고는 냄새도 맡지 못한다면서 외어둔 지식이나 개념에서 그냥 말만 유창하게 내뱉어서는 결코 감각을 살릴 수 없다고 했다. 알고 있는 모든 것을 다 버리고 처음 볼 때 마음 속에서 일었던 것, 그 느껴지는 바를 쓰라는 말인데 나로서는 직접 글로 써보면서 연습하는 수밖에 없다는 말 이외에는 도저히 그 실천 방법을 밝혀낼 수가 없다. 예컨대, 어떤 모양이 있으면 어떤 말로 적어내는 것이 가장 실감나게 표현할 수 있을까 따위를 여

75 이태준은 1930년대가 전성기였지만 아직도 시인 정지용과 함께 한국 최고의 문장가라는 말을 듣고 있다. 이태준이 쓴 『문장강화』(임형택역, 창작과비평사, 1988)는 "글은 어떻게 써야 하나?"라는 주제를 정말로 느낌과 감각으로 파헤친 몇 안 되는 귀한 책이다. 살아있는 묘사를 배우고자 하는 학생은 꼭 읽어 보길 권하고 싶다.

러 방면으로 시도해 보고, 계속해서 소리, 빛깔, 냄새, 감촉 등에도 차례대로 해보아 어떻게 하면 독자가 눈으로 글을 읽지만 직접 만지고 듣는 것처럼 느껴질 수 있겠는가 하는 고민을 해보라는 말이다. 처음부터 글을 잘 쓸 수야 있겠는가? 이런 노력을 함으로써 언어 감각이 살아나고 맛나는 표현 방법도 터득하여 조금씩 조금씩 예술적인 말로 다듬어지지 않겠나 싶다.

(4) 서술하는 글쓰기

서술(narration)은 마치 운동 선수들이 경기하는 모습을 그대로 말로 옮겨 주는 것과 같다. 그래서 서술하는 글쓰기는 쓸 대상이 움직이고 변화하는 모습을 시간의 흐름에 따라 구체적으로 풀어서 이야기하듯 쓰는 것을 말한다. 물론 이야깃거리가 될 수 있는 것은 무엇이든지 다 좋지만, 특히 직접 했거나 겪었던 일, 남이 했거나 글로 나타난 일, 주위에서 일어난 일 등과 같이 때를 구분할 수 있으면 더 좋다. 이야기하듯 서술한 글을 서사문(敍事文)이라고도 한다. 당연히 어떤 사건이나 사물의 행동을 사실 그대로 순서에 맞춰 적은 글이라는 뜻이다.

서술하는 글쓰기는 기본적으로 "무엇이 일어나고 있는가?"라는 질문에 대한 답으로 반드시 줄거리가 뚜렷하게 드러나야 한다. 어떤 사건을 이야기로 적을 때는 독자가 시간을 따라가면서 이해할 수 있어야 하고, 그래서 진행 상황이 단계별로 잘 나타나서 사건의 원인과 결과도 자연스럽게 밝혀져야만 하기 때문이다. 잘 쓴 소설을 보면 사건의 전개 과정에 있는 어떤 '행위'를 글의 중심으로 잡아 '언제' '왜' 일어났는지 정확하게 구분하고, 동시에 다른 행위와도 통일성을 갖춰 전체 이야기를 꾸려가는 것만 봐도 쉽게 알 수 있다.

서술하는 글쓰기를 할 때는 글 속의 '행위'를 이끄는 주체와 어떤 관계에서 이야기를 적어갈 것인가도 결정해야 한다. 이른바 글의 관점이라는[76] 것인데, 사

76 글을 이야기로 써갈 때 글쓴이와 글 속에서 이야기를 끌어가는 등장인물 사이의 관계를 말한다. '1인칭 글'은 글쓴이가 이야기의 등장인물로 직접 나타나는 글인데, 여기서 글쓴이가 주인공이면 '1인칭-행위자 관점'이라 하고 다른 등장인물을 중심으로 적어가면 '1인칭-관찰자 관점'이 된다. 글쓴이가 이야기에는 전혀 등장하지 않는 글을 '3인칭 글'이라 하는데, 이 경우도 글쓴이가 글 밖에서 글에 나타나는 모든 등장인물들의 성격 등을 미리 결정해 놓고 쓸 때는 '3인칭 전지(全知)적 관점'이라 하고 몇몇 주요 등장인물만 결정하고 나머지는 글 속에서 알 수 있도록 써가면

물의 움직임이나 변화를 일관성 있게 써나가야 하는 서술은 이야기를 전달하는 사람이 (즉, 글쓴이가) 글 속에서 어떤 위치와 각도로 그 상황을 알려주느냐 하는 것에 따라 글의 분위기나 서술 방법이 달라지게 되는 것이다. 다시말하면, 이야기 속에 글쓴이를 등장인물로 넣되 주인공을 글쓴이로 할 것인지 다른 등장인물로 할 것인지, 아니면 글쓴이가 글에 들어가지 않는 대신에 등장인물을 속속들이 다 알고 있는지 몇몇 등장인물만 알고 글을 쓸 것인지에 따라 글이 주는 느낌이나 맛, 이해의 정도가 다 다를 수밖에 없다. 물론 이와같은 글의 관점은 문예글에선 중요하지만 전문글인 경우는 크게 다룰 내용은 아니다. 하지만 전문글도 독자가 읽어 주는 하나의 글이므로 이해력만 앞세워 지루하게 설명하고 딱딱한 논리만 따지기 보다 사실을 왜곡하지 않는 가운데 어느 정도 상상력을 동원하여 이야기 식으로 분위기를 한번씩 바꾸어 주는 것도 나쁘지 않다고 본다. 지나치면 글이 가벼워져 글의 목적을 해치는 것은 당연하다.

전문글에서 서술하는 글쓰기는 앞에 들어 두었던 세 가지 글쓰기 방법보다 상대적으로 덜 쓰이는 것이 사실이다. 새로운 원리를 찾아 응용해 보고 결과를 분석하는 작업은 대체로 추상적인 문제를 논리적으로 풀어가거나 따지는 경우가 많고, 또 쓸 대상의 존재나 움직임을 있는 그대로 적는다 하더라도 그 주체는 글을 쓰는 사람이 아니라 바로 대상 자체이기 때문이다. 전문글은 글의 주제로만 보면 설명, 논증, 그리고 묘사만 (기술도 포함) 익혀도 충분히 쓸 수 있다는 말이다. 그렇다면 전문글을 쓰는 사람이 '서술'을 해야 하는 까닭은 무엇일까? 단지 글쓰기 방법의 하나가 되기 때문만은 아닐 것이다.

우선, 여러 글쓰기 중에서 '서술'이 글쓰기를 처음 시작하는 사람이 시도해 볼 수 있는 가장 손쉬운 방법이다. 쓸 거리가 얼른 잡히지 않는다고 화를 내거나 어떻게 전개해 나가야 할 지 고민할 필요도 없이 아무 이야기나 마치 일기장에 그날 있었던 일, 직접 겪은 일, 누구를 만나 대화를 나눈 일 따위를 있는 그대로 짤막하게 적기만 하면 된다. 이것도 어렵다는 사람이 있겠지만 그만큼 부담없이 아무거나 생각나는 것 한 토막을 적는 것이니 글을 쓰는 버릇을 들이기에는 그지없이 좋고, 바로 이것이 글쓰기의 첫걸음이다. 다음, 전문글을 읽다 보면 한 가

'3인칭 제한적 관점'이라 한다.

지 글쓰기 방법만 계속 고수한 글을 쉽게 발견할 수 있다. 설명하고 논증하는 부분이야 전문글의 전형이니 반드시 그래야겠지만 글을 시작하고 끝맺는 자리나, 또는 본문이라도 작은 주제가 끝나서 다음 주제로 넘어가는 곳 등에서는 글쓰기 방법을 바꾸어 독자가 지루해 하지 않고 계속 다음에 나올 말을 기대할 수 있도록 써나가는 것이 좋다. 특히, 글의 시작부터 전문적인 내용으로 꽉 채우려고 하면 글쓴이 자신이 너무 중압감에 쌓여 오히려 본문에서 할 말을 제대로 다 못하게 된다. 끝으로, 전문글은 '서론-본론-결론'의 틀을 잘 짜서 글의 목적에 따라 내용을 충실하게 적었다 하더라도 그 밖의 다른 일, 즉 학회에 제출하는 논문글이면 심사 후에 있을 수도 있는 질의서에 대한 답변서 작성, 과제를 수행하고 제출하는 내부 혹은 외부 보고서이면 본문과 별도로 제출처의 책임자가 알아들을 수 있는 말로 요약문[77] 쓰기, 연구를 협동으로 할 때 서로 결과를 확인하고 질문하는 편지 (전자편지 포함) 보내기 등도 아울러 할 수 있어야만 한다. 그리고 이런 부수적인 글은 보통 독자의 정서를 자극하고 감흥을 더욱 불러일으킬 수 있도록 본문을 쓰는 글쓰기 방법과 달리 이야기하듯이 쓰면 효과가 있다.

마지막으로 하나 더 덧붙이고 싶은 것은, 우리 말을 살려 쓰는 글쓰기를 위해서는 될 수 있으면 생각 속에 있는 말을 이야기하듯이 쓰는 연습이 필요하다는 것이다. 이야기는 글로 써 놓으나 말로 하나 매한가지이고, 특히 글쓴이가 겪어서 직접 체험한 일은 생각이 어릴 적부터 몸에 익혀온 우리 말로 자연스럽게 형성되기 때문에 이를 이야기하듯이 그대로 밝히는 '서술'이야말로 우리 말을 살릴 수 있는 더할 수 없이 좋은 기회이다. 물론 다른 글쓰기 방법으로 글을 쓰더라도 우리 말을 살려 쓰겠다는 마음만 굳게 먹으면 쓸 수도 있겠지만 기존의 연구 자료를 참고해야 하는 경우이면 쉬운 우리 말로 바꾸어 쓰기가 쉽지만은 아닐 것이다. 또한, 아직까지 어려운 말을 많이 써야 좋은 글로 보는 경향이 짙어 글쓴이 자신이 말하듯이 쓸 수 있는 이야기 글을 많이 써보아 알게 모르게 입에 익은 우

---

77 요약문은 연구 결과나 제안하는 내용에 대한 기술 정보보다 관리 정보, 즉 현황, 수준, 비교, 기대 혹은 대체 효과, 추세 등과 같이 경영자의 의사결정에 도움을 주는 정보를 수록한다. 이는 보통 뚜렷한 체제를 갖출 때는 본문의 첫 장에 삽입하고 그렇지 않을 경우에는 간단한 편지 형식으로도 첨가할 수 있는데, 어느 경우든 전문적인 용어는 될 수 있으면 빼고 비전문가도 알아볼 수 있을 정도로 쉽게 써야 한다.

리 말이 글로도 좋다는 판단이 먼저 서지 않으면 우리 말로 자신있게 쓸 용기를 내기가 어려울 것이다. 그래서 누구나 글을 처음 써보려는 사람이나 전문글을 자주 써서 나름대로 재주가 생긴 사람이나 가릴 것 없이 겪은 일을 남에게 들려주듯이 글로 써보고, 또 소설과 같은 문예글을 많이 읽어서 맛나는 우리 말이 자연스럽게 몸에 배도록 하면 좋겠다.

지금까지 글쓰기의 실행 방법이라는 제목으로 생각을 전하는 가장 작은 토막인 문단을 만드는 것부터 뒷받침하고 연결하기, 그리고 각 문단에 놓을 말을 글의 목적이나 동기에 맞춰 알맞게 써나가는 방식까지 하나씩 살펴보았다. 많이 부족하다고 본다. 이것저것 적어낸 말은 많지만 깊이 설명하지 못하고 겉만 스쳤다는 생각도 들고 독자의 이해를 튼튼히 해 줄 좋은 예문도 제시하지 못해 더 그런 것 같다. 한정된 지면 때문이라고 핑계를 대고 싶지만 이것보다는 나 자신이 이 상황 저 상황에서 글을 많이 써보지 않아 아직 여러 가지 글쓰기에 대한 감(感)이 뚜렷이 서지 않았기 때문일 것이다. 본문에서도 여러 번 지적했듯이 글쓰기는 결국 글쓴이가 글마다 풍기는 감을 얼마나 세밀하게 잡을 수 있느냐 하는 것이 관건이다.

글쓰기에 대한 감은 끝없이 펼쳐나간다고 본다. 한 글에 대한 감을 잡았다고 다른 글의 감도 똑같이 잡았다고 말할 수 없고, 또 오늘 잡은 감은 내일 잡을 감과 질이 또 다르다. 그리고 글쓰기에 대한 감은 아무 준비없이 그냥 글만 많이 읽는다고 쉽게 잡히지 않는다. 생각이 문장이 되고 다시 뒷받침으로 문단, 단락, 글로 이끌어지는 과정에서 표준으로 제시되는 잣대를 머리 속에 미리 그린 후에 다른 사람은 어떻게 써나갔는지 살펴보고, 또 나는 어떻게 써갈 것인지 고민하는 가운데 감은 깊이를 더해 가는 것이다. 그런 뜻에서 이 절은 나름대로 가치가 있다. 글쓰기의 실행 방법에 대하여 전반적인 흐름을 하나로 세워 놓고 잘 쓰진 글을 한 편씩 읽어 가면서 살을 붙여 보라는 말이다. 특히, 중심 생각을 뒷받침하는 문제나 문단과 문단을 이어가는 문제, 각 글감에 대한 글쓰기를 할 때 상황에 따라 '설명' '논증' '묘사' '서술' 등에서 적절히 선택하고 실행하는 문제, 아니면 또다른 글쓰기 방식을 개척하여 적용하는 문제 등을 주의깊게 살펴보면서 해나가면 좋겠다. 글쓰기 능력은 아무도 모르게 소리없이 찾아온다.

5-2 글이 갖추어야 할 구조

앞 절에서는 글의 목적에 충실하도록 글에 포함될 내용을 어떻게 하면 효과적으로 나타낼 수 있느냐 하는 문제를 다루었지만 이제부터는 글의 동기에 맞추어 독자가 쉽게 글의 내용을 찾아볼 수 있도록 글의 구조를 친절하게 배치하는 문제에 대하여 알아보도록 한다. 물론 글의 목적과 동기는 글쓰기에서 분명하게 구별되는 말이긴 하지만 글쓰기를 실행할 때에 목적은 글의 내용을, 그리고 동기는 글의 형식을 결정한다고 따로 생각할 것은 못 된다. 잘 쓴 글은 결국 독자가 읽고 이해하기 쉬운 글이므로 독자가 모르는 것이나 알만한 데도 쉽게 빠뜨릴 수 있는 것을 꼼꼼히 밝혀내는 것 못지않게 결론이 될 말을 들여오고 끝맺는 과정을 어떤 형식에 맞춰 체계적으로 놓는 것도 무시할 수 없다는 말이다. 더군다나 요즘같이 책이 산처럼 쌓이는 경우에는 일일이 다 읽어본다는 것이 불가능하므로 독자를 배려한다는 측면에서 글의 내용을 요약하고 배경을 설명하고 결론만을 따로 강조하고, 또 앞으로의 방향을 제시하는 따위를 글에 미리 나누어 두어서 독자가 마음대로 선택하여 읽을 수 있도록 해주어야 역시 좋은 글이라고 볼 수 있다.

글의 구조(틀)를 만들어 갈 때 글의 외형적인 모습에만 치중하지 않는다는 말은 이렇다. 친절한 글쓰기를 위해 글의 틀을 잘 잡았다 하더라도 틀마다 채워야 하는 것을 제대로 써넣지 않으면 팥소없는 찐빵과 같이 겉은 먹음직해 보여도 한입 베어 먹는 독자는 이내 실망하고 만다. 각 틀에 꼭 담아야 할 내용이 없거나 부족하여 독자의 기대가 무너졌기 때문인데 마치 식사 대접을 받는 독자가 숭늉 그릇을 확인하고 마셨지만 맛은 맹물인 꼴과 같다. 글에서 내용과 틀은 음식과 음식을 담는 그릇의 관계와 같아서 그릇이 깨끗하게 준비되지 않으면, 즉 글의 틀이 분명하게 구분되지 않으면 처음부터 손 대기가 망설여지고, 또 좋은 그릇이지만 음식에 정성이 들어가지 않으면, 즉 틀은 잘 마련했지만 내용이 빈약하면 두 번 다시 읽으려고 하지 않는다. 틀은 틀대로, 내용은 내용대로 다 중요한데 글이 글로서 자격을 갖추려면 틀과 내용 모두가 다 제대로 되어야 한다는 말이다.

글의 구조는 보통 글을 발표하는 자리에 따라 미리 정해져 있는 경우가 많다. 단체나 조직마다 나름의 표준 구조를 마련해 놓고 방문하는 독자가 글의 내용을 쉽게 찾아서 확인해 볼 수 있도록 배려하기 위해서일 것이다. 제1장에서도 언급하였지만 이 책에서는 이렇게 글의 구조를 잘 잡아서 독자가 글을 읽어갈 때에 글의 흐름을 잃지 않도록 방향을 잡아주면서 쓰는 글을 '형식을 갖춰 친절하게 쓰는 글쓰기'라고 이름을 붙였다. 독자는 글에서 보석을 캐내려고 하기 때문에 설사 보석이 없다 하더라도 최소한 금광까지는 지름길과 헤쳐가야 할 길, 쉬어 가는 곳 등을 잘 안내하면서 써야 한다는 말이다. 그래서 글을 쓸 때는 이미 구조가 정해진 곳이면 당연히 거기에 맞춰 쓸 내용을 구분하여 배치하도록 계획을 잡으면 되고, 만약 구조가 정해져 있지 않는 경우이면 하고 싶은 말만 써도 전달하려는 목적을 달성할 수야 있겠지만 이것보다는 독자가 처음부터 끝까지 편하게 읽으면서 보석을 캐어 갈 수 있도록 글의 기본 구조인 '서론-본론-결론'의 틀을 스스로 세워서 각 부분마다 꼭 넣어야 할 정보를 빼지 말고 적도록 해야 한다.

글의 구조는 '서론' '본론', 그리고 '결론'이 기본이면서도 여러 가지 필요나 독자의 수준, 글을 발표하는 자리의 성격 따위에 따라 갖추어야 할 것이 더 있다. 이를테면, 규모가 큰 글인 경우에는 글을 싣는 순서를 '차례' 또는 '목차(table of contents)'라는 형식을 빌어 따로 나타내 놓아 독자가 글의 내용을 미리 짐작해 보도록 한다든가,[78] 아예 글에서 밝힐 결과나 중요도를 요약하듯이 짧게 적어서 독자가 글을 읽기 전에 읽을 만한지 먼저 결정할 수 있도록 '초록(abstract)'이라는 새로운 구조를 별도로 첨부하든가, 아니면 독자의 수준이나 글의 성격을 보고 글의 결론을 다시 세부적으로 나누어 글에서 밝힐 중요한 내용만을 모아 두는 '요약(summary)', 글의 결론에 글쓴이의 해석까지 덧붙여서 적는 '결론(conclusion)', 글의 결론이나 앞으로의 추세 등에 비추어 꼭 해야 할 것을 자신있게 다짐하는 '제언(recommendation)' 등으로 구분할 수도 있다. 물론 글을 써가면서 꼭 필요한데도 쪽수나 논리의 매끄러운 전개 때문에 생략했거나 쓴 글과 관계가 있어 나중에라도 확인해 보아야 할 뒷받침 글 등은 '참고문헌(reference)'이나 '부록(appendix)'이라는 또다른 구조를 만들어

78 글을 싣는 순서는 보통 규모가 큰 글에 별도로 제시하는 경우가 대부분이지만 요즘은 규모가 작은 글이라도 기본 형식을 갖추어 독자를 배려한다는 측면에서 '서론'의 끝에 문장으로 풀어서 적어두기도 한다.

두어야 한다.[79]

이 절에서는 이와같은 글의 구조를 하나씩 나누어서 어느 독자에게도 다 친절한 글쓰기가 될 수 있도록 각 부분이 필요한 까닭과 담아야 할 내용 등을 차근차근 살펴보기로 한다. 앞에서도 말했지만 글이란 항상 구조와 내용이 잘 어울려야 좋은 글이 되는 것이다. 그리고 글의 구조도 여러 상황에 맞춰 잘 짰다 하더라도 그 배치를 마음대로 할 수만은 없다. 글은 역시 그 흐름이 생명이기에 독자가 한 부분만 읽든가 이것저것 몇 부분을 떼어내 읽어 보든가, 아니면 글 전체를 다 읽는다 하더라도 내용의 깊이는 차이가 있을지언정 어떤 내용이 어떻게 펼쳐져 있다는 것을 쉽게 짐작할 수 있도록 친절하게 써주어야 하기 때문이다. 그래서 이 책에서는 글을 쓸 때 일반적으로 놓는 순서대로 글의 구조를 하나씩 따져본다. 아무쪼록 이 절에서 설명할 '형식을 갖춰 친절하게 쓰는 글쓰기'는 그림 1.1에 보인 것처럼 제2장을 중심으로 지금까지 설명해 온 '우리 말로 쉽게 쓰는 글쓰기'와 더불어 글쓰기를 떠받치고 있는 두 기둥 중의 하나로 글쓰기를 하고자 하는 사람이면 누구라도 꼭 학습해야 할 내용으로 생각했으면 좋겠다. 특히, 이와같은 글쓰기는 글쓰기를 직접 실행하면서 느껴야 하는 감(感)과 달리 글쓴이가 땀과 노력을 들인 만큼 그 효과를 점차 확인해 볼 수 있기 때문에 이를 익히는 과정에서 글쓰기의 재미를 덤으로 가질 수 있다는 것도 큰 특징이다. 하나씩 잘 살펴서 조직이나 단체에서 차지하는 위상을 지식뿐만 아니라 이를 나타내는 글쓰기에서도 드높일 수 있었으면 한다.

1) 목차

목차(table of contents)는 글을 싣는 순서를 각 단계별로 주제가 될 만한 말을 골라 차례대로 나열한 것이다. 그러니까 글의 제목(title)부터 장(chapter), 절(section), 소절(subsection) 등과 같이 전체 글을 효과적으로 전달하기 위하여 쓸 내용의 성격

79 '참고문헌'은 논문처럼 뚜렷한 형식을 갖춘 공식적인 글에선 일반적이지만 소논문(article)이나 잡지 따위에 기고하는 글처럼 더러 비공식으로 볼 수 있는 글쓰기(informal writing)인 경우에는 각주나 미주와 같이 주석을 붙여 나타낼 수도 있다. 또, 이와같이 주석으로 달 때는 참고한 문헌뿐만 아니라 이 책에서 보여주는 것처럼 낱말이나 문장의 뜻을 쉽게 풀이하거나 본문과 다르게 해석되는 부분을 적을 수도 있다.

에 따라 단계를 짓고 각각에 번호와 중심말을 함께 적어 놓는다는 말이다. 이때, 번호는 앞부터 순서대로 매기고 중심말은 나눈 부분의 주제와 목적이 잘 드러나도록 함축적으로 써야 하는 것은 당연하다.

목차는 글의 한 부분으로 따로 쪽을 준비하여 제시할 수도 있지만 글의 규모나 성격 등에 따라 본문을 쓰기 전에 글을 싣는 순서에 맞춰 문장식으로 풀어 써도 된다고 말한 바 있다. 그래서 여기서 다루려는 '목차'를 모든 글의 (보통 책의 형태로 써진 글) 첫 쪽에 자리잡고 있는 일반적인 구조 그 자체로만 생각하지 말고 이를 구성하는 하나하나의 요소, 즉 글의 제목부터 각 장이나 절, 소절의 제목에[80] 이르기까지 개별적으로 구분하여 생각하는 것이 각각에 맞는 중심말을 찾는데 훨씬 편하다. 물론 글쓰기의 시작에서 글감을 찾을 때 개요로 정리했으면 이미 쓸 내용에 맞게 목차가 정해진 셈이므로 따로 개별적인 제목을 찾으려고 수고할 필요는 없다. 목차를 만드는 까닭이 글에 통일성(coherence)을 주어 글쓴이가 글을 매끄럽고 조리있게 쓰도록 할 뿐만 아니라 독자가 글을 찾아 읽을 때도 관심있는 부분을 쉽게 찾을 수 있도록 할 요량인 것을 생각해 보면 처음부터 전체 글감을 놓고 이를 정리하면서 세운 개요야말로 훌륭한 목차가 되는 것은 두말 할 필요도 없다.

글의 제목은 글의 첫인상을 결정하는 중요한 요소이다. 글을 읽기 전에도 제목만 보고 글 전체의 내용과 성격을 짐작할 수 있을 뿐만 아니라 글을 다 읽고 난 후에도 글이 제목과 함께 기억되기 때문인데, 그래서 글의 제목을 정하는 것은 아주 신중해야 한다. 그렇다고 글의 제목을 멋있는 말만 골라 쓰려고 해서는 안 된다. 오히려 멋있는 것보다 글의 내용을 알기 쉽게 표현한 제목이 더 낫다. 멋을 부려 제목이 세련된 듯하면서도 무엇을 뜻하는지 불분명하거나 지나치게 과장된 표현은 글의 내용을 제목에 맞추기도 어렵지만 나중에 독자의 실망만 불러올 뿐이니 절대 피해야 한다. 또한, 제목을 너무 구체적으로 잡으면 글의 일부분을 아주 알려주는 셈이 되므로 독자의 호기심이 떨어질 수 있는 반면에 너무 넓게 잡으면 독자가 글을 한쪽으로 집중

---

80 글의 제목은 말 그대로 제목(title)이 되겠지만 장이나 절, 소절 따위의 제목은 이와 구별할 수 있는 적당한 말을 찾기가 곤란하다. 영어로는 'heading'으로 쓸 수 있는 이 말을 우리 말의 뜻으로 볼 때 그냥 흔한 번역인 '표제' 라고 이름을 붙일 수 없는 노릇이다. 그래서 앞으로 글의 제목은 그냥 제목으로, 그리고 장이나 절, 소절 등은 '장의 제목' 따위로 쓰든가, 아니면 한데 묶어서 '소제목'으로 부르기로 한다.

하여 읽기가 곤란한 점도 있다. 글의 제목에 글의 한 부분만 뚜렷이 드러나면 제목과 내용이 따로 놀아 잘 맞지 않는 경우도 생긴다.

글의 제목은 보통 정리된 글감을 보고 쓸 내용이 잘 드러나도록 몇몇 중심말을 섞어서 쓸 수도 있고, 글을 다 쓴 뒤라면 결론으로 제시할 말을 압축하여 붙일 수도 있다. 하지만 어느 경우라도 꼭 주의해야 할 것은 글의 제목에는 반드시 글의 주제와 글의 목적이 분명하게 표시되도록 써야 한다는 것이다. 여기서 글의 주제는 쓸 대상에 대해 하고 싶은 말이고 글의 목적은 주제에 대해 왜 글을 썼는지를 말한다. 예를들면, 노트북에 관심이 많아서 제조사의 제품별로 이것저것 조사하여 빠르기, 기억용량, 사용의 편리성 혹은 가격 등을 정리해 놓았다가 어떤 기회가 생겨 일반 소비자에게 노트북의 성능에 대한 정보를 제공하는 글을 쓰게 되었다고 하면 글의 제목은 '노트북의 제품별 성능 비교'나 '노트북 구매시 따져 보아야 할 것' 따위가 되는 것이 보통이다. 하지만 이 경우에 글의 주제는 쓸 대상(노트북)의 성능이나 가격 등이 어떻다는 것이고 글의 목적은 소비자가 노트북을 선택할 수 있도록 정보를 제공하는 것이기에 이 둘을 합쳐 '노트북의 성능 비교를 통한 소비자의 구매 정보 제공' 따위로 글의 제목을 잡는 것이 올바르다. 물론 앞의 두 제목이 글의 제목으로 크게 부적절한 것은 아니지만 글의 제목은 독자가 글을 짐작하여 읽어도 좋은지 판단할 수 있도록 글쓴이가 글을 (글쓴이가 하고 싶은 말을) 왜 썼는가에 대한 정보를 어렴풋하게나마 줄 수 있어야 하기 때문이다. 첫 번째 제목은 마치 제조사가 자기 상품을 판매할 목적으로 쓴 글처럼 느껴지고 두 번째 제목은 그나마 소비자의 처지를 생각한 듯하지만 왠지 신문이나 잡지에서 흔히 볼 수 있는 비공식적인 글처럼 보여 글의 무게를 좀 떨어뜨리는 것이 흠이다.

글의 소제목도 글의 제목과 마찬가지로 독자를 배려하는 측면에서 기본적인 정보를 가지고 있어야 한다. 하지만 이 경우는 독자가 이미 글을 읽고 있는 단계로 보아야 하므로 장이나 절 따위의 목적을 별도로 밝힐 필요없이 주제만 뚜렷이 드러낼 수 있는 말로 고르면 좋을 듯싶다.[81] 또한, 독자는 같은 글 속에서도 독자마다 관심

81 글의 소제목에 각 장이나 절의 목적을 드러내지 않는 대신에 글을 써가면서 적절한 문단을 준비하여 무엇 때문에 이런 말을 하게 되었는지 밝혀야 한다. '형시을 갖춰 친절하게 쓰는 글쓰기'를 잘 하려면 독자가 현재 이 부분을 왜 읽고 있는지 스스로 알 수 있도록 써주어야 하기 때문이다. 나아가, 글 속에서 새로운 문단(생각)을 만들고 단락을 지을 때마다 도로에 이정표를 세워 현 위치와 앞으로의 방향을 알 수 있도록 해주듯이 글쓴이는 독자를 그렇게 이끌어야 한다.

이 다 달라 읽고 싶은 부분도 제각각이고, 나아가 나중에 글을 다시 읽을 때도 관심 있는 부분만 골라 읽을 수 있도록 해주어야 하기 때문에 소제목은 글의 목적보다 주제를 적극 살려 쓰는 것이 맞다. 이를테면, '컴퓨터 구조'라는 제목으로 글을 쓰는 경우에 (여기서 글의 주제는 컴퓨터를 낱낱이 살펴보는 것이고 글의 목적은 컴퓨터 구조를 (학생에게) 밝히는 것이다. 그래서 글의 제목은 '컴퓨터를 조사하여 그 구조를 학생들에게 알리기' 정도가 될 수 있는데, 우리 말의 특성과 일반적인 인식에 따라 말을 압축하여 '컴퓨터 구조'라고 제목을 붙여도 글의 주제와 목적은 제시되어 있음) 각 소제목을 '컴퓨터의 핵심인 중앙처리장치' '계산된 내용을 언제든 보관할 수 있는 기억장치' '입출력장치가 있어야 하는 까닭' 따위로 주제와 목적을 함께 살려 쓰려고 하면 오히려 군더더기만 덧칠할 뿐이다. 그냥 '중앙처리장치' '기억장치' '입출력장치'로 장을 나누고 소제목을 붙여서 그 목적은 본문에서 하나씩 언급해 가는 것이 훨씬 보기도 좋고 독자가 찾기도 쉽다. 한편, 소제목이 이끄는 글의 내용이 규모가 좀 크고, 또 중심 생각이 여러 곳에 흩어져 있어 한 장이나 절로 집중할 수 없을 때는 글의 끝에 '찾아보기(index)'를 따로 두어야 하는데, 이 역시 독자를 배려하여 언제든지 쉽게 찾을 수 있도록 하는 글의 한 구조가 된다.

2) 초록

초록(abstract)은 전체에서 필요한 부분만 뽑는다는 뜻으로 사전에 해석되어 있는 어려운 말이다. 그래서 이 말은 일상 생활에선 잘 쓰지 않는 말인데 글쓰기에서는 독자를 배려하기 위해 글 전체를 보여주기에 앞서 중요한 말을 먼저 뽑아내어 제시한다는 측면에서 아주 중요하다. 초록은 글 전체를 압축하여 만든 축소판으로 주로 연구 내용의 핵심적인 결과나 글의 중요성 따위를 적어서 독자가 정말로 이 글을 읽어볼 만한지 확인할 수 있도록 글의 맨 앞이나 뒤에 따로 자리를 마련해야 하는 글의 중요한 구조이다. 그리고 초록은 될 수 있으면 본문을 압축하여 나타내어야 하기 때문에 뒷받침 문장으로 다시 뜻을 덧붙일 필요없이 전문 용어나 개념을 그대로 살려 써야 제 맛이 난다. 초록이 문예글이나 일반적인 글이 아닌 논문과 같은 전문글에만 붙는 까닭도 바로 이 때문이다.

초록은 독자나 글쓴이 모두에게 중요한 구실을 한다. 우선, 독자에게는 앞에서 언급한 것처럼 글의 핵심 내용이 비록 짧지만 보통의 글처럼 '서론–본론–결론'에 맞춰 문제점을 적고 해결 방법을 찾아내고, 그리고 결과를 드러내는 식으로 나타나 있기 때문에 짧은 시간에 글 전체를 환히 들여다 볼 수 있다는 것이다. 시간과 노력을 들일 만한 가치가 있는 글인지 미리 알 수 있도록 하는 것은 독자를 배려하는 최고의 마음이다. 다음, 글쓴이한테는 쓴 글이 얼마나 자신있게 써졌느냐 하는 것을 가름해 볼 수 있는 좋은 기회를 준다. 글의 중심 생각이나 핵심 내용을 짧게 오해없이 쓴다는 것은 지식이 그만큼 잘 정리되어 있지 않으면 대체로 불가능하기 때문이다. 왠지 군살이 붙어 있는 것 같고, 또 했던 말이 다시 나타나든가 문장과 문장의 흐름이 매끄럽지 못하면 아무래도 좋게 압축된 글로는 볼 수 없다. 혹 글쓴이가 초록을 쓰면서 이런 마음이 든다면 언제든지 본문을 다시 읽어보고 부족한 점을 찾아 연구하여 메울 수 있으니 좀 성가시기는 하겠지만 좋은 글을 준비할 수 있는 좋은 기회로 여겨야 할 것이다.

초록은 글의 성격이나 발표하는 자리에 따라 내용을 채워가는 방식을 달리 할 수 있다. 즉, 글의 결과나 중요성을 압축하여 쓰더라도 구체적인 숫자를 밝히지 않고 일반적인 말로만 적을 수도 있겠고, 또 이와 반대로 구체적인 정보를 양적으로 집어가면서 글의 중요한 결과물이 확실히 드러나도록 써나갈 수도 있다. 보통 앞의 것을 설명적인 초록, 그리고 뒤의 것을 학술적인 초록이라 한다. 좀더 자세히 살펴보면, 설명적인 초록(descriptive abstract)은 마치 글의 목차에 있는 전체 개요를 하나씩 문장으로 바꾸어 순서대로 적어 놓은 것처럼 글에서 밝힌 내용을 정성적인 방식(qualitative way)으로 쓰는 것인데 결국 "글의 주제가 무엇이며 어느 범위까지 다루고 있느냐?"에 대한 답을 찾아가는 꼴이다. 반면에 학술적인 초록(informative abstract)은 말 그대로 글 자체에 담긴 학술적인 정보, 즉 글의 결과나 중요성 등을 비교나 평가를 위해 구체적인 숫자를 지적해 가면서 정량적인 방식(quantitative way)으로 적어가는 것인데 글의 내용적인 측면에서 보면 마치 "글에서 제일 중요한 것은 무엇이냐?"에 대한 답을 찾는 것처럼 전체 글에서 덧붙여서 해설하고 설명하는 말은 빼고 알짜만 남도록 축소하여 쓴 글과 같다.

초록을 일컬을 때는 보통 학술적인 초록을 말하지만 이의 선택은 전적으로 글의 성격이나 발표하는 자리에 따른다. 예를들어, 전문글에서 흔히 볼 수 있는 것으로 잘 알려졌거나 적용이 복잡한 이론을 새로 요약·정리하는 글을 쓴다고 생각해 보자. 이 글도 하나의 논문이므로 초록을 써서 독자가 미리 그 내용을 짐작할 수 있도록 해 주어야 하는데, 이때 이런 글은 글쓴이의 주장이 없기도 하거니와 독자의 처지에서 보면 글쓴이가 이것저것 붙이는 설명이나 해설보다 있는 그대로의 발자취를 알기 쉽게 적은 이른바 로드맵(road map)이 필요한 것이다. 그래서 이 경우는 학술적인 초록보다 설명적인 초록이 더 제격이다. 또, 이런 경우도 있다. 글을 발표하는 자리를 제공하는 단체나 학회마다 다 나름의 글 스타일을 가지고 있어서 글쓴이가 임의로 초록의 형식을 정할 수 없다. 보통 학회에서 추천하는 초록의 형식은 내용에 대한 규칙보다 길이에 대한 제약이 대부분인데 아무래도 짧은 초록을 원하는 경우에는 설명적인 초록이 더 강점이 있다.

초록은 대체로 글의 내용을 독자에게 미리 알려 주고자 하는 것이 최고의 목적이지만 이를 얼마만큼 짧게 써서 효과적으로 전달하느냐 하는 것이 그 생명이다. 글에서 초록이라는 구조를 따로 준비할 때 길이의 제약을 정해 놓지 않는다면 같은 일을 한번 더 반복할 수도 있어 오히려 불필요한 짐이 될 뿐이다. 그래서 전문글을 싣는 단체나 학회는 초록의 내용은 글쓴이의 취향에 맡긴다 하더라도 길이만큼은 꼭 제한을 두게 되는데 글의 쪽수에 따라 약간의 차이가 있지만 보통 영문으로 200자 이내로 하여 꼭 한 문단으로 작성하게 하는 것이 가장 일반적이다.[82] 만약 국문과 영문을 구분하지 않아 초록을 국문으로 작성할 요량이면 우리 말의 띄어쓰기를 따져 그 수만큼 적을 수도 있겠다. 또, 전문글이라도 학위논문같이 규모가 아주 큰 글이라면 초록의 길이도 문단 수를 늘려 좀 길게 잡아도 좋을 듯싶다. 대체로 이런 글은 자료 수집도 많이 했고 연구도 체계를 갖춰 집중적으로 하여 만족할 만한 결과를 뽑았다고 자랑하듯이 세세하게 적기 때문에 이를 요약하여 개요를 미리 밝히는 초록도 앞서 구분한 방식에 따르

82 단체나 학회에서 '논문집'의 형태로 발행되는 글은 초록뿐만 아니라 본문 전체의 쪽수를 제한하는 경우도 많다. 아무리 복잡한 글감을 쓴다 하더라도 한 편의 전문적인 논문이 되려면 글의 내용 못지 않게 글쓴이가 뜻을 전달하는 능력도 최소한의 자격에 도달해야 한다는 취지이기도하겠지만 논문집에 실린 글들의 쪽수가 아주 차이나 글의 중요도에서 생길 수 있는 오해를 없애고, 또 이미 잡아 놓은 년간 실을 논문 편 수를 맞추려고 쪽수를 제한하는 것 같다. 그래서 논문의 규정 쪽수가 7–8쪽이면 초록은 대체로 영문 200자 이내로, 그리고 현장에서 직접 경험하여 얻은 지식을 있는 그대로 적어내는 '기술논문'인 경우는 보통 규정 쪽수가 3–4쪽이기 때문에 초록도 여기에 맞춰 영문 100자를 넘지 않도록 되어 있다.

지 않고 오히려 두 방식을 합쳐서 적는 것이 일반적이다.[83] 초록의 길이가 그만큼 길어질 수밖에 없다는 말인데, 이때 꼭 주의해야 할 것은 초록의 기본 목적을 살려 본문에 있는 내용 중에 꼭 할 말만 '서론-본론-결론'의 형식에 따르되 아무런 뒷받침도 하지 말아야 한다는 것이다. 초록을 읽는 독자는 이미 그 분야의 전문가이기 때문에 말을 풀어 쓰면 쓸수록 독자에 대한 배려는 벌써 사라지고 만다.

초록에서 가장 많이 써먹는 학술적인 초록은 기본적으로 다음과 같은 세 가지 정보를 꼭 담고 있어야 한다.

- 글의 목적을 뚜렷이 드러낼 수 있는 문제점
- 문제점을 풀어가는 접근방식
- 문제점을 풀거나 푸는 과정에서 얻은 중요한 결과

초록도 비록 본문을 짧게 효과적으로 축소는 했지만 하나의 완성된 글이다. 그래서 처음에 글의 목적이 드러나도록 해결할 문제점을 제시하고 푸는 방법과 얻은 결과를 차례로 적어 기본적인 '서론-본론-결론'의 형식을 따라야 하는 것은 당연하다. 물론 이 경우에 각각을 하나의 문장으로 만들어 쓰는 것이 보통이지만 꼭 그렇게 할 필요는 없다. 몇 개를 합치거나, 아니면 하나를 여러 문장으로 나누어 써도 좋은데 항상 초록의 길이를 생각하면 된다. 우선, 문제점을 적을 때는 대개 그 자체가 글의 목적이 되기 때문에 분명한 말로 독자가 금방 알아차릴 수 있도록 쓰는 것이 중요하다. 초록을 읽으려는 독자는 첫 문장만 보고 글을 계속 읽을 것인지 결정하는 경우도 있다. 다음, 제시된 문제를 어떻게 풀어갈 것인가 따위의 접근방식을 적어야 하는데 보통 여기서 말을 압축하지 못하고 여러 군더더기를 붙이는 경우가 흔히 발생한다. 전문글에서 접근방식을 적을 때는 문제에 포함된 개념이나 문제를 직접 해결한 방식, 남과 다른 설계 기법이나 성능 향상 조건, 실험 방법 등을 글의 성격에 따라 한 둘을 선택하여 전문적인 말로 아무런 뒷받침없이 써 두면 된다. 끝으로, 결론을 맺을 때는

83 보통 하위논문에서와 같이 설명적인 초록과 학술적인 초록을 합쳐 적을 때는 이를 특별히 구분하여 설명-학술 초록(informative-descriptive abstract)이라고 일컫기도 한다. 그러니까 논문의 중요한 부분은 수치적인 정보를 동원하여 구체적으로 적고 나머지 부분은 목차의 소제목을 따서 일반적인 말로 써나가는 식이다.

될 수 있으면 밝힐 정보를 (시뮬레이션이나 실험 결과, 성능 지수, 효율성 등) 숫자로 나타내어 독자가 글의 성과를 신뢰할 수 있도록 하는 것이 좋다. 논문은 대개 주장하는 바가 있게 마련인데 이를 말만으로 적어 놓으면 양적으로 비교 평가한 것보다 훨씬 믿음이 덜하여 독자의 읽고 싶은 마음을 빼앗을 수 있기 때문이다. 그렇다고 없는 숫자를 억지로 만들어낼 필요는 없다. 이럴 경우는 접근방식을 적을 때 어렴풋한 내용을 밝혀두고 결론을 맺을 때에 글에서 한 일과 관련한 전망이나 제언 따위를 강조하듯이 적어 두는 것이 괜찮을 듯 보인다.

초록에 대하여 마지막으로 하나 덧붙이고 싶은 것은 오늘날 정보화 시대에 맞춰 초록이 지닌 가치가 더 커졌다는 사실이다. 제1장에서도 잠시 언급하였지만 요즘은 전문글이 워낙 많이 발표되기 때문에 비록 짧은 초록이라도 하나씩 다 읽어 볼 수 없는 형편이다. 그래서 이 역시 독자를 배려하는 측면에서 독자가 관심있는 글을 컴퓨터나 인터넷으로 쉽게 찾을 수 있도록 하는 서비스가[84] 널리 보급되었는데, 문제는 이와같은 정보의 추출을 글쓴이가 쓴 초록에 전적으로 의존한다는 것이다. 독자가 입력하는 중심말(keywords)도 초록에서 뽑고, 나아가 구나 문장으로 적어 낸다 하더라도 기본 데이터베이스는 모두 초록만 사용될 뿐이다. 따라서 글쓴이는 초록을 쓸 때 이런 상황을 마음에 두고 '문제점-접근방법-결과'를 적으면서 될 수 있으면 중심말이 살아나도록 써야 한다는 것을 잊어서는 안 된다. 옛날과 달리 글을 쓰는 것뿐만 아니라 글의 홍보도 글쓴이의 몫이 되는 셈이다.

3) 서론

서론(introduction)은 말 그대로 글을 통해 하고 싶은 말을 본격적으로 하기 전에 여

84 글쓰기에도 컴퓨터의 보급과 더불어 놀랄만한 일이 많이 벌어지고 있는데 그 중의 하나가 정보서비스 회사이다. 이 회사는 보통 정보추출 전문가(information-retrieval specialist)를 고용하여 날마다 발표되는 전문글을 모아 초록에서 중심말을 뽑든가, 아니면 초록 전체를 데이터베이스로 만들어 독자의 요구에 따라 상업적으로 운영한다. 물론 요즘은 이런 서비스도 너무 보편화되어 각 기관마다 관련 시스템을 구축하여 회원에 한해 공짜로 해 주는 곳도 많다. 하나의 예로, LG상남도서관(http://www.lg.or.kr)은 공학과 관련하여 국내 글뿐만 아니라 외국 글도 많이 수집하여 대체로 만족스러운 서비스를 해주고 있다.

러 실마리가 되는 말을 소개하는 곳이다. 제목에서 보인 첫인상을 확실히 심어 독자와 친구가 되도록 하는 자리이기에 글의 얼굴과도 같다. 사람도 마찬가지이지만 글의 얼굴도 꾸미기에 따라 천차만별이다. 그래서 어떤 모습으로 어떻게 다가서느냐 하는 것에 따라 영원한 친구가 되기도 하고 손사래 치는 친구가 되기도 한다. 독자는 대체로 서론을 통해 읽을 글을 결정하기 때문에 서론이야말로 글쓰기에서 가장 중요하고 어려운 부분이 아닐까 싶다. 서론의 몇 마디가 글의 성패를 좌우한다는 말도 그 까닭이다. 그렇다고 처음부터 너무 신중하여 중압감을 벗어나지 못하면 손발이 저려 오히려 제대로 된 글을 쓸 수 없는 꼴이 되므로 몹시 경계해야 한다.

서론은 본론에서 할 말에 대한 실마리를 적는 곳이니 글의 주제와 목적, 또는 글의 동기가 분명히 드러나야만 한다. 다시말하면, 글로 쓸 것이 무엇이며, 이를 어떻게 써나갈 것이며, 또 왜 이것을 쓰게 되었는지 밝혀야 한다는 말이다. 이때, 꼭 주의해야 할 것은 앞에서 설명한 초록과 완전히 별개로 다루어야 한다는 것이다. 옛날에 눈과 코를 보여주었다고 해서 지금 얼굴을 그리면서 눈과 코를 뺄 수는 없기 때문이다. 그래서 초록에서 글의 주제나 목적 등을 언급했기에 서론에서 뺀다든가, 아니면 초록에서 핸 말을 다시 반복하는 것 같아 왠지 꺼림직한 마음이 들어 자연스럽게 써나가지 못한다든가 하는 따위는 절대 없어야 한다. 서론을 쓸 때는 아예 초록이 없다고 생각하는 것이 제일 좋다.

서론에 꼭 담아야 할 말, 즉 무엇(what)을 왜(why) 어떻게(how) 나타내었느냐 하는 것에 대해 적어야 할 말을 요약하면 대략 다음과 같다.

- 주제가 무엇이냐? (what)
- 왜 글을 쓰려고 하느냐? (why)
- 얼마만큼의 범위로 어떤 순서에 따라 쓰려고 하느냐? (how)

여기서 무엇과 왜에 대한 말은 쓸 대상을 정하여 글의 방향을 잡아야 하기에 당연하다. 그런데 어떻게에 대한 말은 종종 서론에서 빼는 경향이 있는 것 같은데 이는 잘못되었다. 특히 전문글일수록 하나의 주제를 놓고 글에서 다룰 부분과 다루지 않을 부분을 미리 정확하게 밝혀야 하는 까닭은 독자에게 신뢰를 줄 뿐만 아니라 글쓴이 자신에게도 글을 써가면서 조금 안다고 이것저것 건드리고 싶은 욕심을 억제케 하여 글의 집중도를 높일 수 있게 해주기 때문이다. 전문글은 아무래도 주제를 좁게 잡아 깊게 다루는 듯한 인상을 주면서 독자에게 글쓴이의 자신감을 보이는 것이 더욱 전문글답다. 그리고 글을 싣는 순서도 글이 산만하지 않고 주제를 향해 마음먹은 대로 이끌고 가기 위해서 꼭 필요하다. 보통 논문과 같은 전문글은 목차를 따로 준비하지 않기 때문에 서론의 마지막에 이와같이 본문의 순서를 적어서 서론과 본론을 매끄럽게 연결할 뿐만 아니라 독자가 내용을 미리 짐작해 가면서 읽을 수 있도록 배려하는 것이다.

서론도 독자를 배려하는 글의 구조이기에 이와같은 글의 실마리가 되는 말뿐만 아니라 본론에 담긴 말의 배경이 되는 말도 함께 적어 독자가 글의 주제와 관련하여 이해할 수 있는 폭을 넓혀줄 필요가 있다. 사실 '형식을 갖춰 친절하게 쓰는 글쓰기'는 글쓴이보다 독자의 처지를 먼저 생각하며 쓰는 것이기 때문에 어떤 면에서 보면 글쓴이의 글을 드러내는 앞의 말보다 더 중요할 수가 있다. 독자를 배려하는 말로 서론에 넣어야 할 것들을 정리하면 대략 다음과 같다.

- 어떤 문제 때문에 주제를 선택하게 되었느냐?
- 주제와 관련한 예비지식(backgrounds)은 무엇인가?
- 주제와 관련하여 새롭게 정의되는 용어가 있느냐?

전문글을 쓴 배경으로 주제와 관련하여 현장에서 직접 겪었거나 좋은 이론이지만 논리의 전개나 적용에 한계가 있다고 알려진 것들을 서론의 첫머리에 적어 두면 독자의 관심을 끄는데 십중팔구 의심할 여지가 없다. 모든 연구는 문제점에서 출발하고, 그래서 독자도 아마 그런 문제를 스스로 풀어 보려고 글을 읽기 때문에 이런 말을 보면 제일 먼저 눈에 들어올 것은 당연하다. 만약 딱히 찍어줄 만한 현장의 문제점을 찾지 못했다면 학문 분야에서 주제가 가질 수 있는 가치나 하지 않으면 안 될 근거 등을 적어서 비슷한 효과를 보도록 하는 것도 좋은 방법이 될 것이다. 다음, 주제와 관련한 예비지식, 즉 이와 비슷한 주제를 이전에 누가 어떻게 다루었고 서로 어떤 차이가 있는지 밝히는 말을 서론에 적을 때는 약간 조심해야 한다. 이는 독자의 이해를 도와주면서도 별다른 수고없이 글의 주제를 더욱 뚜렷하게 나타내 주는 것으로 전문글에서 흔히 볼 수 있지만 어떻게 쓰느냐에 따라 약도 되고 독도 된다는 말이다. 보통 쓸 주제에 대한 예비지식은 글쓴이가 노력한 정도에 따라 많이 찾을 수 있다. 문제는 이를 어떻게 내어 놓느냐 하는 것인데, 만약 독자가 전문 지식을 많이 가졌다면 몽땅 늘어 놓은 예비지식이 오히려 성가실 뿐만 아니라 글의 주제에 맞는 핵심 사항을 꼽지 못한다 하여 글쓴이의 수준을 의심할 수도 있겠고, 반대로 주제와 관련한 전문 지식을 새로 쌓으려고 하는 독자인 경우에는 예비지식 몇 가지만 달랑 적힌 것을 보고 매우 어리둥절할 뿐만 아니라 자칫하면 글의 주제조차도 이해하지 못할 수 있다. 결국 독자를 잘 분석하여 주된 독자에 맞춰 예비지식을 적절하게 선택하여 내어 놓는 수밖에 없다. 더 자세한 설명은 글의 효율적인 전개를 위해 뒤에서 독자를 배려하는 일과 관련하여 서론을 전체적으로 다시 살펴볼 때 한꺼번에 설명하기로 한다.

서론에 놓을 수 있는 또다른 것에는 용어를 정의하는 말이다. 잘 알려진 용어야 본문에서 언급하든 그렇지 않든 전문글을 읽는 독자가 글을 이해하는데 별로 영향을 주지 않겠지만 글쓴이의 글에서 처음 출현하는 말이라면 본문보다 서론에서 독자가 미리 알 수 있도록 기본적인 뜻과 개념을 살펴 놓아야 한다. 본문은 하고 싶은 말을 시작에서 끝까지 논리의 흐름을 놓치지 않은 채 한결같이 이끌어 가야 하기 때문에 용어를 다시 정의하는 일로 방해를 받아서는 곤란하다.

지금까지 서론이 글의 얼굴이라는 측면에서 글쓴이가 글의 내용을 있는 그대로 알려주는 3가지 말과 독자를 적극적으로 붙잡기 위해 덧붙일 수 있는 3가지 말에 대하여 알아보았다. 물론 이것만이 서론에 넣을 수 있는 말은 아니다. 사실 글을 효과 있게 알려서 독자를 붙잡는 구실을 할 수 있는 이런 말들은 주제의 성격이나 글의 목적 등에 따라 필요한 만큼 골라 쓰되 얼굴뿐만 아니라 몸 속까지 보여주려고 깊게 다루지만 않는다면 다 될 수 있다. 따라서 위에 제시한 말들은 서론에 올 수 있는 여러 말 중에서 최소의 노력으로 최대의 효과를 볼 수 있는 말로 이해하면 좋겠다. 하지만 모든 글에 똑같이 이와같은 말을 다 넣을 수 없다는 것이 문제다. 글이 짧으면 짧은 만큼 쓸 말도 축약해야 되겠지만 가지 수도 줄여야 하고, 또 글이 길면 길수록 할 말을 뒷받침해 가면서 가지 수도 늘려 볼 수 있다. 그러니까 서론에 무슨 말을 쓸까 하는 기준이 글의 길이가 된다는 말인데 이는 다시 글의 종류, 즉 편지나 메모에서부터 설명서, 제안서, 보고서, 소논문, 학술논문, 졸업 및 학위 논문 따위에 따라 당연히 달라질 수밖에 없다. 한마디로 서론은 글의 종류에 따라 여러 가지로 쓸 수 있다는 말이다. 예를들어, 소논문인 경우는 어떤 지식을 알려주는 목적이 있으니 문제점과 해결책을 중심으로 서론을 구성하고, 보고서는 실행한 연구의 목적과 결과에 대한 평가가 중요하니 이를 나타낼 수 있는 말로 적어야 하고, 학술논문은 비슷한 주제로 이전에 누군가 했던 것과 비교하여 그 차이점을 드러내어야 하니 여기에 맞는 말을 서론에 강조하듯이 나타내고, 또 학위논문이면 학자의 자격을 받는 것이니 지금까지 해 왔던 연구에 대한 노력, 태도, 방법, 비전 등 모든 면을 다 보여줄 수 있도록 서론을 위에서 언급한 모든 것들을 하나도 빠짐없이 아주 자세히 적어가야만 한다.

서론에 대한 말을 끝맺기에 앞서 생각해 볼만한 것을 하나 적어두고 싶다. 서론에는 글의 종류에 따라 이런저런 말이 들어가야 한다고 여태껏 말했지만 서론이란 결국 글에서 하고 싶은 말을 하기 전에 독자에게 글을 읽을 준비를 하라고 미리 알려주는 것이다. 그래서 서론은 독자가 글을 읽으면서 다른 데 한눈 팔지 말고 글이 추구하는 것을 (글쓴이가 가장 많이 공을 들인 것을) 제대로 찾으려고 온 힘을 기울일 수 있도록 만 해주면 좋지 않을까 싶나. 앞에 한 말과 비슷한 말 같시반 성격이 선혀 다르다. 단순히 형식을 갖추기 위해 서론에는 이런 말을 넣어야 한다고 본문에서 별로 중요하게 다루지 않은 말을 적어서 오히려 글을 산만하게 만든다든가, 아니면 글쓴이가 나름대로 심혈을 기울였으면서도 글의 종류에 적합하지 않다고 적지 않는다든가 하는 따위를 해서는 안 된다고 본다. 어디까지나 서론은 독자를 배려하는 목적에 맞춰 알릴 것을 미리 알려준다는 마음으로 쓰면 그저 좋은 서론이 되는 것이다. 꾸며서도 겁을 먹어서도 좋지 않다.

4) 본론

본론(body)은 그야말로 글쓴이의 주장을 펼치는 글의 중심 대목이다. 서론에서 밝힌 내용을 독자의 관심이 계속 흩트려지지 않도록 연구하고 조사한 사실 하나하나를 논리에 맞춰 체계적으로 적어서 결론에 도달할 수 있도록 하는 자리이다. 서론에서 아무리 좋은 말로 독자를 끌었다 할지라도 본론이 제대로 짜여 있지 않으면 한낱 공허한 글밖에 안 된다. 그래서 본론을 적을 때는 초록에서 모았던 독자의 관심을 끝까지 잡아 두면서 서론에서 제시했던 문제도 잘 풀어 가기 위해 주제의 초점을 잘 맞춰 효과적이면서도 참신한 표현법을 적극 살려 쓰도록 해야 한다. 여기서 효과적이라는 말은 글의 전달성을 높이기 위해 소주제에 따라 문단이나 단락을 구분하여 깊이(길이)를 알맞게 조정하거나 그림이나 표 따위와 같은 그래픽 요소를 제대로 활용한다는 뜻이고, 참신하다는 것은 세상에 처음 제시하는 전혀 새로운 독창적인 주장을 말하는 것이 아니라 새로운 자료와 새로운 논법, 새로운 관점과 새로운 해석 등을 통해 얻어지는 앎의 새로움을 말한다.

효과적인 본론 쓰기가 되려면 우선 주제에 맞게 단락이나 문단을 잘 나눠 각각의 길이를 적절하게 조절할 수 있어야 한다. 아무래도 중요한 부분이야 어느 정도 깊게 다루어야 하기 때문에 길이가 길어진다고 생각할 수도 있지만 실제는 그렇지 못하다. 글을 쓰다 보면 별로 중요하지 않지만 비슷한 정보가 많아 쉽게 써지는 경우가 있는가 하면, 반대로 좀 세밀히 다루어야 할 부분인 데도 여러 사정으로 짧게 끝맺을 수밖에 없어 글의 중요도를 올바르게 반영하지 못하는 현상이 더러 나타나기 때문이다. 물론 글의 길이는 단순히 단어나 문장의 개수로만 따져선 안 되고 다루는 주제와 여로 모로 깊은 관계를 갖는 정보의 양이 결정하는 것이다. 길이를 늘린다고 뚜렷한 맥을 잡지 못하는 군말만 집어넣어서는 오히려 독자의 관심만 떨어뜨릴 뿐이다. 그리고 중요한 단락이 있어 이의 길이를 어느 정도 확보해야 할 때도 꼭 글에 포함해야 할 사항인지, 아니면 글의 뒷부분에 부록이라는 구조로 따로 담아야 할 지 고민해야 한다. 글의 종류에 따라 조금씩 다르겠지만 글의 생명이 논리로 흐름을 짜 가는 것이라고 볼 때 어느 한쪽으로 너무 깊게 다루어 전체 흐름이 잠시 잊어진다면 결코 좋은 글로 생각할 수 없다. 그래서 글의 흐름을 막지 않을 정도로만 본론에 나타내고 나머지 부분은 부록을 만들어 다시 집중적으로 언급해 주거나 다른 글을 참조할 수 있도록 참고문헌으로 표시해 두는 것이 글의 구조를 백분 활용하는 방법이기도 하다.

본론을 효과적으로 쓰기 위해선 그래픽 요소도 잘 활용하여야 한다. 그래픽 요소는 보통 그림이나 표, 사진 등과 같이 글을 대신하여 정보를 전달할 수 있는 것만 생각하겠지만 글의 가독성(readability)을 살려주는 쪽 모습도[85] (여백이나 간격, 글자

85 학술논문으로 발표하는 글이라면 쪽 모습은 글을 싣는 자리에 따라 이미 지정되어 있어 글쓴이가 임의로 바꿀 수 없다. 하지만 대학생이 쓸 수 있는 글은 이것뿐만 아니라 간단한 안부 편지부터 (전자편지도 포함) 자기 소개서, 과제물, 보고서 등 일상 생활이나 조직 속에서 써야 할 글이 너무 많다. 경험해 보면, 대학생 이외에도 일반인이나 특정 분야의 전문가까지 이와같은 글을

크기 등) 함께 포함한다. 또 효과적이라는 말은 글쓴이의 처지에서 보면 말을 아껴 쓰는 데도 분명한 뜻과 더 많은 정보를 전달하는 것이고 독자의 처지에서 보면 어렵지 않으면서도 빨리 정보를 캐내는 것과 맥을 같이 한다. 전문글에서 그래픽 요소는 어쩌면 필수이지 않을까 싶다. 복잡한 개념을 설명한다든가 어떤 장치의 내부 모습을 보여준다든가, 혹은 숫자 정보를 한눈에 볼 수 있도록 한다든가 하는 따위엔 말만 가지고는 바라는 목적을 이루기가 정말 어렵다. 그렇다고 전달성을 높인답시고 아무 곳에나 그래픽 요소를 삽입해선 더 더욱 곤란하다. 그림이나 표, 사진 등은 제각각 맞는 자리에 놓일 때만 효율적인 정보 전달이 가능하고, 또 같은 그림이라도 x–y 그래프나 막대 그래프, 차트(chart), 선도(diagram), 순서도, 단면도, 전체도 등 전달 목적에 따라 선택해야 할 것이 많아 잘못 고르면 오히려 글의 효과를 망칠 수 있다. 그래픽 요소나 쪽 모습 등을 이용하여 글을 효과적으로 쓰는 것과 관련해서 좀 자세히 해야 할 말이 여럿 있지만 내용을 매끄럽게 끌고 가기 위해 글을 다듬는 다음 장에서 한데 모아 다시 언급하기로 한다.

참신한 본론 쓰기가 되려면 같은 내용이라도 문제를 푸는 방식이나 바라보는 관점을 달리하여 항상 새로운 해석을 끄집어내도록 해야 한다. 같은 주제를 기존의 것과 별 차이없이 적어서는 복사품을 하나 더 만드는 일 외에 아무 것도 아니기 때문이다. 설사 결론이 같다 하더라도 문제를 풀고 접근하는 과정에서 뒷받침해야 하는 여러 까닭이나 근거를 새롭게 찾아보려고 끊임없이 노력하고, 만약 이와같은 새로운 자료를 찾기가 어려우면 용어의 선택이나 문장의 구성, 표현 방식 등에서라도 남과 다른 글쓴이만의 개성이 드러날 수 있도록 힘써야 한다는 말이다. 참신하게 글을 쓴다고 하여 지금까지 아무도 생각해낸 적이 없는 새로운 생각이나 견해만을 항상 담을 수는 없다. 앞 절에서 밝힌 여러 글쓰기 법을 상황에 맞게 정의·비교·대조·분석·논증·추론·유추·예증·묘사·기술·서술 등을 잘 섞든가 문장도 때에 따라 여럿을 합치거나 하나를 여러 개로 쪼개어 글의 분위기를 바꾸어 보든가, 아니면 글의 표현법이나 문체(文體)를[86] 달리하여 글 맛을 독특하게 한다든가 하는 따위로도

쓰면서 쪽 모습을 대수롭지 않게 여겨 읽으려면 눈이 아프고 아주 짜증나는 글을 써내는 경우가 자주 있었다. 아무리 하찮은 글이라도 글은 글쓴이의 얼굴이다. 항상 독자를 생각하는 마음을 담아 쓴다면 언젠가는 글쓴이 자신의 장점으로 보답하게 될 것이다.

86 글의 표현법은 말과 문장의 효과적인 표현 기술을 통틀어 일컫는 수사(修辭)를 뜻한다. 직유나

독자는 충분히 참신한 인상을 받게 되는 것이다. 물론 글의 내용이 참신하면 더할 나위 없다. 그래서 새로운 생각이 살아나도록 새로운 자료를 끊임없이 찾아내려고 애써야 한다. 하지만 참신한 내용도 담는 그릇이 진부하면 그만큼 드러낼 기회가 줄어들 수 있으므로 언제 어느 곳에서나 개성 있는 글쓰기가 될 수 있도록 준비해 두는 것이 필요하다.

본론은 글의 핵심이므로 글을 쓰면서 뚜렷이 나타내어야 할 부분을 강조하듯이 적어야 할 경우가 종종 있다. 마련한 자료를 가지고 논리적이고 체계적으로 적어가는 것은 당연하지만 새로운 아이디어나 다른 글에선 볼 수 없는 독특한 내용 따위는 독자가 얼른 찾을 수 있도록 하거나 색다른 표현 방법을 써서 돋보이게 하는 것도 글쓰기의 한 요령이다. 짐작하겠지만 앞에서 언급한 그래픽 요소나 문단의 길이를 조정하는 것, 글의 문체나 수사법을 바꾸어 가는 것 등도 다 비슷한 맥락이다. 그래서 이와같은 강조 방식은 적절히 사용만 하면 효과가 아주 크지만, 반대로 잘못 썼을 때는 글이 돋보이기는커녕 글의 생명인 정보의 흐름을 왜곡할 위험도 더러 있을 수 있다. 그림 5.2는 글의 일부분을 강조할 때 흔히 적용할 수 있는 방법들을 요약해 본 것이다.

그림에서 보는 것처럼 글의 특정 부분을 강조하고자 할 때는 3가지 방법, 즉 구조적인 방법(structural method), 시각적인 방법(visual method), 그리고 수사적인 방법(rhetorical method)을 사용할 수 있다. 우선, 구조적인 방법은 말 그대로 글을 구성해 가면서 중요한 부분의 길이를 길게 (혹은 짧게) 조정하거나 더 뚜렷이 나타내기 위해 상대적으로 불필요한 부분을 생략하거나 우선순위를 따져 순서대로 내놓거나 독자의 관심을 쉽게 끌 수 있도록 글의 (혹은 단락이나 문단의) 맨 앞이나 맨 뒤

은유, 환유 등과 같은 수사의 기본 목적은 말하고자 하는 뜻의 정확한 전달에 있다. 맛이 아닌 멋으로 기교만 부린다면 글이 오히려 번잡스럽고 가벼워 보일 수 있기 때문에 항상 신중히 사용해야 한다. 이 밖에도 글을 변화있게 써보기 위해서는 도치, 반어, 생략, 설의 등과 같은 여러 방식을 가끔 활용해 볼 수도 있다. 글의 문체는 사람마다 말투가 있듯이 글로 나타나는 글쓴이의 글투이다. 흔히 간결체니 만연체니 하여 문체를 구분하는 경우가 있는데 이는 잘못되었다. 문체는 글쓴이의 글에 대한 태도에 따라 마음에 드는 말을 고르고 문장의 종류도 선택하면서 자연스럽게 이루어지는 것이지 하나하나 고정되어 있는 것이 아니기 때문이다. 이를테면, "전문가는 글을 잘 써야 한다", "전문가가 글을 못쓰면 자격이 없다", "전문가에게 글은 생명이다" 등은 모두 같은 뜻이지만 글쓴이의 성격이나 태도에 따라 다른 것을 선택하게 되고, 또 글의 내용이나 분위기에 따라서도 어느 하나로 지정할 수 없는 경우와 마찬가지다.

에 오도록 하거나, 아니면 중요한 정보라는 것을 표시하기 위해 아예 목록(list)으로 따로 구분하면서 적는 식이다.

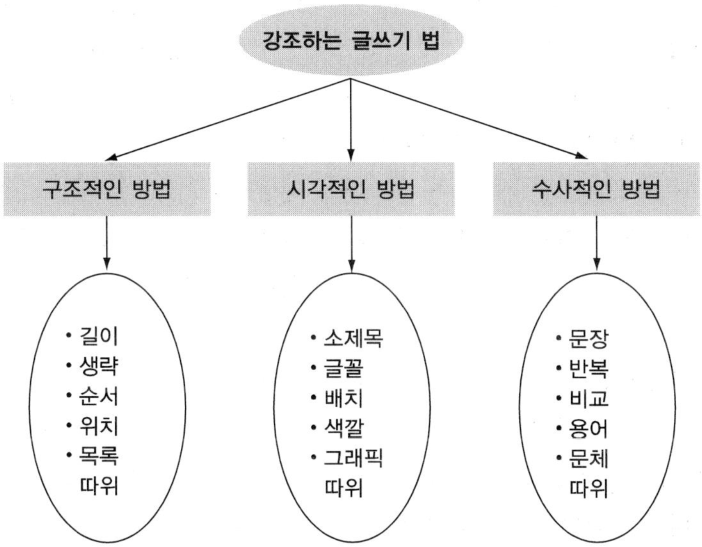

그림 5.2 강조하는 글쓰기 법

여기서 대체로 이해가 다 되는 말이지만 길이와 순서, 목록에 대해서는 좀 주의깊게 살펴볼 필요가 있다. 다시말하면, 글의 길이를 무작정 길게 늘린다고 해서 강조되는 것은 아니고 주위의 여러 단락이나 문단과 견주어 간결하면서 힘찬 표현으로 꼭 필요한 정보만 짧게 담아도 목적을 달성할 수 있다. 또, 글감을 다루는 순서는 항상 중요한 것부터 적을 것이 아니라 글의 성격이나 독자의 반응을 분석하여 이른바 내림차순이나 오름차순, 혹은 적당하게 섞어서 내놓는 것이 훨씬 효과적이다. 예컨대, 글의 길이가 긴 경우는 중요한 부분이 나올 때까지 독자가 기다리다 보면 아무래도 지루하기 쉬우니까 강조할 것부터 먼저 쓰고 짧은 경우는 글 전체를 독자의 관심을 높여서 읽도록 하기 위해 덜 중요한 것에서 차츰 중요한 것으로 적어가면 좋다. 목록을 만들 때도 주위를 끌기 위해 찍는 글머리표를 번호로 할 것인지 기호로 할 것인지, 혹은 수직 목록(vertical list)이나 수평 목록(horizontal list) 중에서 어떤 것을 택해야 좋은지 따위를 글의 성격이나 나타낼 정보의 가치 등과 견주어 잘 판단해야 한다. 예를들어, 나열할 정보에 우선순위가 없다면 그림 5.2에 나타낸 것처럼 글머리표를 기호로 사용해도 되겠지만 만약 중요도에서 차이가 있다면 번호를 쓰던가, 아니면 수평 목록을 써서 "글을 구조적인 방법으로 강조할 때는 보통 5가지 방법으로 쓰인다. 즉, (1) 길이, (2) 생략, (3) 순서, (4) 위치, 그리고 (5) 목록이 여기에 해당한다" 처럼 우선순위를 넌지시 알려주는 것이 좋다. 이때, '5'와 같은 가지 수를 목록을 나열하기 전에 밝혀두는 것도 잊어서는 안 된다. 그래야 독자는 독자대로 일일이 세어보는 수고가 없이 정보의 파악에만 집중할 수 있고, 또 글쓴이는 글쓴이대로 실수로 정보를 빼먹는 일을 막을 수 있기 때문이다. 나열하는 정보가 사람인 경우에는 결코 우선순위를 매길 수 없기 때문에 꼭 글머리표를 기호로 하는 것도 주의해야 할 일이다.

시각적인 방법은 독자가 눈으로 분명히 구별할 수 있도록 글이나 쪽의 모습을 바꾸거나 그림이나 표, 사진 등과 같은 그래픽 요소를 활용한다. 즉, 중요한 내용이 담긴 단락이나 문단은 별도로 소제목을 붙여 구별해 두든가, 혹은 글꼴이나 글의 크기, 색깔 등을 다르게 나타내어 특별히 강조하기도 하며, 아울러 앞에서 언급한 것처럼 말로 제대로 전달하기 어려우면 그래픽으로 처리하여 중요한 내용을 한눈에 알아볼 수 있도록 만들 수도 있다. 소제목(heading 또는 subheading)이야 글쓰기를 시작할 때 글감을 정리하면서 잡은 개요를 참조하거나 단락이나 문단의 중심 생각을 뚜렷이 드러낼 수 있는 말로 정하면 되겠는데 글꼴과 관련해선 이것저것 생각해 볼 것이 많다. 대문자와 소문자가 따로 있어 강조할 말을 구분하여 적을 수 있는 영어와 달리 단일 문자로 된 우리 말은 글꼴만큼은 사용하는데 제약이 있는 것 같다.[87] 물론 컴퓨터로 글을 쓰는 경우에는 굳이 문자를 구분할 필요없이 진하게 표시하거나 기울이고 밑줄을 치고 색깔을 바꾸고 크기를 조절하는 등의 방법으로 눈에 쉽게 띄게 나타낼

87 일본 글도 가나 문자를 두 개로 만들어 외국 말이나 강조할 말을 따로 구분하여 표시한다. 물론 이것이 문자의 우수성과 관련한 말은 전혀 아니다. 표기 능력 측면에서 본다면 오히려 단일 문자로 모든 말을 똑같이 표시할 수 있는 것이 더 우수하다. 다만, 글을 옛날같이 종이에 적어 대대로 물려주는 단순한 기록물을 만드는 도구로만 보지 말고 시시각각 밀려드는 정보의 홍수 속에서 자기 만의 생각이나 주장을 개성 있게 적어서 글마다 특색이 살아나도록 하여 독자가 눈으로도 이를 쉽게 확인해 볼 수 있도록 해주어야 한다는 측면에서 말을 소리의 크기나 감정의 변화로 강조해 가듯이 글에도 표기 수단이 여럿 있으면 좀 낫다는 말이다.

수 있지만 영어처럼 융통성을 발휘하기엔 여전히 아쉬움이 좀 남는다. 컴퓨터에서 바탕체나 굴림체, 돋움체 등과 같이 우리 말의 글꼴을 새로 만들어 쓰듯이 연필로 적을 때도 영어처럼 서로 구분하여 적을 수 있게 관련된 학자들이 우리 자모나 글의 표기 방법 등을 몇 가지로 연구해 보면 어떨까 싶다. 쪽 모습에 관해서는 꼭 한 가지만 기억해 두면 좋은데 바로 글이 빽빽하게 보이지 않게 쓰는 것이다. 특히, 줄이나 글자 사이의 간격이 좁아 따닥따닥 붙어 있으면 글의 내용과 상관없이 독자는 십중팔구 눈을 돌리고 만다. 대학 교재를 선택할 때도 어느 정도 반영되는 일로 내 자신 역시 직접 경험했던 것을 보면 글에서 글의 외형적인 모습을 무시할 수 없다는 사실이 절실히 다가오는 대목이다. 그래픽 요소를 이용하여 글을 시각적으로 나타내는 방법에 대해서는 다음 장을 참고하면 좋겠다.

글을 강조할 때는 수사적인 방법도 쓸 수 있다. 이를테면, 덜 중요한 말이면 하나의 문장으로 독립해서 쓰지 말고 중요한 말이 나오는 문장에 안기듯이 써서 드러내고 싶은 말을 간접적으로 강조한다든가 그냥 단순히 말을 반복하거나 용어나 어투를 강한 것으로 골라 쓴다든가, 아니면 독자가 뚜렷이 그려볼 수 있도록 이미 밝혀진 구체적인 정보와 비교 혹은 대조하는 따위가 되겠다. 그러고 보면 수사적인 방법은 지금까지 설명해 온 글쓰기 방법을 잘 익혀 놓는 것만으로도 어렵지 않게 써먹을 수 있을 것 같다. 다만, 너무 강조한다는 마음만 앞서 용어를 선택할 때 뜻이 모호하여 잘못 알아듣도록 한다거나 글의 문체도 의식적으로 바꾸려고 해 글이 딱딱하고 건방지게 느껴지거나, 또 똑같은 말만 계속 반복하여 정보 전달에 오히려 지장을 주는 것은 절대 조심하여야 한다. 문장을 만드는 문제에 대해서는 제2장에서 어느 정도 설명이 되어 있지만 여기서 조금 더 언급해 보면 이렇다. 문장에서 홑문장(simple sentence)은 짧고 끊어지는 느낌이라 강하고 이은문장(compound sentence)이나 안은문장(complex sentence)과 같은 겹문장은 대체로 길어 분위기가 부드럽다고 알려져 있지만 글의 특정 분야를 강조할 때는 다른 비교되는 생각을 종속절로 하여 안은문장으로 만들어 쓰는 것이 효과가 더 좋은 경우가 많다. 간단한 예로, 어떤 식품회사에서 홍보 책을 만들면서 "올해는 햇빛이 많아 사과의 당도가 대체로 높다. 우리 회사는 이런 사과로 주스를 만들었기에 맛이 참 좋다"고 나타내어도 되겠지만 "올해는 사과의 당도가 높아서 우리 회사 주스의 맛이 최고다"처럼 한 문장에 사과에 대한 말을 종속시킴으로써 상대적으로 강조하고자 하는 말을 (즉, 주스를) 자연스럽게 드러내는 식이다. 이런 방식은 문장 하나하나뿐만 아니라 단락이나 문단에도 확대 적용할 수 있는데 별다른 강조 도구를 사용하지 않고, 그래서 글의 문맥도 왜곡하지 않는 속에서 이룰 수 있는 것이라 익혀 두면 꽤 쓸모가 있을 것이다.

5) 결론부

결론부(concluding section)는 글을 마무리하는 장소이다. 서론에서 어떻게 시작할 것인가를 심각하게 고민했던 것처럼 글을 끝맺는 것도 간단하지가 않다. 글의 끝이 잘 맺어지지 않으면 이제까지 공들이면서 써온 글이 아무 성과도 없이 수포로 돌아가고 만다. 그래서 결론부에서는 보통 본론에서 밝힌 내용을 요약하여 독자가 다시 확인해 볼 수 있도록 반복한다거나 독자가 계속 관심을 갖도록 앞으로의 상황이나 추세를 덧붙이거나, 아니면 본론의 내용을 발판으로 삼아 하지 않으면 안될 것을 강한 인상이 남도록 촉구하는 말 등을 적어서 글 전체가 어떤 주제에 대해서 되도록 완성된 느낌이 들도록 끝맺어야 한다. 물론 글의 마지막에 여운을 남겨 독자가 궁금해하도록 쓸 수도 있으나 이는 문예글에서 흔히 볼 수 있는 경우로 전문글에서는 추천할 바가 못된다.

글의 결론부가 중요한 까닭은 또 있다. 앞에서도 잠시 언급이 있었지만 책이 산처럼 쌓이는 요즘은 독자가 초록이나 서론을 살펴서 읽을 만한 글을 찾았다 하더라도 쫓기는 시간 때문에 본론은 오히려 대강 훑어보고 글의 마지막에 있는 결론부는 본론보다 짧아서 자세히 새겨 읽으려 한다는 것이다. 글은 보통 글의 끝에 글에서 밝힌 내용을 간단히 읽기 좋은 형태로 요약하여 내놓는다고 독자들이 믿고 있기 때문이다. 따라서 글에서 결론부가 없거나 있어도 내용이 부실하면 독자는 이내 실망하여 처음 가졌던 관심과 기대는 온데간데없이 사라지고 만다. 결론부를 보고 앞에서 대강 살펴본 본론의 여러 뒷받침 사실이나 근거를 정말로 자세히 확인해 보고 싶다는 마음이 일지 않으면 그 글은 좋은 글이라고 말하기 어렵다.

글을 끝맺는 말은 여러 가지가 될 수 있다. 글의 흥미나 가치를 높이기 위해 글쓴이가 끝맺을 말을 전략적으로 골라 쓸 수 있다는 말인데 아무래도 그 판단은 독자의 몫이므로 독자가 글을 왜 읽는지에 따라 달라져야 하는 것은 당연하다. 이를테면, 어떤 시스템이나 장치의 작동법과 동작 특성 등을 알고 싶어서 글을 읽는 독자는 본론에 적힌 자세한 설명만큼 글의 마지막에도 이의 압축된 내용이 한눈에 알아볼 수 있도록 깔끔하게 정리되어 있기를 바라고, 또 현장의 기술적인 문제를 풀어보려고 글을 찾아 읽는 독자는 본론에서 분석한 내용과 글쓴이의 경험을 바탕으로 문제를 해결하기 위한 하나의 방책이 나름대로 제시되어 있기를 당연히 기대하게 된다. 마찬가지로, 새로운 장치나 원리를 발견했거나 이미 알려진 것이라도 색다르게 응용한 글은 글의 마지막에 요약·정리하는 것은 물론 글쓴이의 의견이 드러나서 독자가 글이 새롭고 독창적이라는 것을 맛볼 수 있도록 해주어야 한다. 한마디로 말해서 글을 끝맺을 때는 쓸 글의 종류에 (혹은 글의 목적이나 동기에) 따라 기본적으로 3가지 형식 중에서 최소한 하나는 갖추어야 한다는 말이다. 즉, 지식이나 정보를 알려주는 글이면 내용을 다시 한번 정리하여 독자가 더 뚜렷이 잡을 수 있도록 요약(summary)의 형태로 글을 마무리하고, 연구하여 새로운 것을 제시하는 글이면 내용을 그냥 요약만 할 것이 아니라 글쓴이의 해석도 함께 붙여서 독자가 한 편의 글이 이렇게 끝났구나 하는 완성된 느낌이 들 수 있도록 결론(conclusion)이라는 구조를 만들어 두고, 또 기존의 것들을 이것저것 살펴서 서로 분석하거나 어떤 사업에 대한 제안서를 작성하는 글이면 본론에서 적은 장단점이나 당위성을 바탕으로 꼭 이렇게 해야 한다고 적극 추천하는 제언(recommendation)을 따로 구분하여 내놓는 것이 글을 맺는 기본이 된다. 물론 글을 맺을 때 하나가 부족하다 싶으면 적당하게 겹쳐 보거나, 아니면 글을 보기 좋게 의도적으로 꾸몄다는 인상만 주지 않는다면 모든 결론부를 다 적어도 좋다.

표 5.3은 이와같은 결론부의 각각이 글에 따라 꼭 들어가야 할 것이 무엇인지를 보여주고 있다. 글의 종류는 표에 있는 것 외에도 여러 가지가 있겠지만 항상 글에서 밝힌 내용과 독자의 관심에 따라 정한 글의 동기를 서로 잘 맞추어 보면 어떻게 글을 마무리해야 할 것인지 금방 드러나리라 생각된다. 만약 이와같은 결론부에 대한 감을 잡기가 어렵다면 각각에 대한 전형적인 예가 될 수 있는 것, 즉 요약은 소프트웨어 등과 같은 공학용 제품에 대한 설명서, 결론은 전문학회에 발표된 논문, 그리고 제언은 원래 사업 제안서가 좋은데 구하기가 어려우면 발표된 논문 중에서 특정 분

야를 해석한 것이나 둘 이상을 비교하고 분석한 글을 찾든가 혹은 도서관마다 마련되어 있는 학위논문을 골라 읽어 보는 것도 큰 도움이 될 것이다.

표 5.3 글의 종류에 따라 갖추어야 할 결론부

글의 종류 \ 결론부	요약	결론	제언
지식이나 정보를 알려주는 글	∨		
새로운 것을 제시하는 글		∨	
기존의 것을 살펴 분석하는 글			∨
원리 등을 교육용으로 정리하는 글	∨		
적용 및 응용 방법을 나타내는 글		∨	
사업을 제안하는 글			∨
학문을 복습하고 예습하는 글		∨	
사업의 진행을 보고하는 글	∨		
현장의 문제점을 풀어 헤치는 글			∨

이제부터는 이와같은 결론부의 3가지 구조가 구체적으로 어떤 차이가 있는지 하나씩 살펴보기로 한다.

(1) 요약

요약(summary)은 말 그대로 본론의 내용을 짧고 보기 좋게 내놓는 부분인데 전문글에선 직접 생성한 데이터나 연구를 통해 얻은 지식, 즉 결과(result)를 일컫는 경우도 있다. 요약을 작성할 때는 몇 가지 주의할 점이 있다. 우선, 본론의 것을 요약한다고 해서 글의 앞에 적어 두었던 초록이나 서론과 비슷하게 다루어서는 결코 안 된다. 초록도 짧은 글이지만 반드시 문제 제기가 있은 후에 접근 방법이나 결과를 담기 때문에 글이 어느 정도 부드러운 맛이 있지만 요약은 독자가 이제 글이 끝났구나 하고 느낄 수 있도록 본론의 중요한 내용만 강하게 하나씩 끊으면서 적어가는 것이 효과가 좋다. 요약을 보면 대부분 목록으로 만들어 쓰는 것도 같은 맥락이다. 서론은 본론을 요약하여 내놓는다 하더라도 글의 목적이나 예비지식, 다루는 범위 등이 주요 내용이기 때문에 글을 마무리하기 위해 정리하는 분위기와 당연히 구별되어야 한다. 한눈에 알아보기 쉽도록 짧고 힘 있게 쓰는 것이 요약의 생명이다.

요약을 쓸 때 지켜야 할 점 하나 더. 요약은 본론에 있는 내용 중에서 가장 중요한 것부터 쓸 만큼만 있는 그대로 압축해서 써야지 여기에 글쓴이의 의견이나 설명이 첨가되어서는 곤란하다. 뒤에서 언급할 결론이라는 구조와 반드시 구별되어야 한다는 말이다. 본론의 내용을 간추려 적되 각 요점별로 글쓴이의 비평을 담으면 이미 객관적인 자료의 정리와 상관없이 독자를 설득하여 무언가 주장하려는 뜻이 있기 때문에 순수하게 요약으로 글을 마무리하는 것과는 전혀 다르다. 요약은 연구하여 얻은 학문적 결과, 즉 어떤 장치나 시스템을 파악했다면 이의 중요한 특징, 연구 과제를 수행했으면 이의 완성도를 밝혀주는 성취물, 그리고 전문 분야의 원리나 원칙을 따졌다면 이의 개략적인 요점 따위를 다른 말로 뒷받침하지 말고 본론에 나타난 그 내용으로만 초점을 잡아 짧고 힘 있게 적으면 되는 것이다. 마지못해 적어서 요약이 길어져도 제 구실을 하지 못하지만 멋을 부린다고 어줍은 말을 글쓴이의 생각이랍시고 덧붙여 놓으면 글의 마무리는커녕 한 편의 글을 새로 시작하는 느낌을 주어 글쓴이의 이름에도 흠을 남길 공산이 크다.

(2) 결론

결론(conclusion)은 글을 써놓고 글쓴이 스스로 그 글에 대한 판단을 내리는 곳이다. 요약이 단순한 기능적인 요점 정리이라면 결론은 정리된 요점을 글의 목적이나 예비지식 등과 견주어 하나하나 해설을 달아서 독자가 글의 마무리에서 지금까지 읽은 글의 가치를 생각해 볼 수 있도록 하는 기술적인 요점 정리이다. 같은 요점 정리이라도 '기능'은 반복이면서 수동적인데 반해 '기술'은 이른바 비법을 (혹은 노하우를) 가지고 독자를 적극적으로 끄는 행위라는 점에서 요약과 결론은 서로 차이가 있다.

결론을 쓰기 위해 글에 비평을 가할 때는 글쓴이의 용기가 필요하다. 다른 글에서 볼 수 없는 색다른 것이나 자랑할 만한 내용이면 당연히 우쭐하는 마음으로 써 가겠지만 연구 결과가 바람직하지 않든가 내세울만한 내용이 없다면 대체로 감추려고 하든가, 아니면 맞지 않는 겉치레 말로 대강 넘어가려는 태도를 보이는 경우가 많은데, 이래서는 올바른 비평이 될 수 없고 글의 결론으로도 제대로 행세하지 못한다. 글의 결론에는 글에서 중요하거나 자랑할 만한 내용을 요약하듯이 적은 뒤에 무슨 까닭으로 그만큼 가치가 있는지를 밝혀주는 것은 물론이고 글에 믿음과 신뢰를 주기 위해 부정적인 측면, 즉 연구 내용에서 부족하거나 풀지 못했던 점이나 결과에 대한 제약 조건 등도 필요하면 함께 내놓는 것이 보통이다. 잘못되고 부족한 것을 글에 나타낸다고 하여 글쓰기가 서툰 것이 아니다. 오히려 글쓰기에 대한 비법을 가진 사람만이 할 수 있는 일로 신뢰와 믿음, 확신을 주어서 독자가 글의 내용을 다시금 새겨보도록 하는 좋은 방법이다. 여기에 앞으로의 연구 방향이나 추세, 응용 분야에 대한 평가 등을 곁들인다면 결론의 말로는 금상첨화(錦上添花)가 되는 것이다.

결론에는 이런 말도 넣을 수 있다. 앞에서도 언급했지만 글을 마무리할 때 결론이라는 구조를 넣으려면 아무래도 글의 내용이 학문적인 문제 해결 혹은 새로운 장치의 설계나 개발 등이 되는 경우가 많다. 글쓴이의 견해를 담을 수 있는 내용이어야 하기 때문인데, 이런 글은 물론 혼자서 연구의 시작에서 끝까지 다 행할 수도 있지만 학문적으로 크게 기여하지 않는 부분에 대해서는 때때로 남의 도움을 받는 것이 예사다. 이를테면, 자료를 찾는 일부터 값비싼 프로그램을 실행하여 데이터를 만드는 일, 실험 모델을 만드는 일, 나아가 연구의 질 향상이나 분위기 고취를 위해 경제적으로 지원하는 일까지 헤아려 보면 그런대로 만만찮게 있다. 독자가 믿고 따를 수 있도록 하기 위하여 글 내용의 잘잘못을 따져 칭찬할 것은 칭찬하고 나무랄 것은 나무라는 마당에 글을 쓰면서 도움을 받은 사실을 함께 적는다고 이상할 것은 하나도 없다. 도움 준 사람의 이름이 잘 알려졌다면 오히려 글의 신뢰도를 높이는 효과도 있으니까 말이다. 단, 이와같은 말을 '감사의 글(acknowledgement)'이라는 구조를 따로 두지 않고 결론의 마지막에 이어서 쓰려면 되도록 짧게 적어 놓아야 한다. 여러 도움을 밝혀 글쓴이의 겸손을 일일이 표시하는 것도 좋지만 아무래도 결론은 내용을 비평하면서 글에서 다룬 주제를 마무리하여 독자에게 완성된 느낌을 주는 것이 제 임무이기 때문이다.

(3) 제언

제언(recommendation)은 글의 내용에서 밝힌 것이 여러 가지 측면에서 옳다고 강하게 주장하면서 독자가 어떻든지 이를 받아들이도록 설득하는 자리이다. 그러니까 결론은 글의 요점을 따져가면서 전체를 하나씩 설명하는 것인 반면에 제언은 어떤 선택의 문제에서 꼭 이것밖에 없다고 최선의 것 하나를 집어 독자 앞에 드러내 보이는 것이다. 그만큼 목적 달성을 위한 투지가 강하게 나타나는 글이 제언이 되겠다.

제언은 글에서 주장하는 바가 뚜렷한 만큼 본론의 내용이 무엇이냐에 따라 크게 영향을 받는다. 그래서 글에서 제언이라는 구조는 제안서나 학위논문같이 규모도 크지만 무언가를 요구하여 얻으려 하든가 학문적인 기여를[88] 강조하면서 학위라는 자격을 따기 위해 글이 갖추어야 할 대부분의 구조를 제 기능에 맞게 잘 쓸 수 있다고 표시해야 하는 경우에 흔히 볼 수 있다. 그렇다고 전문글로 발표하는 논문에는 제언을 두지 않는다는 것은 아니다. 글의 목적이나 동기가 이런 글과 비슷하면 어떤 글이라도 제언을 따로 준비하여 적극적으로 주장하거나 요구할 수 있다. 발표하는 논문이 제언을 담아야 하는 일반적인 경우는 글의 내용이 보통 다음과 같은 때이다.

- 문제를 해석하여 준비한 자료로 해결책을 찾는 글
- 새로운 것을 발견하여 왜 이것이어야 하는지 밝히는 글
- 여러 것을 비교·검토하여 상황에 맞는 방법을 알려주는 글
- 연구 사업을 적어서 반드시 해야 하는 까닭을 달아 제안하는 글
- 개념이나 방법을 개선하여 기존의 문제에 어떻게 적용해야 하는가를 추천하는 글

88 학위논문에는 '기여(contribution)'라는 (혹은 '공헌'으로 번역하기도 함) 글의 또다른 구조를 따로 두어 글이 학문적인 발전에 얼마만큼 이바지했는지 미리 밝혀두기도 한다. 학위논문은 보통 문제를 찾아서 풀고 답을 제시하는 과정이 합당하고 논리적이냐 따위를 따지는 것이 기본인데, 학위가 박사인 경우는 여기에 학문적인 기여가 중요한 잣대가 된다. 해마다 박사논문이 워낙 많이 쏟아지는 지라 학문 발전의 한 자락을 차지할 겨를도 없겠지만 그래도 학위 자체의 비중으로 보아 못해도 글쓴이 자신에 대한 기여, 즉 전문 연구자로서 논문의 위상을 밝히고 앞으로 계속 연구하여 찾아내어야 할 것이 무언지 분명히 그려두는 것쯤은 기능하지 않을까 싶다.

이 외에도 여러 내용이 있을 수 있겠지만 무엇이 되었건 제언을 둔다는 것은 무언가 요구하고 추천하는 바가 글 속에 있다는 말이고, 그래서 그것이 최선의 것(반드시 해야 할 일이나 처한 환경 속에서 어쩔 수 없이 거쳐야 할 과정 따위)이라는 인상을 강하게 줄 수 있도록 합당한 까닭이나 전문가적인 견해를 짧고 분명하지만 속속들이 적어내어야만 한다. 물론 글의 내용에 따라 최선의 것 하나를 딱 꼬집지 못할 때도 있겠지만 이 경우라 하더라도 각 조건별로 최적이 되는 것을 따져 놓는다면 훌륭한 제언이 될 수 있다. 예를들어, 어떤 일을 처리하는데 두 방법 A와 (기술적인 면에서) B가 (경제적인 면에서) 가장 좋다고 본론에서 찾았다고 하면 제언에서는 현실적인 면을 들어 방법 B를 추천한다고 적을 수도 있지만, 이를 좀더 세분화하여 "이 문제는 보통 방법 B만으로도 해결할 수 있지만 경제적 여유가 허락한다면 방법 A가 앞으로 예상되는 어려움까지 완전히 대처할 수 있는 방법이다"라는 뜻의 말을 담을 수 있고, 나아가 방법 A를 낮은 가격으로 구현하거나 방법 B에 기술적인 성능을 좀더 향상시키거나 하는 따 위의 연구 지침까지 내려놓으면 글쓴이의 자신감이 잘 드러나 그만큼 믿을 수 있는 제언이 되는 것이다.

지금까지 결론부는 (요약, 결론, 그리고 제언) 글의 내용이나 마무리하려는 글쓴이의 마음 등에 따라 몇 가지로 나눌 수 있다는 것을 살펴보았다. 하나하나가 모두 제 뜻과 목적을 가지고 있어 잘 구분해야 되겠지만 글 한 편을 완성하는데 꼭 하나만 골라 쓸 필요는 없다. 내용을 압축하여 요약으로만 끝내든가 독자를 배려하고 글을 더 돋보이게 하기 위해 해설을 붙여 따로 결론을 만들어도 좋다. 또 독자의 태도를 바꾸어 뭔가 하도록 하는 글이면 제언이라는 또다른 구조로 결론부를 튼튼하게 뒷받침할 수도 있다. 한편, 이와같은 결론부가 놓일 위치도 반드시 글의 뒷부분으로 고정되어 있다고 생각해서는 안 된다. 전문 학회에 발표하는 논문이야 집필요강이 모두 그렇게 되어 있으니 어쩔 수 없다 하겠지만 그 밖의 다른 글은 글의 목적을 가장 효과적으로 드러내면서 독자도 함께 배려하는 것이면 어떤 배치도 좋다. 이를테면, 보고서 같은 글은 비교적 길이가 길기 때문에 요약이나 제언의 말을 먼저 글 앞에 놓아 독자가 본문의 내용을 읽어보기 전에 시간을 들일 만한 가치가 있는지 판단해 볼 수 있도록 기회를 주는 것도 한 방법이 되겠다. 물론 이 경우엔 이와 똑같은 기능을 하는 초록은 하나의 군더더기가 되니 생략해도 좋다. 결국 결론부를 어디에 놓느냐 하는 문제는 글의 목적이나 글쓴이의 취향에 따라 달라질 수 있다는 말인데, 어디에 위치하든 제각각의 구실만 잊지 않는다면 본론을 살리는 글의 마무리로 훌륭하게 수행할 수 있지 않을까 싶다.

6) 참고문헌

한 편의 글에 나타난 주제는 아무리 독창적이라 하더라도 이전에 이미 발표되었던 글에서 실마리를 찾았거나, 아니면 여러 측면에서 어떤 관계를 갖게 되는 경우가 대부분이다. 기존의 것에서 문제를 찾고 연구를 하여 해결책이나 새로운 것이 글로 써져 학문은 끊임없이 발전한다는 말이다. 따라서 글이 글로서 자격을 갖추기 위해서는 글의 주제와 관련된 이런 사실을 모두 밝혀 적어서 독자가 글을 이해하는데 도움을 줄 뿐만 아니라 글쓴이 자신의 솔직함도 보여야 한다. 하지만 글이란 (보통 전문글) 잡은 주제를 한정된 쪽수에 맞추기 위해 말을 아껴 경제적으로 써야 하는 것도 무시할 수 없는 글쓰기 요령인 것을 생각해 볼 때 마냥 늘려 쓸 수만은 없는 형편이다. 누구의 글과 어떤 관계가 있고 이와 비슷한 주장이 실린 여러 다른 글들은 각각 이런 식으로 다루었으며, 또 누가 한 이 말은 경우에 따라 뜻을 달리 해석해야 한다는 따위의 말을 일일이 다 본론에 넣으면 오히려 쓰려는 주제의 방향을 비틀어 뜻대로 쓰지 못할 뿐만 아니라 나중에는 쪽수에 쫓겨 아무렇게나 결론을 맺는 일도 벌어지게 된다.

참고문헌(references)은 글을 준비하면서 주제와 관련하여 살펴 보았던 이전의 자료에 (글을 비롯하여 신문이나 방송 프로그램, 나아가 인터넷 사이트까지 포함) 대한 목록을 일정한 형식에 맞춰 따로 적어 두는 곳으로 글이 난잡해지는 것을 막으면서 할 말을 별다른 설명없이도 튼튼하게 뒷받침해 줄 수 있는 글의 중요한 구조 중의 하나이다. 글을 읽기 전에 참고문헌을 먼저 읽어보는 사람도 더러 있는데, 이는 글에 나타난 주제가 정확한 자료의 뒷받침으로 지지되고 있는지 글쓴이가 누구의 권위에 빗대어 주장을 할 것인지 연구 흐름을 제대로 이해하여 깊이와 폭을 잘 정했는지 등을 개략적으로 짐작할 수 있기 때문으로 보인다. 참고문헌이 없는 글은 전문글로 전혀 가치가 없다고 딱 잘라 말하는 사람도 있는 것을 보면 대강 넘어갈 구조는 아닐 듯싶다. 이밖에도 남의 글이나 말을 끌어 쓰든가 참고했으면 제대로 밝혀 놓는 것이 도의적인 면에서 바람직할 뿐만 아니라 나중에 남의 것을 베껴 썼다는 오명도 피할 수 있다.

참고문헌을 살펴보면 단순히 전문글의 격식을 차렸다는 것만 보이려고 전혀 관계없는 문헌도 이른바 눈요기로 적어 놓는 경우가 흔히 있다. 이 역시 글쓴이의 신뢰와 관계가 있겠지만 무엇보다도 독자 대부분이 무분별하게 나열된 것을 정확히 집어낼 수 있어 오히려 글을 망치는데 치명타가 된다. 글쓴이의 학문적 깊이를 넌지시 보여주는 것이 아니라 주제에 대한 지식이 얕아서 글의 흐름을 이처럼 방해했다고 독자가 화만 낸다는 말이다. 비슷한 말로, 참고문헌에 적힌 것들이 1차 자료(first-hand references)보다 2차 자료(second-hand references)가 더 많은 경우에는 글의 가치도 그만큼 떨어진다. 특히, 1차 자료가 꼭 필요한 데도 2차 자료로 대체한다든가 1차 자료를 구하지 못하고 2차 자료만 보았는 데도 그럴 듯하게 포장하려고 1차 자료를 참고문헌에 써 놓는다든가 하는 따위는 모두 글쓴이가 독자를 속이는 것이며, 나아가 왜곡된 정보가 전체 글을 뒷받침하는 꼴이 되어 이 역시 독자는 글쓴이의 수준을 의심하게 된다. 아무래도 2차 자료는 1차 자료의 글쓴이가 쓴 본뜻과 상관없이 제 나름의 해석을 다는 경우가 많고, 그래서 이를 다른 사람이 또 참고하는 경우이면 아예 처음과 전혀 다른 글이 될 수도 있기 때문이다. 여기서 1차 자료는 연구 주제에 직접 관련이 있으면서도 다른 사람이 가공하지 않은 자료이며, 이를 소개하고 해석해서 이미 첫 글쓴이의 뜻과 관계없이 다른 해석이 첨가된 자료는 2차 자료이다.[89]

자료와 관련하여 들려줄 좋은 일화가 있다. 원소 주기율표를 발표한 사람으로 잘 알려진 멘델레예프(Mendeleev)가 무연 화약의 재료 성분을 알아 오라는 러시아 정부의 특명을 받고 프랑스로 들어갔는데 갖은 노력을 다 해도 알 방법이 없었다. 어느 날 우연히 프랑스 화약 공장이 철길 옆에 있다는 사실을 발견하고 기차에 실린 물자

89 실제 1차 자료와 2차 자료는 딱 부러지게 구분할 수 있는 것은 아니다. 주제의 종류와 성격에 따라 서로 넘나들 수 있지만 분명한 것은 각각의 쓸 주제와 (글의 전체 주제뿐만 아니라 문단이나 단락의 작은 주제도 포함) 관련하여 첫 글쓴이를 제외한 다른 글쓴이의 해석이 보태졌느냐 그렇지 않느냐 하는 것에 달려 있다. 예를들어, A라는 공학용 소프트웨어에 대한 글을 쓴다고 한다면 A를 만든 제작사에서 배포한 설명서는 1차 자료이고 다른 사람이 쓴 A에 대한 글은 2차 자료가 되지만, 만약 일반적인 공학용 소프트웨어가 갖추어야 할 기능을 분석하는 글을 쓴다면 앞의 글 모두는 글쓴이 각각이 나름대로 해석을 붙였으니 2차 자료가 될 수밖에 없다.

에서 화약을 만드는 재료의 비율을 조사했고, 이를 토대로 결국 무연 화약의 성분비를 알아내게 되었던 것이다. 많이 단축하여 적은 말이지만 여기서 알아야 할 것은 자료란 어떤 자료가 되었건 문제를 푸는데 직접적인 실마리를 줄 수 있는 1차 자료로 만들 수 있다는 것이다. 흔히 데이터(data)를 가공하여 정보(information)를 만든다는 것과 같은 말인데 풍부하게 널린 '쉽게 얻을 수 있는 자료'에서 어떻게 하면 '꼭 필요한 자료'로 연결해 나가느냐 하는 문제가 되는 셈이다. 물론 이에 대한 해답은 글의 주제와 글쓴이의 분석력에 달려 있지만 1차 자료를 원형 그대로 쉽게 얻을 수 없는 경우가 많음을 생각해 볼 때 다시 느껴볼 말이 아닌가 싶다. 어떤 자료든 글쓴이가 주제에 맞춰 어떻게 처리하고 활용하느냐 하는 것에 따라 그 가치가 결정된다는 말로 새겨 두는 것이 좋겠다.

참고문헌이라 하여 꼭 글의 뒤편에 놓여 있는 것만 생각할 필요는 없다. 앞에서도 여러 번 언급했지만 이른바 주석도[90] 다른 덧붙이는 말을 쓸 수 있는 것만 빼면 목록으로 보여주는 일과 똑같다. 본론에 일일이 다 밝혀 쓰려니 글의 흐름에 방해될 것 같고 쓸 말도 다 못할 것 같아 관심있는 독자를 위해 쪽의 아래나 단락 혹은 글의 끝에 따로 붙여 놓는 것이다. 글쓴이 자신 뿐만 아니라 그 분야의 다른 권위있는 사람도 그렇다면서 은근히 뒷받침하는 뜻도 함께 있다. 이 책에서 붙여놓은 주는 대부분이 내용주인데 본론을 적어 가면서 전문 용어나 달리 해석하면 오해하기 쉬운 말, 혹은 특별한 뜻으로 쓴 말 따위를 따로 떼어내어 설명을 좀더 자세히 덧붙여 놓으면 아무래도 글을 이해하기가 더 쉬워지게 된다. 이런 내용주는 글의 성격에 따라 어떤 것은 본문보다도 길고, 또 어떤 것은 글을 쓰는데 도움을 받은 사람의 이름만 간단히 언급하는 것까지 여러 가지를 볼 수 있는데 되도록 많이 쓰지 않도록 글을 구성하는 것이 좋다. 하지만 내용주를 꼭 써야 할 곳에 적절히 활용치 못하고 본문에 그대로 적어 놓으면 글의 흐름은 주를 많이 달아 놓은 글보다 오히려 더 엉망이 될 때도 있으니 주의해야 한다.

90 간단히 주(註)라고도 하며 같은 쪽의 아래에 줄을 긋고 나타내는 것은 각주(footnote), 본문의 앞에 미리 적어 놓으면 두주(headnote), 그리고 단락이나 글의 끝에 한데 뭉쳐 놓는 것은 미주(endnote)라고 한다. 하지만 오늘날 주라고 하면 보통 각주를 뜻하고, 여기에는 두주나 미주를 모두 포함하여 이르기도 한다. 그러니까 글의 끝에 놓인 참고문헌도 참조주와 별로 다르지 않다. 여기서 참조주는 주의 구실 중에서 참고 자료나 인용의 출처를 밝혀 놓을 때를 말하고, 이와는 달리 주를 본론의 내용에 설명을 덧붙이고자 할 때 쓰면 내용주라고 따로 구분한다.

참고문헌이나 주를 (특히, 참조주를) 적을 때 아무렇게나 적어서는 안 된다. 인용하거나 참고했던 글의 정확한 정보가 빠짐없이 올바르게 나타나야 하는 것은 당연하고 쓰는 형식도 글마다 통일을 이루어야 한다. 물론 글을 찍어내는 단체나 기관이 지정한 형식, 즉 참고한 자리의 표시나 참고문헌을 적을 때 사용하는 글꼴과 기호, 글의 정보를 나열하는 순서 등이 따로 마련되어 있을 때는 거기에 따라야 한다. 하지만 이미 출판된 여러 전문글을 살펴보면 나름대로 형식이 있다 하더라도 글의 정보인 글쓴이, 글의 제목, 출판사항 등은 이미 정해진 터라 세세하게 무엇을 덧붙일 것인가 아니면 다른 것을 빼서 간단하게 적을 것인가만 차이가 있을 뿐 대체로 비슷하기 때문에 이를 나타내는 일반적인 형식을 익혀 두면 어느 정도 혼란없이 써먹을 수 있을 것이다. 또한, 다른 전문 분야의 글과 차별하기 위해 독자적인 형식을 지정하는 몇몇 학회 이외는 보통 별도의 규칙을 내세우지 않고 있음을 생각해 볼 때 참고문헌을 쓰는 일반적인 형식이야말로 글의 통일성이라는 측면에서 중요하지 않을까 싶다.

남의 글을 인용하거나 참고했다는 사실을 글에 나타내려면 기본적으로 두 가지를 갖추어야 한다. 즉, 본문에서 여기는 남의 글을 참고했다고 표시하는 자리와 (즉, 참고자리) 글의 다른 곳에서 참고했던 남의 글에 대한 정보를 적어둔 목록이 (즉, 참고목록) 꼭 필요하다. 먼저, 참고자리를 표시하는 경우에는 참조주와 참고문헌을 각각 구별하여 참조주일 때는 윗첨자를, 그리고 참고문헌일 때는 윗첨자나 괄호를 사용하여 나타내는 것이 일반적이다. 이때, 윗첨자인 경우는 사용하는 기호를 아무거나 써도 되지만 보통 일련번호를 많이 선호하고 괄호를 사용하는 경우에는 괄호 안에 글쓴이와 출판연도가 보통 들어간다. 이를테면,

- MATLAB[1]과 같은 공학용 소프트웨어는 연구 과정에 꼭 필요하다.
- MATLAB(박전수, 2001)과 같은 공학용 S/W는 연구 과정에 꼭 필요하다.

와 같다. 여기서 첨자를 쓸 때는 위와 같이 번호를 사용해도 되지만 참조주가 한 쪽에 연속되지 않거나 연속된다 하더라도 몇 개의 서로 구분할 수 있는 기호가[91] (영문

91 아무 기호나 된다고 하여 '%, ?, Ⅳ'처럼 흔히 쓰는 기호나 복잡한 것을 써서는 곤란하다. 오히려 독자의 눈길을 뺏기 때문인데, 보통 많이 쓰는 것에는 영문자(반드시 소문자이어야 함)와 십자표(†), 별표(*), 거꾸로 된 느낌표(¡), 또는 두줄 십자표(‡) 등이 있다.

자 포함) 있으면 이를 써도 좋고, 또 괄호인 경우에는 글쓴이와 출판연도가 기본적이지만 쪽수를 표시해야 할 필요가 있을 때는 '(박전수, 2001, 33)'처럼 마지막에 덧붙여 놓을 수도 있다. 물론 이 경우에는 괄호 안의 각 요소를 구별하기 위해 구두점(punctuation marks)이 필요한데 예와 같이 쉼표(,)가 보통이나 글쓴이의 취향이나 미리 정해진 형식에 따라 마침표(.)나 쌍점(:), 혹은 빈칸을 그대로 쓸 수도 있다. 따라서 모두 쉼표를 찍어 좀 이상하게 보인다면 '(박전수 2001, 33)'이나 '(박전수: 2001. 33)' 등과 같이 변화를 줄 수도 있겠다. 하지만 글의 통일성을 높이는 측면에서 어떤 변화를 주더라도 글 전체가 똑같은 형식이어야 한다는 것을 잊어서는 안 된다. 그리고 참고하는 글이 두 개 이상이면 각각을 반쌍점(;)으로 구분하고, 같은 글쓴이의 다른 글을 표시할 때에는 '(박전수, 2001a)'와 '(박전수, 2001b)'처럼 출판연도 뒤에 영문자를 순서대로 써서 구분하고, 외국 글이면 괄호 안의 글쓴이를 이름이 아닌 성으로 써서 되도록 간단히 나타내면 좋고, 또 참고자리에 이미 글쓴이의 이름이 나와 있는 경우에는 괄호 안에 글쓴이를 빼고 '공학용 소프트웨어에 대해 박전수(2001)는 MATLAB을 예로 들면서'처럼 적으면 된다.

참고목록을 쓰는 경우는 참고자리인 경우보다 쓸 요소들이 좀 많다. 표시된 자료를 독자가 정확하면서도 쉽게 찾아볼 수 있도록 써 놓아야 하기 때문인데 그래도 기본적인 정보는 딱 3가지, 즉 글쓴이와 글의 제목, 그리고 출판사항밖에 없다. 여기서 주의할 것은 항상 글의 3가지 정보를 어떤 경우라도 순서대로 적어야 한다는 것이다. (만약 참고자리의 표시를 첨자로 했다면 첨자로 사용한 기호가 먼저 나와야 한다) 즉,

- 박전수, 『MATLAB 프로그래밍 언어』, 영한출판사, 2001.
- (1) 박전수, 『MATLAB 프로그래밍 언어』, 영한출판사, 2001.

와 같이 글쓴이가 먼저 나와 본문의 참고자리에 적힌 이름과 맞추어 참고목록에서 바로 찾을 수 있도록 해주고, 다음에는 글의 제목을 보여주면서 독자가 어떤 글을 찾아보아야 하는지 차례대로 밝혀주는 식이다. 위에서 글의 제목에는 양쪽으로 따옴표의 한 종류인 겹낫표(『와』)가 붙었고, 또 출판사항에는 출판사와 출판연도가 이어져 있는 것에 주목할 필요가 있다. 사실 참고문헌과 관련된 사항을 글로 나타내는 형식은 외국의 것을 본뜬 것이 대부분이다. 외국 말, 특히 영어는 글꼴이나 글의 스타일

등이 잘 발달되어 있어서 각 요소를 눈에 거슬리지 않으면서도 확연히 구별할 수 있도록 쓸 수가 있지만 우리 글로 옮겨 적을 때는 아쉬운 점이 더러 있었다. 그래서 가능한 것은 그대로 따라 쓰지만 그렇지 못한 것은 나름대로 바꾸어 쓰면서 이제는 어느 정도 정착되게 된 것이다. 대표적인 예가 위의 겹낫표가 되는데, 이는 영어에서 글의 제목을 밑줄이나 이탤릭체로 구분한 것을 우리 글의 옛 형식이나 정서에 맞게 바꾸어 놓은 것이다. 다음의 예문을 위와 견주어 보면 우리 글에는 어떤 형식이 어울리는지 금방 알 수 있지 않을까 싶다.

- 박전수, *MATLAB 프로그래밍 언어*, 영한출판사, 2001.
- 박전수, MATLAB 프로그래밍 언어, 영한출판사, 2001.

만약 우리 말의 일반적인 글꼴(바탕체)로 쓴 위의 예문을 영어의 일반적인 글꼴(Times New Roman)로 바꾸어 다시 쓰면

- Jeon Soo Park, *MATLAB Programming Language*, YH Press, 2001.
- Jeon Soo Park, MATLAB Programming Language, YH Press, 2001.

와 같이 폼이 제법 나는 것을 알 수 있다. 참고목록을 쓸 때 우리 글과 외국 글을 꼭 구분하여 써야 할 대목 중의 하나이다. 출판사항인 경우도 마찬가지다. 우리 나라의 경우는 땅이 좁아서 그런지는 몰라도 글을 찍어낸 곳, 즉 출판장소를 잘 따지지 않지만 외국에서는 단행본인 경우 출판장소가 출판사항의 중요한 요소가 된다. 아마 대규모 다국적 기업이라 본사와 지역회사가 개별적으로 출판하기 때문으로 보인다. 그래서 외국 글에서 출판사항을 나타낼 때는 출판장소를 다른 사항과 쌍점으로 구분하여 '(Toronto: Prentice Hall, 1988)'와 같이 나타내는데, 우리 글에서는 아직 이와 관련하여 정한 바가 없어 '(서울: 영한출판사, 2001)'처럼 그대로 따라할 수밖에 없다.

한편, 글이 단행본이 아니고 여러 글을 수록하여 정기간행물 형식으로 출판되는 경우에는 참고한 글을 정확하게 나타낼 정보가 좀더 많아진다. 보통 전문글을 쓸 때 흔히 참조하는 논문인 경우가 여기에 속하는데, 이때는 간행물 혹은 논문집의 이름과 해마다 출판하는 순서인 권(volume)과 호(Number), 그리고 글이 실려있는 쪽수가 필수적이다. 예를들면,

- 박전수, 김종식, "본드선도를 이용한 동적 시스템의 해석적 종합방법", 『대한기계학회논문집(A)』, 제20권, 제11호, 3507-3515쪽, 1996.
- J. S. Park, J. S. Kim, and J. K. Lee, "Robust Control of Maglev Vehicles with Multimagnets Using Separate Control Techniques", *Trans. of KSME*, Vol. 15, No. 9, pp. 1240-1247, 2002.

와 같다. 하나씩 살펴보면, 우선 글쓴이가 둘 이상인 경우는 각각을 쉼표로 구분하는데, 이때 글쓴이가 셋이 넘어 간다면 모든 사람을 다 밝힐 필요없이 '박전수 외'나 '박전수 외2', 혹은 영어로 '그밖에 등등'을 뜻하는 라틴어 'et al.'을 써서 'J. S. Park, et al.'처럼 적으면 된다. 하나 더. 외국 글에서 글쓴이를 일일이 나열할 때는 쉼표로 구분해 가다가 제일 마지막에 'and'를 반드시 붙여야 하지만 우리 글에서는 이와 관련된 '와/과, 그리고' 등을 전혀 쓸 필요가 없다는 것이다. 우리 말 같지도 않겠지만 써 놓고 보면 오히려 더 어수선하다. 다음, 글의 제목을 쓰는 경우는 한글이나 영어 모두 겹따옴표를 ("와") 사용하여 묶는 것은 똑같고, 간행물이나 논문집을 표시할 때는 이 전체를 하나의 글로 생각하여 앞의 단행본에서 한 것처럼 겹낫표와 이탤릭체를 (혹은 밑줄을) 쓰는 것도 역시 같다. 여기서 'Trans.'은 영어 'Transactions'의 약자로 우리 말로 여러 글이 모인 집(集)을 뜻하는데 경우에 따라 논문집(Journal)을 일컫는 'J.'로 바꾸어 쓰기도 한다. 이때, 생략된 말 끝에 항상 마침표를 찍는 것은 영어의 기본적인 표기 방식이다.

이제 남은 것은 발행되는 논문집의 일련번호와 쪽수이다. 일련번호는 보통 권(卷)과 호(號)로 구분하는데, 권은 여럿이 모여 한 벌을 이루는 책에서 그 순서를 나타내는 말이고 호는 권을 이루는 각각의 논문집 하나하나를 일컫는 말이다.[92] 그러니까 주소나 건물에 빗대면 권은 번지나 건물 이름이 되고, 호는 같은 번지 안에 있는 여러 집을 구분하기 위해 매겨놓은 번호나 같은 건물 안에 있는 여러 방을 구분하기 위해 붙여놓은 방 번호와 같다. 그리고 쪽수를 나타내는 경우, 우리 글에서는 어

---

92 간행물이나 논문집의 권과 호는 글을 출판하는 기관이나 학회에서 미리 정해져 나오기 때문에 글쓴이나 독자는 나타난 그대로 참고하기만 하면 된다. 마치 '425-3 번지'나 '기계관 3412호'처럼 행정기관이나 건물주가 편리한 관리를 위해 미리 정해 놓고 쓰는 것과 같다. 여기서 각각의 앞 부분은 권에, 그리고 뒷부분은 호에 견줄 수 있다.

느 때나 그냥 '쪽'이라고 표시하면 그만인데 외국 글에서는 'page'의 약자를 써서 한 쪽만 표시하려면 'p.', 그리고 여러 쪽을 걸쳐 표시하려면 'pp.'라고 구분하여 쓰는 것이 다르다. 쪽과 관련해선 이 외에도 외국 글에서 내 놓을 수 있는 표기방식이 여럿 있지만 서로의 문화적 차이로 일어나는 것이기에 꼭 닮아갈 필요는 없을 것 같다.[93] 그런데도 대개가 우리 글을 쓰면서도 '쪽'의 표시만큼은 우리 말보다는 영어 'pp.'가 자리잡은 것 같아 씁쓸하다. 전문글인 경우 영어로 쓰는 글이 많아 점점 익숙해진 듯한데 영어로 쓴다면 당연히 그 나라 말의 규칙을 따라야겠지만 우리가 영어가 아닌 우리 말로 글을 쓸 때는 반드시 우리 말을 살려 쓰는 것이 좋겠다. 이런 어처구니없는 일도 있다. 글의 제목에 따옴표를 붙일 때 영어에서는 위의 마지막 예문과 같이 뒤 따옴표 안에 쉼표를 두어 다음 요소와 구분하는데 이를 아무 생각없이 그대로 받아들여 우리 글에서도 " '해석적 종합방법,' 『대한기계학회논문집』" 따위로 쓰고, 또 그렇게 가르치는 곳도 더러 있는 것 같다. 숨을 쉰 것까지 따 왔느냐 그렇지 않느냐, 혹은 따옴표엔 두 요소를 구분하는 기능까지 포함되어 있느냐 없느냐 하는 것을 언어학적으로 따지자는 말이 아니다. 말과 말의 표기법에 따라 질서있게 나열된 글은 언어학 이전에 그 나라 사람의 정서와 문화를 반영하는 것이 우선이다. 남이 한다 해서 내 것 버리고 따라할 수만은 없지 않겠는가. 그리고 이 경우는 쉼표가 순전히 구분하는 기능만 갖기 때문에 따옴표에 쌓여서는 제 구실을 하지 못한다. 글의 제목과 논문집 이름 사이에 아무런 구분자 없이 빈칸만 있는 꼴과 같다는 말인데, 그렇다면 다른 요소들 사이에도 쉼표를 찍지 않고 그냥 빈칸으로만 남겨 두어야 옳다.

글을 쓰면서 참고할 수 있는 것은 단행본이나 간행물 이외에도 이것저것 많이 있다. 신문이나 잡지, 사전, 방송 프로그램, 영화, 비디오 테이프, 만화, 광고 등에

---

93 예를들어, 'pp. 23-24'로 23쪽과 24쪽을 뜻해도 되지만 'pp. 23*f*'처럼 쓴다든가 15쪽에서44쪽 사이의 여러 곳을 참조할 때 그냥 'pp. 15-44'처럼 써도 되는데 굳이 'pp. 15-44 *passim*'와 같이 독특하게 쓰려고도 한다. 여기서 '*f*'는 영어로 'following page'의 약자로 다음 쪽을 뜻하고, '*passim*'은 영어로 'here and there'를 뜻하는 라틴어이다. 이 외에도 특히, 한번 나온 참고목록을 그 뒤에 다시 한번 더 표시하고자 하는 경우에는 '*ibid.*'를 비롯하여 '*op. cit.*', '*loc. cit.*' 등 라틴어에서 빌려온 어려운 말을 가끔 쓴다. 그러다 보니 우리 말에서도 이를 본받고자 각각 상게서(上揭書), 전게서(前揭書), 전게문(前揭文) 등과 같이 역시 어려운 말을 만들어 쓴다. 분위기마다 다를 수 있지만 그냥 '바로 앞 책', '위에 나온 책', '앞과 같은 부분' 따위로 써도 제대로 표시할 수 있는데 말이다.

서 요즘은 인터넷 사이트까지 글의 주제나 이의 뒷받침 글감을 얻는데 직접 혹은 간접으로 도움을 받을 수 있는 곳이 한둘이 아니다. 그렇다고 일일이 다 참고문헌에 적을 필요는 없지만 수치 데이터나 추세 분석 자료 등과 같이 직접적인 정보를 이용한 것 말고도 좋은 말이나 적절한 이야기를 빌려 왔다든가 어떤 현상과 관련된 비슷한 예를 써 먹었다든가 하는 따위처럼 글에서 작지만 하나의 글감이 될만한 것이라면 밝혀 두는 것이 여러 가지 측면에서 (예를들면, 글쓴이의 성실하고 방대한 자료 준비를 인정하는 점, 있을지도 모를 표절 문제를 미리 차단하는 점 따위) 바람직하다. 어떤 글이나 매체가 되었든 참고문헌에 표시할 때는 앞에서 언급한 것처럼 항상 (반드시 순서대로) '글쓴이 · 제목 · 출판사항'만 지키면 일반적인 형식을 벗어나는 일은 거의 없다. 만약 이 3가지 요소 중에서 특별히 밝힐 필요가 없거나, 아니면 아예 있지도 않는 경우에는 그것만 뺀 채 순서를 지키면 된다. 몇몇 예문을 들어보면 다음과 같다.

- 임현진, "'마니폴리테'식 해법", 『교수신문』, 1면, 2003. 11. 17.
- "한글맞춤법", 『한컴사전』, 한글과컴퓨터, 2006.
- "MBC 100분 토론", 손석희 진행, 『문화방송』, 2003.11.6.
- 황금지우개, "글쓰기 훈련소: 한 줄 글쓰기가 어려운 당신에게", 2010.7.12., 〈http://cafe.naver.com/pointwriting〉.

신문인 경우는 쪽수를 면수로 바꾸고 발행날짜까지 적어 놓아야 하는 것이 특색이고, 글쓴이를 확인할 수 없는 사전이면 글쓴이 이외의 정보만 앞과 똑같이 순서대로 적어가면 된다. 이 경우 인쇄물이 아닌 것을 더 뚜렷이 나타내기 위해 제목 다음에 '컴퓨터 프로그램'이나 'CD-ROM' 따위의 말을 덧붙일 수도 있다. 방송 프로그램일 때는 보통 연출가나 감독을 글쓴이로 보고 맨 앞에 적을 수도 있으나 프로그램 자체가 잘 알려져 있으면 이를 생략할 수 있고, 대신에 진행자를 프로그램 이름 뒤에 따로 표시해 둔다. 마지막으로, 인터넷 사이트를 쓸 경우에는 사이트를 만든 사람이나 운영자가 글쓴이가 되고 제목은 사이트 제목으로 하는데, 만약 사이트 제목이 나타나 있지 않으면 '홈페이지(Home Page)'라는 말을 첨가해 놓는다. 물론 출판날짜는 사이트를 만든 날짜가 아니고 당연히 이 사이트를 방문하여 글을 읽은 날짜가 되는 것이며, 아울러 목록의 맨 나중에 이 사이트에 대한 인터넷 주소를 각괄호로 (〈와〉) 감싸 정확하게 표시해 두어야 한다. 이때, 방문날짜와 주소 사이에 마침표와 쉼표, 각괄호가 연달아 겹쳐져 시각적으로 흉하게 보인다고 영어에서 쓰는 표현 방식을 따라 마침표와 쉼표를 함께 생략한 글도 더러 있는 것 같다.

이제 전문글에서 흔히 적어내는 학술대회의 발표논문이나 번역서, 아직 출간되지 않은 글 따위의 목록 형식과 알아두면 유익한 몇몇 것들에 대하여 하나씩 살펴보면서 참조주나 참고목록에 대한 말을 마무리하기로 한다. 남의 글을 보았거나 참조했다고 알리는 것은 앞에서 언급한 여러 까닭 이외에도 글쓴이 자신의 글쓰기 태도를 건강하게 하고, 또 학문의 발전 과정에 남과 어울려 한 몫을 담당하겠다는 굳은 마음의 표현이니 대강 넘길 문제는 결코 아니다. 마치 도서관에서 책을 정리할 때 분류기호와 도서기호를 일일이 구분해 놓고 학생들이 제출한 간단한 청구서 한 장으로 누구라도 쉽고 빠르게 찾을 수 있도록 해주는 것처럼 독자가 참고목록만 그대로 알아두면 언제 어디서라도 구할 수 있도록 바른 정보를 효율적으로 표시해 두어야 한다. 설사 글쓴이가 읽었다 하더라도 정보가 분명치 않는 목록은 남의 글에 있는 목록을 그대로 베꼈거나[94] 짐작으로 썼다고 오해 받을 수 있어 글의 신뢰성에 의문이 제기될 수도 있는 일이다.

글에 대한 정보는 글마다 다 다르다고 앞에서 말한 바 있다. 그래서 참고목록에 들어갈 요소는 기본적으로 글쓴이와 글의 제목, 출판사항이지만 글에 따라 더 밝히거나 인터넷 사이트인 경우에 출판날짜가 방문날짜가 되듯이 몇몇 요소들을 바꾸어야만 한다. 대표적인 예를 보면 다음과 같다.

• 박전수 외2, "자동변속기의 본드선도 모델링 및 퍼지제어", 대한기계학회 춘계 학술대회, 4월 24-25일, (진주: 경상대학교), 1998.
• 박전수 외8 공역, 『동역학』, 개정4판, 범한서적(주), 1999.

94 남의 글에 있는 목록은 아무리 중요한 글이라도 2차 자료밖에 되지 않는다. 이 글을 직접 읽고 이해하여 1차 자료로 만들지 않았다면 원래 글쓴이의 뜻과 상관없이 옮긴이가 취사선택(取捨選擇)하여 여러 생각과 해석을 덧붙인 것만을 토대로 글을 쓴 꼴이니 올바른 평가를 받기가 어려운 것은 당연하다.

• 박전수 외8 공역, 『동역학』(Engineering Mechanics: Dynamics, 4th ed.), 범한서적(주), 1999.
• J. L. Meriam and L. G. Kraige, 『동역학』, 박전수 외8 공역, 범한서적(주), 1999.

맨 위의 예는 보통 정식 논문을 제출하기 전에 비슷한 전공의 사람들이 미리 모여 토론하면서 잘잘못을 따져볼 목적으로 개최되는 학술대회(proceedings)의 글을 목록으로 만드는 경우이다. 지금까지의 것과 다른 점은 개최날짜와 개최장소를 분명히 밝혀야 하는 것인데, 이는 학술대회가 원래 같은 시간과 같은 장소에서 늘 개최되는 대회라기 보다 주최측의 필요에 따라 특정 주제를 놓고 특정 사람들을 초청하여 이루어지기 때문에 개최 당시의 정황을 때와 장소로 간접적으로나마 밝혀주는 것이 중요하다. 물론 요즘은 학술대회에 발표된 글도 하나의 문집으로 출판이 되어 보통의 논문집에 실린 글처럼 출판날짜와 쪽수를 표시하는 것만으로도 쉽게 찾아볼 수 있지만 아직 정식 논문보다 예비 논문의 성격이 강하기 때문에 목록의 표기 방식에 차이를 두는 것이 나을 듯싶다. 위의 예에서 괄호 속에는 개최장소가 속해 있는 지역의 이름도 함께 나타나 있다. 우리 나라의 대학 이름이 현재는 다 다르지만 나중에 어찌될지 모르는 일이니 관례대로 표시해 두는 것이 좋을 것 같고, 이때 쌍점의 사용은 앞에서 이미 설명했고 괄호 (보통 다른 글에서는 중괄호를 ([와]) 쓰기도 함) 자체는 시각적인 효과 이외는 아무 뜻도 없는 선택사양이니 생략해도 괜찮다. 두 번째 예부터 마지막까지는 모두 번역서에 관한 것이다. 번역서에 원래 글의 제목이나 글쓴이를 각각 함께 나타내고자 할 때의 표기방법에 주목하길 바란다. 물론 두 요소를 동시에 포함하고자 한다면 마지막 두 예문을 합친 꼴로 적으면 된다. 번역서만 해당하는 경우는 아니지만 단행본일 때에도 글의 판차(版次)가[95] 있으면 글의 제목 뒤에 꼭 표기해 놓아야 한다. 판이 다르면 글의 내용이 많이 변했기 때문에 이를 밝혀 놓지 않으면 독자에게 잘못된 정보를 주는 셈이 된다. 마지막으로 다음의 예문들을 살펴보자.

95 판차는 인쇄하는 판을 바꿀 만큼 글의 내용이 어느 정도 변할 때를 이르는 말로 '개정판(revised edition)', '증보판(enlarged edition)', 또는 나온 순서대로 '제2판(2nd edition)' '제3판(3rd edition)' 등으로 구분하는데, 글을 같은 판으로 찍어낸 횟수를 말하는 쇄차(刷次)와는 다르다.

- 박전수, "본드선도를 이용한 동적시스템의 강인한 제어기 설계", 대한기계학회 논문집, (2004. 10), 출판예정.
- 박전수, 『SIMULINK 프로그래밍 언어』, 대덕대학 박전수 교수 연구실.
- 박전수, "자기부상 열차의 본드선도 모델링 및 LQG/LTR 제어", 부산대 대학원 생산기계공학과 석사학위논문, 1991.
- J. S. Park, "Dynamic System Analysis and Synthesis in Terms of Bond Graph Prototypes", Ph. D. diss., Busan Nat'l Univ., 1997.

위에서 차례대로 곧 인쇄되어 나올 글, 아직 발표되지 않은 글, 그리고 석사 및 박사 학위논문을 목록으로 만든 경우이다. 각각을 간략하게 설명해 보면, 우선 출판예정인 글은 목록의 맨 끝에 '출판예정'이라는 (영어에서는 'in press'나 'forthcoming'을 쓴다) 말을 붙이고, 만약 출판날짜를 예상할 수 있으면 괄호에 묶어 바로 앞에 써 두면 된다. 다음, 대학에서의 자체 강의 노트나 미리 써둔 글 따위와 같이 출판을 위해 원고를 아직 제출하지는 않았지만 글을 쓰면서 참고를 하였다면 이 역시 목록으로 표시해 두어야 한다. 물론 글쓴이의 지명도에 따라 글의 신뢰도에 영향을 줄 수 있겠지만 사실을 그대로 밝히는 것은 잘못이 아니며, 이때는 반드시 글쓴이와 글의 제목은 당연하고 보관자와 보관장소가 꼭 들어가야 한다. 그래서 위 예도 끝을 한데 뭉치지 말고 따로 구별하여 '박전수, 대덕대학 10704 연구실'와 같이 써야 올바르지만 보통 함께 붙여서 예문에 있는 형식으로 적든가 '박전수 교수연구실 (대덕대학)'처럼 괄호를 사용하기도 한다. 끝으로, 학위논문인 경우는 별다른 어려운 점이 없는데 때때로 겹낫표와 따옴표를 혼동하여 써서 이를 바로 잡자는 뜻으로 예를 들어 두었다. 보통 학위논문을 단행본처럼 제본한다 하여 제목을 쓸 때 겹낫표를 사용하는 사람이 많은데 이 역시 논문이 틀림없는 지라 정해진 형식에 따라 따옴표를 붙이는 것이 맞다. 한 가지 더. 우리 말로 쓸 때는 소속학과를 다는 것이 기본 규칙이며, 영어에서 석사학위인 경우는 'Master's thesis'로, 그리고 박사학위일 때는 학위종류를 구분하여 약자로 (예를들어, 공학박사이면 'Ph. D. diss.' 따위) 적어야 하는 것도 알아두면 좋을 것 같다. 여기서 'diss.'는 'dissertation'의 약자인데 일반적인 말로는 'thesis'와 별 차이가 없지만 굳이 학문의 영역에서 구별하자면 앞의 것은 논문을 쓰기 전까지 배웠던 모든 과목들에 대한 지식을 총동원하여 글을 규모에 얽매이지 않고 아주 깊게 다루었다는 뜻이 있고, 뒤의 것은 '문제 제시 → 적절한 방어 → 합당한 결과'의 과정을 한정된 규모 속에서 논리적으로 전개했느냐 하는 것만 따지는 글로 서로 구별할 수 있겠다.

7) 감사의 글

감사의 글(acknowledgement)은 말 그대로 글을 쓰면서 이쪽 저쪽에서 받은 여러 도움을 밝히는 자리이다. 물질적인 것부터 정신적인 것까지 글쓴이가 글의 시작부터 마칠 때까지 입었던 주위의 감사할 일을 되짚어 여러분들의 헌신이 없었다면 제 글은 결코 완성하지 못했을 것이라는 겸손을 표시한다. 연구비 지원이나 장비 사용의 허락, 데이터 제공, 기술적인 도움, 조언, 충고, 마음의 든든한 뒷받침 따위와 같이 따지고 보면 어느 하나 사사로운 것이 없으므로 일일이 적어서 고마움을 전하는 것이 도리이겠다. 하지만 글은 (특히, 전문글인 경우) 쪽수의 제한을 받기 때문에 생각난다고 다 나열할 수 없다는 데 문제가 있다. 그렇다고 어떤 기준을 들이대면 해당되지 않는 분들은 자신의 도움이 대수롭지 않구나 하고 섭섭해 할 수도 있어 글쓴이로선 무척 곤혹스러울 수밖에 없다. 글쓴이 처지에서 보면 도움이 글에 기여한 경중을 따질 수 있을진 몰라도 도움을 준 사람들은 작은 것 하나라도 마음을 담아 기꺼이 제공했을 것이기 때문이다.

단행본이나 전문글이라도 학위논문일 경우엔 아무래도 쪽수의 제한이 약해서 크게 도움을 받은 분이 아니라도 평소에 존경하고 늘 감사해 왔던 분들까지 적어서 항상 잊지 않고 있다는 마음을 담을 수 있다. 반대로, 과제를 수행하기 위해 연구비를 신청하는 제안서나 개발될 장치에 대한 설명서, 기존의 지식을 소개하는 소논문 따위는 무언가를 연구하여 새롭게 밝혀 쓴 글이 아니므로 누구의 도움을 받았다고 굳이 공개하지 않아도 된다. 자료나 상표, 그림 등이 개인이나 단체에 귀속되어 있어 이들의 허락을 받아서 글에 이용했을 때만 감사의 글을 적어두는데, 이때도 따로 자리를 마련하기 보다 본문의 해당 대상을 설명하는 곳에서 관련 사실을 몇 자 언급하면 그만이다. 결론으로, 앞서 언급한 학위논문 외에 전문글에서 감사의 글을 따로 마련해야 하는 경우는 수행한 과제를 최종 마무리하면서 발주 기관에 보고서를 제출하거나 학문적으로 터득한 연구 내용을 학회지에 논문으로 제출할 때가 되겠다. 이른바 글의 동기와 목적에 크게 이바지한 경우엔 반드시 '감사의 글'이라는 구조를 두고 글쓴이의 글이 그런 도움 때문에 완성되었다는 사실을 밝혀야 한다.

사실 감사의 글이 글의 구조에서 한 자리를 차지한 것은 얼마 되지 않았다. 단행본인 경우엔 규모도 크고 글을 쓰는 시간도 꽤 되다 보니까 글쓴이 혼자 모든 것을 마무리하기가 벅찰 수도 있어 그 동안에 도움 받은 분들을 일일이 적어서 고마움을 더러 표시했지만 논문인 경우는 감사의 글을 다는 것이 오히려 논문의 가치를 떨어뜨린다고 생각하여 아예 이런 구조가 있는지조차 몰랐다. 글쓴이가 논문을 왜 썼으며, 또 논문에서 제시한 모델이나 데이터, 풀이 과정, 해결책 따위가 정말로 독창적이냐고 묻는 것은 어리석은 질문으로 치부되었다. 글쓴이의 학자적 양심을 모든 사람이 인정해 주던 때였던 것이다. 하지만, 서울대 H교수의 논문 조작이 사회적 문제를 일으킨 후부터 학자들의 양심도 검증 대상에서 예외일 수 없다며 참고문헌 및 감사의 글에 대한 중요성이 한층 높아졌다.[96] 연구의 동기 및 목적과 관련하여 출판물로 도움을 받았다면 참고문헌을, 그리고 아이디어 차원의 도움을 받았다면 감사의 글을 통해 반드시 그 사실을 알리도록 했다.

글의 동기 측면에서 감사의 글을 붙여야 하는 경우는 대부분 연구비와 관련한 내용이다. 논문이 되었든 보고서가 되었든 연구비를 받았으므로 (글의 동기가 성립되므로) 이에 상응하는 결과물을 내어 사업 주관기관에 감사를 표시하는 것은 당연하다. 이를테면 보고서나 논문의 맨 뒤에 다음과 같이 적어두는데[97] '감사의 글'처럼 제목을 온전히 붙이지 않고 '감사'와 같이 약식으로 달거나 '후기' '일러두기' 따위와 같이 글의 종류나 분위기에 맞게 다른 말을 사용하기도 한다.

• 감사

본 논문은 한국과학재단 특정기초연구비(961-0100-001-2)의 지원으로 수행된 연구의 결과로 지원에 감사 드립니다.

---

96 2005년부터 대학은 대학대로, 또 기관은 기관대로 모두 이른바 '연구윤리위원회' 혹은 '연구진실성위원회'를 설치하여 기존엔 관행으로 여겼던 연구 부정행위, 즉 날조(fabrication), 변조(falsification), 표절(plagiarism) 따위를 엄격히 심판할 뿐만 아니라 연구의 계획부터 신행, 발표까지 모든 과정에서 일어날 수 있는 부도덕한 연구 기만행위도 언제든 (사전 및 사후) 조사할 수 있도록 했다.

97 논문의 경우엔 글의 첫 쪽에 각주를 달아 감사를 표시할 때도 더러 있다.

• 후기

이 논문은 지식경제부 산업기술개발사업의 지원을 받아 수행된 연구 결과입니다.

• 일러두기

1. 이 보고서는 교육과학기술부와 한국산업기술재단에서 시행한 지역혁신인력 양성사업 중간보고서이다.
2. 이 사업내용을 대외적으로 발표할 때는 반드시 교육과학기술부와 한국산업기술재단에서 시행한 지역혁신인력양성사업의 결과라고 밝혀야 한다.

글의 목적과 관련해선 미묘한 부분이 있다. 연구하고 실험하여 학문적 원리를 발견하거나 어려운 문제를 새롭게 풀거나, 기준이나 방법 측면에서 기존보다 더 효과적인 것을 찾거나, 혹은 효율이 더 높은 장치를 개발하는 따위에서 누군가의 도움을 크게 받았다면 이를 알리는 것은 당연하다. 문제는 이를 감사의 글에 적는 일만으로 끝내도 되느냐 하는 것이다. 조언과 충고가 지속적으로 이루어졌다면 지도교수나 감수자(editorial supervisor)가, 또 함께 연구하면서 의견을 자주 교환하였다면 공동 연구자가 될 수도 있기 때문이다. 도움 준 사람의 자격을 잘 따져봐야 한다는 말이다.

한편, 이런 일도 있다. 자기 전공 분야에서 알아주는 학자를 감사의 글에 적었다가 나중에 한바탕 소동, 즉 유명 학자는 어떤 인연으로 원고를 오직 읽어주었을 뿐인데 감사의 글에 언급됨으로써 자신의 뜻과 달리 글쓴이의 주장을 지지하거나 보증하는 것으로 비춰져 마음이 불편해 두 번 다시 남의 글을 읽지 않았다는 얘기다. 글쓴이로선 유명 학자를 드러내어 글의 가치를 높이고 싶겠지만 학문을 인정(人情)에 기댄다는 것은 아무래도 잘못되었다. 따라서 글의 목적과 관련하여 감사의 글을 붙일 때는 도움 준 사람의 자격을 먼저 결정한 후에 적되 감사의 글에 표시될 분들의 허락도 미리 얻는 것이 좋다.

8) 부록

부록(appendix)은 말 그대로 본문 (참고문헌 포함) 끝에 덧붙이는 글이지만 전체 글에서 강조해야 하거나 그렇지 않아도 될 글감을 서로 구분하여 글의 흐름을 매끄럽게 해주는 아주 유용한 글의 한 구조이다. 짧게 말해서, 부록을 잘 활용함으로써 글의 가독성(readability)을 높여 독자가 글의 주제만 집중하여 따라갈 수 있도록 해준다는 말이다. 글을 써가다 보면 꼭 필요한 글감인데도 여러 군더더기가 붙어 있어 전체를 본문에 다 적는 것이 망설여질 때가 종종 있는데, 이때 이런 군더더기를 없애고 글감의 순 알맹이만 적기에는 글감 자체를 충분히 뒷받침할 수 없다고 판단되는 경우이면 이를 결정하기가 더욱 어려워진다. 적으려니 글의 주제가 왜곡되거나 규모가 커질 것 같고 안 적으려니 글의 논리가 떨어질 것만 같아 고민이 이만저만이 아니다. 부록은 바로 이 경우에 필요하다. 즉, 쓸 글감에서 글의 흐름이 크게 뛰지 않을 정도로만 요약하거나 핵심만 적고 "자세한 내용은 부록을 참고하길 바란다" "관심있는 독자를 위해 부록에 다시 언급해 두었다" 등의 말을 첨가하여 독자가 여전히 글에 집중할 수 있도록 하면서 좀더 알고 싶은 욕구도 자연히 충족시켜 주면 딱 좋다.

글의 가독성은 글의 외형적인 모습에도 (예를들어, 글꼴의 스타일이나 크기, 여백, 줄 및 글자 간격 따위) 영향을 받지만 본질적으로는 글의 구조가 주제를 잘 드러내도록 매끄럽게 잡혔느냐 하는 것으로 결정된다. 글을 눈으로 얼른 보아서 읽기가 괜찮다고 느끼도록 만드는 것은 그렇게 어렵지 않는데 반해[98] 글의 구조에서 글감을 적절히 배치하는 것은 물론이고 필요할 때마다 이를 쪼개기도 하고 합쳐야 하는 일은 정답이 없어 글쓴이 처지에서 보면 늘 불만족스러울 수밖에 없다. 하지만 취미로, 혹은 필요할 때 한번씩 글을 쓰는 사람들은 전문적인 쪽 설계사처럼 여기에 모든 정열을 쏟을 만큼 여유가 있는 것은 아니겠지만 글을 꼭 써야만 한다면 이를 모른 채 넘어갈 수 없는 형편이니 할 수 있는 것부터 나름대로 하나씩 익혀 가는 것이 필요하지 않을까 싶다. 그래서 이런 비전문가를 위한 글쓰기 책들이 수도 없이 많이 나오는 것이다.

98 글의 외형적인 모습을 꾸미는 일이 쉽다고 하여 만만하게 보아서는 안 된다. 처음부터 생각없이 글을 써다 보면 나중에는 자기도 모르게 버릇되어 남과 같이 써보려 해도 잘 되지 않는다. 전문글인 경우에는 보통 여백이나 간격 등과 같은 쪽 모습은 지정되어 있으니 따르기만 하면 되지만 그 외의 글에는 글쓴이가 직접 결정하여 내 놓아야 한다. 글은 글쓴이의 또다른 얼굴이라 했는데 작은 글 하나라도 독자가 눈을 찡그릴 만큼 읽기가 곤란하다면 한번쯤 생각해 보아야 한다. 사실 글쓰기에서 글의 내용에 맞춰 쪽 모습을 꾸미는 것은 쪽 설계사(page designer)라 하여 전문가가 따로 있을 만큼 어려운 분야이다. 자기의 생각이나 주장을 한번씩 글로 전하는 사람들이야 출판사나 신문사의 편집국에 근무하는 이런 전문가처럼 될 필요는 없지만 작은 것 하나, 즉 독자를 배려하는 마음만큼은 꼭 간직했으면 한다.

한 가지 짚고 넘어갈 것은, 글쓰기와 관련된 책에는 한결같이 글쓰기의 효과적인 순서가 나열되어 있는데, 사실 글쓰기의 순서는 그 자체의 뜻 외에는 글쓰기의 실행에 아무런 도움을 주지 못한다. 글의 목적과 동기만 분명하다면 글의 구조를 어떻게 만들어 각각을 어떻게 활용할 것인가 하는 것이 관건이지 글쓴이마다 다 다를 수밖에 없는 글쓰기 방식을 하나의 순서에 얽어 매는 것은 개인의 취향과 개성, 경험 등을 모두 죽이는 것과 같다. 글은 꼭 앞에서 순서대로 써가야만 하는 것이 아니라 필요하면 본론의 어느 한 부분이나 결론부터 써도 전혀 문제가 없다. 글의 목적을 통해 이미 기본적인 글감은 글쓴이 마음에 있을 것이고 글의 동기를 통해 글을 발표할 자리에 맞는 형식은 그려졌을 것이고, 여기에 독자를 배려하는 마음까지 담을 수 있다면 '계획 세우기 → 글감 모으기 → 글감 정리하기 → 글쓰기 실행'과 같은 판에 박힌 듯한 순서를 생각하는 것만으로도 글쓰기엔 오히려 짐이 될 뿐이다. 글 속에서 크게 기여할 글감은 아니지만 글의 주제와 관계를 갖는 것이면 잊기 전에 미리 써 두는 것이 여로 모로 효과적이다. 공들인 만큼 쓸모가 있기 마련인데 본문을 써가면서 앞서 써두었던 글감이 나오는 부분에 다다르면 이의 알맹이만 뽑아 쓸 것인지 몇몇 군더더기를 더 보태는 것이 좋은지, 아니면 몽땅 옮겨 놓을 것인지 판단하여 그대로 실행하면 된다. 설사 본문에서 아무 소용이 없다 할지라도 부록으로는 계속 쓸모가 있는 것이다. 이를테면, 전문글에서 흔히 볼 수 있는 일로 어떤 현상이나 시스템에 대한 수학적 식(mathematical equation)을 나름대로 모델링하여 잘 적어 놓았거나 실험 데이터를 보기 좋게 표로 만들어 여러 설명을 달아 놓았다거나 어떤 장치나 이의 작동 과정을 알기 쉽게 묘사해 놓았다거나, 아니면 주제와 관련된 어떤 이론이나 원리에 대하여 여러 곳에 흩어져 있는 정보를 잘 정리하여 분석해 놓은 경우 따위를 들 수 있다. 대체로 이런 내용들은 부록으로 쓰면서 쓸 주제에 따라 본문에 적절히 발췌하기만 하면 지식이 많고 적든 관계없이 어느 독자나 다 만족할 수 있고 글도 매끄럽게 전개되어 전문가의 글 못지 않는 글이 되는 것이며, 이것이 글에서 부록이라는 구조가 갖는 중요한 매력 중의 하나이다.

부록의 두 번째 매력은 글에 유연성을 주는 것이다. 글의 유연성(flexibility)은 한 편의 글을 써놓고 발표할 자리에 따라 글의 흐름을 방해하지 않은 채 쉽게 길이를 조절할 수 있는 것을 말한다. 본문은 깔끔하게 다른 군더더기 없이 꼭 해야 할 말만 적어놓고 자세한 설명이나 수학적 식의 유도 따위는 글의 종류로 판단하여 필요할 때마다 부록에 그냥 그대로 둘 것인지, 아니면 약간의 정보를 본문에 더 담고 부록은 뺄 것인지 선택하기만 하면 어디에나 제출할 수 있는 것이다. 이따금 한 편의 글이 논문에서 잡지에 실리는 소개서로, 심지어 한 권의 책으로까지 나오는 것을 볼 수 있는데 이는 글을 쓰는 준비 단계부터 글의 구조를 잘 잡아서 썼기 때문이다. 나아가 한 편의 논문이 제목을 바꾸어 이 학회 저 학회에 실리는 일도 더러 있는데 제목만 바꾸고 내용에 별 변화가 없다면 나무랄 일이지만 글의 주제에 맞춰 부록을 적절히 활용했다면 오히려 글쓰기를 잘하는 사람으로 봐주어야 한다. 논문이 새로운 것만 발견하여 적어야 하는 때는 이미 지났다. 옛날에야 모르지만 요즘은 학문하는 사람이 셀 수도 없이 많은데 열 사람 건너 한 사람만 새로운 것을 발견한다 해도 이 세상은 난리가 난다. 논문은 새로운 것보다 기존의 것에서 무엇을 강조하고, 그래서 무엇과 이런 점에서 다르거나 닮았다고 따지는 것으로 충분하다. 글의 주제를 살려 쓸 수 있도록 글감을 글의 구조에 맞게 다루는 솜씨, 즉 글쓰기 실력이 학문적인 논문이 되느냐 마느냐 하는 것을 결정할 수도 있다는 말이다.

9) 찾아보기

찾아보기(index)는 글의 내용 중에서 중요한 말이나 항목을 언제라도 쉽게 찾아볼 수 있도록 글의 맨 마지막에 따로 일정한 순서에 따라 정리해 놓은 목록으로 때때로 색인(索引)이라고도 한다. 논문 같은 대체로 짧은 글이야 찾아보기를 달지 않더라도 글의 흐름만 살아 있다면 나중에 다시 볼 때 필요한 곳을 단번에 찾아갈 수 있겠지만 이 책과 같이 규모가 있으면서 각 장마다 독립된 내용으로 채워진 경우이면 찾아보기가 단단히 제 몫을 하게 된다. 물론 아무리 긴 글도 찾아보기가 없다고 해서 누가 트집을 잡지는 않겠지만 독자를 배려한다는 측면에서 보면 그렇다는 말이다. 글은 처음부터 끝까지 다 읽어 보아야 할 것도 있고 몇몇 부분만 읽어도 되는 것도 있는데, 이때 독자는 처음에 '차례'를 보고 읽을 부분을 선택하고, 다음에 다시 확인할 때는 '찾아보기'가 당연히 있다고 기대한다. 찾아보기가 글의 구조로 한 자리를 차지할 수밖에 없는 까닭이다.

찾아보기를 작성할 때는 놓을 말을 선택하는 것만큼 놓을 순서를 일정하게 유지하는 것도 참 중요하다. 멋진 말이라고 하여 아무 말이나 (혹은 항목이나) 선택하지 말고 자기가 쓴 글에서만 사용한 말을 먼저 뽑고 이어서 글쓴이가 중요하다고 생각하는 말, 그 분야에서 널리 쓰이는 말, 특별한 말 등을 몇 번의 글 다듬기를 해가면서 적당한 수만큼 정하면 좋다. 물론 놓을 말의 수는 제약이 없지만 너무 적으면 찾아보기의 효과를 살리기 어렵고 너무 많아도 독자의 수고를 불러와 약점이 될 뿐이다. 놓을 순서를 정하는 문제는 간단히 각 말의 첫 글자 첫소리에 따라 놓되 숫자나 영어로 시작하는 말은 찾아보기의 앞이나 뒤에 뭉쳐서 역시 그 순서대로 놓으면 되는데, 다만 각 말을 놓는 방식에서는 그림 5.3을 참조하면서 한번쯤 생각해 보는 것이 좋겠다.

```
구조체 74
구조체의 요소리스트 82
구조체의 필드 75
그래프의 기본 요소 43
그래프의 주석 달기 61
```

(a) 단순형

```
구조체 74
  요소리스트 82
  필드 75
그래프
  기본 요소 43
  주석 달기 61
```

(b) 묶음형

그림 5.3 찾아보기를 적는 2가지 방식

그림 5.3에서 (a)의 단순형은 보통의 책에서 흔히 볼 수 있는 것으로 놓을 말만 정해지면 첫소리의 순서에 맞춰 그냥 일렬로 줄을 맞추어 적어가는 방식이고, (b)의 묶음형은 그림에 보는 것처럼 대표말을 먼저 놓고 이에 대한 딸림말을 다음 줄부터 몇 칸 들여쓰기 하여 적어가는 방식이다. 어느 것이 좋다고 말할 수는 없지만 찾아보기를 만들어야 하는 글쓴이의 처지에서 보면 (a), 그리고 찾아보기를 이용하는 독자의 처지이면 (b)가 낫지 않을까 싶다. 요즘은 글쓰기에 컴퓨터가 사용되는 것이 보통이니 찾아보기에 놓을 말을 본문에 나와 있는 순서대로 작성해 놓고 문서편집기의 '정렬' 기능을 이용하면 금방 (a)처럼 만들 수 있고, 또 글의 구조에 찾아보기를 따로 두는

것이 오로지 독자에 대한 배려임을 생각해 볼 때 대표말만으로도 이와 관련된 여러 딸림 정보가 있는 곳을 한꺼번에 찾을 수 있으니 그렇다는 말이다. 다만, (b)의 경우는 컴퓨터의 도움 이외에도 글쓴이가 어느 정도의 수고, 즉 본문의 여러 곳에 널려 있는 말을 대표말을 중심으로 묶는 일이나 들여쓰기 작업 따위를 아끼지 말아야 한다. 찾아보기를 자주 만들어 본 사람은 머리를 약간 써서 놓을 말 중에서 대체로 중요하면서도 넓은 범위를 아우르는 말이면 '대표말-딸림말'형식을 택하고 나머지는 단순형으로 하는 이른바 '복합형'을 만들어 쓰기도 한다. 이 방식은 글쓴이나 독자 모두에게 보탬이 될 만하므로 한번쯤 응용해 보는 것도 좋을 것이다.

제6장 대학 글쓰기의 다듬기

글쓰기의 준비부터 시작을 거쳐 실행을 하고 나면 무엇이 되었든 글로 나타나기 마련인데, 이때 글의 목적이 제대로 달성되려면 글쓴이가 하고 싶은 말이 그대로 독자에게 전달되어야 하는 것은 당연하다. 생각이나 주장, 경험, 하고 싶은 일, 조사하고 연구한 내용 따위와 같이 글쓴이가 마음 속에 품었던 것을 독자도 똑같이 그대로 그려볼 수 있어야 한다는 말이다. 그런데 글이란 본디 누구도 볼 수 없는 감춰진 것을 글자를 빌어 밖으로 끄집어낸 기록이므로 형상이 없는 마음을 적어내는 이상적인 도구는 절대 못된다. 아무리 이름난 글이라 하더라도 측량할 수 없는 것을 100% 발표하기는 거의 불가능한데 옛날부터 일필난기(一筆難記)나 불가명상(不可名狀)이라는 말이 있는 것만 보아도 금방 알 수 있다. 나아가, 글을 잘 쓰는 사람이라도 처음 써 놓은 글엔 알게 모르게 부족한 점이 있기 마련이다. 말을 잘못 썼거나 글자를 틀리게 적은 것부터 기분대로 쓴 것이 엉뚱한 말로 나타난 경우, 드러내어야 할 말이 오히려 숨은 경우, 없어야 할 말이 버젓이 자리를 잡은 경우, 그리고 꼭 써야 할 말을 미루었거나 빠뜨린 경우 따위처럼 찾아보면 여러 곳에 널려 있는 것이 예사다.

글 자체가 미흡하고, 또 써놓고도 여러 모로 잘못된 점이 많다면 글을 다듬는 작업이야말로 글쓰기를 완성하는 가장 중요한 일이 아닐 수 없다. 물론 글을 다듬는다고 하여 앞서 언급한 것처럼 완벽하게 만들어 낼 수는 없겠지만 글이 글쓴이의 얼굴인 것을 생각해 보면 '될 수 있으면 마음먹은 것에 가깝게' 혹은 '될 수 있으면 부족한 점이 없도록' 해야 한다. 어쩔 수 없이 완벽하지 못하고 부족한 것을 그나마 제대로 만들려면 어디에서나 솜씨가 필요한 것인데, 이때 무엇보다도 가장 효과적으로 써먹을 수 있는 방법이어야만 오랫동안 살아 남을 수 있다. 그렇다고 무언가 획기적인 것을 소개하려는 것은 아니다. 방법이란 원래 우연보다는 계획과 노력의 산물이니 읽고 또 읽어서 마음에 들지 않고 부족한 것이면 고쳐갈 밖에 없다는 말을 하고 싶다. 글을 다듬는 여러 방법들이 여럿 있어 왔지만 여태껏 남아 있는 것으론 읽고 고치는 방법밖에 없는 것만 보아도 그렇다. 한번에 잘 쓴 글이 있다면 그것은 차라리 우연일 뿐이다. 우연을 바랄 것이 아니라 두 번하고 세 번하여, 그래도 안 되면 백번이고 천 번을 다시 쓰더라도 마음의 것에 가장 가깝게 되도록 고치는 것이 글 다듬기의 원칙이다.

전문글의 글 다듬기는 보통 하는 것에 한 가지 더 추가할 것이 있다. 문예글에서야 아무래도 말을 늘려 써서 하고 싶은 말을 어느 정도 다 뱉어낼 수도 있겠으나 전문글이면 쪽수의 제약 등과 같은 여러 가지 사정으로 말을 압축하여 적을 때가 많고, 그래서 말을 줄이다가 제 말을 다 못할 것 같으면 그림이나 표, 목록 등 여러 시각적인 요소를 함께 내놓는 경우가 늘 있는 것이다. 특히, 조사하고 분석한 자료의 분포나 추세를 비롯하여 실험 데이터, 수치 결과, 개발된 장치의 모습, 움직임의 기구학적 원리 따위는 아무리 말로 잘 설명하더라도 그림 하나가 주는 뜻보다 못하고, 오히려 말만으로 설명하려 들다가는 글이 어수선하여 자칫 낭패를 볼 수도 있다. 반대인 경우도 만만찮다. 말로도 충분히 설명할 수 있는데 왠지 있어 보인다거나 쪽수만을 채울 속셈으로 버젓이 그림을 포함하기도 한다. 글에 그림과 같은 시각적인 요소가 있으면 독자는 한번 더 보게 마련이어서 보통 강조하거나 드러낼 말이 아니면 신중해야 한다는 사실을 모르기 때문이다. 그래서 전문글에서는 글을 다듬으면서 말뿐만 아니라 그림 등도 모자라면 보태고 지나치면 빼고, 그리고 잘못이 있으면 고쳐야만 하는 것이다.

이 장에서는 글을 다듬는 문제에 대하여 꼭 해야 하거나, 또는 개인적으로 생각나는 여러 말을 해보기로 한다. 물론 글에 말만 담기는 것이 아니니 전체를 하나의 작품으로 보고 마음에 두었던 말이 될 수 있으면 제대로 나타날 수 있도록 말과 그림 등을 통틀어 다듬을 수 있으면 더없이 좋겠다. 사실 그림이나 표 등과 같은 글의 시각적인 요소는 글을 다듬을 때보다 본문을 쓸 때 강조할 내용을 고르면서 이루어지는 것이 보통이다. 글의 목적이나 동기가 정해지면 이미 여러 자료들이 나열되어 있기 때문에 무엇을 시각적으로 나타내어야 할 지 결정되기도 하고. 하지만 글은 마음의 것을 처음부터 완전히 드러내지 못할 뿐더러 자신있게 써놓았다 하더라도 글의 흐름과 맥락에서 따져보면 여전히 만족스럽지 못하다. 말과 그림의 조화가 중요하다는 말이다. 그래서 이 책에서는 다른 책과 달리 이런 시각적인 요소를 '본론'을 언급할 때나 '글을 시각적으로 강조하기'와 같은 제목을 붙여 따로 한 장을 두어서 다루지 않고 조화의 문제를 중시하여 한 편의 글을 읽고 고치는 '다듬는 곳'에서 함께 다루려고 하는 것이다. 시각적인 요소에 대한 별다른 말이 없다 하더라도 글을 다듬는 문제와 같이 취급하면 아무래도 효과적인 글쓰기에 도움이 되지 않을까 싶다. 글의 다듬기와 관련된 일반적인 말이나 하고 싶은 말은 이어서 새로운 절을 다시 만들어 설명하기로 한다.

6-1 그림[99] 다듬기

글은 맞는 말을 알맞게 찾아 쓰는 것도 중요하지만 말 대신 혹은 말과 더불어 그림이나 표 따위와 같은 시각적인 요소를 어떻게 쓸 것인가 하는 것도 이에 못지않게 참 중요하다. 특히, 전문글이면 장황한 말보다 이런 시각적인 요소가 뜻의 전달이나 글의 외모, 쪽수의 효과적인 활용 등에 훨씬 유리하고, 무엇보다도 글에서 더 강조할 것과 덜 강조할 것의 구분을 정확히 지어줄 수 있기 때문에 글의 흐름을 방해하지 않은 채 나타낼 주제를 뚜렷이 드러낼 수 있다는 것이 큰 강점이다.

---

99 우리 말로는 '그림'이라 했지만 영어의 그래픽스(graphics)를 뜻한다. 그림(drawings)을 포함하여 표(table), 도표(chart), 선도(diagram), 사진(photograph) 등과 같이 말 이외에 글에 채워 넣을 수 있는 모든 시각적인 요소를 일컫는다. 이 책에서는 각 요소들이 '그림(figure)'이라는 큰 범위 내에 있다고 보고 이 말로 통일하여 쓰기로 한다. '말과 그래픽'보다는 '말과 그림'이라는 표현이 익숙하고, 또 서로 대구(對句)가 잘 맞기 때문이다. 물론 본문을 적어가면서 구분이 필요할 때는 언제든지 표시가 나도록 할 것이다.

그림을 다듬는 문제는 어떤 그림을 선택하느냐 하는 고민부터 시작해야 한다. 보통 글에 포함되는 그림은 크게 글쓴이가 자유롭게 만들 수 있는 그림(figure)과 어느 정도 일정한 형식을 갖춘 표(table)로 구분할 수 있는데, 이때 앞의 것에는 물체의 단면도처럼 어떤 장치의 이해를 돕는다든지 말로 하기 어려운 중요한 개념을 좀더 쉽게 전달하려고 첨가하는 밑그림(sketch) 등과 같은 그림(drawings)부터 연구 대상이 되는 몇몇 변수들 사이의 변화나 개별적인 움직임, 비율, 추세, 나아가 일의 처리나 진행 과정을 순서에 맞춰 그려내는 도표(chart), 추상적인 것을 실제로 있는 것처럼 드러내는 선도(diagram), 실제의 것을 있는 그대로 보여주는 사진(photograph) 따위가 있다. 물론 표에도 열과 행의 개수를 따진다면 여러 가지로 구분할 수 있는데, 문제는 이런 모든 그림이나 표 중에서 어떤 것이 글의 내용이나 준비된 자료에 가장 적합하냐 하는 것이다. 얼른 보기에도 각각이 나름대로 제 구실이 따로 있는 것 같은데 이를 무시하고 글쓴이의 편리나 취향에만 맡길 수 없는 것은 당연하다.

여러 그림 중에 하나를 선택하는 것은 결국 말과 그림이 조화를 잘 이루어 글의 목적인 '생각한 것에 가깝게' 전달하도록 하는 것이다. 그런데 여기서 주의할 것은 조화를 이루었다는 판단을 글쓴이가 해서는 안 된다는 것이다. 글을 쓸 때는 글쓴이가 주인이겠지만 써지고 나서는 독자가 판단의 주체이다. 원래 이런 자료는 이런 그림이 제격이다 하여 그렇게 썼을지 몰라도 독자들은 나름대로 글을 읽는 목적이 있기 때문에 글쓴이와 다르게 생각할 수도 있는 것이다.[100] 글을 쓸 때 가장 중요한 것 중의 하나가 글의 동기에 따라 독자를 잘 분석해야 한다고 했는데 그림을 정하는 문제에서도 역시 이 말이 그대로 적용되는 대목이다. 나아가 독자는 그림의 종류뿐만 아니라 그림의 크기와 수, 제목이나 범례 따위와 같은 그림에 붙는 말, 그림과 본문을 연결하는 말 등에도 아주 민감한 편이라 이 역시 글쓴이 마음대로 할 수 없는 형편이다. 글의 목적과 동기에 따라 글의 종류가 정해지면 말로 쓸 때처럼 그림을 놓을

---

100 글을 읽는 독자는 앞에서 글의 동기를 설명할 때 이미 밝힌 바 있다. 예를들어, 학술대회에 발표하는 글이면 비슷한 전문가가 독자가 되고, 논문집에 실을 글이면 1차로 편집위원이 독자가 되는 것이다. 또, 소논문이면 주제에 관심있는 사람이, 그리고 학교 교재를 포함하여 일반적인 책이면 하나씩 자세히 알려는 사람이 독자이다. 독자마다 제 취향이 가지각색이라 다 맞출 수는 없다고 항변한다면 할 수 없다. 다만, 글을 발표할 자리가 결정되면 대표적인 독자층이 형성되니 거기에 맞출 수 있도록 배려하는 마음만은 놓치지 말았으면 한다.

때도 독자를 배려하는 마음이 있나 없나를 다시 한번 확인해 보는 것을 잊어서는 안 되겠다.

이 소절에서는 이처럼 독자를 배려하면서 글의 시각적인 요소를 선택하는 문제를 그림과 표로 구분하여 하나씩 살펴보기로 한다. 우선, 하나 밝혀둘 것이 있다. 여유가 있다면 각 설명마다 적절한 예를 실어 분명하게 보여줄 수 있도록 하면 좋겠지만 표보다 그림인 경우는 글쓴이 자신의 한계도 (예를들어, 각 그림에 맞는 예를 적절하게 선정하는 문제나 이 책에서 한결같이 사용해온 그리기 소프트웨어인 'MS 비지오'의 어설픈 사용 따위) 있으려니와 많은 그림이 배치됨으로써 글의 주제가 오히려 왜곡될 걱정도 있기 때문에 그림의 전체 종류를 소개하는 그림 외에는 될 수 있으면 나타내지 않기로 했다. 설명하는 대상의 그림을 종류별로 일일이 그려서 얻을 수 있는 혜택은 들인 노력에 비해 그렇게 크지 않다고 본다. 글에 그림을 삽입할 때 이를 얼마만큼 깨끗하게 잘 만드느냐 하는 것이 그림의 선택보다 오히려 더 중요할 때가 많다. 일단 그림이 보기 싫으면 정보의 정확도를 떠나 글 자체를 읽으려 하지 않기 때문이다. 좋은 내용이면서 깔끔한 글을 쓰려는 사람은 전문 삽화가(illustrator)에게 그림을 부탁하기도 한다. 이처럼 그림을 잘 만드는 것부터 그림에 관한 정보를 붙이는 방법까지의 내용은 규모도 크지만 전문성이 있어 그 자체가 또다른 책으로 많이 나와 있는 것이 보통이니 필요하면 적절하게 참고하도록 하면 좋겠다.

1) 그림 다듬기

말을 대신할 수 있는 그림(figure)에는 앞에 들은 것처럼 여러 가지가 있고, 이들은 꼭 지정된 것은 아니지만 나름대로 제 구실이 있다고 밝힌 바 있다. 그래서 어떤 글쓴이는 연구 내용을 토대로 그림부터 만든 후에 이를 소개하고 설명하는 말을 적어가기도 하고, 또 어떤 글쓴이는 이와 반대로 말을 다 적은 후에 그림이 들어가서 말의 전달에 도움이 될만한 곳을 찾아보기도 한다. 물론 글을 써가면서 이 둘을 병행하는 것이 더 익숙한 글쓴이도 있다. 무엇이 좋은지 말할 수 없으나 어떤 방법을 선택하든지 말과 그림을 별개로 다루어선 안되고 반드시 서로 보충적인 구실을 하도록 짤 짜아 한다는 말을 하고 싶다. 그림은 있는데 말이 없다든가, 아니면 말만으로는 설명이 부족한 데도 그림의 도움을 받지 않는다든가 하는 것은 모두 잘못되었다고 보면 옳다.

말과 그림을 잘 맞추는 문제는 글에서 그림이 놓일 자리를 먼저 정함으로써 어느 정도 해결할 수 있다. 그림은 우선 할 말을 함축적으로 담고 있어 말을 보고 그림을 그리는 것보다 그림을 보고 말을 써내는 것이 훨씬 쉽고, 또 내 자신의 경험에 비추어 보아도 글을 시작하기 전에 미리 넣을 만큼의 그림이 준비된 경우는 글감을 모아서 개요를 짜는 따위의 일을 큰 수고없이 할 수 있을 뿐만 아니라 글의 흐름도 자연스럽게 흘러가고, 나아가 드러내고 뒷받침할 말을 분명하게 잡을 수 있다고 느꼈기 때문이다. 그래서 이 문제에 대해서는 이런 방법을 이용해 보라고 말하고 싶다. 즉, 글을 써가면서 그림을 넣어야 될 상황이나 내용이면 설사 준비된 자료가 없다 하더라도 그림이 있는 것처럼 하고 글쓰기를 계속 진행하는 것이다. 그림의 종류에는 전혀 상관없다. 도표이든 밑그림이든 나중에 다듬기를 통해 다시 고칠 수 있으니 아무 걱정하지 말고, 단지 '이 곳에는 그림이 들어가는 자리'라는 것을 생각해 두는 것이 중요하다. 물론 그림의 종류까지 결정할 수 있다면 이와 호응하는 말을 붙이는데 훨씬 쉽겠다. 문제는 글에 그림이 들어갈 수 있는 상황이나 내용이 과연 무엇이냐 하는 것인데 대체로 그렇다고 판단할 수 있는 몇 가지를 요약하면 다음과 같다.

- 수치 데이터가 있는 곳
- 어떤 추세나 비율을 따지는 곳
- 말로 설명하기 어려운 곳
- 주제와 관련하여 꼭 기억해 두어야 할 내용이 있는 곳
- 주제와 관련하여 강조해야 할 내용이 있는 곳
- 독창적인 그림을 그려 말을 깔끔하게 정리할 수 있는 곳

위의 모두는 말보다는 그림이 글을 더 흥미진진하고, 더 분명하고, 그리고 더 기억에 오래 남도록 할 것이라는 생각을 토대로 가려낸 것들이므로 글쓴이가 이 외의 다른 곳도 그렇게 쓰고 싶다고 느낀다면 역시 그림이 들어갈 자리로 남겨 두어도 좋다. 설계할 장치의 동작 특성을 알아 보았거나 여러 변수들의 수치나 통계적 관계를 조사한 경우에 일일이 말로 다 설명할 수도 있겠지만 그림 하나 제시하는 것만 못하고,

이말 저말 붙여도 뚜렷하게 잡히는 것이 없을 뿐더러 쪽수만 들어나는 경우는 중요한 개념이나 상황을 그림으로 보여줌으로써 글쓴이도 독자도 다같이 득을 볼 수 있도록 해야 하는 것은 당연하다. 복잡한 현상을 풀어가거나 어떤 제품의 조립 순서를 설명할 때 말만 가지고는 제 목적을 도저히 달성할 수 없다. 주제와 관련하여 강조하거나 기억해 두어야 할 것을 그림으로 나타내는 경우는 틀에 박힌 듯 적용해선 곤란할 것 같다. 글쓰기에 익숙한 글쓴이는[101] 이런 내용을 뚜렷이 드러낼 수 있는 나름대로의 기법이 있어 말과 그림을 적절히 활용할 수 있지만 그렇지 않는 글쓴이이면 무작정 그림으로만 나타내려다 오히려 글의 분위기나 구조를 해치는 잘못을 저지를 수도 있기 때문이다. 꼭 강조해야 할 내용인데도 그림으로 보여줄 수 없다면 굳이 그림만 고집할 것이 아니라 그림 5.2에서 언급한 여러 글쓰기의 강조법을 함께 생각해 보아야 할 것이다. 마지막의 것도 역시 글쓰기에 얼마만큼 익숙한가와 관계가 있겠다. 그림이 없어도 글을 써가는 데는 지장이 없겠지만 글쓴이가 직접 고안하여 그린 그림을 내세워줌으로써 독자의 눈길을 끌 뿐만 아니라 말만으로 적은 글의 지루함도 깰 수 있는 효과가 있다. 특히, 이 경우는 여러 말을 그림으로, 그리고 그 역으로 다시 바꾸면서 어떤 원리나 문제점도 아울러 발견할 수 있는 기회가 되기 때문에 꼭 글쓰기가 목적이 아니라 하더라도 전문 지식을 배우려는 사람한테는 어느 정도 필요한 작업이 아닐까 싶다.

이제부터 글에 넣을 수 있는 그림을 종류별로 하나씩 살펴보기로 한다. 그러니까 앞에서 살펴본 그림이 들어가는 위치에 이어 어떤 그림을 선택해야 하느냐를 알아본다는 말이다. 그림에는 대표적인 도표(chart)부터 선도(diagram), 그리고 선도가 대체로 선을 사용하여 물체를 개략적으로 그리는데 반해 개념적이거나 실제적인 대상을 선 뿐만 아니라 여러 도형이나 음양, 질감 등을 써서 구체적으로 보여줄 수 있는

101 글쓰기를 많이 해 본 사람은 남들이 그림으로 표시할 수 없는 말도 여러 시각적인 요소를 활용하여 잘 만들어 쓴다. 이상하게 들릴지 모르지만, 그림도 사람처럼 느낌이 있어 반겨주는 자리에 있으면 환하게 웃지만 어울리지 않는 곳이면 이내 찡그리고 만다. 같은 내용의 글이라도 들어 앉은 그림이 다르면 다른 느낌을 받는 것과 같다. 글마다 들어갈 그림에는 제 모습이 따로 있다는 말인데 글을 잘 쓰는 사람은 이런 그림의 느낌을 살리는 기술이 축적되어 있기 때문에 직선이나 원 등 간단한 도형만으로도 글의 분위기나 성격에 어울리는 그림을 잘 만든다.

그림(drawings),[102] 사진(photograph)까지 여러 가지고, 이때 도표는 그림 6.1에 보인 것처럼 몇 가지로 다시 나누어진다.

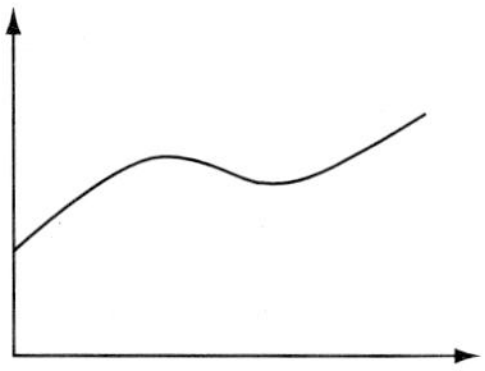

(a) 선도표

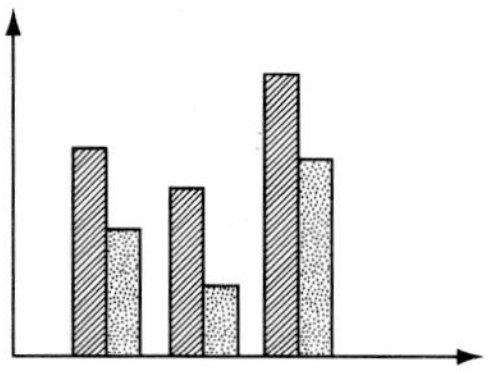

(b) 막대도표

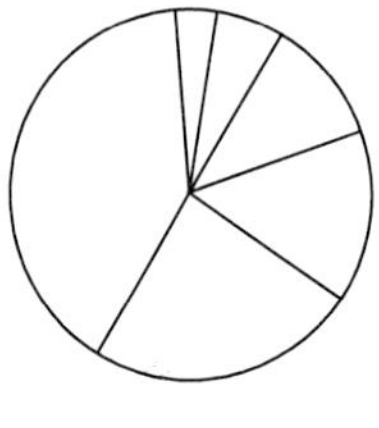

(c) 원형도표

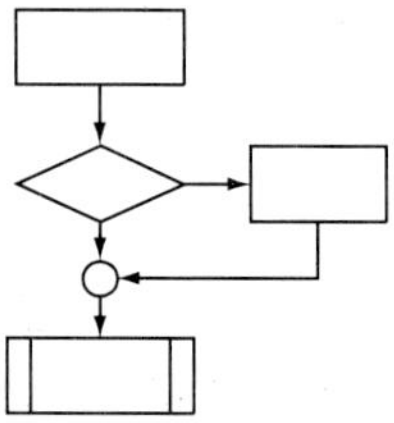

(d) 흐름도표

그림 6.1 여러 가지 도표의 종류

그림 6.1(a)의 선도표(line chart)는 어떤 움직임이나 추세, 유형 등과 같이 관심 있는 변수의 동태를 살피는 경우에 특히 유용하다. 수집한 자료나 실험으로 구한 데이터, 모델링으로 유도한 수학적 식 따위는 대체로 독립 및 종속 변수로 구분할 수 있는데, 이때 이를 선도표로 그려놓으면 독자의 이해를 한층 높여줄 뿐만 아니라 글쓴이한테는 현재의 평가와 미래의 방향 따위처럼 그냥 그대로 사용하면 얻을 수 없는 정보까지도 밝힐 수 있도록 도움을 준다. 다만 선도표를 쓸 때 데이터의 정확한 값을 참조해야 한다면 오히려 말로 설명하거나, 아니면 표로 나타내는 것보다 효과

102 앞에서도 언급했지만 우리 말로 쓰면 '그림(figure)'과 '그림(drawings)'이 똑같다. 때에 따라 다른 말을 붙여 서로 구분할 수도 있겠지만 굳이 이 둘을 달리 표현하고자 한다면 뒤의 것을 '작업그림'으로 써서 컴퓨터 등 여러 도구와 정성이 필요한 작업으로 만들었다는 뜻을 줄 수도 있겠다.

가 떨어지니 사용에 신중해야 한다. 막대도표(bar chart)는 반드시 둘 이상의 서로 대비할 성질이 있거나 전체를 이루고 있는 분포 등을 보여주고자 할 때 쓰면 알맞다. 무엇이 가장 크고 무엇이 가장 작으냐 따위를 따지거나 학교에서 학생들의 성적을 점수별로 나열할 때에 흔히 볼 수 있는 것만 봐도 쉽게 알 수 있다. 그런데 이 경우는 각각이 서로 비슷한 값을 가지게 되면 대비가 뚜렷이 나타나지 않기 때문에 제 목적을 달성하기가 쉽지 않다. 때때로 서로 구분하기 어렵다 하여 축척을 길게 늘려서 보여 주려는 사람이 있는데 이는 너무 인위적으로 가공한 느낌이 들어 오히려 글의 질이나 신뢰성을 해칠 수도 있다.

그림 6.1(c)의 원형도표(pie chart)는 그림에서 보는 것처럼 원이라는 전체를 무엇이 얼마만큼 차지하는지 살펴보는데 효과적인 것으로 그 자체가 바로 백분율을 나타내기 때문에 어떤 구성비나 찬성과 반대와 같은 상대적인 분포, 여론조사 등에 함께 쓴다면 아주 자연스럽다. 하지만 이 도표도 다른 것과 마찬가지로 몇몇 제약조건이 붙을 수밖에 없는데 원을 나눈 조각이 너무 많다거나 조각들의 크기가 서로 비슷하거나 할 때는 아무래도 독자가 읽고 판단하기가 어려울 것이니 여기에 해당할 것 같다. 마지막으로, 흐름도표(flow chart)는 아마 공학과 관련한 글쓰기에서 '순서도'라는 말로 심심찮게 나오는 것이라 눈에 익었을 것이라 본다. 일의 진행 순서나 조건에 따른 상황별 흐름을 잘 나타낼 수 있겠다. 흐름도표에 들어가는 원이나 네모, 마름모 등과 같이 이미 약속된 기호의 뜻만 잘 살려 쓴다면 제 목적을 충분히 달성할 수 있을 것이다.

그림에는 이와같은 도표 이외에 선도와 작업그림, 사진 등도 포함되는데 우선, 선도는 '개략선도(schematic diagram)'나 '블록선도(block diagram)'와 같이 각각의 목적에 따라 서로 다른 이름을 붙인다는 것이 특징이지만 대상을 정확하게 그린다기 보다 숨어있는 개념이나 정보를 단순하게 그려 이해의 폭을 넓혀 준다는 구실은 다 똑같다. 글 속에 독창적인 그림이 있는 경우는 대개가 선도의 형태로 만들어지고, 또 이를 그리는 기술도 작업그림처럼 큰 수고가 필요한 것이 아니니 글쓴이 스스로 간단한 선이나 기본 도형 등을 써서 그릴 수 있도록 미리 준비해 두는 것이 좋을 듯싶다. 글에 어디에서도 볼 수 없는 새로운 그림이 있다는 것은 제목이나 초록에 나온 말만큼 독자의 눈길을 끌 수 있는 중요한 요소임에 틀림없다. 작업그림은 구체적인 정보를 깨끗하게 나타내는 것이 그 생명이다. 그래서 단순히 확대하고 축소하는 것 말고는 있는 그대로 정확하게 보여주어야 하기 때문에 그림으로 보여줄 때는 그릴 대상의 파악에서 그리는 도구의 사용에 이르기까지 꽤 공을 들여야 한다. 잘 그려진 작업그림이 (예를 들어, 단면도, 기구의 움직임, 기계의 조립도, 복잡한물리 현상 따위) 있는 글을 보면 무엇보다도 글이 깔끔하여 믿음이 간다는 것도 이 때문이다. 다만, 그리기에 너무 복잡하거나 글의 내용으로 보아 중요도가 좀 낮으면 굳이 작업그림을 사용할 필요가 없다. 오히려 글을 난잡하게 만들 수도 있는데, 이럴 경우에는 사진이나 '클립아트(cliparts)'를 쓰는 것이 훨씬 낫다. 특히, 사진은 다루는 대상에 대한 현실감이나 실현성을 줄 수 있어 때에 따라 좋은 시각적인 요소가 되는데 (공식적인) 실험 논문인 경우에 실험 장치를 꼭 사진으로 찍어서 보여 주어야 하는 것이 대표적인 예이다.

글에 그림을 넣을 때 잊어서는 안될 일이 하나 더 있다. 말과 글의 조화를 어떻게 이루느냐 하는 것인데, 여기에는 그림 자체에서 이루어야 할 조화와 본문의 말과 관계를 지으면서 이루어야 할 조화로 나누어 볼 수 있다. 우선, 그려진 그림에 필요한 말을 넣는 문제는 이렇다. 어떤 그림이 되었든 본문과 관계없이 그림 자체에 그림을 설명하는 모든 말이 다 들어가야 한다는 것이다. 왜냐하면 그림은 독자적인 정보전달 매체이어야 하기 때문인데, 이는 독자가 본문을 읽지 않고도 그림이 글에 포함된 까닭이나 뜻을 알 수 있도록 해야 한다는 말과 같다. 그림을 이해하기 위해서 본문의 내용을 앞과 뒤로 이리저리 찾아 헤매야 한다면 독자를 배려하는 글쓰기 태도와도 거리가 멀다.

그림에 설명을 붙일 때는 그림의 제목(title)과 그림을 구성하는 각 요소의 명칭을 주로 이용하는데 뒤의 것에는 대표적으로 축의 제목(label)과 범례(legend)가 있다. 제목은 그림이 되었든 축이 되었든 어렴풋이 쓰지 말고 길더라도[103] 정확한 정보가 다 나타나도록 하는 것이 중요하다. 이를테면, 특정한 시간이나 지역에서 실시한 자료조사이면 때와 장소도 함께, 값의 양을 따졌다면 단위도, 남의 것을 인용했다면 출처

103 제목이 짧아야 할 까닭은 하나도 없다. 옛날부터 제목을 문장이 아닌 구(句)와 같은 말의 토막으로 적는 것이 버릇이 되어 약간 길다 싶으면 중요한 정보인데도 이를 빼고 간단히 축약하는 경우가 많은데 아주 잘못되었다. 멋지게 줄인 제목보다 길더라도 필요한 정보가 다 들어간 제목이 훨씬 좋고, 그래서 제목은 문장으로 써도 전혀 이상하지 않다. 두 문장 이상이 되어도 괜찮다.

도, 그리고 뽑은 제목을 풀어서 설명하는 것이 필요하다면 덧붙이는 말까지도 포함해야 한다. 만약 한 그림에 그림 6.1처럼 여러 개의 그림이 들어가 있다면 각각의 그림에 번호나 기호를 차례대로 붙여 개별적인 제목을 붙이는 것이 보통이지만 전체 그림의 제목을 달 때 '그림 6.1 여러 가지 도표의 종류: (a) 선도표, (b) 막대도표, (c) 원형도표, 그리고 (d) 흐름도표'와 같이 한꺼번에 나타낼 수도 있다. 물론 이 경우에는 일정한 형식을 요구하는 것이 아니므로 여러 설명하는 다른 말이 붙는다 하더라도 서로 구분만 할 수 있으면 된다.[104] 범례는 그림에 사용된 기호나 문자 등을 한데 모아 일목요연하게 설명해 놓은 이른바 '일러두기'이다. 예컨대, 여러 변수의 움직임을 하나의 선도표에 나타내면서 선의 종류를 (예를들면, 실선, 점선, 쇄선 따위) 달리하거나 선에 몇몇 기호를 (예를들면, 원, 삼각형, 십자형 따위) 넣어서 구분했거나, 아니면 하나하나에 지시선을 써서 문자를 붙여 놓았다면 이를 그림의 적당한 빈칸에다 각각이 무엇을 뜻하는지 밝혀주는 식이다. 이 역시 정한 형식은 없지만 보기 좋으면서 그림과 균형이 잡히도록 만드는 것이 좋다. 만약 그림에 범례를 넣을 여유 공간이 부족하거나 왠지 거슬린다면 그림의 제목에 '그림 3.2 질량의 변화에 따른 제어시스템의 스텝응답 (점선은 질량이 5(kg)이고 실선은 질량이 10(kg)인 경우)'와 같이 써도 괜찮다.

그림이 본문의 말과 조화를 이루게 하는 문제는 주로 상식적인 내용이 전부이다. 본문에서 그림을 쉽게 참조할 수 있도록 '그림 3' 혹은 '그림 2.1' 등과 같이 그림의 제목을 쓸 때 제일 앞에 서로 구분할 수 있는 일련번호를 붙인다거나 그림에 대한 설명이 나오는 쪽에 그림을 넣어 둔다거나 하는 따위이기 때문이다.[105] 하지만 글을 읽다 보면 이것을 너무 하찮게 생각해서 그런지는 몰라도 잘 지켜지지 않는 때가 많고, 또 글을 다듬는 순간에도 그림을 새로 첨가했거나 뺐는지도 모르고 번호를 고치지 않은 채 내놓는 경우가 더러 있다. "글의 내용이 좋으면 그 정도는 괜찮지 않을까?" 라고 생각하는 사람이 있다면 빨리 고쳐먹어야 한다. 편집인이나 글쓰기에 익숙한

104 제목을 붙이는데 일반적인 형식이 없기는 하지만 전체 글에서 보면 통일성을 유지해야 하는 것은 당연하다. 그래서 마음에 들면서 잘 쓰진 제목을 몇 개 골라 읽어 보고 자기만의 형식을 미리 정해 두는 것이 필요하다.

105 옛날에는 전문글을 쓸 때 그림만 모아서 글의 맨 마지막에 따로 첨가하기도 했다. 컴퓨터의 보급이 오늘과 같이 널리 퍼져 있지 않은 탓도 있지만 편집 기술이 유연하지 못했기 때문이다. 물론 요즘도 그림을 따로 제출하는 곳도 더러 있지만 이미 정해진 요강에 맞춰 컴퓨터로 문서 작업을 하면 대체로 그대로 실리는 경우가 많다.

사람에게는 토씨 하나가 틀릴 때와 마찬가지로 눈에 가시가 들어간 것처럼 몹시 성가시고 읽기가 괴롭다.[106] 본문을 읽다가 그림을 찾으려고 이쪽 저쪽 뒤지게 하는 것도 독자를 배려하는 측면에서는 옳지 않다. 같은 맥락에서, 그림의 바로 위나 아래에서 글을 쓴다고 "다음 그림에 보인 것처럼……" "위 그림의 왼쪽에 있는 것은……" 등과 같이 그림의 번호를 표시하지 않고 적어가는 것은 나중에 인쇄되었을 때 배치가 틀려 막연한 표현으로 남을 수도 있기 때문에 신중해야 한다.

그림 다듬기를 마치면서 하나만 더 언급하고 싶은 것이 있다. 그림도 말처럼 글을 구성하는 중요한 요소여서 서로 조화를 이루어야 한다고 했는데, 이때 그림을 설명하면서 본문에 적힌 말을 그대로 본받지 말고 전혀 새롭고 독립된 말로 써가는 것이 중요하다. 조화롭게 만든다고 하여 같은 말을 반복하면 서로 연결은 되겠지만 아무래도 글이 지루할 수가 있고, 특히 독창성이나 독특한 개념이 들어가 있는 경우라면 더더욱 그런 뜻이 느껴지도록 본문과 색다르게 다루는 것이 좋다. 그렇다고 새 말만 찾으려고 든다면 오히려 글을 고의로 꾸몄다는 인상을 줄 수 있으니 본문에 있는 말을 생각하지 말고 그림의 설명을 새로 시작한다는 마음으로 쓰면 될 듯싶다.

2) 표 다듬기

표도 앞의 그림처럼 글을 구성하는 시각적인 요소이므로 잘만 쓰면 글의 질이나 가독성 등에 보탬이 되는 것은 뻔한데, 이는 쓸 말의 부피를 줄여주기도 하지만 드러낼 정보를 체계적이며 조리있게 보여줄 수 있다는 것이 무엇보다도 큰 장점이다. 다른 글에는 없는 새롭고 중요한 개념이나 관련된 말을 표로 정리해 놓으면 글쓴이가 이것만큼은 꼭 전달하고 싶다는 속내를 은근히 나타내는 효과가 있고, 또 글을 쓰다 보면 숱하게 다루게 되는 데이터들을 한데 모아 놓고 연구 내용에 따라 추세를 밝혀주거나 서로 비교해 볼 수 있도록 하여 말로 하는 것보다 훨씬 더 이해를 높일 수 있다.

---

106 영어를 좀 아는 사람이나 원어민은 관사의 (부정관사나 정관사, 무관사(zero article)) 사용이 낯지 않는 글을 보면 신경이 곤두서서 계속 읽기가 두렵다고 한다. 우리 말의 토씨 사용도 같다. 번호를 잘못 붙인 경우는 이것보다는 덜 하겠지만 이 역시 성가시기는 매한가지다. 작은 것 때문에 큰 것을 잃을 수 있다면 작을 때 적은 노력을 들여 아예 문제 자체를 없애는 것이 현명할 것이다.

표를 만드는데 익숙하게 되면 이런 목적도 달성할 수 있다. 즉, 표는 본질적으로 여러 곳에 흩어져 있는 정보를 (숫자나 말 모두 포함) 가지런히 한 곳에 모으는 구실을 하기 때문에 글감의 정리를 비롯하여 글 전체의 구조를 잡는데도 한 몫 단단히 한다. 심지어 자료나 데이터를 정리해 가면서 운이 좋으면 새로운 관계도 발견할 수 있어 학문적인 효과도 얻을 수 있다. 이것저것 모아서 분류하고 구분해 가는 가운데 예전에 미처 생각치 못했던 것이 떠오르지 않는다 하더라도 내용이 빈약한 글감이 무엇이고 이런 주제를 더 잘 쓰려면 어떤 글감을 더 찾아보아야겠다는 식의 다짐이라도 든다면 충분하다. 앞의 그림을 설명할 때도 여러 말을 하나의 그림으로 그려가면서 글의 독창성뿐만 아니라 학문적인 발견도 이룰 수 있다고 했는데 표도 마찬가지다. 오히려 표는 그림보다 간단하면서도 적용 범위가 넓어서 사용만 잘 하면 그 기대효과는 월등히 낫다.

이제부터 표를 다듬는 문제에 대하여 하나씩 살펴보기로 한다. 표가 글에 들어갈 장소는 앞의 그림을 설명하면서 밝힌 바내로 시각적인 요소가 필요한 곳이면 어디든 상관없는데, 다만 표는 주로 정보를 모아서 정리해 놓는다는 측면에서 숫자 데이터가 있는 곳이나 분류하고 구분할 말이 있는 곳 등에 써서 독자가 한눈에 서로 비교해 볼 수 있도록 하면 좋다. 특히, 선도표를 이용하여 관심있는 변수의 움직임이나 추세 등을 보여주려고 할 때 내용 전개에 따라 정확한 수치값도 함께 필요하다면 표가 제격이다. 표는 흐름의 개략적인 유형을 금방 살펴볼 수는 없어도 정확한 정보가 담기기 때문에 독자가 글을 읽으면서 필요하면 계산도 쉽게 해 볼 수 있게 해준다. 한편, 표는 그림과 달리 종류가 많은 것이 아니기에 선택의 문제는 있을 수 없다. 표가 들어갈 자리만 확인되면 그냥 정보를 가로와 세로로 나열할 수 있도록 공간을 확보하여 들여놓으면 그만이다. 표 만들기에는 아무런 제약 조건도 없다는 말인데 그렇다고 아무런 규칙도 없이 마음대로 만들 수야 없겠다.

표는 어디에 어떤 정보를 담느냐에 따라 격식을 차린 표와 그렇지 않는 표로 나눌 수 있다. 격식은 주위 환경이나 형편에 어울리도록 일정한 방식을 따른다는 말이니 격식표(formal table)는 표가 될 조건을 모두 갖춘 표이고 비격식표(informal table)는 표의 조건을 엄격하게 적용하는 것보다 단지 정보를 쉽고 빠르게 표시하는데만 충실한 표이다. 그래서 격식표는 표가 본문의 말과 독립되어 나타나더라도 표

자체에 모든 정보에 대한 설명을 달 수 있도록 표의 제목부터 각 행과 열의 이름(headings), 구분선, 범례 등을 붙이고, 비격식표는 이와 달리 제목과 이름, 범례는 물론 구분선도 때때로 표시를 안 할 수 있어서 나타난 정보의 묶음을 이 책의 앞 장에 있는 대부분의 표와 같이 하나의 말처럼 취급하는 것이 보통이다.[107] 그림 6.2는 일반적인 격식표가 갖추어야 하는 각 구성요소를 보여주고 있다.

표 6.1 일반적인 격식표의 구성요소

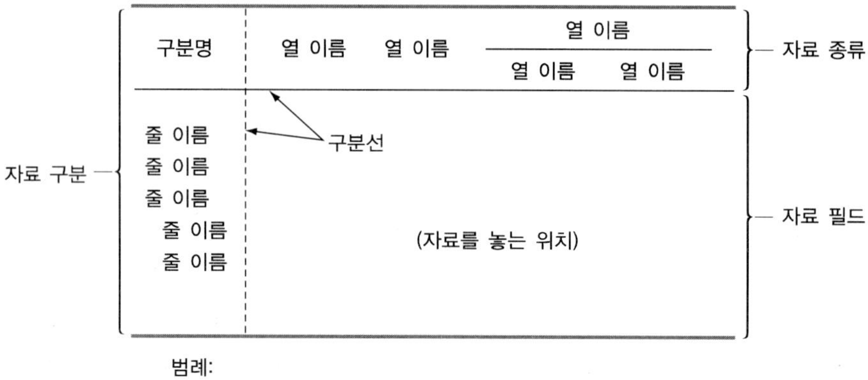

그림 6.2 일반적인 격식표의 기본 구성요소

일반적인 격식표는 그림 6.2에서 보는 것처럼 기본적으로 제목과 구분선, 범례가 들어가야 하고, 여기에 첫 번째 열에는 구분명(stub heading)이라 하여 줄 혹은 행 이름(line or row heading)을 하나로 일컬을 수 있도록 하는 자리와 두 번째 이상의 열에는 나타낼 자료의 종류를 하나씩 이름 붙일 수 있도록 하는 자리(boxheading), 그리고 실제로 자료가 놓여지는 자료 필드(data field)로 구성되어 있다. 이때, 자료 종류는 열 이름(column heading)을 달고 놓이게 되는데 보통 온도나 속도, 압력 등과 같이 연구할 대상이 되는 변수이고 (종속변수라고도 함) 구분명 아래에 놓일 행

107 격식표는 말이 주는 뜻에서 느낄 수 있듯이 주로 표의 공식적인 구실, 즉 여러 데이터 사이의 관계나 특징 데이터의 변화와 추세, 중요한 데이터의 나열 등에 쓰고, 비격식표는 반드시 본문의 말과 함께 파악되어야 하므로 여러 정보를 분류하거나 구분한다든가 어떤 일의 진행 과정을 일목요연하게 보여주든가, 또는 몇몇 예를 간단히 드러내 보일 때 등에 쓰면 좋다. 구분선이 있든 없든 본문에서 제목이 없이 독립적인 줄을 차지하는 것은 모두 비격식표이다.

이름은 종속변수의 값을 결정하는 독립변수로 시간이 대부분이지만 표에 나타날 자료의 성질에 따라 종속변수를 측정할 당시의 조건이나 상황 등이 될 수도 있다. 그리고 열과 행의 이름을 붙일 때 하나를 또다른 여러 이름으로 나누어야 한다면 그림에서 보는 것처럼 줄을 긋거나 들여쓰기의 형태로 표시하여 나타내기도 한다. 자료 필드는 내어놓을 자료가 들어가는 자리인데 그림처럼 구분선을 사용하지 않을 수도 있지만 숫자가 아닌 말이 될 때에는 자릿수를 맞추기가 어려우므로 필요에 따라 가로와 세로로 구분선을 그을 수도 있다. 그림에서 구분명 옆에 있는 점선은 글쓴이의 취향에 따라 생략할 수도 있다는 뜻이다. 표의 범례는 보통 작성된 표의 밑에 두게 되는데 설명할 자료 옆에 각주를 달 때처럼 영문 소문자나 (a, b, c 등) 기호를 (*, †, ‡, § 등) 윗첨자로 표시한 후에 범례 영역에서 이와같은 표시자를 제일 앞에 적고 이어서 설명을 해나가면 된다. 이때에도 그림에서 한 것처럼 되도록 짧게 적으면 좋겠지만 짧게만 적으려고 정확한 정보가 다 들어가지 못한다면 오히려 글의 질이 떨어질 수 있다는 것을 잊지 말아야겠다.

표와 관련하여 몇 마디 하고 싶은 말이 더 있다. 미적 감각이 조금이라도 있는 글쓴이한테는 해당되지 않겠지만 글을 읽다 보면 어떤 까닭인지 몰라도 표의 자료 필드를 나눈 각 칸이 균등하지 않든가, 혹은 들어갈 자료에 견주어 너무 크거나 작은 경우를 흔히 볼 수 있었다. 올바른 정보를 효과적으로 드러내는 것이 표의 1차적인 목적이기는 하지만 표가 글의 시각적인 요소임을 생각해 보면 균형을 잡아 독자에게 안정감을 주는 구실도 무시할 수 없다. 좁은 칸에 긴 말을 작은 글자로 쓴다거나 많은 숫자를 밀집시켜 놓으면 알아 보기가 힘들고, 그렇다고 필요없이 빈 공간을 많이 남겨두면 엉성해서 역시 눈에 거슬리는 것은 당연하다. 전체 크기도 마찬가지다. 정사각형으로 만드는 사람이 많은데 표의 내용에 제약을 받지 않는 경우라면 오히려 직사각형 즉, 가로와 세로의 비를 4:3으로 하는 것이 보기가 더 좋다. 표의 내용 때문에 직사각형이라도 크기의 비가 반대가 된다면 비슷한 표를 양쪽으로 배치하여 균형을 잡을 수도 있고, 아니면 행과 열의 이름을 서로 바꾸어 정상적인 직사각형 형태로 내놓아도 된다. 그림 6.2에서 자료 종류는 가로로 쓰고 이의 각 구분은 세로로 표시된 것은 보통 수평보다는 수직으로 자료를 비교하는 것이 더 편하다고 알려져 있기 때문이므로 자료의 성격에 따라 이와 반대로 표를 만들어가도 일반적인 격식표의 구성에는 전혀 해가 되지 않는다. 끝으로, 표의 제목은 그림에서 제목을 붙이는 방식과 달리 반드시 표의 위에 두어야 한다는 것도 알아두면 좋겠다.

지금까지 표 다듬기에 대해 알아보았다. 표는 그림과 달리 종류를 따질 필요가 없어 쓸 말이 별로 없었지만 글을 쓰다 보면 알게 모르게 표의 형식을 빌리는 경우가 때때로 있기 때문에 한번은 정리해 둘 필요가 있다. 본문을 써가면서 말만 나타나 왠지 글이 빡빡한 느낌이 들면 얼른 표가 생각나는 것만 보아도 알 수 있다. 이때, 표라고 하여 그림 6.2처럼 꼭 격식표를 떠올릴 필요는 없다. 나타낼 정보만 잘 정리되면 말이 되었든 식이 되었든, 한 줄을 차지하든 몇 줄에 걸쳐 내놓든 적당한 여백과 적당한 꾸밈으로 글 전체의 시각적인 효과와 아울러 특정한 정보를 강조하려는 글쓴이의 마음까지도 담을 수 있는 것이다. 제목만 붙지 않으면 표에 구분선이 있든 없든, 번호가 붙었든 특별한 기호를 이용했든, 수학적 식이 되었든 말로 풀어 썼든 한데 묶어 이 책의 앞 장들에 있는 것과 같이 하나의 말로 다루어 가면 그만이다. 글쓰기에서 표의 융통성을 이르는 말이다. 하지만 표를 별다른 뜻이 없이 글이 지루하다는 핑계로 꾸미려고만 해서는 곤란하다. 비격식표는 그야말로 격식이 없는 것이라 자주 나타나면 글이 천박해질 뿐만 아니라 무엇을 강조하는 지도 헷갈린다. 그래서 글에서 꼭 알리고 싶은 내용이면 되도록 격식표를 만들어 쓰고, 이때에도 규모가 크거나 독창성이 부족하다 싶으면 필요한 부분만 발췌하여 본문에 놓고 나머지는 글의 부록에 따로 두는 재치를 발휘하는 것도 좋겠다. 비격식표도 재미로 만들어 쓰지 말고 글에 변화를 주어야 할 곳을 잘 찾아서 써야 한다. 그림이나 다른 시각적인 요소가 없이 말만 촘촘히 나오는 경우에는 글의 내용에 따라 달라질 수 있겠지만 보통 서너 장 건너서 비격식표를 하나씩 넣는다고 생각하면 괜찮을 듯싶다.

6-2 말 다듬기

말을 다듬는다는 것은 글로 나타난 외형을 다듬는다는 뜻도 있지만 글을 쓰기 전에 생각했던 '처음의 것'이 다 쓴 후에도 그대로 살아 있는지 확인해 본다는 뜻도 있다. 이 장의 맨 처음에서 말한 바대로 글이란 공부를 했든 연구를 했든 쓰려는 것을 마음에 담아서 글자를 빌어 밖으로 끄집어낸 것이므로 아무리 잘 쓴 글이라도 글자가 이상적인 표현 도구가 아닌 이상 한번에 '처음의 것'을 그대로 옮겨놓지는 못한다. 비록 말하듯이 쓴 글이라 하더라도 글쓰기에서 다듬는 과정은 꼭 필요하다는 말이다. 그래서 글이 마음에 품었던 것과 완벽하게 같을 수는 없지만 '되도록 처음의 것에 가깝게' 쓸 수 있도록 해야만 글도 글쓴이도 제 목적을 이루게 되는 것이다.

말을 다듬을 때 특히 주의해야 할 것이 있다. 본래 하고 싶었던 말이 제대로 나타났는지를 중심으로 하나씩 살펴가면서 보태고 깎고 고쳐가야 하는 데도 처음의 마음은 내버려둔 채 문장을 멋있고 유창하게만 고치려 드는 것은 꼭 경계해야 한다. 겉만 멋있는 글은 오히려 진실성이 떨어질 수도 있고 잘못하면 알맹이를 놓쳐 글의 가치를 전혀 찾아볼 수 없는 글이 되기 때문이다. 되도록 어려운 말을 골라 쓰려고 하는 것도 말장난밖에 안 된다. 뜻이 모호하고 자신이 없는 어려운 말은 확실히 알고 있는 쉬운 말로 바꾸어야 글쓴이의 생각을 오해없이 전달할 수 있다. 표현하려는 것이 마음에 담길 때는 글쓴이가 늘 쓰는 말로 자리를 잡기 때문에 이를 억지로 바꾸면 있는 그대로 표현하기가 어렵고, 그러다 보면 처음의 마음을 조금씩 놓쳐 나중에는 뜻밖의 말이 되기도 한다. 처음 쓰고 싶었던 것이 마음에서 멀어지면 글 다듬기의 기준이 없어져 아무 것도 할 수 없다.

말을 다듬을 때는 우선 기준을 정해두어야 한다. 글의 형식과 내용에서 보태고 깎고 고칠 잣대가 있어야 한다는 말인데, 여기서 글의 구조나 짜임새와 같은 글의 형식을 다듬는 것은 문예글보다 전문글에서 더 필수이다. 보통 말을 다듬으면서 글의 내용에만 집착하는 경우가 많은데 물론 이것만큼 중요한 항목도 없지만 무엇을 알려주든 주장하든 그려내든, 혹은 이야기하든 무엇이든지 글로 나타나면 우선 독자가 찾도록 해야 하므로 초록부터 부록에 이르기까지 글의 구조가 전문가의 글답게 제구실을 충실히 하고 있는지 글의 각 단락이나 문단이 매끄럽게 이어져 있는지 따위를 살펴보는 것도 무시할 수 없다. 우선, 글의 형식에 대한 잣대로 생각해 볼 수 있는 것은 다음과 같다.

- 글의 구조가 잘 짜였는가?
- 글의 각 글감이 논리적으로 잘 연결되었는가?
- 글의 시각적인 요소를 잘 살려 썼는가?

글의 구조를 잘 짰다는 것은 글에 포함될 각각의 구조가 다 들어갔느냐 보다는 꼭 있어야 할 구조가 빼먹지 않고 나타나서 제 구실을 충실히 하고 있느냐를 따져야 한다. 이를테면, 초록이면 본론을 축소하듯이 적되 '문제-해결-결과'가 별다른 군더더기없이 전문 용어도 섞어서 깔끔하게 나타나 있는지 참고문헌이면 독자가 제대로 찾을 수 있도록 정확한 정보를 통일된 규칙에 맞춰 적혀 있는지 등을 확인하는 식이다. 기회가 되면 글감이 논리적으로 연결되느냐 하는 것을 살피면서 동시에 서론이 제 구실을 하려면 이런 글감이 따로 준비되어야 한다든가 본론에 있는 이런 글감은 부록에 배치되는 것이 더 나을 것 같다든가 하는 작업도 해 볼 수 있다. 글감이 논리적으로 놓여 있느냐 하는 문제는 이미 글의 준비 단계에서 개요를 짜면서 다 해결되었을 수도 있지만 글을 쓸 때와 글을 다 쓴 후에 드는 느낌은 다를 수 있기 때문에 이 역시 말 다듬기에서 다시 한번 더 살펴볼 일이다. 특히, 글감과 글감이 넘어가는 이음부가 매끄럽게 정리되었는지 확인해 보는 것을 놓쳐서는 안 된다. 한 편의 글은 비록 서로 독립된 글감이라도 글의 주제와 어떤 식으로든 관계를 가지고 있기 때문에 이의 연결부, 즉 각 글감의 시작이나 끝에서 한번씩 주제를 생각할 수 있도록 해주는 것이 필요하다. 끝으로, 마지막에 있는 글의 시각적인 요소를 잘 살려 쓰는 문제는 앞의 그림 다듬기에서 언급한 내용을 다시 떠올려 보면 되겠다. 글의 독창적인 내용이 아주 좋으면 독자는 어쩔 수 없이 읽어볼 수도 있겠지만 글이 말만으로 적혀 첫인상이 답답하고 지루할 것 같으면 대체로 멀어지는 것이 보통이니 표나 그림의 학문적인 효과, 즉 여러 말을 표나 그림으로 요약하고 정리해 가면서 더 뚜렷이 이해하거나 때때로 새로운 것도 발견할 수 있는 기회를 잘 살려 보는 것도 좋을 듯 싶다.

글의 내용을 다듬는 잣대는 두말할 필요없이 글쓴이가 처음에 쓰고자 했던 마음이다. 무엇을 썼든지 마음 속에 담았던 처음의 것만 튼튼하게 지키고 있다면 되도록 그것에 가깝게 다듬을 수 있는 것이다. 공부하여 익힌 '그 내용', 연구하여 터득한 '그 진리', 직접 겪었던 '그 경험', 말하고 싶다고 떠오른 '그 생각', 왜 글을 써야 하는지 품었던 '그 목적' 등이 처음 마음먹은 그대로 나타났는지 확인만 하면 된다. 이렇게 써놓고 보니까 말 다듬기는 아주 쉬운 것처럼 생각할 수도 있는데 그렇지는 않다. 옛날부터 글 잘 쓰기로 소문난 사람의 일화에 가끔씩 나오는 이야기로[108] 글을

108 중국 송나라 제1의 시인이라 일컫는 소동파가 「적벽부」를 썼을 때 친구가 며칠 만에 지었느냐

쓰는 것보다 글을 다듬는데 더 많은 공을 (노력이나 시간 따위를) 들여야 한다는 말을 생각해 봐도 금방 알 수 있다. 아마도 마음에 품었던 것을 느낌 이외는 눈으로 보고 손으로 만질 수가 없어 100% 그대로 본뜰 수가 없기 때문일 것이다. 그래서 한 번 고친 글보다 두 번 고친 글이 낫고, 또 세 번 고친 글은 두 번 고친 글보다 더 나을 수밖에 없다. 본래 하고 싶었던 말이 제대로 나타났는가 하는 문제를 글쓰기의 여러 측면에서 확인해 볼 수 있는 몇몇 보조 잣대를 요약해 보면 대강 다음과 같다.

- 글의 목적을 잘 좇았는가?
- 글이 자신이 늘 쓰는 말로 적혔는가?
- 글의 표현이 정확한가?
- 글이 말법에 따라 잘 나타났는가?
- 글을 해야 할 말로만 알맞게 썼는가?

글의 목적에 충실한 글은 설득력이 있는 글이다. 목적이 없는 글은 자신있게 쓸 수 있는 글감만 골라 쓴 흔적이 여러 곳에 남아 글의 주제를 뚜렷이 잡아낼 수가 없다. 아무리 어렵게 썼다 하더라도 글의 주제는 한번만 읽으면 파악될 수 있어야 되고, 그래야 글의 목적도 달성할 수 있는 것이다. 흔히 글의 주제는 결론만 보면 알 수 있다고 생각할 수도 있겠지만 독자를 설득할 수 있는 분위기나 환경을 미리 만들어 놓지 않으면 아무도 그 말을 믿고 따르지 않는다. 특히, 무엇을 알려주거나 주장하는 글이면 여러 글감을 각각의 중요도에 따라 균형있게 다루어 글의 주제가 줏대없이 흔들리지 않도록 하는 것이 중요하다.

글쓰기는 말하기와 다르기에 입말보다는 글말로만 써야 한다고 생각했다면 잘못이다.[109] 옛날 '글쓰기'를 '글짓기'로 보았을 때는 남과 달라야 한다는 억눌린 마음이

고 묻자 지금 이 순간에 바로 썼다고 했는데 나중에 알고 보니 여러 날을 두고 고치고 고친 원고가 산처럼 쌓여 있다는 얘기도 있고, 러시아의 아름다운 문장가인 뚜르게네프는 어떤 작품이든지 바로 발표하는 일은 없고 석 달에 한번씩 꼭 고쳐서 내놓았다고도 했다. 이 밖에도 겨우 한두 줄의 글을 두고 며칠이고 고치고 다듬었다는 말부터 수십 장 써놓은 원고를 글자 몇 자 남겨두고 모조리 뜯어 고친 얘기, 장편 소설을 일곱 번이나 다시 고쳐 썼다는 얘기, 한 작품을 평생 다듬었다는 얘기 등 글 다듬기와 관련한 말이 숱하게 많다.

109 입말과 (구어체) 글말을 (문어체) 절대 구분해야 한다고 주장하는 사람도 있다. 물론 구분해야 한다. 하지만 이렇게 구분하는 목적이 누구나 써야 하는 글쓰기를 위한 것이라면 전혀 구분할

있어 되도록 어렵고 귀한 말만 골라 쓴 적도 있었다. 글은 글쓴이가 처음 생각했던 것을 남도 그대로 생각할 수 있도록 쓰면 제일 좋다. 괜히 입에 익지 않은 말을 일부러 찾아서 쓰려고 하면 글도 처음의 생각도 모두 뒤틀리게 되는 것이다. 다만, 입말이라 하여 천하고 속된 말이나 사투리, 준말, 인터넷 모임이나 특정 부류의 사람들만 쓰는 변말 등은 모든 독자가 똑같이 알아 들을 수가 없으므로 쓰면 안되겠다.

말을 다듬을 때는 글의 표현이 정확한가도 따져 보아야 한다. 쓴 말의 뜻이 올바른지, 서로 모순되거나 오해가 있을 수 있는지, 문단이나 단락의 인상이 처음 마음먹은 대로 비쳐지는지 따위를 확인해 보라는 말이다. 실제 예를 하나씩 들어가면서 보여주면 좋겠지만 여러 사정으로 할 수가 없으니 안타깝다. 어쨌든 글의 표현을 다듬는 것은 결국 '글쓴이 자신의 표현'으로 떳떳이 내세울 수 있도록 하는 것이다. 틀리거나 잘못된 말은 당연히 고치고, 여기에 글의 흐름이나 문장을 모았을 때 나타나는 뜻에서 인상이 흐릿하면 더 보태어 뚜렷이 하고 너무 진하여 다른 말을 죽이면 깎아서 균형을 잡아가야 한다. 또, 말이 길어 뜻이 잘 전달되지 않을 것 같으면 나누어 쓰고 너무 짧은 말만 나와 딱딱하면 몇 개를 합쳐서 박자가 살아나도록 하는 것도 여기서 해야 한다. 말을 다듬을 때 가장 많은 노력과 시간을 들여야 할 부분이다. 한 번보다 두 번, 그리고 두 번보다 세 번 다듬어진 글이 더 낫다는 진리를 믿고 버릇처럼 익혀 놓으면 그 대가는 반드시 돌아올 것이다.

말법을 살피는 문제는 앞서 글의 표현을 다듬을 때 잘못을 고치는 과정에서 어느 정도 해결할 수도 있겠다. 맞춤법과 띄어쓰기를 외면한 글이 너무 많은데 영어문법을 배우는 시간의 백분의 일만 들이면 금방 알 수 있는 내용이다. 설사 이런 말법이 하나의 규칙으로 정해지지 않고 여러 예외 조항을 두었다 하더라도 글 전체에서는 항상 통일성을 갖추어야 한다. 글쓴이 자신의 표현 방식을 하나 정해라는 말이다.

마지막으로 남은 것은 해야 할 말이 글에 알맞게 들어갔느냐를 확인하는 일이다. 처음에 마음먹고 쓰려고 했던 말이 고스란히 들어앉아 있는지, 혹시 바뀌었다면 왜

필요가 없다. 글을 옛날처럼 몇몇 사람들만 혼자 독차지해서는 안 되고, 또 오늘날은 그럴 수도 없는 형편이다. 글말은 이미 오래 전에 한자말로 만들어진 것이고 이에 따른 글법도 우리 말로 토씨만 바꾸어 쓰는 것이 대부분이다. 그래서 글말은 학문적인 연구 목적으로 제한되는 것이 옳다. 우리의 생각과 마음이 우리만의 정서와 문화가 밴 입말로 그려진다면 여기서 출발하는 글도 입말로 써야만 한다.

그런지 생각해 보아야 한다. 글을 여러 번 고쳤으면 당연히 나아졌을 것이다. 그러나 글만 자꾸 고쳐가다가는 글보다 더 귀한 것, 즉 글쓴이가 가졌던 '처음의 것'을 잃어버릴 수가 있다. 이 '처음의 것'은 처음에 쓴 글이 아니기에 글을 만드는 데만 끌려가서는 말을 다듬는 잣대를 놓칠 수 있어 오히려 실패다. 그래서 새로 덧붙여진 말이 있어도 '처음의 것'과 전혀 동떨어져서는 안 된다. 무언가를 쓰려고 마음에 먹은 것은 비록 같은 주제고 같은 대상이라 하더라도 사람마다 다 다르기 때문에 이를 그대로 살려 쓸 수만 있다면 그 글은 새롭고 싱싱하고 독창적일 수밖에 없다.

지금까지 말을 다듬는 문제를 글의 형식과 내용에서 하나씩 살펴보았다. 다 중요한 항목이지만 만약 시간이 짧아 모든 것을 따질 수 없다면 형식에선 글의 구조를 제 구실에 맞게 놓는 것, 그리고 내용에선 글의 표현이 정확한지 살피는 것만큼은 다듬는 과정에 꼭 넣어야 하지 않을까 싶다. 그러니까 이 책의 5장에 있는 1절과 2절이 밑바탕이 되고, 여기에 글의 목적을 세워 튼튼히 지키는 문제는 3장, 글감을 잡아 잘 연결하려면 4장, 쉬우면서 늘 쓰는 우리 말과 말법을 따지려면 2장, 시각적인 요소를 살피려면 6장의 1절 등을 하나씩 첨가하면서 글을 쓸 때처럼 글을 다듬을 때도 단계를 밟아가면 좋겠다. 하지만 글을 다듬을 때 글의 종류에 관계없이 반드시 잊지 말아야 할 것은 '처음의 것'을 그대로 지키는 일이다. 백번을 고치되 끝까지 구기지 말아야 한다. 어쩌면 이 '처음의 것'을 지키는 방법이 바로 글 다듬는 실제적인 방법인지도 모른다.

이 '처음의 것'을 되도록 끝까지 지키려면 첫째, 처음에 잡았던 생각과 기분을 잊지 말고 기억해 두어야겠다. 필요하면 쪽지에 간단히 적어 두어도 좋다. 대체로 큰 줄기는 잘 잊어먹지 않지만 작으면서 구별할 만한 것은 글을 쓰고 다듬어 가면서 놓칠 수도 있기 때문이다. 둘째, 처음에는 중얼거리지 말고 고치다가 다 고친 것 같다고 생각되는 맨 마지막에는 꼭 소리 내어 읽어보아야 한다. 야릇한 말 같지만 '처음의 것'을 살리면서 입말도 함께 살리는 방법이다. 아무래도 소리를 내면 할 말의 뜻보다 박자에 끌리어 개념적인 표현에만 치중하게 되고, 그러다 보면 자연히 '처음의 것'과 멀어질 수밖에 없다. '처음의 것'을 살려 쓴다고 글에 입말보다 글말이 더 많이 포함되었다면 이 역시 독자는 글쓴이가 가진 '처음의 것'을 그대로 그려볼 수가 없다. 그래서 글 다듬기의 마지막에는 꼭 입으로 소리내어 읽어서 귀로도 익은 말이 되어야 이 '처음의 것'이 완전히 살아났다고 말할 수 있는 것이다. 셋째, 앉은 자리에서 자꾸 고치지 말고 시간을 두고 다듬어야 한다. 마음이 급하면 글을 올바른 눈으로 보기가 힘들기 때문이다. 여러 날 만에 그 글을 어떻게 썼는지도 모르고 남의 글처럼 낯설어진 때에 다듬는 것이 좋다.

글을 다듬는 이 과정이 마무리되면서 이제 글쓰기의 긴 과정도 다 끝났다. 돌이켜 보면 마음을 잡아 하고 싶은 말을 빼곡히 쓴 것도 같지만 빠진 것도 많은 것 같다. 글쓰기 책은 다른 전공 책과 달리 무언가를 손에 쥐어 주기가 곤란하다. 그래서 제목이 좋아 사서 읽었더니 역시 아무 것도 없다고 실망하는 사람들이 있는 것이다. 글쓰기를 잘 하려면 많이 읽고 많이 써보고 많이 고치는 수밖에 없다. 직접 해보는 것 외에는 아무 방법도 없다는 말이다. 그렇다고 글쓰기를 전문으로 하지 않을 사람이 읽고 쓰고 고치는 일에 온통 매달릴 수는 없겠다. 공부하여 가르치고 (또는 배우고) 연구하여 새 것을 찾는 일만도 시간이 모자란다. 이것이 답이다. 공부하고 연구하여 학문의 발전에 동참하려면 반드시 글을 써서 발표해야 하는데, 이때 전문글은 결코 문예글이 아니라는 것을 깨닫는 것이 답이다. 전문글은 문예글처럼 상상하면서 무언가를 재미있고 새롭게 '짓는 것'이 아니고 논리를 따지면서 사실을 있는 그대로 '쓰는 것'이다. 전문글을 쓰는 사람은 그냥 전문글을 쓰는 사람이면 되지 소동파나 뚜르게네프가 될 필요가 없다는 말이다.

글쓰기 책이 있어야 하는 까닭도 여기에 있다. 읽고 쓰고 고치는 일을 직업으로 하는 사람이야 그 자신이 책이 되겠지만 전문글을 쓰려는 사람은 다르다. 글쓰기가 처음인 사람에게는 차분히 방향을 잡아주는 책, 몇 번 써본 사람에게는 감과 기법을 잡도록 도와주는 책, 그리고 자주 써서 어느 정도 익숙한 사람에게는 잘못 들인 버릇을 깨우치게 해주는 책이 필요한 것이다. 글쓰기 책이 글을 대신 써주지는 않는다. 좋은 글쓰기 책을 곁에 두고 스스로 목표를 향해 비바람을 피해 가면서 안전한 지름길을 찾아가야만 한다. 혼자서 백 번이고 천 번이고 읽고 쓰고 고치면서 길을 찾아간다면 언젠가는 훌륭한 작가는 될 수 있을지언정 전문글은 한 편도 쓰지 못한다. 전문글은 문예글과 글의 구조에서 쓰는 방식까지 다 다르기 때문이고 이것이 글쓰기 책이 꼭 필요한 까닭이다.

참고문헌

고려대학교 출판부, 『새로운 논문작성법』, 고려대학교 출판부, 2002.

권영민, 『우리 문장 강의』, 신구문화사, 2000.

박전수, 『우리 문장으로 쉽게 쓰는 이공계 대학 글쓰기』, 홍릉과학출판사, 2004.

이오덕, 『우리 문장 쓰기』, 한길사, 2001.

이오덕, 『우리글 바로쓰기 1, 2, 3』, 개정판, 한길사, 2002.

이오덕, 『글쓰기 어떻게 가르칠까』, 제2판, 보리, 2001.

이오덕, 『무엇을 어떻게 쓸까』, 개정판, 보리, 2001.

이태준, 『문장 강화』, 임영택 해제, 창작과비평사, 2002.

이호철, 『살아있는 글쓰기』, 보리, 2001.

스티븐 킹, 『유혹하는 글쓰기: 스티븐 킹의 창작론』, 김진준 역, 김영사, 2002.

하나이 히토시, 와카마츠 아츠시, 『스텝식 논문작성법』, 송주명 역, 새길, 2000.

한효석, 『이렇게 해야 바로 쓴다』, 증보판, 한겨레신문사, 2002.

Gerald J. Alred, et al., *Handbook of Technical Writing,* 9th edition, St. Martin's Press (New York), 2008.

Herbert B. Michaelson, *How to WRITE & PUBLISH Engineering Papers and Reports,* 3rd edition, ORYX Press, 1990.

Mike Markel, *Writing in the Technical Fields: A Step-by-Step Guide for Engineers, Scientists, and Technicians*, IEEE Press, 1994.

Patricia T. O'Conner, *Words Fail Me: what everyone who writes should know about writing*, Harcourt Brace & Company, 1999.

찾아보기

ㄱ

가독성(readability) 121
가지법(branching) 144
감사의 글(acknowledgement) 234, 249
개요(outlines) 151
격식표(formal table) 269
결론(conclusion) 18, 231, 233
결론부(concluding section) 230
결말문단 176
겹문장 69, 106
고전적 글쓰기(classical writing) 135
공간 유형(spatial pattern) 158
공손(politeness) 118
구분(partition) 160
구조어 74
구체어(concrete word) 55, 71
귀납법(inductive method) 179
귀납적 추론하기(inductive inferring) 195
글감 모으기 139
글감 분류하기 149
글감 정리하기 147
글감(topics) 138
글꾸밈 17
글말 14
글쓰기 방식 183
글쓰기의 준비 116
글의 계획 134
글의 구상 148
글의 동기 116, 125, 127
글의 목적 116, 125, 127
글의 소재 128
글의 소제목 214
글의 제목 213
글의 주제 127
글의 질(quality in writing) 117
글재주 16
기술법 202
기여(contribution) 235

ㄴ

내용주 239
논리로 정하기 156
논리의 비약(logical gap) 179, 194, 196
논증문단 176

ㄷ

다의어 54
단계별 사고법(sequencing) 143
더 중요한 것에서 덜 중요한 것으로 정리하기 (more-important-to-less-important organization) 163
도입문단 176
도해적 사고법(graphical sequencing) 144
독자의 분석 문제 123
독자의 선택 문제 123
동의어 53
두괄식 174, 179
두음법칙 27
뒷받침 글감(supporting topics) 149
뒷받침 기술 169
뜻글자 15
띄어쓰기 38

ㄹ

ㄹ탈락 용언 28

ㅁ

만진법 43
말버릇 63
명료(clarity) 119
모음조화 26
목차(table of contents) 17, 152, 212
묘사문단 177
묘사법 204
묘사하는 글쓰기 201
문단과 문단 연결하기 175
문장식 개요(sentence outline) 152
문장의 주체 76, 86
문제-방법-해법 유형 (problem-method-solution pattern) 159
미괄식 174, 179

ㅂ

반의어 53
발전문단 176
번역체 문장 79
보조사 98
보충문단 177
본론(body) 223
부록(appendix) 251
분류(classification) 161
분류하기(classifying) 190
분석(synthesis) 161
분석하기(analyzing) 191
비격식표(informal table) 269
비교하기(comparing) 188

ㅅ

사이시옷 32
삼다(三多) 13
삼단 논법(syllogism) 194
상대시제 34
서론(introduction) 18, 219
서사문단 177
서술하는 글쓰기 206
설명-학술 초록 (informative-descriptive abstract) 218
설명문단 176
설명적인 초록(descriptive abstract) 216

설명하는 글쓰기 185
성급한 일반화(hasty conclusion) 180, 196
소리글자 15
송이법(clustering) 144
수식-피수식 관계 64
시간 유형(chronological pattern) 158
시제(時制) 33
쓸거리 138

ㅇ

아웃라인 작성 148
안은문장 69, 106
얼거리 짜기 147
연역법(deductive method) 179
연역적 추론하기(deductive inferring) 193
영어식 명사문 92, 101
예비지식(Background) 155
예증하기(exemplifying) 199
요약(summary) 18, 231, 232
요약식 개요(topic outline) 152
우리 말로 쉽게 쓰는 글쓰기 13, 21
원인-결과 유형(cause-effect pattern) 159
유네스코 세종대왕상 15
유의어 53
유추하기(analogical inferring) 198
이은문장 69, 106
이음동사 47
이중부정 73
인용하기(citing) 199
일반어(general word) 55, 71
일반에서 구체로 정리하기
(general-to-specific organization) 162
일본식 명사구 92, 101
입말 14

ㅈ

자유롭게 말하기(free talking) 140
자유롭게 써보기(free writing) 141
전개문단 176
전문 삽화가(illustrator) 261
전제(premise) 194
절대시제 33
점진적 글쓰기(incremental writing) 135
정보서비스 회사
(information service company) 18
정보추출 전문가
(information-retrieval specialist) 18, 219
정의하기(defining) 187
정직(honesty) 118
정확(accuracy) 119
제언(recommendation) 18, 235
조사 94
주석 239
주어와 서술어의 호응 83
주요문단 177
중심 글감(main topic) 149
중심 생각 뒷받침하기 172
중심생각 53
즉흥 사고법(brainstorming) 141
지시적 단어 54
쪽 설계사(page designer) 252

ㅊ

참고목록 240
참고문헌(references) 237
참고자리 240
참조주 240
찾아보기(index) 215, 254
천진법 43
첨가어 15
초록(abstract) 18, 215
추상어(abstract word) 55, 71

ㅌ

통일성(coherence) 19, 41, 43, 44, 51, 213
특수어(specific word) 55, 71

ㅍ

표음문자 15
표의문자 15

ㅎ

학술적인 초록(informative abstract) 216
한글 맞춤법 23
함축적 단어 54
합성동사 46
해석적 사고법(analytical sequencing) 144
형식을 갖춰 친절하게 쓰는 글쓰기 16
홑문장 69, 106

글쓴이 소개

부산대학교 기계공학부 공학박사 (1981~1996)
창원대학교 메카트로닉스공학부 국책교수 (1997~1999)
부산대학교 기계공학부 기금교수 (1999~2001)
대덕대학교 전자정보학과 전임교수 (2001~2008)
부산대학교 공학교육인증센터 공학윤리/공학글쓰기 담당 (2010~현재)
부산대학교 정보전산원 MATLAB/Simulink 담당 (2010~현재)

정가 18,000원

쉽고 친절하게 쓰는 대학 글쓰기

2013년 4월 20일 초판 인쇄
2013년 4월 25일 초판 발행

저 자 : 박 전 수
발행자 : 우 명 찬 · 송 준
발행처 : 홍릉과학출판사
주 소 : ㉾ 142-885 서울시 강북구 인수동 455-60
등 록 : 1976년 10월 21일 제5-66호
전 화 : 999-2274~5, 903-7037
팩 스 : 905-6729
ISBN : 978-89-97570-84-3

저자와의 협의하에 인지생략

hongpub@hongpub.co.kr
www.hongpub.co.kr